工程经济学

（第 3 版）

黄有亮　徐向阳
谈　飞　李希胜　编著

东南大学出版社

内 容 提 要

本书系统介绍了工程经济学的基本原理和方法及其在工程中的应用，主要内容包括：资金的时间价值及计算、工程经济要素的构成、工程经济分析评价的基本方法、多方案的比较与选择、项目投资估算与融资、投资项目财务评价与国民经济评价、不确定性分析和风险分析、非工业投资项目经济评价、工程设计与施工中的经济分析、设备更新分析等。

本书主要作为高校工程管理专业和土木工程专业的本科生教材，也可作为相关专业的研究生、其他专业的本科生学习工程经济学和技术经济学课程的参考用书，还可供在工程规划、设计、施工、管理和投资决策咨询等单位和部门的工程技术与工程经济专业人员参考。

图书在版编目(CIP)数据

工程经济学／黄有亮等编著．—3版．—南京：东南大学出版社，2015.7（2018.8重印）

ISBN 978-7-5641-5835-4

Ⅰ．①工…　Ⅱ．①黄…　Ⅲ．①工程经济学　Ⅳ．①F062.4

中国版本图书馆CIP数据核字(2015)第132786号

东南大学出版社出版发行
（南京四牌楼2号　邮编210096）
出版人：江建中
江苏省新华书店经销　　南京京新印刷有限公司印刷
开本：700 mm×1000 mm　1/16　印张：27　字数：529千字
2015年7月第3版　　2018年8月第4次印刷
印数：22001—30000册　　定价：48.00元

第 3 版前言

本书第 3 版在保留前两版的基本框架和主要内容基础上，根据目前政府有关投资体制改革、财税体制改革、新会计准则体系及建筑安装工程费用构成等方面的规定，更新了部分内容。本书该版的主要变化和特色如下：

(1) 更换了工业项目经济评价案例(第 11 章)，增加了用电子表格编制的财务评价报表示例(第 6.7 节)和房地产项目财务评价案例(第 9.4 节)。

(2) 许多例题提供了电子表格解法，有利于读者掌握现代财务分析工具。

(3) 各章增加了参考和扩展阅读文献目录，便于读者进行延伸性学习和教师指导学生进行创新性学习。

(4) 增加了配套教学资源，包含各章例题的电子表格解答、各章习题的详细解答及教学课件，可在东南大学出版社网站下载。

本书第 3 版由黄有亮拟定主要章节提纲并统稿。各章编写分工如下：黄有亮编写绪论、第 2 章、第 3 章、第 10 章和第 6 章的 6.7 节；李希胜编写第 1 章、第 5 章和第 10 章的 10.2 节中实例；谈飞编写第 4 章、第 8 章和第 9 章；徐向阳编写第 6 章、第 7 章和第 11 章。

本书自出版以来，已被许多高校作为土木类专业的工程经济学教材，年均发行量 1 万册左右。借本书第 3 版出版之际，我们谨向对本书前两版提出宝贵意见和建议的专家和读者、为本书出版付出许多心血的东南大学出版社编辑以及采用本书作为教材的各高校教授工程经济学课程的老师们致以真诚的谢意。对于第 3 版中的不足之处，我们仍恳请读者和专家予以批评指正。本书专用信箱 engineering_eco@163.com。

编　者

2015 年 6 月于南京

第 2 版前言

近年来，国家大力推进投资体制的改革。2004 年 7 月国务院颁布的《关于投资体制改革的决定》中指出，要按照“谁投资、谁决策、谁收益、谁承担风险”的原则，落实企业投资自主权。《国务院关于 2005 年深化经济体制改革的意见》中再次强调，要尽快制定和完善各项配套政策措施，完善和规范企业投资项目的核准制和备案制。为适应新的投资管理体制，过去带有计划经济色彩的项目经济评价方法需要改变，为此，国家计委委托中国国际咨询公司组织编写了《投资项目可行性研究指南(试用版)》，建设部标准定额研究所也完成了“建设项目经济评价参数”系列课题的研究，并开展了《建设项目经济评价方法与参数》(第 2 版)的修订工作，完成了《建设项目经济评价方法与参数》(第 3 版)的送审稿并通过建设部标准定额司与国家发展和改革委员会投资司联合组织的审查。

本书自 2002 年 8 月出版以来，至今已发行 2 万多册。面对新的形势，我们认识到有必要对本书进行修订再版。在东南大学出版社的支持下，我们根据《投资项目可行性研究指南(试用版)》和建设部标准定额研究所“建设项目经济评价参数”系列课题的研究成果，并结合专家和读者在使用本书第 1 版时所反馈的意见和建议，在保留第 1 版特点的同时，对其结构进行了适当调整，对其内容进行了一定的修改和补充，并增加了习题的答案。

本书第 2 版分为 11 章，前 3 章是工程经济原理部分，后 8 章是实践应用部分。采用本书第 2 版作为教材时，建议课内教学时数为 48～64 学时。对于土木工程等工程技术类专业，如果本课程的教学时数不足 40 学时，可重点讲授前 3 章和第 10 章，以及第 6 章和第 11 章财务评价的基本框架，对其他章节则做一般性的介绍。

本书第 2 版由黄有亮拟定主要章节提纲并统稿。各章编写分工如下：黄有亮编写绪论、第 2 章、第 3 章和第 10 章；李希胜编写第 1 章、第 5 章和第 10 章第 2 节的实例；谈飞编写第 4 章、第 8 章和第 9 章；徐向阳编写第 6 章、第 7 章和第 11 章。

借本书再版之机，我们谨向对本书第 1 版提出宝贵意见和建议的专家和读者、对本书一直予以关心和指导的成虎教授、为本书出版付出许多心血的东南大学出版社编辑致以真诚的谢意，并特别感谢东南大学退休教授葛筠圃老师，他校正了第1版书中的若干错误和笔误。

编　者

2005年12月于南京

第 1 版前言

随着社会生产力的发展，工程技术已经成为经济的一个不可分割的部分，孤立于经济之外的工程技术是没有生命力的，经济的发展更离不开工程技术的进步。工程经济学正是研究工程技术与经济之间关系的一门学科，它的核心过程，即对工程技术方案进行经济分析与评价，选择技术上先进、经济上合理的最佳方案。

本书编写者力图为读者提供工程经济学完整的理论与应用图景，通过本书的学习，能掌握工程经济分析的基本方法，具有初步的工程经济分析的能力。全书共分 11 章。前 4 章是工程经济学基本原理部分，包括资金的时间价值及计算、工程经济要素的构成、工程经济分析评价的基本方法和多方案的比较与选择过程等；后 7 章是实践应用部分，包括建设项目的财务评价和国民经济评价、建设项目不确定性经济分析、建设项目可行性研究及其他类型项目的经济评价和工程经济学在工程中的应用等。

本书具有三个方面的特点：(1)本书在体系结构上基本参照建设部工程管理专业指导委员会制定的教学大纲编写，但在某些地方做了一些调整，主要是将价值工程和费用效益分析纳入工程经济分析评价的基本方法中，并增加了工程经济学在工程中的应用这一部分；(2)本书在内容上更注重与实践的结合，力求体现我国目前在工程经济分析和建设项目经济评价中的实际做法，注重实用性和可操作性；(3)由于本书主要是为工程管理专业和土木工程专业的学生所编写的教材，所以书中绝大部分的例子和习题都具有土木工程的背景。

采用本书作为教材，建议课内教学时数为 48～64 学时。有些专业本课程的教学时数不足 40 学时，可重点讲授原理部分，即前 4 章的内容，而将后面的应用部分穿插其中。

本书是由在宁高校讲授工程经济学和技术经济学的教师合作编写的。全书由黄有亮和徐向阳主编，陈梦玉主审。具体分工如下：黄有亮编写绪论，第 3 章第 2 节，第 4 章和第 10 章；李希胜编写第 1 章，第 2 章，第 3 章第 1、3、4 节，第 10 章第 2 节实例；徐向阳编写第 5 章，第 6 章和第 11 章；谈飞编写第 7 章，第 8 章和第 9 章；刘景韬参加了第 6 章的编写工作。

本书的出版得到了东南大学出版社、江苏土木建筑学会工程管理专业委员会和许多同行的大力支持，建设部工程管理专业指导委员会委员、江苏省土木建筑学会工程管理专业委员会主任委员、博士生导师成虎教授还亲自审阅了编写大纲，在此一并致以谢忱。

书中的不足之处，敬请读者和专家同行们批评指正。

编　者

2002 年 6 月于南京

目　录

绪　论

1）什么是工程经济学

在日常生活中，我们对生活中所遇到的事情都要进行选择，譬如采购一样物品，我们总是选择适合自己使用的同时价格又便宜的物品，为此，我们可能要多询问几个商品供应者。同样，在工程实践中，工程技术人员将面对各种设计方案、工艺流程方案、设备方案的选择，工程管理人员会遇到项目投资决策、生产计划安排和人员调配等问题，解决这些问题也有多种方案。由于技术上可行的各种行动方案可能涉及不同的投资、不同的经常性费用和收益，因此就存在着这些方案是否划算的问题，即需要与其他可能的方案进行比较，判断一个方案是否在经济上更为合理。这种判断不能是无根据的主观臆断，而是需要作出经济分析和研究。如何进行经济分析和研究，就是工程经济学所要解决的问题。

那么，什么是工程经济学呢？这个问题至今尚无一个统一的说法，归纳起来有下面几种观点：一是工程经济学研究技术方案、技术政策、技术规划、技术措施等的经济效果，通过计算分析寻找具有最佳经济效果的技术方案；二是工程经济学研究技术与经济的关系及它们之间的相互促进与协调发展，以达到技术与经济的最佳结合；三是工程经济学是研究生产、建设中各种技术经济问题的学科；四是工程经济学是研究技术创新、推动技术进步、促进企业发展和国民经济增长的科学。

实际上，工程经济学的产生正是为了解决从经济角度对技术方案进行选择而提出的，这正是工程经济学区别于其他经济学的显著标志。本书将工程经济学概念限定于第一种和第三种观点综合所表达的含义，即工程经济学是一门研究工程（技术）领域经济问题和经济规律的科学，具体地说，就是研究对为实现一定功能而提出的在技术上可行的技术方案、生产过程、产品或服务，在经济上进行计算、分析、比较和论证的方法的科学。

2）工程与经济之间有什么关系

要弄清楚工程与经济的关系，首先要了解工程技术与经济的概念。在日常生活中，技术一词更多是指一种劳动的技能和技巧，工程则是指制作过程与方法。工程经济学中的工程与技术的概念不同于我们日常生活中的工程技术的概念，它属于广义的范畴，包括：

（1）劳动技能　包括生产技术、制造技术、管理技术、信息技术和决策技术等；

(2) 劳动工具　包括生产设施、生产设备和生产工具等；

(3) 劳动对象　包括原材料和产品等。

总之，工程经济学中的工程和技术是指物质形态的技术、社会形态的技术和组织形态的技术。所以工程和技术一词的概念应该不仅包括相应的生产工具和其他物资设备，还包括生产的工艺过程或作业程序方法以及在劳动生产方面的经验、知识和技巧，也泛指其他操作方面的技巧。

经济一词，包括三个方面的含义：一是指生产关系，指社会经济体制，是生产关系的总和，如马克思的政治经济学研究的经济的含义；二是指社会生产和再生产，指物质资料的生产、交换、分配、消费的现象和过程，如工业经济学研究的经济含义；三是指节约或节省，指对资源的有效利用和节约，如工程经济学研究的经济含义。工程经济学研究的经济不仅是指可以用货币计量的经济效果，还包括不可用货币计量的经济效果，不仅包括工程所直接涉及的经济效果，还包括由此而引起的间接效果。

在人类进行物质的生产、交换活动中，工程（技术）和经济是始终并存，是不可分割的两个方面，两者相互促进又相互制约。首先，任何技术的采用或者工程的建设总是为一定的经济目标服务，经济发展是技术进步的动力和方向。其次，经济的发展必须依赖于一定的技术手段，世界上不存在没有技术基础的经济发展，技术进步是推动经济发展、提高经济效益的重要条件和手段。第三，任何新技术的产生与应用又都必须消耗人力、物力和资金等资源，这些都需要经济的支持，同时经济发展又将推动技术的更大进步。第四，技术具有强烈的应用性和明显的经济目的性，技术生存的必要条件是其先进性和经济合理性的结合，没有应用价值和经济效益的技术是没有生命力的。技术与经济的这种特性使得它们之间有着紧密而又不可分割的联系，它们之间的这种相互促进、相互制约的联系，使任何工程的实施和技术的应用都不仅是一个技术问题，同时又是一个经济问题。

3) 工程经济学的研究对象是什么

20 世纪初，纽约电话公司总工程师 John J. Carty 在审查提交给他的许多工程建议书时，总是要问下面 3 个问题：

(1) 究竟为什么要干这个工程？

(2) 为什么要现在干这个工程？

(3) 为什么要以这种方式干这个工程？

第一个问题可以延伸为：是否可以执行另一个新的工程建设方案？现在项目是否应当扩大、缩小或报废？现行标准和生产流程是否要加以修改？第二个问题可以延伸为：现在是按超过要求的更高生产能力来建设，还是仅用足够的生产能力来及时满足预期的需要？投资的费用及其他条件是否有利于现在做这个工程？第三个问题可以延伸为:有没有其他可行的方式？这些方式中哪种更经济？

他所提到的问题是人们在工程技术活动中常遇到的一些问题,工程经济学研究的对象就是解决这类问题的方案和途径。传统工程经济学面对的主要是这类微观技术经济问题,如某项工程的建设问题、某企业的技术改造问题、某技术措施的评价问题、多种技术方案的选择问题等。随着社会和经济的发展,现代工程经济学面对的问题越来越广泛,从微观的技术经济问题延伸到宏观技术经济问题,如能源问题、环境问题、资源开发利用问题、国家的经济制度与政策问题。工程经济学解决问题的延伸产生了新的工程经济分析的方法,丰富了工程经济学的内容,但不应将工程经济学研究的对象与这些问题的经济研究完全等同起来,工程经济学也无法解释这些问题的包含的所有经济现象,它着重解决的是如何对这些问题进行经济评价和分析。正如前文所述的那样,这是工程经济学区别于其他经济学的一个显著特征。

4) 为什么要学习工程经济学

最早讨论工程经济的一本著作是威灵顿的《铁路选线的经济理论》(A. M. Wellington, *The Economic Theory of Railway Location*, New York: John Wiley & Sons, Inc., 1887)。很明显,铁路的线路选择是一个包含有多条线路的建设方案的选择问题。然而,作为铁路工程师的威灵顿注意到,许多选线工程师几乎完全忽视了他们所作的决策对铁路未来的运营费用和收益的影响。在他的这本著作中,他辛辣地写道:“……月薪150美元的少数低能之辈(因选线错误)可以使为数众多的镐、铲和机车头干着徒劳无益的活。”提出相对价值的复利模型的戈尔德曼教授在他的《财务工程学》(O. B. Goldman, *Financial Engineering*, New York: Wiley, 1920)著作中也提到“有一种奇怪而遗憾的现象,就是许多作者在他们的工程学书籍中没有或很少考虑成本问题。实际上,工程师的最基本的责任是分析成本,以达到真正的经济性,即赢得最大可能数量的货币,获得最佳财务效益。”曾任世界生产力科学联合会主席的J. L. 里格斯教授在他的著作《工程经济学》中写道:“工程师的传统工作是把科学家的发明转变为有用的产品。而今,工程师不仅要提出新颖的技术发明,还要能够对其实施的结果进行熟练的财务评价。现在,在密切而复杂地联系着的现代工业、公共部门和政府之中,成本和价值的分析比以往更为细致、更为广泛(如工人的安全、环境影响、消费者保护)。缺少这些分析,整个项目往往很容易成为一种负担,而收益不大。”显然,工程经济学家们是把工程经济学作为一门为工程师而创立的独立的经济学。这就是工程专业类的学生为什么要学习工程经济学的原因。

工程师不同于其他的就业者,他所从事的工作是以技术为手段,把自然资源(矿物、能源、农作物、信息、资金等)转变为有益于人类的产品或服务,满足人们的物质和文化生活的需要。技术的目的是经济性的，而技术生存的基础又是经济性的（资源的稀缺性），正如前文强调的工程（技术）与经济之间的关系那样。工程师的任何工程技术活动，包括工程管理者的决策和管理的职能等，都离不开经济，任何的计划和生产都应被财务化，最终都导向经济目标，并由经济尺度去检查工程技术和工程管理活动的效果。因此，工程师必须掌握基本的工程经济学原理并付诸实践。要求工程专业类的学生学习工程经济学的目的是帮助他们掌握技术方案的经济分析与决策方法，使他们树立经济意识。

5）本书的主要内容

本书主要是作为培养未来的土木工程师、结构工程师、建筑设计师、造价工程师和建造师的工程管理和土木工程等专业的教材。全书分为 11 章。前 3 章是工程经济学的基本原理，包括资金时间价值理论、工程经济分析与评价的基本原理和多方案的比较与选择等；后 8 章是工程经济分析研究与应用，包括投资项目投资估算与融资、投资项目财务评价与国民经济评价、投资项目不确定性分析与风险分析、非工业投资项目经济评价、工程设计和施工及工程项目运营中设备更新与选择的经济分析等。通过本书的学习，读者能掌握工程经济学的基本原理，并初步具备进行工程项目经济分析和工程方案比较与选择的技能。

1 资金的时间价值

本章提要

本章主要介绍了资金时间价值原理和资金的等值计算。资金时间价值原理是资金等值计算的理论基础,而后者是前者的具体运用。按现金流量序列情况,等值计算分为一次收支、等额收支和变额收支三种情况;根据计息期周期长短,将利率分为有效利率、名义利率、有效年利率三种情况,经过适当转换后,选用基本公式计算。本章学习时要注意在理解时间价值原理的基础上,掌握公式的推导过程和实用条件。

1.1 资金时间价值的含义

1.1.1 资金时间价值及其意义

货币如果作为贮藏手段保存起来,不论经过多长时间仍为同名数量的货币,而不会发生数值的变化。货币的作用体现在流通中,货币作为社会生产资金参与再生产的过程即会得到增值、带来利润。货币的这种现象,一般称为资金的时间价值。简单地说,"时间就是金钱",是指资金在生产经营及其循环、周转过程中,随着时间的变化而产生的增值。

资金具有时间价值并不意味着货币本身能够增值,而是因为资金代表一定量的物化产物,并在生产与流通过程中与劳动相结合,才会产生增值。资金的增值过程可由图 1.1 表示。

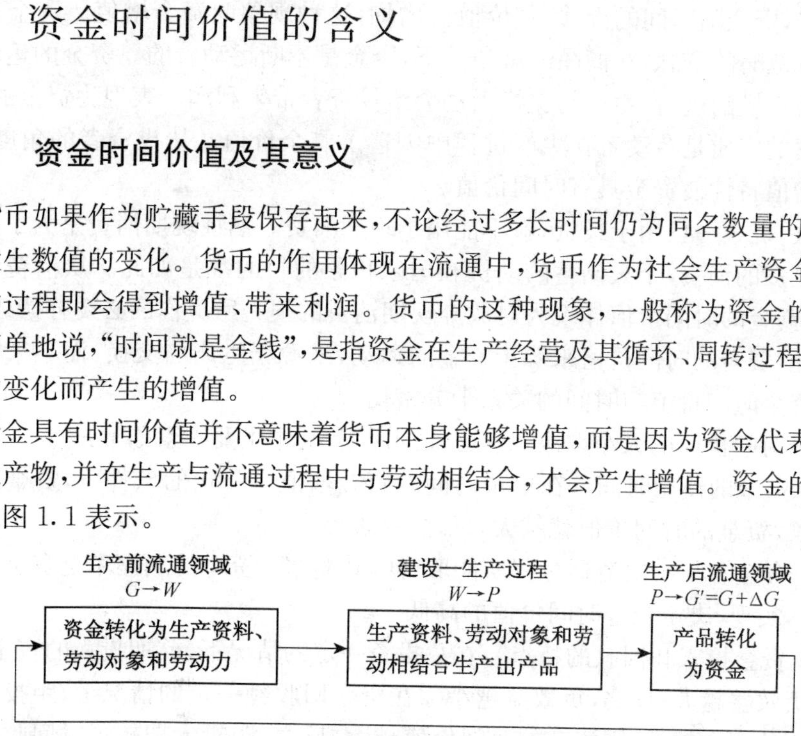

图 1.1　资金增值过程示意图

下面用一个简单的例子说明资金的时间价值。

【例 1.1】 某企业有两个投资方案，寿命期均为 2 年，初始投资均为 10 000 元，两个方案每年收益不同，但收益总额相同，具体数据见表 1.1 所示。如果项目其他条件均相同，应该选择哪个方案？

表 1.1 投资方案现金流量表 单位：元

年末	0	1	2
A 方案	−10 000	7 000	5 000
B 方案	−10 000	5 000	7 000

根据投资方案现金流量可以获知 A 方案在第一年获取的收益大于 B 方案，第二年获取的收益小于 B 方案，考虑到两个方案获取的收益均可以再投资，且再投资的收益率假设为 10%，则在考虑资金时间价值的情况下，A 方案的收益总额为：7 000×(1+10%)+5 000=12 700(元)，B 方案的收益总额为：5 000×(1+10%)+7 000=12 500(元)，从而可得 A 方案优于 B 方案。

对于资金的时间价值，可以从两个方面理解。

首先，资金随时间的推移，其价值会增加，这种现象叫资金增值。资金是属于商品经济范畴的概念，在商品经济条件下，资金是不断运动着的。资金的运动伴随着生产与交换的进行，生产与交换活动会给投资者带来利润。表现为资金的增值。资金增值的实质是劳动者在生产过程中创造了剩余价值。从投资者的角度来看，资金的增值特性使资金具有时间价值。

其次，资金一旦用于投资，就不能用于现期消费。牺牲现期消费是为了能在将来得到更多的消费，个人储蓄的动机和国家积累的目的都是如此。从消费者的角度来看，资金的时间价值体现为对放弃现期消费的损失所应作的必要补偿。

因此，资金的时间价值来源于资金的运动，来源于生产与交换，而不来源于时间。但资金时间价值与时间的关系十分密切。

资金时间价值的大小取决于多方面的因素，其中主要因素如下：

(1) 资金的使用时间。在单位时间的资金增值率一定的条件下，资金的使用时间越长，资金的时间价值就越大；反之，就越小。

(2) 资金参与一次流通过程所能取得的利润率。资金的利润率是资金时间价值的基本实现，决定资金时间价值的高低。

(3) 资金投入和回收的特点。在总投资一定的情况下，前期投入的资金越多，资金的负效益越大；反之，负效益越小。在资金回收额一定的情况下，距投入期较近时回收的资金越多，则资金的时间价值越大；反之，距投入期较远时回收的资金越多，则资金的时间价值就越小。

(4) 资金的周转速度。资金的周转速度越快，在一定时间内等量资金的时间价值越大；反之，就越小。

从投资者角度来看主要有三个方面的影响因素：一是投资收益率，即单位投资能够获得的收益率；二是通货膨胀率，即对因货币贬值带来的损失应给予补偿；三是风险因素，即对因风险的存在可能造成的损失应给予补偿。

资金的时间价值原理在生产实践过程中有广泛的应用。其意义主要表现在两个方面。

(1) 促进合理有效地利用资金

当决策者认识到资金具有时间价值时，就会努力使资金流向更加合理和易于控制，从而达到合理有效利用资金的目的。如工程项目建设过程中，企业必须充分考虑资金的时间价值，千方百计缩短建设周期，加速资金周转，提高资金的使用效率。一项工程若能早一天建成投产，就能多创造一天的价值，延迟一天竣工就会延迟一天生产，造成一笔损失；另一种情况是，当我们积累了一笔资金时，若把它投入生产或存入银行，就会带来一定的利润或利息收入，不及时利用就会失去一笔相应的收入。

(2) 促进科学的投资决策

任何一个工程建设项目从规划、建设到投入使用均需要经过一段时间，尤其是大型建设项目，投资数额大，建设周期长，在进行投资决策时必须考虑资金的时间价值，才能做出科学的决策。

资金的时间价值与因通货膨胀而产生的货币贬值是性质不同的概念。通货膨胀是指由于货币发行量超过商品流通实际需要量而引起的货币贬值和物价上涨现象。货币的时间价值是客观存在的，是商品生产条件下的普遍规律，是资金与劳动相结合的产物。只要商品生产存在，资金就具有时间价值。但在现实经济活动中，资金的时间价值与通货膨胀因素往往是同时存在的。因此，既要重视资金的时间价值，又要充分考虑通货膨胀和风险价值的影响，以利于正确地投资决策、合理有效地使用资金。

1.1.2 衡量资金时间价值的尺度

衡量资金时间价值的尺度有两种，其一为绝对尺度，即利息、盈利或收益；其二为相对尺度，即利率、盈利率或收益率。

1) 利息

利息是货币资金借贷关系中借方支付给贷方的报酬，一般以符号 I 来表示。即：

$$I = F - P \tag{1.1}$$

式中，I——利息；

F——借款期结束时债务人应付总金额（或债权人应收总金额）；

P——借款期初的借款金额，称为本金。

利息是劳动者为全社会创造的剩余价值（即社会纯收入）的再分配部分。借贷双方的关系是国家通过银行，在国家、企业、个人之间调节资金余缺的相互协作关系，所以贷款要计算利息。固定资金和流动资金的使用也采取有偿付息的办法，其目的都是为了鼓励企业改善经营管理，节约资金，提高投资的经济效果。

工程经济中，利息被看作是资金的机会成本，相当于债权人放弃了资金的使用权力，从而放弃了利用资金获取收益的机会而获得的补偿。

2）利率

利率是指在一定时间所得利息额与原投入资金的比例，也称之为使用资金的报酬率，它反映了资金随时间变化的增值率，是衡量资金时间价值的相对尺度，一般用百分数表示。即：

$$i = \frac{I}{P} \times 100\% \tag{1.2}$$

式中，i——利率；

I——单位时间内所得利息；

P——原借贷资金。

用于表示计算利息的时间单位，称为计息周期，有年、季、月或日等不同的计息长度。

因为计息周期不同，表示利率时应注明时间单位，单说利息为多少是没有意义的。年息通常以“%”表示，月息以“‰”表示。

例如：现借得一笔资金 10 000 元，一年后利息为 800 元，则年利率为：

$$\frac{800}{10\,000} \times 100\% = 8\%$$

利率的确定，在完全的市场经济条件下，由借贷双方竞争解决，即所谓的市场利率，在计划经济或有计划的商品经济条件下，则主要由国家根据经济发展的需要来制定。由国家制定的利率，遵循“平均利润和不为零”的原则。所谓“平均利润和不为零”，是指借方所获得的平均收益（－）与贷方所获得的平均利润（＋）之代数和不为零，即借方借用货币资金所获得的利润不可能将其全部以利息的形式交给贷款者，而贷方因为放弃了货币资本能够增值的使用价值，因而必须获得报酬，利息就不能为零，更不能为负数。

利率是各国发展国民经济的杠杆之一，利率的高低由以下因素决定：

（1）利率的高低首先取决于社会平均利润率，并随之变动。在通常情况下社会平均利润率是利率的最高界限。如果利率高于利润率，借款者就会因无利可图而放弃借款。

(2) 在平均利润率不变的情况下，利率的高低取决于金融市场上借贷资本的供求情况。借贷资本供过于求，利率便下降；反之供小于求，利率便会上升。

(3) 借出资本要承担一定的风险，而风险大小也影响利率的波动。风险越大，利率也就越高。

(4) 通货膨胀对利息的波动有直接影响，资金贬值会使利息在无形中成为负值。

(5) 借出资本的期限长短。贷款期限长，不可预见因素多，风险大，利率就高；反之，贷款期限短，不可预见因素少，风险小，利率就低。

此外，利率的高低还受商品价格水平、银行费用开支、社会习惯、国家利率水平、国家经济政策与货币政策等因素的影响。

工程经济分析中，利息与盈利、收益，利率与盈利率或收益率是不同的概念。在分析资金信贷时使用利息或利率的概念，在研究某项投资的经济效果时，则常使用收益(或盈利)或收益率(盈利率)的概念。项目投资通常要求其收益大于应支付的利息，即收益率大于利率。收益与收益率是研究项目经济可行性必需的指标。

1.2 资金的等值原理

1.2.1 资金等值

"资金等值"是指在时间因素的作用下，在不同的时间点绝对值不等的资金而具有相同的价值。例如现在的100元，与一年后的106元，虽然绝对数量不等，但如果在年利率为6%的情况下，则这两个时间点上从数量上看两笔绝对值不等的资金在价值上看是"等值"的，即等值是指价值量相等，而不是数量值相等。

资金等值的特点是，在利率大于零的条件下，资金的数额相等，发生的时间不同，其价值肯定不等；资金的数额不等，发生的时间也不同，其价值却可能相等。

影响资金等值的因素有三个：①金额；②金额发生的时间；③利率。

在这三个因素中，利率是关键因素，在处理资金等值问题时必须以相同利率作为比较计算的依据。

由于资金在生产流通的循环中一定会经历一个相当长的时间，建设工程领域尤其如此。所以，一个项目的资金投入和资金回收在时间点上形成一个序列，考虑到资金时间价值的作用，各时点单位资金的价值存在差异，也就不能直接进行比较和运算并进而评估项目的经济性。在多方案比较过程中也是如此，由于资金的时间价值作用，使得各方案在不同时间点上发生的现金流量无法直接比较。因此有必要把在不同时间点上的现金按照某一利率折算至某一相同的时间点上再进行比较，这种计算过程称为资金的等值计算。资金的等值计算通常要用到现金流量图。

理解等值概念时应注意以下内容：

(1) 等值仅是一种尺度，即为在同一利率下评价不同现金流量方案的一种度量。等值本身并不具有购置、筹款投资和再投资等手段的含义。

(2) 等值并不意味着具有相等的用途。

(3) 进行等值计算时，换算期数的时间单位一定要与利率的时间单位一致。如果期数是按月计算，那么换算利率就是月利率等。

不同方案有相同的时间价值(等值)并不意味着方案本身是相等的。

1.2.2 现金流量与现金流量图

1) 现金流量

方案的经济分析中，为了计算方案的经济效益，往往把该方案的收入与耗费表示为现金流入与现金流出。方案带来的货币支出称为现金流出，方案带来的现金收入称为现金流入。研究周期内资金的实际支出与收入称为现金流量，现金流入表示为“+”，现金流出表示为“−”。

现金流入与现金流出的代数和称作净现金流量。

2) 现金流量图

现金流入、现金流出及净现金流量统称为现金流量。将现金流量表示在二维坐标图上，则此图称为现金流量图。现金流量图是一种反映经济系统资金运动状态的图式，即把经济系统的现金流量绘在一时间坐标图中，表示出各现金流入、流出与相应时间的对应关系。运用现金流量图，就可全面、形象、直观地表达经济系统的资金运动状态。现金流量图是描述现金流量作为时间函数的图形，它能表示资金在不同时间点流入与流出的情况，是经济分析的有效工具。

一个完整的现金流量图包含三个要素：时间轴、流入或流出的现金流和利率，如图 1.2：

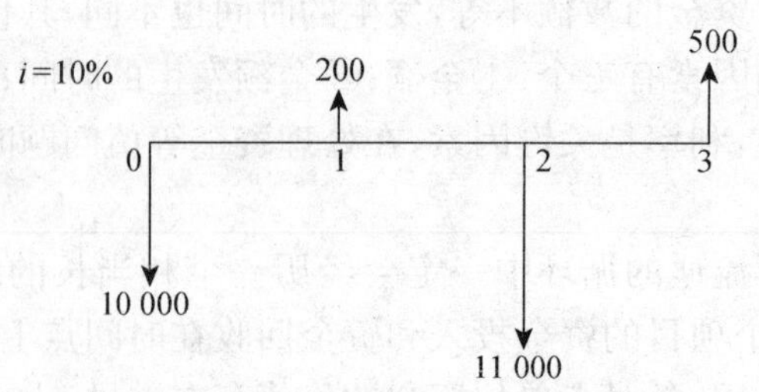

图 1.2　案例现金流量图

此图表示在方案开始时，即第 1 年年初支出现金 10 000 元，在第 2 年年初（第 1 年年末）收入现金 200 元，在第 2 年年末支出现金 11 000 元，第三年年末收入现金 500 元。

现金流量图具有以下特点：

(1) 是一个二维坐标矢量图。横轴表示时间，纵轴表示现金。向上为正，表示收入；向下为负，表示支出。各线段长度与收入和支出数额基本成比例。

(2) 每个计息期的终点为下一计息周期的起点，而下一计息周期起点为上一期的终点，各个时间点称为节点。第一个计息期的起点为零点，表示投资起始点或评价时刻点。

(3) 现金流量图因借贷双方“立脚点”不同，理解不同。贷方的收入即是借方的支出，贷方的支出即是借方的收入。从借款人角度出发和从贷款人角度出发所绘现金流量图不同。

在绘制现金流量图时，为了简便起见，若没有明确规定，一般投资放在期初，经营过程中的收入和支出放在期末。

3) 累计现金流量图

累计现金流量图反映工程项目从开始建设至寿命终结全过程累计资金的活动情况。绘制累计现金流量图时，首先计算各时间点处的净现金流量的累计值，然后将其在各点上表示出来。累计现金流量图能够反映整个研究周期上的累计现金收支情况。

图 1.3 表示某工程项目的累计现金流量图，项目开始前，其现金流量为零（A 点），工程项目的初期要进行开发、设计和其他准备工作，故累计现金流量曲线下降到 B 点。接着是主要建设投资期，用于建设厂房和购买生产装置以及其他设备，于是曲线更陡地下降到 C 点。随后要使用流动资金进行试车到交付正式生产，曲

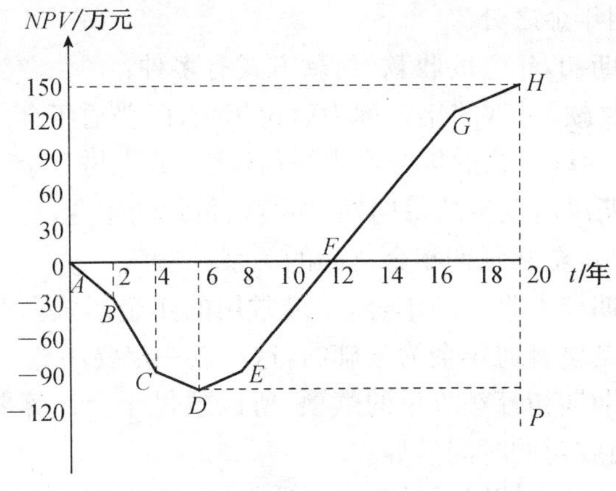

图 1.3　某项目累计现金流量图

线到达了 D 点，D 点表示工程项目的最大累计支出。过了这个时期，由产品出售获得的收入超过了生产成本及其他业务费用，所以曲线转而上升，当达到 F 点时，全部收入正好与以前花在这一项目上的支出相平衡。过 F 点后，曲线继续上升，表明现金流为正值，有净收入。最后到这一工程项目的有效寿命期的末尾，现金流入可能会因这样一些原因而下降：如生产成本增加，产品售价由于竞争而下降，或由于产品品种落后导致销售量减少等。如果有流动资金回笼或者固定资产还有残值，则在这个工程项目的寿命末期还有资金流入。从整个工程项目来看，初期的现金流量常是负值，后期的现金流量常为正值。

1.2.3 资金的时值、现值、终值、年金、折现

1）时值与时点

现金流量图上，时间轴上的某一点称为时点。

某个时间节点上对应的资金的值称为资金的时值。

2）现值(Present Value)

将任一时点上的资金折算到时间序列起点处的资金值称为资金的现值。

时间序列的起点通常是评价时刻的点，亦称“现在时刻”点，即现金流量图的零点处。

3）折现(Discount)

将将来某时点处资金的时值折算为现值即对应零时值的过程称为折现。折现时使用的利率称为折现率或贴现率，用 i 表示。

4）年金(Annuity)

年金是指一定时期内每期有相等金额的收付款项，又称为年值或等额支付系列。如折旧、租金、利息、保险金、养老金等通常都采取年金形式。年金有普通年金、预付年金和延期年金之分。

相对于第一期期初，年金的收款、付款方式有多种：

(1) 每期期末收款、付款的年金称为后付年金，即普通年金。

(2) 每期期初收款、付款的年金称为预付年金，或先付年金。

(3) 距今若干期以后发生的每期期末收款、付款的年金，称为延期年金。

普通年金、预付年金和延期年金之间的关系：

普通年金是每期期末收付的年金，是最常用的年金形式。关于资金时间价值计算公式的推导都是以普通年金为基础的，这一点一定要注意。

预付年金是每期期初等额收付的款项，所以预付年金计算要以普通年金为基础，并考虑款项提前收付的时间差异。

延期年金是距今若干期以后等额收付的款项，所以，计算时要考虑款项延期收付时间对货币资金价值的影响。

5）终值(Future/Final Value)

即资金发生在(或折算为)某一特定时间序列终点时的价值。

1.3 资金时间价值的计算

计算资金的时间价值即是计算利息或收益的方法。计算利息的方法有两种，即单利法与复利法。

1.3.1 单利法

单利法以本金为基数计算资金的时间价值(即利息)，不将利息计入本金，利息不再生息。所获得利息与时间成正比。

单利计息的利息公式：

$$I = P \cdot n \cdot i \tag{1.3}$$

单利计息的本利和公式：

$$F = P \cdot (1 + n \cdot i) \tag{1.4}$$

式中，i——利率；

n——计息期数；

P——本金；

I——利息；

F——本利和，即本金与利息之和。

(注：本章后文中 I、n、P、i、F 符号的意义同此处。)

例如，我国国库券的利息是以单利计息的。设国库券面额为 100 元，3 年期，年利率为 14%，则到期后的本利和为：

$$F = P \cdot (1 + n \cdot i) = 100 \times (1 + 3 \times 14\%) = 142\ (\text{元})$$

单利法在一定程度上考虑了资金的时间价值，但不彻底。因为以前已经产生的利息没有累计计息，所以单利法是一种不够完善的方法。目前工程经济分析中一般不采用单利计息的计算方法。

1.3.2 复利法

复利法是以本金和累计利息之和为基数计算利息的方法，也就是通常所说的“利滚利”的方法。例如，某项投资 1 000 元，年利率为 7%，则未来 4 年的利息与本利和如表 1.2 所示：

表 1.2　案例本利和

年份	年初木金	当年盈利	年末本利和
(N)	(P)	(I)	($F=P+I$)
1	1 000	1 000×7%=70	1 070.00
2	1 070	1 070.00×7%=74.9	1 144.90
3	1 144.90	1 144.9×7%=80.143	1 225.04
4	1 225.04	1 225.04×7%=85.75	1 310.79

由表 1.2 计算可知,复利法不仅本金逐期计息,而且以前累计的利息,亦逐期加利,即“利滚利”。同一笔借款,在利率和计息周期均相同的情况下,用复利计算出的利息金额比用单利计算出的利息金额大。当本金越大、利率越高、年数越多时,两者差距也就越大。由于利息是资金时间价值的体现,而时间是连续不断的,所以利息也是不断地发生的。从这个意义上来说,复利法能够较充分地反映资金的时间价值,比较符合资金在社会再生产过程中运动的实际状况。这是国外普遍采用的计息方法,也是我国现行信贷制度正在推行的方法。工程经济分析中普遍采用复利计息。

复利计息的计算按支付方式不同,分为以下几种形式:

1) 一次支付复利公式

(1) 复利终值公式(已知 P,求 F)

假设在某一时间点上,有一笔资金 P,计息期利率为 i,复利计息,则在第一期末该笔资金的本利和 $F_1=P\cdot(1+i)$,第二期期末本利和 $F_2=P\cdot(1+i)+i\cdot P(1+i)=P(1+i)^2$,依此类推,直至 n 期末的本利和 $F_n=P(1+i)^n$。具体如表 1.3 所示:

表 1.3　复利终值计算表

期数(期末)	期初的本金	本期利息	期末本利和
1	P	Pi	$F_1=P+Pi=P(1+i)$
2	$P(1+i)$	$P(1+i)i$	$F_2=P(1+i)+P(1+i)i=P(1+i)^2$
3	$P(1+i)^2$	$P(1+i)^2i$	$F_3=P(1+i)^2+P(1+i)^2i=P(1+i)^3$
…	…	…	…
N	$P(1+i)^{n-1}$	$P(1+i)^{n-1}i$	$F_n=P(1+i)^{n-1}+P(1+i)^{n-1}i=P(1+i)^n$

公式　$$F_n=P(1+i)^n \tag{1.5}$$

称作一次支付复利公式,简称复利公式,为简便起见,可以表示为:$F_n=P(F/P,$

$i, n)$，其中 $(1+i)^n$ 或 $(F/P, i, n)$ 称作一次支付复利系数。

【例 1.2】 某工程项目需投资，现在向银行借款 100 万元(现值)，年利率为 10%，借款期为 5 年，一次还清。问 5 年末一次偿还银行的本利和是多少?

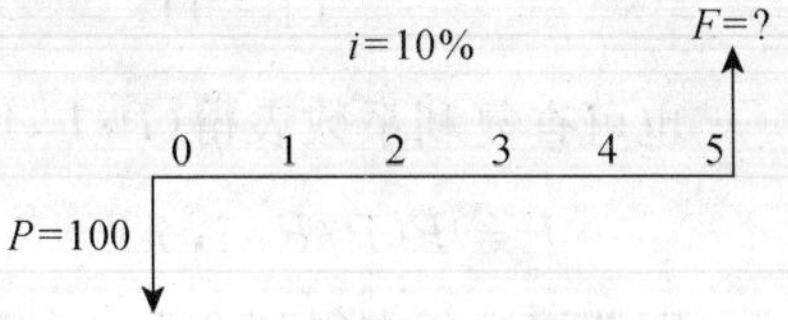

图 1.4 例 1.2 现金流量图

【解】 已知 $P=100, i=10\%, n=5$，求 F，其现金流量图如图 1.4 所示。

$$F = P \cdot (1+i)^n = 100 \times (1+10\%)^5 = 161.05(\text{万元})$$

也可查复利系数表(见本书附录 1)，得 $(F/P, 10\%, 5) = 1.610\,5$，故可求得 $F = P(F/P, i, n) = 100 \times (F/P, 10\%, 5) = 100 \times 1.610\,5 = 161.05$(万元)，即 100 万资金在年利率为 10%时，经过 5 年后变成为 161.05 万元，增值 61.05 万元。该例用电子表格计算，如图 1.5。

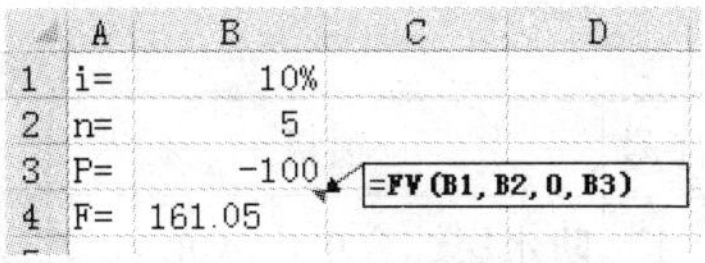

图 1.5 例 1.2 电子表格解法

类似于例 1.2，本书各章的大多数例题提供了电子表格的解法，用插注的形式注明所使用的财务函数。本书附录 B 中列出了 Microsoft Excel 中常用的财务函数，读者可从有关电子表格使用指南类的文献中获得财务函数如何应用的相关知识，本书每章最后的"本章学习参考和扩展阅读文献"中也提供了一些相关文献。应用电子表格财务函数公式时，特别要注意的是输入现金流的正负号和返回值的正负号，以及输入现值流和返回值所处的时间点。

(2) 复利现值公式(已知 F，求 P)

即将某一时点(非零点)的资金价值换算成资金的现值(零点处的值)。

若 F 为已知，则由公式(1.5)可求出 P：

$$P = F\frac{1}{(1+i)^n} \tag{1.6}$$

公式(1.6)可以表示为：$P = F(P/F, i, n)$，其中 $\frac{1}{(1+i)^n}$ 及 $(P/F, i, n)$ 称作一次支付现值系数。

【例 1.3】 某企业拟在今后第 5 年年末，能从银行取出 2 万元购置一台设备，若年利率为 10%，那么现在应存入银行多少钱?

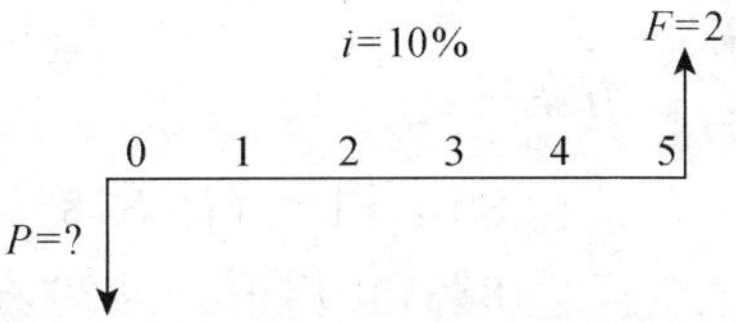

图 1.6 例 1.3 现金流量图

【解】 已知 $F=2$，$i=10\%$，$n=5$，求 P，其现金流量图如图 1.6 所示。

$$P = F \times \frac{1}{(1+i)^n} = 2 \times \frac{1}{(1+10\%)^5} = 2 \times 0.6209 = 1.2418(\text{万元})$$

也可查复利系数表得$(P/F,10\%,5)=0.6209$，故求得

$$P = F(P/F,\ i,\ n) = 2\times(P/F,10\%,5) = 2\times0.6209 = 1.2418(\text{万元})$$

即若想5年末得到2万元的储金，现在必须存入1.2418万元。该例用电子表格计算如图1.7。

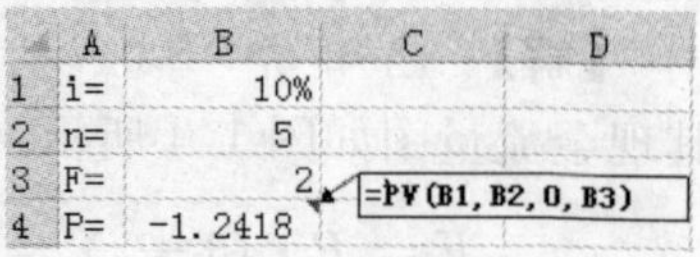

图1.7 例1.3电子表格解法

【例1.4】 某咨询公司受业主委托，对某设计院提出屋面工程的三个设计方案进行评价。相关信息见表1.4。

表1.4 设计方案信息表

序号	项目	方案一	方案二	方案三
1	防水层综合单价/(元/m^2)	合计260.00	90.00	80.00
2	保温层综合单价/(元/m^2)		35.00	35.00
3	防水层寿命/年	30	15	10
4	保温层寿命/年		50	50
5	拆除费用/(元/m^2)	按防水层、保温层费用的10%计	按防水层费用的20%计	按防水层费用的20%计

拟建工业厂房的使用寿命为50年，不考虑50年后其拆除费用及残值，不考虑物价变动因素。基准收益率为8%。分别列式计算拟建工业厂房寿命期内屋面防水保温工程各方案的综合单价现值。(计算结果保留2位小数)

【解】 方案一：

$260\times[1+(P/F,8\%,30)]+260\times10\%\times(P/F,8\%,30)=288.42$ (元/m^2)

方案二：

$90\times[1+(P/F,8\%,15)+(P/F,8\%,30)+(P/F,8\%,45)]+90\times20\%\times[(P/F,8\%,15)+(P/F,8\%,30)+(P/F,8\%,45)]+35=173.16$ (元/m^2)

方案三：

$80\times[1+(P/F,8\%,10)+(P/F,8\%,20)+(P/F,8\%,30)+(P/F,8\%,40)]+80\times20\%\times[(P/F,8\%,10)+(P/F,8\%,20)+(P/F,8\%,30)+(P/F,8\%,40)]+35=194.02$(元/$m^2$)

综上计算可知，方案二的综合单价最低。

2）等额现金流量序列公式

即现金流量序列所发生的现金收入与支出是以年金的形式出现的复利分析与计算。在前面介绍过，关于年金有普通年金、延迟年金、预付年金之分。它们的计算是以普通年金的计算为基础的，通过普通年金的计算可以推算出延迟年金和预付年金的计算结果。只是在实际计算时，一定要注意年金的类型。现以普通年金为例，即每期末收支的情况，介绍有关等额收支的复利公式。

(1) 年金终值公式(已知 A，求 F)

其含义是在一个时间序列中，在利率为 i 的情况下，连续在每个计息期的期末收入(支出)一笔等额的资金 A，求 n 年后由各年的本利和累积而成的总额 F，即已知 A，i，n，求 F。类似于银行的“零存整取”储蓄方式，其现金流量图如图 1.8 所示。

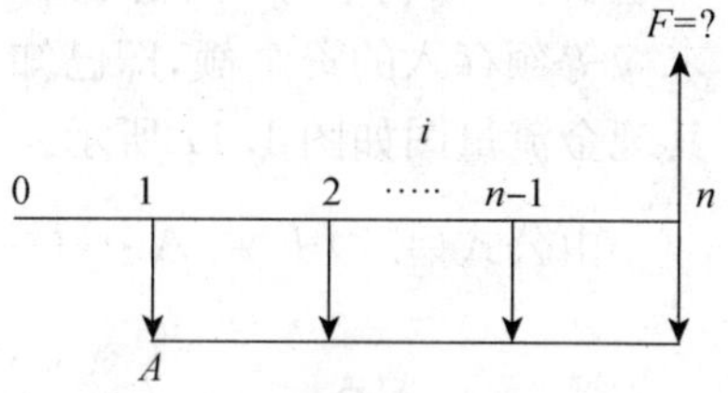

图 1.8　年金终值现金流量图

各期期末年金 A 相对于第 n 期期末的本利和可用表 1.5 表示。

表 1.5　普通年金复利终值计算表

期数	1	2	3	…	$n-1$	N
每期末年金	A	A	A	…	A	A
N 期末年金终值	$A(1+i)^{n-1}$	$A(1+i)^{n-2}$	$A(1+i)^{n-3}$	…	$A(1+i)$	A

$$F = A(1+i)^{n-1} + A(1+i)^{n-2} + A(1+i)^{n-3} + \cdots + A(1+i) + A$$
$$= A \cdot \frac{(1+i)^n - 1}{i} \tag{1.7}$$

公式 $F = A \cdot \dfrac{(1+i)^n - 1}{i}$ 即为复利年金终值(未来值)公式。

也可表示为 $F = A(F/A,\ i,\ n)$，其中$\dfrac{(1+i)^n - 1}{i}$或$(F/A,\ i,\ n)$称作年金复利终值系数，简称年金终值系数，或年金未来值系数。

【例 1.5】　某公路工程总投资 10 亿元，5 年建成，每年末投资 2 亿元，年利率为 7%，求 5 年末的实际累计总投资额。

【解】　已知 $A = 2$，$i = 7\%$，$n = 5$，求 F。

此项目资金现金流量图如图 1.9 所示，第 5 年末虚线表示需要收入多少才能与总投资

图 1.9　例 1.5 现金流量图

持平。

由公式(1.7)可得

$$F = A \cdot \frac{(1+i)^n - 1}{i} = 2 \times \frac{(1+7\%)^5 - 1}{7\%} = 11.5(\text{亿元})$$

此题表示若全部资金是贷款得来，需要支付1.5亿元的利息。该例用电子表格计算，如图1.10。

	A	B	C	D	E	F
1	i=	7%				
2	n=	5				
3	A=	-2				
4	F=	11.50	=FV(B1, B2, B3, 0, 0)			

图1.10　例1.5电子表格解法

(2) 偿债基金公式(已知F，求A)

其含义是为了筹集未来n年后所需要的一笔资金，在利率为i的情况下，求每个计息期末应等额存入的资金额，即已知F，i，n，求A，其现金流量图如图1.11所示。

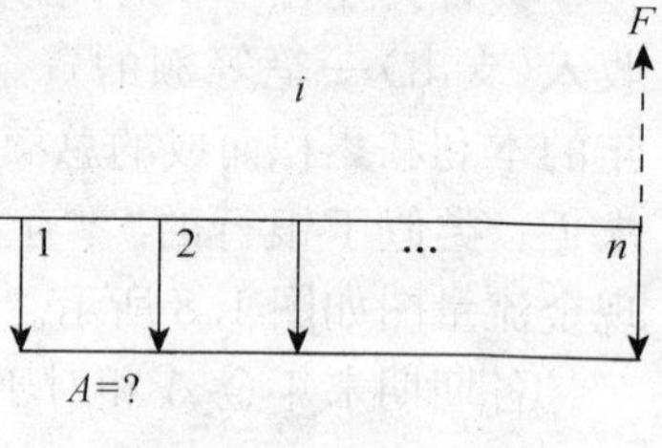

图1.11　偿债基金现金流量图

由公式(1.7) $F = A \cdot \frac{(1+i)^n - 1}{i}$ 可得

$$A = F \cdot \frac{i}{(1+i)^n - 1} \qquad (1.8)$$

公式(1.8)即为偿债基金公式，可以表示为$A=F(A/F,\ i,\ n)$。式中系数$\frac{i}{(1+i)^n-1}$或$(A/F,\ i,\ n)$称作偿债基金系数，它与年金终值系数互为倒数。

【例1.6】 某企业准备5年后新建一幢5 000平方米的住宅楼以改善职工居住条件，按测算每平方米造价为800元。若银行利率为8%，问现在起每年年末应等额存入多少金额才能满足需要？

【解】 已知$F = 5\,000 \times 800 = 400$(万元)，$i = 8\%$，$n = 5$，求$A$。

由公式(1.8)可知，

$$A = F \cdot \frac{i}{(1+i)^n - 1} = 400 \times \frac{8\%}{(1+8\%)^5 - 1} = 68.184(\text{万元})$$

所以该企业每年末应等额存入68.184万元才能满足需要。

该例用电子表格计算，如图1.12。

	A	B	C	D	E
1	参数项	参数值	计量单位		
2	面积	5000	平方米		
3	单位造价	800	元/平方米		
4	i=	8%			
5	n=	5	年	=B2*B3/10000	
6	F=	400	万元		
7	A=	-68.18	=PMT(B4, B5, 0, B6)		
8					

图1.12　例1.6电子表格解法

采用公式(1.7)和公式(1.8)进行复利计算时，现金流量的分布必须符合图1.8和图1.11的形式，即连续的等额分付偿债值A必须发生在第1期期末至第n期期末，否则应进行一定的变换和换算。

(3) 年金现值公式(已知 A,求 P)

其含义是在 n 年内每年等额收支一笔资金 A,在利率为 i 的情况下,求此等额年金收支的现值总额,即已知 A, i, n,求 P,类似于银行的“整存零取”储蓄方式。其现金流量图如图1.13所示。

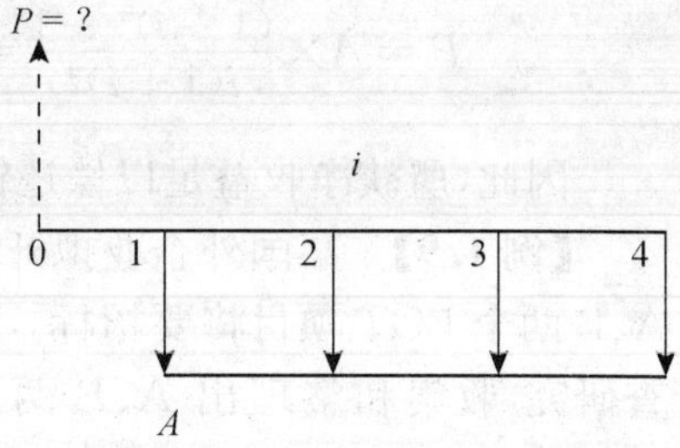

图 1.13　年金现值现金流量图

类似于年金终值的计算推导,年金现值的计算可以利用数列求和得出,也可以利用年金终值公式与折现的概念,直接由年金终值公式推导得出。

由公式(1.7) $F = A \cdot \dfrac{(1+i)^n - 1}{i}$ 及公式(1.6) $P = F\dfrac{1}{(1+i)^n}$ 可得:

$$P = A \cdot \frac{(1+i)^n - 1}{i} \cdot \frac{1}{(1+i)^n} = A \cdot \frac{(1+i)^n - 1}{i(1+i)^n} \tag{1.9}$$

公式(1.9)为年金现值公式,可表示为 $P = A(P/A, i, n)$,其中系数 $\dfrac{(1+i)^n-1}{i(1+i)^n}$ 或$(P/A, i, n)$称作年金现值系数。

【例 1.7】 为在未来 15 年中的每年年末回收资金 8 万元,在年利率为 8%的情况下,现需向银行存入多少钱?

【解】 已知 $A = 8$, $i = 8\%$, $n = 15$,求 P。

其现金流量图如图 1.14 所示。

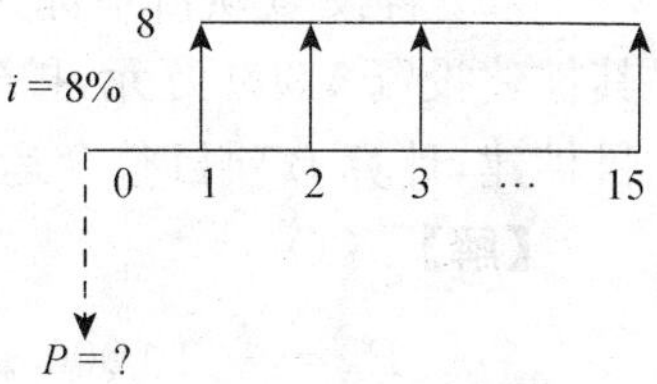

图 1.14　例 1.7 现金流量图

由年金现值公式(1.9) $P = A \cdot \dfrac{(1+i)^n - 1}{i(1+i)^n}$ 得:

$$P = A \cdot \frac{(1+i)^n - 1}{i(1+i)^n} = 8 \times \frac{(1+8\%)^{15} - 1}{8\%(1+8\%)^{15}} = 68.48(\text{万元})$$

即现在应存入 68.48 万元的资金。

该例用电子表格计算,如图 1.15。

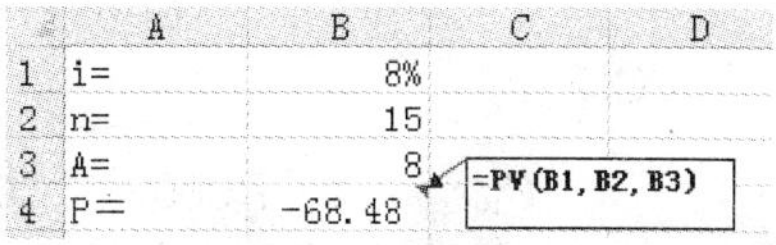

图 1.15　例 1.7 电子表格解法

【例 1.8】 某建筑公司打算贷款购买一部 10 万元的建筑机械,利率为 10%。据预测,此机械使用年限为 10 年,每年可获净收益 2 万元。在使用期内,该机械所获净收益是否足以偿还银行贷款?

【解】 已知 $A = 2$, $i = 10\%$, $n = 10$,求 P 是否大于 10。

$$P = A\times\frac{(1+i)^n-1}{i(1+i)^n} = 2\times\frac{(1+10\%)^{10}-1}{10\%(1+10\%)^{10}} = 12.29(\text{万元}) > 10(\text{万元})$$

因此,所获净收益足以偿还银行贷款。

【例 1.9】 某国外企业拟开拓我国某大城市市场。经调查该市市政府目前有A、B两个BOT项目将要招标。两个项目建成后经营期限均为15年。经市场调查研究,收集和整理出A、B两个项目投资与收益数据见表1.6。基准收益率为6%。

表 1.6　A、B项目投资与收益数据表

项目名称	初始投资/万元	运营期每年收益/万元		
		1~5年	6~10年	11~15年
A项目	10 000	2 000	2 500	3 000
B项目	7 000	1 500	2 000	2 500

(1) 不考虑建设期的影响,分别列式计算A、B两个项目的现值。

(2) 若投B项目中标并建成经营5年后,可以自行决定是否扩建。如果扩建,其扩建投资4 000万元,扩建后B项目每年运营收益增加1 000万元。如果B项目扩建,计算B项目整个运营期的现值。

【解】 (1)

$$\begin{aligned}P_A &= -10\,000+2\,000\times(P/A,6\%,5)+2\,500\times(P/A,6\%,5)(P/F,6\%,5)+3\,000\times(P/A,6\%,5)(P/F,6\%,10)\\&= -10\,000+2\,000\times4.212\,3+2\,500\times4.212\,3\times0.747\,4\\&\quad+3\,000\times4.212\,3\times0.558\,4 = 13\,351.73(\text{万元})\end{aligned}$$

$$\begin{aligned}P_B &= -7000+1500\times(P/A,6\%,5)+2000\times(P/A,6\%,5)(P/F,6\%,5)+2\,500\times(P/A,6\%,5)(P/F,6\%,10)\\&= -7\,000+1\,500\times4.212\,3+2\,000\times4.212\,3\times0.747\,4\\&\quad+2\,500\times4.212\,3\times0.558\,4 = 11\,495.37(\text{万元})\end{aligned}$$

(2)

$$\begin{aligned}P_{B扩建} &= -7\,000+1\,500\times(P/A,6\%,5)+3\,000\times(P/A,6\%,5)(P/F,6\%,5)+3\,500\times(P/A,6\%,5)(P/F,6\%,10)-4\,000\times(P/F,6\%,5)\\&= -7\,000+1\,500\times4.212\,3+3\,000\times4.212\,3\times0.747\,4+3\,500\\&\quad\times4.212\,3\times0.558\,4-4\,000\times0.747\,4 = 14\,006.19(\text{万元})\end{aligned}$$

(4) 资金回收公式(已知 P, 求 A)

其含义是指在期初一次投入资金数额为 P,欲在 n 年内全部收回,则在利率为 i 的情况下,求每年年末应等额回收的资金,即已知 P, i, n,求 A。其现金流量图如图 1.16 所示。

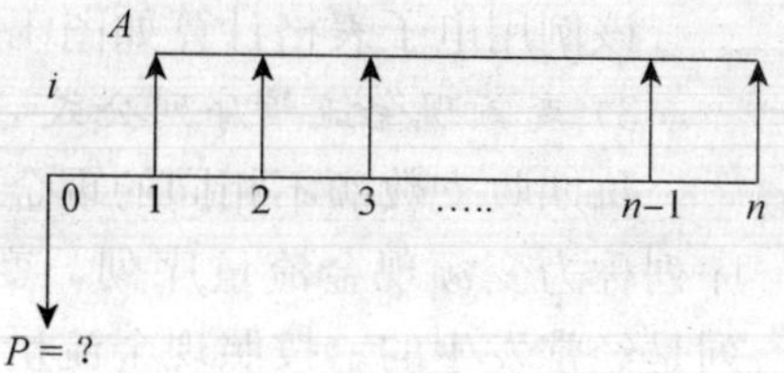

图 1.16 资金回收现金流量图

资金回收公式可由偿债基金公式与一次支付终值公式推导得出,也可由年金现值公式直接反算得出。以下是两种推导方法。

由偿债基金公式推导:

$$A = F \cdot \frac{i}{(1+i)^n - 1} = P \cdot (1+i)^n \cdot \frac{i}{(1+i)^n - 1} = P \cdot \frac{i(1+i)^n}{(1+i)^n - 1}$$

或由年金现值公式 $P = A \cdot \frac{1-(1+i)^{-n}}{i}$ 直接变换得 $A = P \cdot \frac{i(1+i)^n}{(1+i)^n - 1}$

公式 $A = P \cdot \frac{i(1+i)^n}{(1+i)^n - 1}$ (1.10)

称作资金回收公式,可表示为

$$A = P \cdot (A/P, i, n)$$

式中系数 $\frac{i(1+i)^n}{(1+i)^n - 1}$ 或$(A/P, i, n)$ 称作资金回收系数。

由上述推导过程可知,资金回收系数是年金现值系数的倒数。资金回收系数是一个重要的系数。其含义是对应于工程方案的初始投资,在方案寿命期内每年至少要回收的金额。在工程方案经济分析中,如果对应于单位投资的每年实际回收金额小于相应的预计资金回收金额,就表示在给定利率 i 的情况下,在方案的寿命期内不可能将全部投资收回。

【例 1.10】 某建设项目的投资准备用国外贷款,贷款方式为商业信贷,年利率 20%。据测算投资额为 1 000 万元,项目服务年限为 20 年,期末净残值为零。问该项目年均净收益为多少时不至于亏本?

【解】 已知 $P = 1\,000$, $i = 20\%$, $n = 20$,求 A。

$$A = P \cdot \frac{i(1+i)^n}{(1+i)^n - 1} = 1\,000 \times \frac{20\%(1+20\%)^{20}}{(1+20\%)^{20} - 1}$$
$$= 1\,000 \times 0.205\,4 = 205.4(\text{万元})$$

所以,该项目年均净收益至少为 205.4 万元时才不至于亏本。

该例用电子表格计算如图 1.17。

	A	B	C	D
1	i	20%		
2	n	20		
3	P	-1000	=PMT(B1, B2, B3)	
4	A=	205.36		

图 1.17　例 1.10 电子表格解法

3）变额现金流量序列公式

每期收支数额不相同的现金，这种现金流量序列称为变额现金流量序列。变额现金流量序列是经常发生的。按照现金流量的变化规律，可分为两种情况。其一为一般情况，即变额现金流量序列无规律可循；其二为特殊情况的变额现金流量序列。按照变额现金流量序列的规律又可以分为等差、等比（或等百分比）两种情况。

（1）一般变额现金流量序列的终值和现值

若每期期末的现金收支不等，且无一定的规律可循，可利用复利公式 $F=P\cdot(1+i)^n$ 或 $P=F\cdot(1+i)^{-n}$ 分项计算后求和。

例：有一变额现金流量序列，各期末现金流量分别为 $K_1, K_2, K_3, \cdots, K_{n-1}, K_n$，分别求其现值资金总额和终值资金总额。如图 1.18 所示。

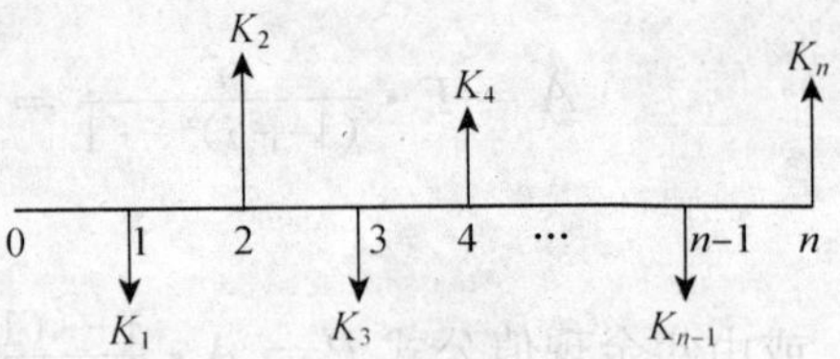

图 1.18　一般变额现金流量图

现值资金总额以 K_P 表示，终值资金总额以 K_F 表示，则：

$$K_P=\frac{K_1}{(1+i)}+\frac{K_2}{(1+i)^2}+\cdots+\frac{K_{n-1}}{(1+i)^{n-1}}+\frac{K_n}{(1+i)^n}=\sum_{t=1}^{n}\frac{K_t}{(1+i)^t} \tag{1.11}$$

$$\begin{aligned}K_F&=K_1(1+i)^{n-1}+K_2(1+i)^{n-2}+\cdots+K_{n-1}(1+i)+K_n\\&=\sum_{t=1}^{n}K_t(1+i)^{n-t}\end{aligned} \tag{1.12}$$

注：式(1.11)及式(1.12)中的 K_i 是有“正负”之分的，为表示方便而未标出。

（2）特殊情况的变额现金流量序列

① 等差现金流量序列公式

等差现金流量序列即为每期期末收支的现金流量序列是成等差变化的，其现金流量图如图 1.19 所示。

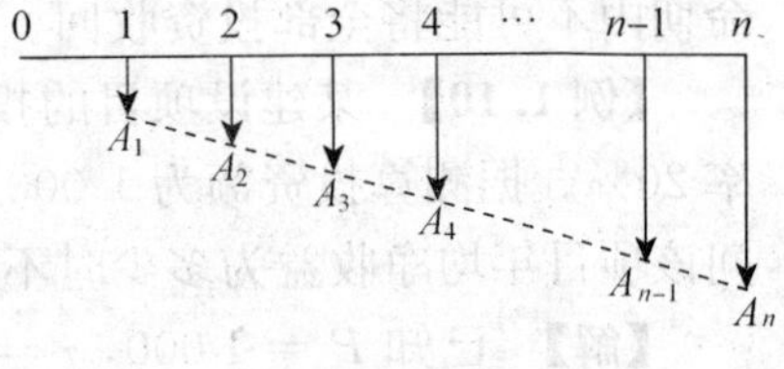

图 1.19　等差现金流量图

每期期末现金支出分别为 A_1，A_2，A_3，A_4，…，A_{n-1}，A_n，并且它们是一个等差序列，公差为 G（又称为等差因子或梯度因子），令 $A_1=A$，$A_2=A+G$，$A_3=A+2G$，$A_4=A+3G$，…，$A_{n-1}=A+(n-2)G$，$A_n=A+(n-1)G$。

显而易见，图 1.19 的现金流量可分解为两部分：第一部分是由第 1 期期末现金流量 A_1 构成的等额分付现金流量图，如图 1.20 所示；第二部分是由等差变额 G 构成的递增等差序列现金流量图，如图 1.21 所示。

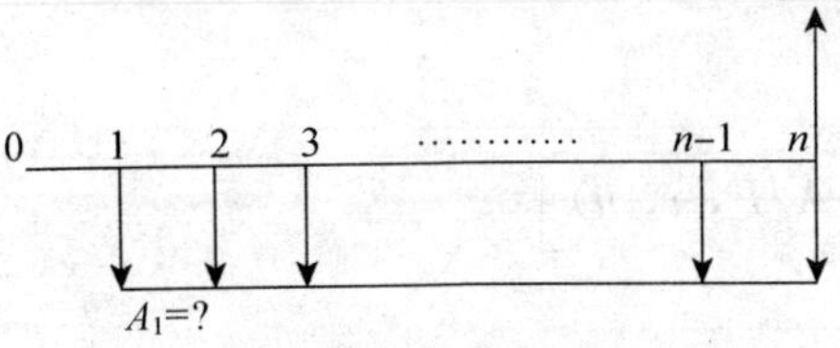

图 1.20　等额值为 A_1 的等额分付序列现金流量图

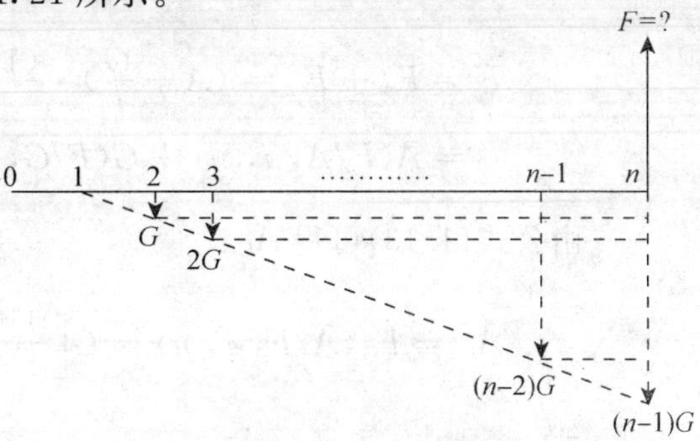

图 1.21　等差变额为 G 的递增等差序列现金流量图

根据前述收支总额的复利终值概念，若以 F 表示总额复利终值，则：

$$\begin{aligned}F &= A(1+i)^{n-1}+(A+G)(1+i)^{n-2}+\cdots\\&\quad+[A+(n-2)G](1+i)+[A+(n-1)G]\\&=[A(1+i)^{n-1}+A(1+i)^{n-2}+A(1+i)^{n-3}+\cdots+A(1+i)+A]\\&\quad+[G(1+i)^{n-2}+2G(1+i)^{n-3}+\cdots+(n-2)G(1+i)+(n-1)G]\\&=A\cdot\frac{(1+i)^n-1}{i}+G\sum_{k=1}^{n}(k-1)(1+i)^{n-k}\end{aligned}$$

式中，$G\sum_{k=1}^{n}(k-1)(1+i)^{n-k}=F_G$，表示变额资金部分复利终值，$A\cdot\frac{(1+i)^n-1}{i}=F_A$，表示等额年金复利终值部分。下面推导 F_G 的表达式：

$$\begin{aligned}F_G &= G\sum_{k=1}^{n}(k-1)(1+i)^{n-k}\\&=G\times\left[\frac{(1+i)^{n-1}-1}{i}+\frac{(1+i)^{n-2}-1}{i}+\cdots+\frac{(1+i)^2-1}{i}\right.\\&\quad\left.+\frac{(1+i)^1-1}{i}+\frac{(1+i)^0-1}{i}\right]\\&=\frac{G}{i}\cdot[(1+i)^{n-1}+(1+i)^{n-2}+(1+i)^{n-3}+\cdots+(1+i)^2\\&\quad+(1+i)^1+1]-\frac{nG}{i}\\&=\frac{G}{i}\cdot\frac{(1+i)^n-1}{i}-\frac{nG}{i}\end{aligned}\tag{1.13}$$

式(1.13)可表示为 $F_G = G(F/G, i, n)$,式中系数 $\frac{1}{i} \cdot \frac{(1+i)^n - 1}{i} - \frac{n}{i}$ 或 $(F/G, i, n)$ 称作等差终值系数。则,

$$F = F_A + F_G = \left(A + \frac{G}{i}\right) \cdot \frac{(1+i)^n - 1}{i} - \frac{nG}{i}$$
$$= A(F/A, i, n) + G(F/G, i, n) \tag{1.14}$$

由公式(1.13)可得 A_G:

$$A_G = F_G(A/F, i, n) = G\left[\frac{1}{i} - \frac{n}{i}(A/F, i, n)\right]$$

$\left[\frac{1}{i} - \frac{n}{i}(A/F, i, n)\right]$ 称为梯度系数,通常用 $(A/G, i, n)$ 表示。

公式(1.13)经相应变换后可分别求得等差变额情况下的现值 P 和 A。同 F 值一样,P 和 A 都是由等额部分(年金)和变额部分组成的,即:

$$P = P_A + P_G$$
$$A = A_A + A_G$$

上面公式是等额递增序列的等值换算公式,对于等额递减序列[即 $A_1 = A$, $A_2 = A - G$, $A_3 = A - 2G$, …, $A_n = A - (n-1)G$]的情况,只需将 G 变成负值代入公式即可。

【例 1.11】 设有一机械设备,在使用期 5 年内,其维修费在第 1、2、3、4、5 年年末的金额分别为 500、600、700、800 和 900 元,如图 1.22。若年利率以 10%计,试计算费用的终值、现值及对应增额部分的现值和年金。

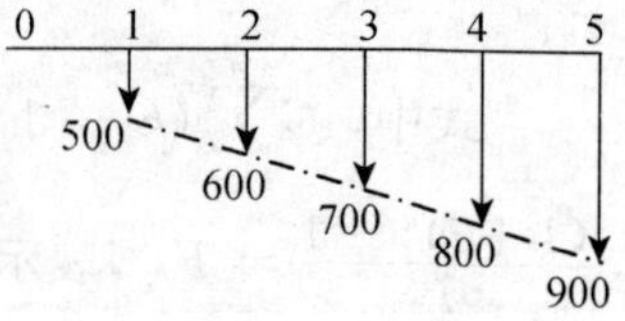

图 1.22 等差现金流量序列

【解】 已知 $i = 10\%$, $n = 5$, $A = 500$, $G = 100$,由公式(1.14)可得:

$$F = \left(A + \frac{G}{i}\right) \cdot \frac{(1+i)^n - 1}{i} - \frac{nG}{i}$$
$$= \left(500 + \frac{100}{10\%}\right) \times \frac{(1+10\%)^5 - 1}{10\%} - \frac{5 \times 100}{10\%}$$
$$= 4\,157.65(\text{元})$$

其对应的现值为:

$$P = F(1+i)^{-n} = 4\,157.65 \times (1+10\%)^{-5} = 2\,581.57(\text{元})$$

对应每个期末发生的增额 G,这部分的现值 P_G 和对应增额的年金 A_G 计算

如下：

$$P_G = F_G \times (1+i)^{-n} = \left[\frac{G}{i} \times \frac{(1+i)^n - 1}{i} - \frac{nG}{i}\right] \cdot (1+i)^{-n}$$
$$= \frac{G}{i}(F/A, i, n)(P/F, i, n) - \frac{nG}{i}(P/F, i, n)$$
$$= \frac{100}{10\%}(F/A, 10\%, 5)(P/F, 10\%, 5) - \frac{500}{10\%}(P/F, 10\%, 5)$$
$$= 686.18(\text{元})$$

$$A_G = P_G(A/P, i, n) = 686.18 \times (A/P, 10\%, 5)$$
$$= 686.18 \times 0.2683 = 184.10(\text{元})$$

② 等比现金流量序列公式

等比现金流量序列即为每期期末发生的现金流量序列成等比变化的数列，假设等比因子为 q，其现金流量图如图 1.23 所示。

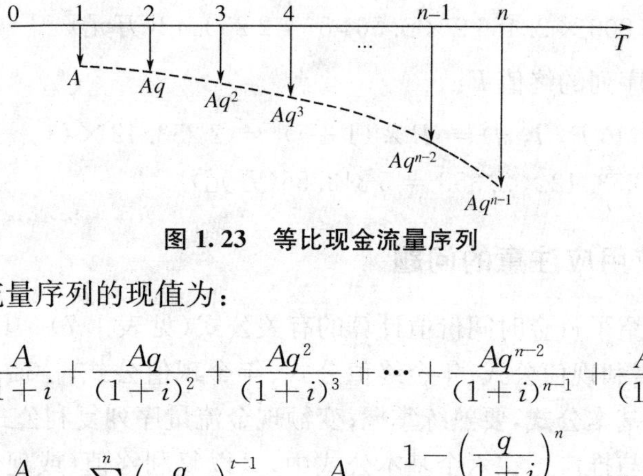

图 1.23　等比现金流量序列

则此现金流量序列的现值为：

$$P = \frac{A}{1+i} + \frac{Aq}{(1+i)^2} + \frac{Aq^2}{(1+i)^3} + \cdots + \frac{Aq^{n-2}}{(1+i)^{n-1}} + \frac{Aq^{n-1}}{(1+i)^n}$$
$$= \frac{A}{1+i} \cdot \sum_{t=1}^{n}\left(\frac{q}{1+i}\right)^{t-1} = \frac{A}{1+i} \cdot \frac{1-\left(\frac{q}{1+i}\right)^n}{1-\frac{q}{1+i}} = A \cdot \frac{1-\left(\frac{q}{1+i}\right)^n}{1+i-q}$$

令 $q = 1+s$，则有

$$P = A \cdot \frac{1}{i-s}\left[1-\left(\frac{1+s}{1+i}\right)^n\right] \tag{1.15}$$

公式(1.15)即为成等比关系的现金流量序列现值公式，同理可以求终值和年值。

【例 1.12】 某项目第一年年初投资 700 万元，第二年年初又投资 100 万元，第二年获净收益 500 万元，至第六年净收益逐年递增 6%，第七年至第九年每年获净收益 800 万元，若年利率为 10%，求与该项目现金流量等值的现值和终值。

【解】 按题意，在 1～9 年内现金流量如图 1.24 所示。

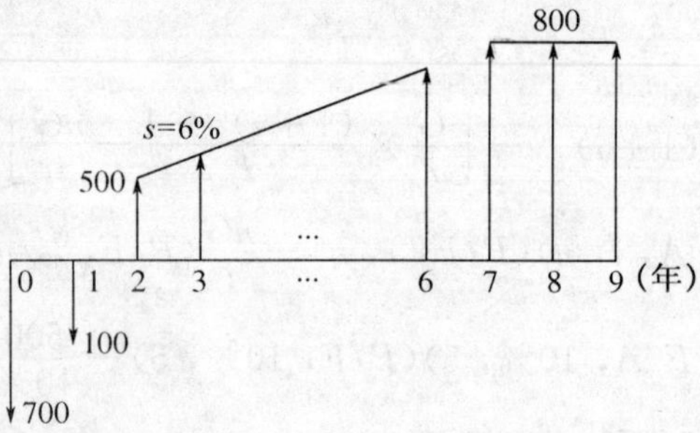

图 1.24　例 1.12 现金流量图

该现金流量序列的现值 P：

$$P = -700 - 100(P/F, 10\%, 1) + 500 \times \frac{1}{10\% - 6\%}\left[1 - \left(\frac{1+6\%}{1+10\%}\right)^5\right]$$
$$\times (P/F, 10\%, 1) + 800 \times (P/A, 10\%, 3) \times (P/F, 10\%, 6)$$
$$= -700 - 100 \times 0.9091 + 500 \times 4.2267 \times 0.9091$$
$$+ 800 \times 2.4869 \times 0.5645 = 2\,253.42(\text{万元})$$

该现金流量序列的终值 F：

$$F = P(F/P, i, n) = P \times (1+i)^n = 2\,253.42 \times (1+10\%)^9$$
$$= 2\,253.42 \times 2.358 = 5\,313.56(\text{万元})$$

1.3.3　公式应用应注意的问题

本节主要介绍了资金时间价值计算的有关公式(见表 1.7)。其中一次性支付复利终值公式、复利现值公式、年金终值公式、年金现值公式、偿债基金公式、资金回收公式是六个基本公式,要熟练掌握;变额现金流量序列复利公式是在前述公式的基础上的应用与推广。在六个基本公式中,又以复利终值(或现值)公式为最基本的公式,其他公式都是在此基础上经初等数学运算得到的。在具体运用公式时应注意下列问题:

(1) 方案的初始投资,假定发生在方案的寿命期初,即"零点"处;方案的经常性支出假定发生在计息期末。

(2) P 是在当前年度开始发生(零时点),F 在当前以后第 n 年年末发生,A 是在考察期间各年年末发生。当问题包括 P 和 A 时,系列的第一个 A 是在 P 发生一年后的年末发生;当问题包括 F 和 A 时,系列的最后一个 A 和 F 同时发生。

(3) 等差系列公式中,第一个 G 发生在系列的第二年年末。

(4) 理清公式的来龙去脉,灵活运用。复利计算公式是以复利终值公式 $F = P(1+i)^n$ 作为基本公式,根据相应的定义,并运用数学方法推导所得,各公式之间存在内在联系。用系数表示如下：

$$(F/P,\ i,\ n)=\frac{1}{(P/F,\ i,\ n)}\quad (F/A,\ i,\ n)=\frac{1}{(A/F,\ i,\ n)}$$

$$(P/A,\ i,\ n)=\frac{1}{(A/P,\ i,\ n)}$$

掌握各系数之间的关系，便于进行等值换算。但应注意，只有在 i,n 等条件相同的情况下，上述关系才成立。

(5) 利用公式进行资金的等值计算时，要充分利用现金流量图。现金流量图不仅可以清晰准确地反映现金收支情况，而且有助于准确确定计息期数，使计算不易发生错误。

表 1.7　复利计算公式一览表

支付方式	系数名称	系数	系数符号	已知	所求	计算公式
一次支付序列	终值系数	$(1+i)^n$	$(F/P,i,n)$	P	F	$F=P(1+i)^n$
	现值系数	$(1+i)^{-n}$	$(P/F,i,n)$	F	P	$P=F(1+i)^{-n}$
等额支付序列	年金终值系数	$\frac{(1+i)^n-1}{i}$	$(F/A,i,n)$	A	F	$F=A\cdot\frac{(1+i)^n-1}{i}$
	年金现值系数	$\frac{(1+i)^n-1}{i(1+i)^n}$	$(P/A,i,n)$	A	P	$P=A\cdot\frac{(1+i)^n-1}{i(1+i)^n}$
	偿债基金系数	$\frac{i}{(1+i)^n-1}$	$(A/F,i,n)$	F	A	$A=F\cdot\frac{i}{(1+i)^n-1}$
	资金还原系数	$\frac{i(1+i)^n}{(1+i)^n-1}$	$(A/P,i,n)$	P	A	$A=P\cdot\frac{i(1+i)^n}{(1+i)^n-1}$
变额支付序列 等差支付	等差变额支付梯度系数	$\frac{1}{i}-\frac{n}{i}(A/F,\ i,\ n)$	$(A/G,i,n)$	G	A	$A=G\left[\frac{1}{i}-\frac{n}{i}(A/F,\ i,\ n)\right]$
变额支付序列 等比支付	等比支付系列现值系数	$\frac{1}{i-s}\left[1-\left(\frac{1+s}{1+i}\right)^n\right]$		A	P	$P=A\cdot\frac{1}{i-s}\left[1-\left(\frac{1+s}{1+i}\right)^n\right]$

1.4　名义利率与有效利率

在实际应用中，计息周期并不一定以一年为一个计息周期，可以按半年计息一次、每季一次、每月一次，在伦敦、纽约、巴黎等的金融市场上，短期利率通常以日计算。因此，同样的年利率，由于计息期数的不同，本金所产生的利息也不同。因而，有名义利率和有效利率之分。通常所说的年利率是名义利率。

所谓名义利率是指按年计息的利率，即计息周期为1年。

所谓有效利率是指按实际计息期计息的利率。

例如，每个计息周期的利率为4%，计息周期为半年，在这种情况下，即名义利率为8%，而有效利率为4%。

假设名义利率用 r 表示，有效利率用 i 表示，一年中计息周期数为 m，则 i 和 r 的关系为

$$i = \frac{r}{m}$$

名义利率不能直接进行比较，除非它们在一年中的计息次数相同。否则，必须转化为以相同计息期数为基准的利率水平，然后再进行比较。通常以1年为比较基准年限，即比较年有效利率。例如，两家银行提供贷款，一家报价利率为6%，按半年计息；另一家报价利率为5.85%，以月计息，请问你选择哪家银行？此时6%和5.85%都是名义利率，显然不能简单地把它们直接进行比较，需将其转化为年有效利率。

1.4.1 间断式计息期内的有效年利率

有效利率的计息期不为一年，则有效年利率可用下式表示：

$$i = \frac{F-P}{P} = \frac{P\left(1+\frac{r}{m}\right)^m - P}{P} = \left(1+\frac{r}{m}\right)^m - 1 \tag{1.16}$$

式中，i——有效年利率；

F——期末的本利和；

P——本金；

r——名义利率；

m——一年之中的计息周期数。

公式(1.16)反映了复利条件下有效年利率和名义利率之间的关系。

一般有效年利率不低于名义利率，假设名义利率为6%，每年计息一次，则1元钱1年后将得到利息0.06元，若计息期改为半年，此时对应半年计息期的有效利率为3%，1年之内的计息期数为2，一年后的本利和是：

$$F = 1\times\left(1+\frac{6\%}{2}\right)^2 = 1.060\,9(\text{元})$$

这1元的实际利息是1.060 9－1＝0.060 9，此时的有效年利率为6.09%，可

知有效年利率不低于名义利率。

【例 1.13】 假定某人把 1 000 元进行投资，时间为 10 年，利息按年利率 8%，每季度计息一次计算，求 10 年后的将来值。

【解】 由题意可知，每年计息 4 次，10 年的计息期为 4×10=40 次，每一计息期的有效利率为 8%÷4=2%，根据复利公式可求得 10 年末的将来值为：

$F = P(F/P,\ i,\ n) = 1\,000 \times (F/P, 2\%, 40) = 1\,000 \times 2.208\,0 = 2\,208$(元)

其名义利率为 8%，每年的计息期 $n = 4$，年有效利率为：

$$i = \left(1 + \frac{0.08}{4}\right)^4 - 1 = 8.243\,2\%$$

1.4.2 连续式计息期内的有效年利率

在一个企业或工程项目中，要是收入和支出几乎是在不间断流动着的话，我们可以把它看作连续的现金流。当涉及这个现金流的复利问题时，就要使用连续复利的概念，即在一年中按无限多次计息，此时可以认为 $m \to \infty$，求此时的有效年利率，即对公式(1.16)求 $m \to \infty$ 时的极限。

$$i = \lim_{m \to \infty}\left(1 + \frac{r}{m}\right)^m - 1 \tag{1.17}$$

容易证得 $i = e^r - 1$。

【例 1.14】 某公司向国外银行贷款 200 万元，借款期 5 年，年利率为 15%，但每周复利计算一次。在进行资金运用效果评价时，该公司把年利率(名义利率)误认为实际利率。问该公司少算了多少利息？

【解】 该公司原计算的本利和为

$$F_1 = 200 \times (1 + 0.15)^5 = 402.27\text{(万元)}$$

而实际利率为

$$i = \left(1 + \frac{0.15}{52}\right)^{52} - 1 = 16.16\% \quad 或 \quad i = e^r - 1$$

这样，实际的本利和为：$F = 200 \times (1 + 0.161\,6)^5 = 422.97$(万元)

少算的利息为 $F - F_1 = 422.97 - 402.27 = 20.70$(万元)

1.4.3 名义利率与有效(年)利率的应用

资金时间价值是工程经济分析的基本原理，资金等值计算是这个理论的具体运用。资金等值取决于3个因素，即金额大小、资金发生的时间和利率。前面介绍的复利计算公式，可以按一定的利率在不同时刻做等值变换。可以将一笔等值资金变换到任何时刻，也可以等值变换为任何一种支付形式。现金流量分析、折现是资金等值变换的一个常见形式。实际进行资金等值计算时，有可能遇到以下不同情况，现分述如下：

1）计息期为一年

此时，有效年利率与名义利率相同，可直接利用6个复利计算公式进行计算。

【例1.15】 当利率为多大时，现在的300元等值于第9年年末的525元？

【解】

$$F = P(F/P, i, n)$$

$$525 = 300(F/P, i, 9)$$

则 $(F/P, i, 9) = 525 \div 300 = 1.750$

查表可知：当 $n = 9$，1.750落在6%和7%之间，从6%的表上查到1.689，从7%的表上查到1.838。用直线内插法可得：

$$i = 6\% + \left(\frac{1.689 - 1.750}{1.689 - 1.838}\right) \times 1\% = 6.41\%$$

计算表明，当利率为6.41%时，现在的300元钱等值于第9年年末的525元。

【例1.16】 当年利率为10%时，从现在起连续6年的年末等额支付 A 为多少时才与第6年年末的1 000元等值？

【解】 已知 $F = 1\,000$，$i = 10\%$，$n = 6$，求 A。

$$A = F \cdot \frac{i}{(1+i)^n - 1} = 1\,000 \times \frac{10\%}{(1+10\%)^6 - 1} = 129.62(\text{元})$$

即从现在起连续6年的年末等额支付129.62元才与第6年年末的1 000元等值。

2）计息期短于一年

经适当变换后仍可利用前述公式进行计算。可分为以下2种情况：

（1）计息期与支付期相同

【例1.17】 年利率为12%，每半年计息1次，从现在起连续3年每半年末等额存款为200元，问与其等值的第一年年初的现值是多少？

【解】 计息期为半年的有效利率为 $i = 0.12/2 = 0.06$，计息期数为 $n = 2 \times 3 = 6$（次）

$$P = A \cdot \frac{(1+i)^n - 1}{i(1+i)^n} = 200 \times \frac{1 - (1+6\%)^{-6}}{6\%} = 983.46(\text{元})$$

计算表明，按年利率为12%，每半年计息1次计算利息，从现在起连续3年每半年末等额存款200元，与其等值的第一年年初的现值是983.46元。

【例1.18】 求等值情况下的利率，假如有人目前借入2 000元，在今后2年中分24次偿还，每次偿还99.80元，复利按月计算，试求月有效利率、名义利率和年有效利率。

【解】 $A = P(A/P, i, n)$

$99.80 = 2\,000(A/P, i, 24)$

则：$(A/P, i, 24) = \dfrac{99.80}{2\,000} = 0.049\,9$

查表可知，上列数值相当于 $i = 1.5\%$，因为计息期是一个月，所以月有效利率为1.5%。

名义利率为：

$$r = 1.5\% \times 12 = 18\%$$

年有效利率为：

$$i = \left(1 + \frac{r}{i}\right)^n - 1 = \left(1 + \frac{0.18}{12}\right)^{12} - 1 = 19.56\%$$

(2) 计息期短于支付期

【例1.19】 年利率为10%，每半年计息一次，从现在起连续3年的等额年末存款为500元，与其等值的第一年年初的现值是多少？

【解】 方法一：先求出支付期的有效利率，支付期为1年，则有效年利率为：

$$i = \left(1 + \frac{r}{m}\right)^m - 1 = \left(1 + \frac{10\%}{2}\right)^2 - 1 = 10.25\%$$

则：$P = A \cdot \dfrac{(1+i)^n - 1}{i(1+i)^n} = 500 \times \dfrac{1 - (1 + 10.25\%)^{-3}}{10.25\%} = 1\,237.97$(元)

方法二：可把等额支付的每一个支付看作为一次支付，利用一次支付现值公式计算，如图1.25所示。

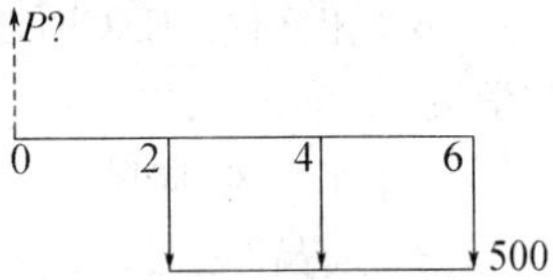

图1.25 方法二现金流量图

$$P = 500 \times \left(1 + \frac{10\%}{2}\right)^{-2} + 500 \times \left(1 + \frac{10\%}{2}\right)^{-4} + 500 \times \left(1 + \frac{10\%}{2}\right)^{-6} = 1\,237.97\text{(元)}$$

方法三：取一个循环周期，使这个周期的年末支付变成等值的计息期末的等额支付系列，从而使计息期和支付期完全相同，则可将有效利率直接代入公式计算，如图 1.26 所示。

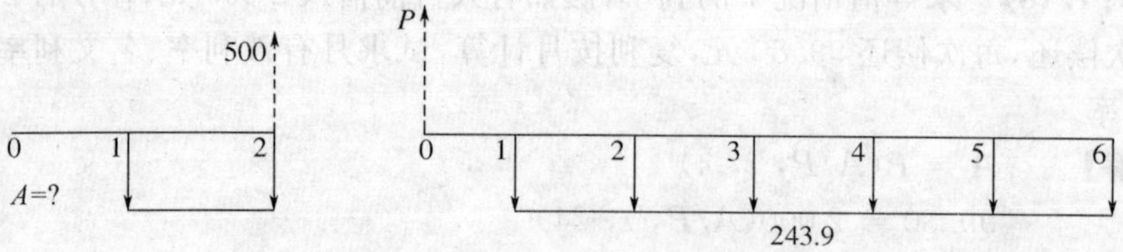

图 1.26　方法三现金流量图

在年末存款 500 元的等效方式是在每半年末存入：

$A = 500 \times (A/F, i, n) = 500 \times (A/F, 10\%/2, 2) = 500 \times 0.4878 = 243.9$(元)

则：$P = A \cdot \dfrac{(1+i)^n - 1}{i(1+i)^n} = 243.9 \times (P/A, 5\%, 6) = 243.9 \times 5.0757 = 1237.97$(元)

通过三种方法表明，按年利率 10%，每半年计息一次，从现在起连续 3 年的等额年末存款 500 元，与其等值的第一年年初的现值是 1 237.97 元。

本章学习参考和扩展阅读文献

[1] 邵颖红，黄渝祥. 工程经济学概论[M]. 北京：电子工业出版社，2003：53-77

[2] 刘晓君. 工程经济学[M]. 北京：中国建筑工业出版社，2009：23-74

[3] 吴鼎贤. 建筑工程现代管理量化与优化方法[M]. 北京：地震出版社，1999

[4] 李杰. 道路工程经济[M]. 北京：人民交通出版社，1999

[5] 苏春艳. Excel 2003 中财务函数 PV、FV、PMT 的理解与应用[J]. 科技风，2010(4)：69，90

[6] 王文俐. EXCEL 财务函数在资金时间价值计算中的应用[J]. 山西经济管理干部学院学报，2006 (2)：58-60

[7] 张山风，周凤. Excel 财务函数应用解析[J]. 办公自动化，2010 (8)：47-50

[8] 蒋昌军. Excel 资金时间价值函数的杠杆平衡原理[J]. 财会月刊，2011 (35)：83-84

[9] 张丽萍. 关于资金时间价值在商品房按揭贷款中的运用[J]. 商业时代，2011 (14)：77-78

[10] 许长荣. 利用 Excel 模拟运算功能编制资金时间价值系数表[J]. 中国管理信息化，2015(1)：34-36

[11] 高岩. 基于资金时间价值的工程评标方法研究[J]. 建筑经济，2012(8)：68-71

[12] 罗劲博. 基于通货膨胀和资金时间价值影响的税收筹划研究[J]. 商业会计，2011 (16)：55-56

[13] 宋洋，钟登华．考虑资金时间价值因素的多资源均衡优化[J]．天津大学学报，2006(9)：1048-1053

[14] 羊建．资金时间价值运用与个人住房按揭贷款方式优化选择[J]．商业时代，2013(1)：79-80

[15] 马镭．连续复利资金时间价值的使用研究[J]．兰州交通大学学报，2007(3)：14-16

习　题

1. 何为资金的时间价值？有何意义？

2. 何为现金流量及现金流量图？现金流量如何计算？

3. 何为资金等值？常用资金等值换算公式有哪些？

4. 资金的时间价值和通货膨胀有何区别？

5. 什么是利息、利率？单利分析与复利分析有何区别？

6. 什么是名义利率和有效利率？二者有何关系？

7. 下列等值支付的年金终值和年金现值各为多少？

(1) 年利率为 6%，每年年末借款 500 元，连续借款 12 年；

(2) 年利率为 9%，每年年初借款 4 200 元，连续借款 43 年。

8. 下列终值的等额支付为多少？

(1) 年利率为 12%，每年年末支付一次，连续支付 8 年，8 年末积累金额 15 000 元；

(2) 年利率为 9%，每半年计息一次，每年年末支付一次。连续支付 11 年，11 年年末积累 4 000元。

9. 下列现值的等额支付为多少？

(1) 借款 5 000 元，得到借款后第一年年末开始归还，连续 5 年，分五次还清，年利率按 4% 计算；

(2) 借款 37 000 元，得到借款后的第一个月月末开始归还，连续 5 年，分 60 次还清，年利率为 9%，每月计息一次。

10. 下列现金流量序列的年末等额支付为多少？

(1) 第一年年末借款 5 000 元，以后 9 年每年末递减借款 200 元，按年利率 12%计息；

(2) 第一年年末借款 2 000 元，以后 3 年每年末递增 2%，按年利率 5%计息。

11. 如果使某施工过程机械化，则每年将节约人工费 2 000 元。若机械的寿命期为 8 年，资本的年利率为 12%，则该机械初期投资额 I^{*} 为多少合适？

12. 假定现金流量是：第 6 年年末支付 300 元，第 9，10，11，12 年年末各支付 60 元，第 13 年年末支付 210 元，第 15，16，17 年年末各支付 80 元，如按年利率 5%计息，与此等值的现金流量的现值是多少？

13. 求每半年向银行借 1 400 元，连续借 10 年的等额支付系列的等值将来值。利息分别按 (a)年利率为 12%，每半年计息一次；(b)年利率为 12%，每季度计息一次两种情况计息。

14. 某人购买一套住房总价为 150 万，其中 70%申请期限为 20 年、年利率为 5%的商业抵押贷款，约定按月等额还款，每月要还多少？这种贷款的年有效利率为多少？

15. 某公司欲建工厂，需购置土地，与土地所有者商定的结果是：现时点支付 600 万元；此后，第一个五年每半年需支付 40 万元；第二个五年每半年需支付 60 万元；第三个五年每半年需支付 80 万元。按复利计算，每半年的资本利率 $i = 4\%$。则该土地的价格相当于现时点的值是多少？

16. 某企业的现金流量图和逐年的利率 i 如图 1.27 所示，试确定该现金流量的现值、将来值和年度等值。

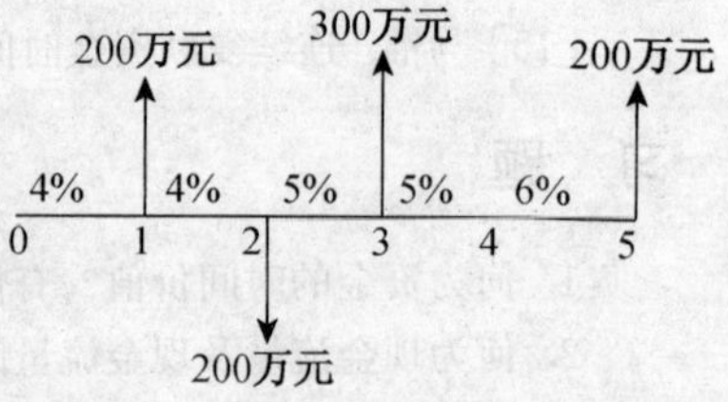

图 1.27

17. 某企业向外资贷款 200 万元建一工程，第 3 年投产，投产后每年净收益 40 万元，若年利率为 10%，问投产后多少年能归还 200 万元贷款？

18. 某承包人参与一项工程的投标，在其投标文件中：基础工程的工期为 4 个月，报价为1 200万元；主体结构工程的工期为 12 个月，报价为 3 960 万元。该承包人中标并与发包人签订了施工合同。

合同中规定，无工程预付款，每月工程款均于下月末支付；提前竣工奖为 30 万元/月，在最后一个月结算时支付。

签订施工合同后，该承包商拟定了以下两种加快施工进度的措施：

(1) 开工前夕，采取一次性技术措施。可使基础工程的工期缩短 1 个月，需技术措施费用 60 万元。

(2) 主体结构工程施工的前 6 个月，每月采取经常性技术措施，可使主体结构工程的工期缩短 1 个月，每月末需技术措施费用 8 万元。

假定贷款月利率为 1%，各分部工程每月完成的工作量相同且能按合同规定收到工程款。

问题：

(1) 若按原合同工期施工，该承包人基础工程款和主体结构工程款的现值分别为多少？

(2) 从承包人的角度优选施工方案，并说明理由。

19. 证明下列等式：

(1) $(P/A,\ i,\ n) = (P/A,\ i,\ n-1) + (P/F,\ i,\ n)$

(2) $(A/P,\ i,\ n) - i = (A/F,\ i,\ n)$

(3) $(F/A,\ i,\ n) + (F/P,\ i,\ n) = (F/A,\ i,\ n+1)$

2 工程经济分析与评价的基本原理

本章提要

在进行工程经济分析时，首先要确定工程方案的各种经济要素，在此基础上确定方案的现金流，然后根据现金流计算方案的经济性评价指标，再根据指标对方案进行经济分析或对多方案进行比较。本章主要阐述上述的工程经济分析的基本过程及其原理，主要包括：工程经济要素的构成及关系、方案经济性判断的基本指标、方案之间的单指标和多指标比较方法、以功能经济性分析为核心的价值工程原理以及用于公共项目经济评价的费用效益分析技术等。

2.1 工程经济要素

2.1.1 工程经济要素基本构成

工程经济分析评价主要就是对工程方案投入运营后预期的盈利性做出评估，为投资决策提供依据。因此，工程经济分析评价需要首先确定所处的特定环境下工程方案的投资、成本、收入、利润和税金等方面的基本数据，这些构成了工程经济分析的基本经济要素。

1）一次性投资

一般来说，工程技术方案实施初期总需要一次性投入的一笔费用，如工程项目方案的投资费用、设备方案和工艺方案的初始购置费或制造费用，称为投资。一般方案的投资费用是比较容易估算的，比较复杂的是工程建设项目的投资费用估算，本书在第5章中介绍相关内容。

2）运营收益

运营收益是指工程技术方案投入运行使用后所产生的成果或收入，如设备生产的产品、半成品或零件、建成的工厂投入生产后销售产品的销售收入或者提供劳务所取得的收入，这些收入或成果都是指可以实现的，如果是质量不合格或无法实现销售的产品（半成品、零部件），则不应计入收益。工程经济分析中，收益是现金流入的一个主要项目。

3）运营费用

运营费用，又称为运营成本、付现成本等，是指工程技术方案投入使用后在运行过程中所发生的现金支出，在投资项目经济分析中又称为经营成本。它是经济分析中一个重要的基本要素。对于设备方案来说，运营成本包括运行使用费用（如人工、燃料、动力等）和维修费（如保养、修理等）；对于单纯产品制造方案来说，运营成本包括人工费、原材料费用等；对于如道路、桥梁、房屋等永久性设施方案来说，运营成本包括维护、经常性修补、定期大修等费用。对于综合性的方案，如投资项目，它包含了产品、工艺技术、设备、工程等多个方面，其运营成本也是综合性的。在实际经济分析中，各种方案的运营成本的内容不是一成不变，可根据具体的情况进行确定，如比较设备方案时，如果不同型号设备生产相同数量和质量产品所耗用的原材料不同，则可将原材料费用也计入设备运营成本中。

投资项目经济分析中还涉及总成本费用。总成本是与经营成本不同的概念，它们之间的区别与联系将在 2.1.2 中专门讨论。

4）税金

税金是项目投资活动和经营活动过程中向国家缴纳的税收，是国家凭借政治权力参与国民收入分配和再分配的一种方式，具有强制性、无偿性和固定性的特点。工程经济分析中涉及的税金主要有下面几个税种（本书 6.3 中有进一步的详细论述）。

（1）销售税及其附加

①增值税

增值税是以商品生产和流通中各环节的新增价值和商品附加值作为征税对象的一种流转税。一般工业性建设项目及相关技术方案经济分析中涉及此项税的计算。增值税的基本税率为 17%。计算公式：

增值税＝销项税－进项税

销项税＝运营销售收入×税率

进项税＝运营外购原材料、燃料和动力等支出×税率

②营业税

营业税是指对不实行增值税的劳务交易征收一种流转税。按国家税制规定，交通运输、金融保险、邮电通信、文化体育、娱乐、服务、房地产等类项目及相关技术方案经济分析中涉及此项税的计算。计算公式：

营业税＝营业收入×适用税率

但要说明的是，我国于 2012 年启动了营业税改征增值税的转型改革，并在上海等省市的交通运输业和部分现代服务业进行试点。按财政部、国家税务总局出台的《营业税改征增值税试点方案》（财税〔2011〕110 号）的规定，交通运输业、建筑业、邮电通信业、现代服务业、文化体育业、销售不动产和转让无形资产，原则上适用增值税一般计税方法；金融保险业和生活性服务业，原则上适用增值税简易计税方法。

③销售税附加

销售税附加包括教育费附加和城乡维护建设税，它们以增值税和营业税为基

数征收，在税制分类中属于特别行为税。计算公式：

销售税附加＝增值税（或营业税）×相应税率

（2）所得税

所得税以企业的生产、经营所得和其他所得为征税对象，属于收益税。

所得税＝应税所得额×所得税税率

应税所得额＝销售收入－总成本－销售税及附加－弥补以前年度亏损

（3）其他税

如房产税、土地使用税、车船使用税和印花税等，这些税通常计入经营成本的其他费用中（参见 2.1.3）。

5）利润

（1）利润总额

利润总额又称为所得税前利润（简称“税前利润”）。

利润总额＝销售收入－总成本－销售税金及附加

（2）税后利润（净利润）

税后利润＝利润总额－所得税

2.1.2　成本概念的区别与联系

成本是工程经济分析中一个重要的经济要素，并且有多种不同的成本概念，这里对此专门予以讨论。

1）经营成本与总成本

经营成本是一种付现成本，是以现金流量实现为依据的成本耗费。而总成本则是从企业财务会计角度，核算生产产品的全部资源耗费。投资项目投产后的产品的总成本和经营成本之间的关系见图 2.1（计算方法参见第 6 章）。产品的总成本中包含有固定资产的折旧费用、采掘采伐类企业维持简单再生产的维简费和无形资产的摊销费，它们是对方案初期投资所形成资产的补偿价值。而在工程经济分析中，它们并不是现金支出，而只是在方案内部的一种现金转移，由于方案的投资已计入现金流量，如果再将折旧费等计入现金流量，将会发生重复计算。

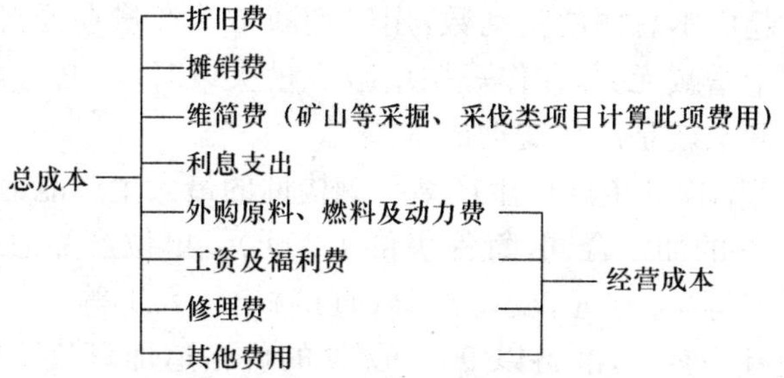

图 2.1　经营成本与总成本关系图

尽管贷款利息对于企业来说是实际的现金流出,但也没有列入经营成本中。这是因为在不考虑资金来源情况下,考察全部投资(包括资本金投入和负债资金投入,详见本书第 6 章)的经济效果时,贷款利息支出则属于全部投资内部的现金转移,所以为方便起见,利息支出并不列入经营成本中,当在分析中需要考虑利息时,则可在经营成本之外,作为现金流出单独列出。

2) 固定成本与可变成本

按各种费用与产品产量的关系,可将产品总成本构成要素划分为固定成本与可变成本两部分。固定成本是指在一定生产规模限度内不随产品产量而变动的费用;可变成本是指产品成本中随产量变动而变动的费用,亦称为变动成本。其构成见图 2.2。长期借款利息应视为固定成本,短期借款利息如果用于购置流动资产,可能部分与产品产量相关,其利息可视为半固定半可变,通常为简化计算,也可视为固定成本。

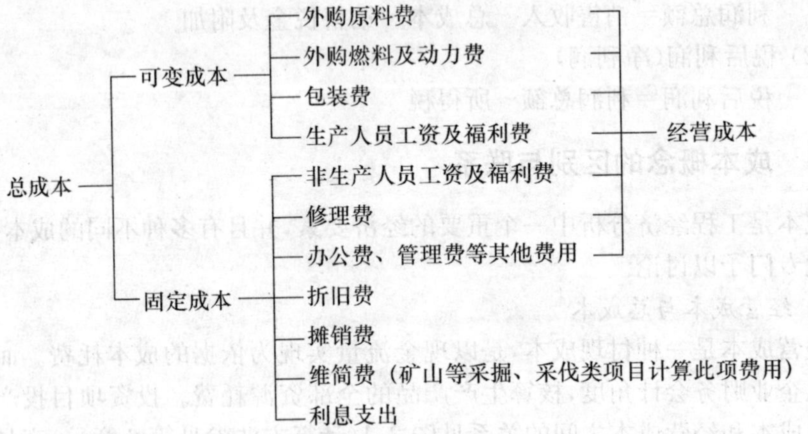

图 2.2　可变成本与固定成本构成

3) 平均成本与边际成本

平均成本是指产品总成本与产品总产量之比,即单位产品成本。

边际成本是经济学上的一个重要概念,是指在一定产量水平下,增加或减少一个单位产量所引起成本总额的变动数,用以判断增减产量在经济上是否合算。由于固定成本与产量增减无关,在作短期增减产量决策时,不必考虑固定成本因素,所以边际成本实际上就是产品变动成本。

【例 2.1】 某钢构件生产厂生产某种钢构件的最大生产能力是 12 000 件/年,已签订了 10 000 件的加工合同,每件售价 1 200 元,单位产品总成本 1 000 元,其中:固定部分(折旧等) 200 元,变动部分(直接材料、人工等) 800 元,剩余生产能力无法转移。现有一客户,准备以 900 元/件的价格追加订货 1 000 件,追加订货无特殊要求,也不需要投入专属设备,是否能接受此批订货呢?

该构件的平均成本为1 000元/件，而客户只愿支付900元/件(边际收益)，如果接受订货，似乎是亏损的。但是，实际上其边际成本只有800元/件。用边际成本法计算：

增量收益＝1 000件×900元/件＝900 000元

增量成本＝1 000件×800元/件＝800 000元

增量利润＝900 000元－800 000元＝100 000元

由计算结果可以看出此订货能产生10万元的增量利润(边际利润为100元/件)，如果在没有其他更高价格订货利用完剩余生产能力的情况下，完全可以接受此订货。

从例2.1可以看出，短期增减产量经济分析决策的依据应是边际成本，而不是平均成本，并且微观经济学理论认为，当产量增至边际成本等于边际收益时，即为企业获得其最大利润的产量。

4) 沉没成本

沉没成本是指本方案实施之前已经发生或者按某种凭证而必需的费用。由于沉没成本是在过去发生的，它并不因为采纳或拒绝某个方案(项目)的决策而改变，因此对方案是否采纳的决策不应造成影响。例如，已使用多年的设备，其沉没成本是指设备的账面净值与其现时市场价值之差，它与是否选择新设备进行设备更新的决策无关。沉没成本不计入工程经济分析的现金流中。

5) 机会成本

当一种有限的资源具有多种用途时，可能有许多投入这种资源获得相应收益的机会，如果将这种资源置于某种特定用途，必然要放弃其他资源的投入机会，同时也放弃了相应的收益。机会成本就是指将一种具有多种用途的稀缺资源用于该方案放弃的其他用途中的最大收益。例如，一定量的资金用于项目投资，有甲、乙两个项目，若选择甲，就只能放弃乙的投资机会，则乙项目的可能收益即是甲项目的机会成本；一台施工机械用于本工程施工，就失去了出租或用于其他工程的现金收益。工程经济分析中要计入机会成本。

6) 全寿命周期成本

全寿命周期成本是一种系统的经济分析思想，又称全寿命费用，是指技术方案在其寿命周期内发生的全部费用，包括初期的方案研究开发、设计制造到使用期间运行和维护直至寿命结束时的全部成本支出。

2.1.3 工程经济要素之间的关系

1) 投资、资产和成本的关系

投资(包括资金来源)和投资所形成的资产及项目(工程方案)投入运营后的产出产品的成本之间的关系，用图2.3来概要地表述，相关名词的理解可参考本书第5章节或其他参考文献。

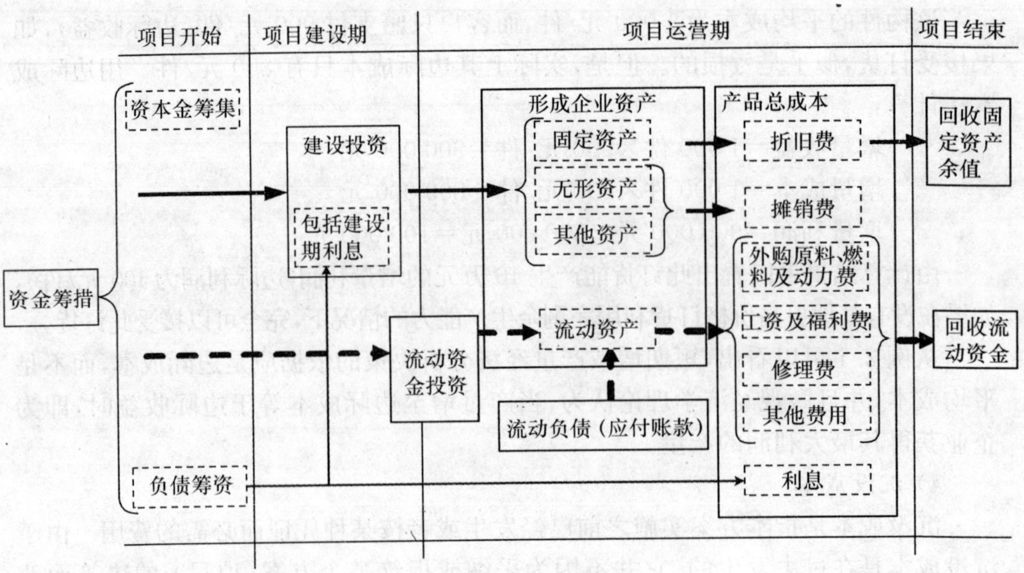

图 2.3　投资、资产、成本关系图

2) 销售收入、总成本、税金和利润之间的关系

方案运营期的销售收入、总成本、税金及利润的关系如图 2.4 所示，该关系图中主要以方案运营期征增值税一种流转税考虑的，对于征营业税的情况，或者综合性投资方案中部分征增值税、部分征营业税的情况，都有类同的关系。图中相关名、词的理解可参考本书第 6 章或其他参考文献。本书第 11 章案例有助于理解上述要素之间的关系。

2.1.4　现金流与投资回报

现金流是工程方案经济分析的基础。现金流构成按"收付实现制"为原则，即按实施该方案而实际发生的当期现金流为准，即由实施该方案而引起的增加的现金收入或减少的现金支出作为现金流入，引起的增加的现金支出或减少的现金收入作为现金流出。

投资资金的来源可分为两种方式：一是投资者投入的股东权益资金(资本金)，二是向金融机构等借入的债务资金(参见本书第 5 章)。图 2.5 是不分方案资金来源，从全部投资(包括资本金投资和负债投资)收益角度来考察方案的现金流构成。运营期的净现金流量是全部投资的净收益，是对全部投资的回报。图 2.6 是从投资者资本金投资收益角度来考察方案的资本金投资的现金流构成。建设期的全部投资资金与借入资金的差额就是投资者的权益投资资金，运营期每年的净现金流量就是资本金投资的净收益，是对权益投资的回报。可结合本书第 11 章案例来理解现金流的构成。

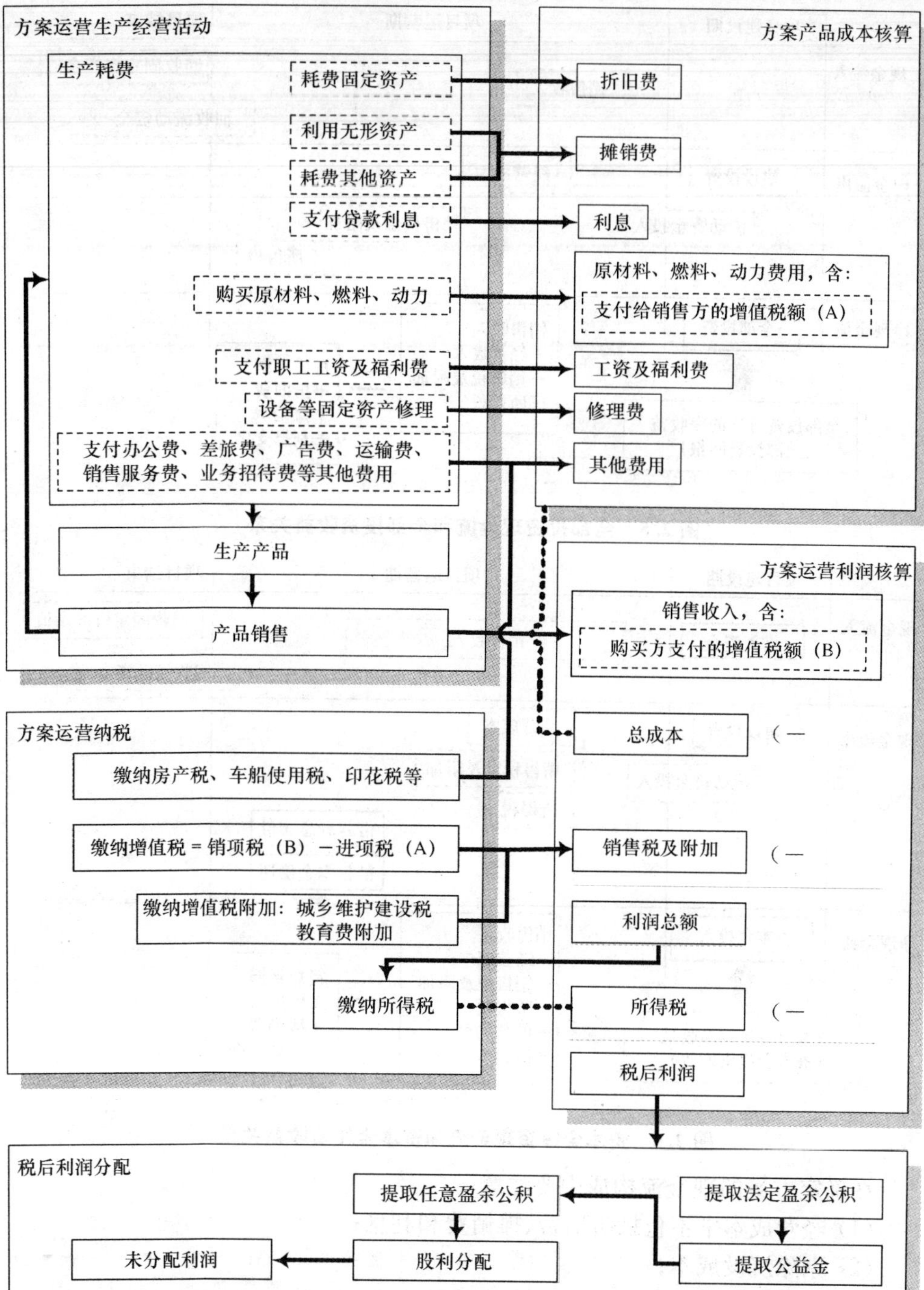

图 2.4　销售收入、总成本、税金、利润的关系

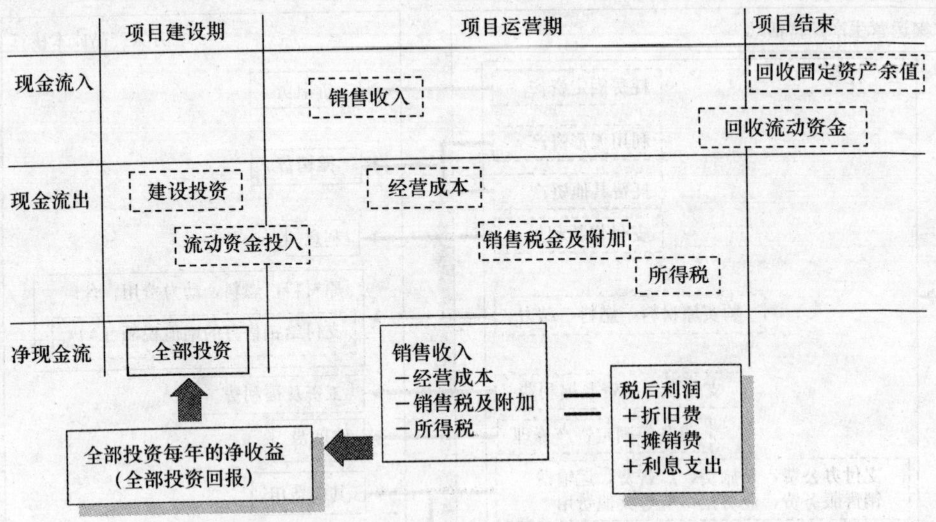

图 2.5　全部投资现金流和全部投资收益关系

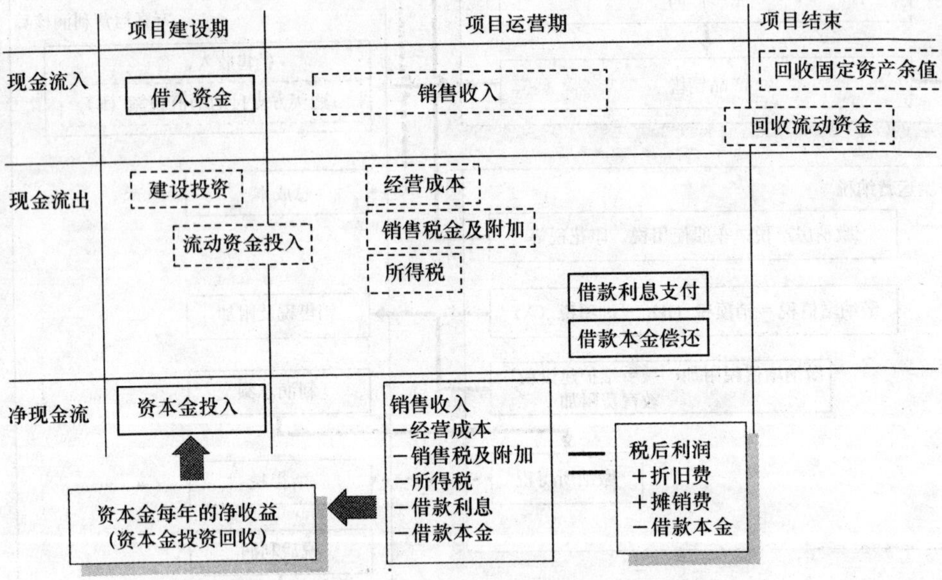

图 2.6　资本金投资现金流和资本金投资收益关系

在确定方案的现金流构成中要注意：

(1) 经营成本中不包括折旧费、摊销费和利息；

(2) 剔除沉没成本；

(3) 计入机会成本；

(4) 在下面有关章节讨论方案比较时，会涉及一类无法确定收益现金流的方案的比较问题，这时主要是分析对比方案的费用流量(参见本书 3.5)。

2.1.5 现金流的年序

现金流发生的年序问题，不同的文献有不同的观点，特别是对初始投资是记在年末还是记在年初存在着争论。实际上，大多数现金流不可能正好发生在年初或年末，无论哪种做法都是实际问题的简化模型，投资记在年初和记在年末在计算经济评价指标（如净现值、内部收益率等，见本书 2.2）的结果上略有误差，但一般不会影响评价的结论。实际工作中，可按下面的方法对现金流的年序进行处理：

（1）方案运营阶段的现金流均记在年末。

（2）初始投资期（建设期）不足一年的方案，以方案投入运营年为第一年，投资费用现金流记在第一年初（年序 0）。

（3）初始投资期（建设期）一年及以上的方案（通常为建设项目），以方案开始开工建设为计算期起点（年序 0），各年投资费用现金流均记在年末。通常，在项目开工建设以前发生的投资费用占总投资费用的比例较小，为简化计算，可将这部分费用并入建设期第一年，并记在第一年末（年序 1）。有些项目，如房地产项目、老厂改扩建项目等，在建设期以前发生的费用（改扩建项目为老厂重估净值）占总投资的比例较大，可将其单独列于年序 0（在投资项目财务评价现金流量表中可增设“建设起点”一栏或年序 0，参见本书第 11 章现金流量表示例）。

2.2 工程经济性判断的基本指标

工程经济性分析的基本方法是通过计算方案的经济效果指标判断其盈利性。从经济学的角度来看，经济性指标主要包括两大类：一是绝对经济效果指标，即产出与投入之差；二是相对经济效果指标，即产出与投入之比。工程经济性判断的基本指标包括净现值、内部收益率和投资回收期等。

2.2.1 基准投资收益率

1）基准投资收益率的含义

在第 1 章中阐述资金时间价值计算时，要用到利率（i）这一参数。在工程经济学中，“利率”一词不完全等同于日常生活中的“利率”概念，其更广泛的含义是指投资收益率。通常，在选择投资机会或决定工程方案取舍之前，投资者首先要确定一个最低盈利目标，即选择特定的投资机会或投资方案必须达到的预期收益率，称为基准投资收益率（简称基准收益率，通常用 i_c 表示）。在国外一些文献中，基准收益率被称为“最小诱人投资收益率（MARR—Minimum Attractive Rate of Return）”，这一名称更明了地表达了基准收益率的概念，即对该投资者而言，能够吸引他投资特定投资机会或方案的可接受的最小投资收益率。由于基准收益率是计算净现值等经济评价指标的重要参数,因此又常被称为基准折现率或基准贴现率。

基准收益率是投资方案和工程方案的经济评价和比较的前提条件,是计算经济评价指标和评价方案优劣的基础,它的高低会直接影响经济评价的结果,改变方案比较的优劣顺序(见本书 2.2 及第 3 章有关内容)。如果它定得太高,可能会使许多经济效益好的方案不被采纳;如果它定太低,则可能接受一些经济效益并不好的方案。因此,基准收益率在工程经济分析评价中有着极其重要的作用,正确地确定基准投资收益率是十分重要的。

2) 基准投资收益率的确定要考虑的因素

通常,在确定基准投资收益时可考虑以下的一些因素(本书 5.4 的内容有助于读者理解下面的有关概念)。

(1) 资金成本与资金结构

资金成本是指为取得资金的使用权而向资金提供者所支付的费用。债务资金的资金成本,包括支付给债权人的利息、金融机构的手续费等。股东权益投资的资金成本包括向股东支付的股息和金融机构的代理费等,股东直接投资的资本金的资金成本可根据资本金所有者对权益资金收益的要求确定。投资所获盈利必须能够补偿资金成本,然后才会有利可图,因此投资盈利率最低限度不应小于资金成本率,即资金成本是确定基准收益率的基本因素。投资方案资金来源有多种的,则资金成本也与资金结构有关。资金结构是指投资方案总资金中各类来源资金所占的比例。

(2) 风险报酬

投资风险是指实际收益对投资者预期收益的背离(投资收益的不确定性),风险可能给投资者带来超出预期的收益,也可能给投资者带来超出预期的损失。在一个完备的市场中,收益与风险成正相关,要获得高的投资收益就意味着要承担大的风险。从投资者角度来看,投资者承担风险,就要获得相应的补偿,这就是风险报酬。通常把政府的债券投资看作是无风险投资。此外,不论何种投资,认为都是存在风险的。对于存在风险的投资方案,投资者自然要求获得高于一般利润率的报酬,所以通常要确定更高的基准投资收益率。

(3) 资金机会成本

资金机会成本指投资者将有限的资金用于该方案而失去的其他投资机会所能获得的最好的收益(参见本书 2.1.2 中的"机会成本"概念),有文献认为资金的机会成本就是基准投资收益率。如果所有的资金均来自于权益资金,则可按所有资本金投资者对权益资金收益的要求综合加权计算总资金的机会成本,或者通过下文中的资本定价模型(CAPM) 确定;如果资金来源包括了权益资金和债务资金,资金的机会成本则可以根据行业平均投资收益率确定。

(4) 通货膨胀

通货膨胀使货币贬值，投资者的实际报酬下降。因此，投资者在通货膨胀情况下，必然要求提高收益率水平以补偿其因通货膨胀造成的购买力的损失。基准收益率中是否要考虑通货膨胀因素与采用的价格体系是否考虑了通货膨胀因素相一致。如果现金流计算中，价格预测考虑了通货膨胀因素，则基准收益率中应计入通货膨胀率，否则不考虑通货膨胀因素。在实际工作中，通常采用后一种做法。

3) 基准收益率的确定方法

尽管基准收益率是极其重要的一个评价参数，但其确定是比较困难的。不同的行业有不同的基准收益率，同一行业内的不同的企业的收益率也有很大差别，甚至在一个企业内部不同的部门和不同的经营活动所确定的收益率也不相同。也许正是其重要性，人们在确定基准收益率时比较慎重且显得困难。关于基准投资收益率的确定方法，有很多文献进行了广泛深入的讨论，但观点并不统一。尽管如此，一般都承认，基准收益率的下界应是资金(资本)成本或是资金的机会成本，也有文献将其下界定义为资金成本和资金的机会成本中的最大值。

长期以来，我国在项目财务评价中一直沿用的折现率是由国家或行业主管部门确定的行业基准收益率，这是计划经济体制的产物，已明显不适应我国社会市场经济体制改革的要求。原建设部标准定额研究所主持的 2001 年建设部科技计划项目《建设项目财务评价参数测算方法研究》(2003 年通过建设部科技成果鉴定)提出了采用在西方市场经济国家普遍采用的加权平均资金成本(WACC—Weighted Average Cost of Capital)作为财务基准收益率。

$$WACC = K_E \times W_E + K_D \times W_D \tag{2.1}$$

式中，K_E——资本金资金成本；

K_D——债务资金成本；

W_E——资本金占全部资本比例；

W_D——债务资金占全部资本比例。

债务资金成本参考本书 5.4 的内容。资本金资金成本可采用资本资产定价模型(CAPM—The Capital Asset Pricing Model)计算：

$$K_E = R_f + \beta(R_m - R_f) \tag{2.2}$$

式中，R_f——无风险投资收益率；

R_m——市场平均投资收益率；

β——包括行业风险、企业风险在内的特定投资方案资本投资风险系数。

长期政府债券的利率可视为无风险投资收益率。市场平均投资收益率是指市场全部风险资产组合的预期收益率，可以根据国家有关部门发布的相关数据确定，公式(2.2)中的$(R_m - R_f)$则是市场平均风险报酬率。β系数是指特定投资方案(项目)所在行业风险报酬率、企业风险(包括经营风险和财务风险)报酬率和投资方案特殊风险报酬率(这3项构成被评估投资方案的风险报酬率)总的调整系数,它是被评估投资方案的风险报酬率与市场平均风险报酬率的比率。

在国外,有专门的机构根据上市公司的经营状况编制行业和公司的β系数,而我国尚无类似的机构编制行业β系数和单个企业的β系数(原建设部标准定额所已初步测算了33个行业的β系数),使得β系数法目前应用尚有困难。并且,市场平均投资收益率也是个很难求得的数据。目前来说,可以采用一些替代的方法计算基准投资收益率:

①用根据国家公布的有关数据易于计算出的行业平均投资收益率作为市场平均投资收益率,β系数则仅考虑企业或项目相对于行业的风险调整系数。

②用所有投资者对股权投资资金所期望的最低收益率的加权平均作为资本金资金成本。

③用累加法计算基准收益率,即基准收益率为无风险投资收益率、行业风险报酬率、企业特有风险报酬率和投资方案(项目)特殊风险报酬率等四者之和。

2.2.2 净现值

1) 净现值的含义与计算

将投资方案各期所发生的净现金流量按既定的折现率(基准收益率)统一折算为现值(计算期起点的值)的代数和,称为净现值(NPV—Net Present Value)。其表达式为

$$NPV = \sum_{t=0}^{n}(CI - CO)_t(1 + i_c)^{-t} \tag{2.3}$$

式中,NPV——净现值;

CI——现金流入;

CO——现金流出;

$(CI-CO)_t$——第t年的净现金流量;

n——方案计算寿命期;

i_c——基准收益率。

【例2.2】 某公司拟投资新增一条流水线,预计初始投资800万元,使用期为5年,第5年末的残值为200万元。新增流水线可使公司每年销售收入增加513万元,运营费用增加300万元。公司确定的基准收益率为10%,试计算该方案的净现值。

【解】 该投资方案的现金流量如图2.7(a)所示,并得出其净现金流量图(图2.7(b))。

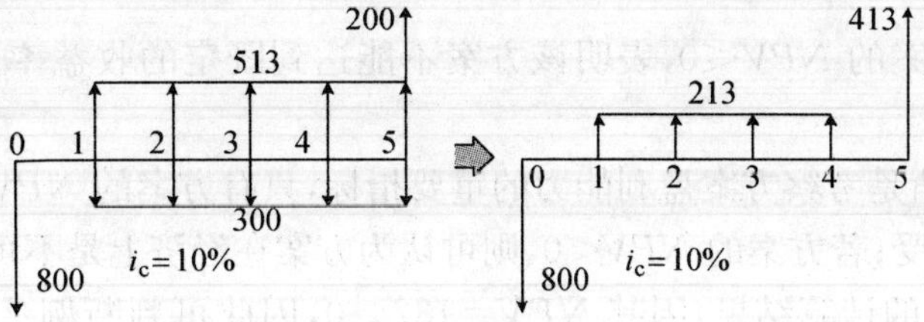

(a) (b)

图 2.7 例 2.2 的现金流量图

则该投资方案的净现值为

$$NPV=-800+\frac{213}{1+10\%}+\frac{213}{(1+10\%)^2}+\frac{213}{(1+10\%)^3}+\frac{213}{(1+10\%)^4}$$

$$+\frac{413}{(1+10\%)^5}=-800+213(P/A,10\%,4)$$

$$+413(P/F,10\%,5)=132(\text{万元})$$

用电子表格解法如图 2.8 所示。图中,B11 单元格为 *NPV* 的计算结果,该格批注则显示出其计算公式,而公式直接引用了电子表格中内置的 *NPV* 这一财务函数;同时,以圆点为起点的箭线则显示出 *NPV* 计算所引用的单元格。第 9 行则显示了 *NPV* 的另一种算法,即先将每年净现金流量折算为现值,再求和,H9 单元格即为求和结果。可见,两种方法计算结果完全相等。

	A	B	C	D	E	F	G	H	I
1	基准收益率(i_c)	10%							
2						单位:	万元		
3	年末	0	1	2	3	4	5	合计	
4	初始投资	-800						-800	
5	设备残值						200	200	
6	销售收入		513	513	513	513	513	2565	
7	运营费用		-300	-300	-300	-300	-300	-1500	
8	净现金流量	-800	213	213	213	213	413	465	
9	净现金流量现值	-800	194	176	160	145	256	132	
10									
11	净现值(NPV)	132							
12									

=SUM(C4:C7)

=C8/(1+$B$1)^C3

=NPV(B1,C8:G8)+B8

=SUM(B9:G9)

图 2.8 例 2.2 的电子表格解法

2) 净现值指标的经济含义

净现值是评价投资方案盈利能力的重要指标,从资金时间价值的理论和基准收益率的概念可以看出:

(1) 如果方案的 *NPV*=0,表明该方案的实施可以收回投资资金,而且恰好取得既定的收益率(基准收益率)。

(2) 如果方案的 *NPV*>0,表明该方案不仅收回投资,而且取得了比既定收益率更高的收益(即尚有比通常的投资机会更多的收益),其超额部分的现值就是 *NPV* 值。

(3) 如果方案的 $NPV<0$,表明该方案不能达到既定的收益率,甚至不能收回投资。

因此,净现值是考察方案盈利能力的重要指标,只有方案的 $NPV\geqslant 0$ 时,方案在经济上才可以接受;若方案的 $NPV<0$,则可认为方案在经济上是不可行的。

根据例 2.2 的计算结果,因其 $NPV=132>0$,因此可判断例 2.2 方案在经济上是可以接受的。

3) 净现值函数

公式(2.3)的净现值是以基准收益率作为折现率计算的。若折现率为未知数,设为 i,则净现值与 i 为函数关系,称为净现值函数 $NPV(i)$,则

$$NPV(i)=\sum_{t=0}^{n}(CI-CO)_t\frac{1}{(1+i)^t} \tag{2.4}$$

如以净现值为纵坐标,以折现率为横坐标,将两者函数关系描于图上,则得到净现值函数图。净现值函数图是理解其他一些概念的有效工具。

例 2.2 中,若方案的折现率 i 未知,则其净现值函数为

$$NPV(i)=-800+213\times\frac{(1+i)^4-1}{i(1+i)^4}+\frac{413}{(1+i)^5}$$

可利用电子表格的图表功能绘制该净现值函数的图像(如图 2.9),图中的 16%为 NPV 函数曲线与 i 轴的交点。

	A	B	C	D	E	F	G	H	I
1	年末	0	1	2	3	4	5		
2	初始投资	-800							
3	设备残值						200		
4	销售收入		513	513	513	513	513		
5	运营费用		-300	-300	-300	-300	-300		
6	净现金流量	-800	213	213	213	213	413		
7									
8	i	0%	5%	10%	15%	18%	20%	25%	30%
9	NPV(i)	465	279	132	13	-46	-83	-162	-227

=NPV(H8,$C$6:$G$6)+$B$6

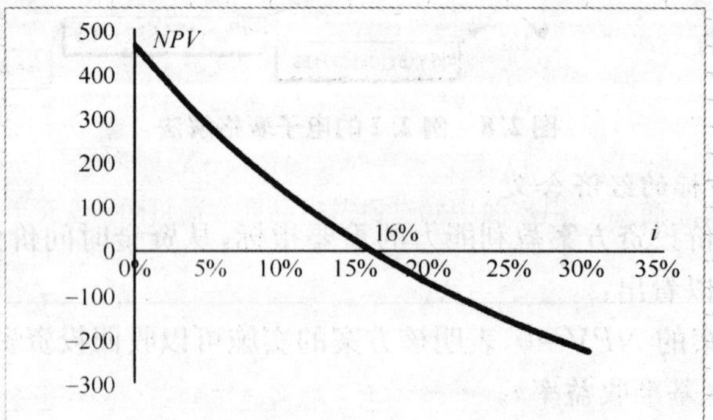

图 2.9 例 2.2 的净现值函数图

4）与净现值等价的其他指标

净现值是将所有的净现金流量折算到计算期的第一年初，实际上可以将现金流量折算到任何一个时间点上进行工程经济分析。

（1）如果将方案各期的净现金流量按基准收益率统一折算成终值（方案计算期末）后的代数和，则称为净将来值（NFV—Net Future Value）。表达式为

$$NFV=\sum_{t=0}^{n}(CI-CO)_t(1+i_c)^n-t \tag{2.5}$$

例 2.2 中，该方案的净将来值为

$$NFV=-800(F/P,\ 10\%,\ 5)+213(F/A,\ 10\%,\ 5)+200=212(\text{万元})$$

用电子表格计算 NFV 有两种方法，见图 2.10。

	A	B	C	D	E	F	G	H
1	基准收益率（i_c）	10%						
2						单位：	万元	
3	年末	0	1	2	3	4	5	合计
4	净现金流量	-800	213	213	213	213	413	465
5	净现金流量终值	-1288	312	284	258	234	413	212
6								
7	NFV=	212						
8								
9								

=C4*(1+$B$1)^(5-C3)

=SUM(B5:G5)

=FV(B1,5,0,-(NPV(B1,C4:G4)+B4),1)

图 2.10　电子表格中的 *NFV* 计算示例

（2）如果将方案各期的净现金流量按基准收益率均摊到每期并计算代数和，这是一个等额支付系列，则称为年度等值（AW—Annual Worth），简称年值或年金。表达式为

$$AW=\sum_{t=0}^{n}(CI-CO)_t(1+i_c)^{-t}\cdot\frac{i_c(1+i_c)^n}{(1+i_c)^n-1} \tag{2.6}$$

例 2.2 中，该方案的年值为

$$AW=-800(A/P,\ 10\%,\ 5)+213+200(A/F,\ 10\%,\ 5)=35(\text{万元})$$

用电子表格计算年值有两种方法，如图 2.11 所示。

同理，可以得到 NFV、AW 与 NPV 具有相同的经济含义，即当方案的 $NFV\geqslant 0$ 或 $AW\geqslant 0$ 时，方案在经济上才可以接受；若方案的 $NFV<0$ 或 $AW<0$，则可认为方案在经济上是不可行的。

从公式(2.3)，(2.5)，(2.6)可以看出，净将来值、年值与净现值三者之间的关系如下 3 个式子所示：

$NFV=NPV(F/P,i_c,n)$

$AW=NPV(A/P,i_c,n)$

$$AW = NFV(A/F, i_c, n)$$

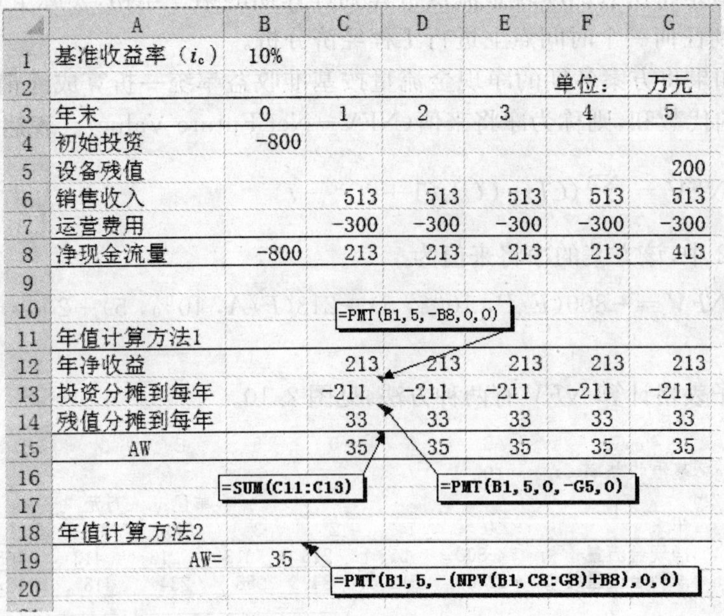

	A	B	C	D	E	F	G
1	基准收益率（i_c）	10%					
2						单位：	万元
3	年末	0	1	2	3	4	5
4	初始投资	-800					
5	设备残值						200
6	销售收入		513	513	513	513	513
7	运营费用		-300	-300	-300	-300	-300
8	净现金流量	-800	213	213	213	213	413
9							
10							
11	年值计算方法1						
12	年净收益		213	213	213	213	213
13	投资分摊到每年		-211	-211	-211	-211	-211
14	残值分摊到每年		33	33	33	33	33
15	AW		35	35	35	35	35
16							
17							
18	年值计算方法2						
19	AW=	35					
20							

图 2.11　电子表格中的 *AW* 计算示例

从 3 个式子可以看出，只要具有实际的经济意义，即 $i_c \geqslant 0$，3 个系数 $(F/P, i_c, n)$、$(A/P, i_c, n)$ 和 $(A/F, i_c, n)$ 将恒大于 0，则在任何情况下 NPV、NFV 和 AW 将保持一致的正负符号(包括 0)。因此，用它们来评价同一方案会得出一致的评价结论，一般情况下只需选择其中的一个。

在实际工作中，一般设定方案寿命期起点作为考察方案经济状况的时点，所以更多地采用净现值指标来评价方案，净将来值用得不多，但如果设定考察方案的经济状况时点为方案寿命期末，则需要计算净将来值指标。另外，在一些特殊情况下有时会设定方案寿命期中的某一时点为考察点，这时则需要把该时点以前的各期净现金流量折算到该点的将来值，把该时点以后的净现金流量折算到该点的现值，再求代数值和，并以其来评价方案。而年值指标则在对寿命不等的多方案进行经济比较时特别有用(参见第 3 章有关内容)。

2.2.3　内部收益率

1）内部收益率的含义

内部收益率(IRR—Internal Rate of Return)是指使方案在整个计算期内各期净现金流量现值累计之和为零时的折现率，或者说是使得方案净现值为零时的折现率。*IRR* 满足式(2.7)：

$$NPV(IRR) = \sum_{t=0}^{n}(CI - CO)_t(1 + IRR)^{-t} = 0 \tag{2.7}$$

图 2.9 中 $NPV(i)$ 函数与 i 轴的交点 $i=16\%$，使 $NPV=0$，其即为例2.2方案的内部收益率。

2）内部收益率的计算

如果通过求解式(2.7) 得出 IRR 的值是繁琐的，特别是当 n 的值很大时。实际工作中，如手工计算，常采用“线性内插法”近似计算。如图 2.12 中，根据 IRR 的概念，NPV 函数曲线与横轴交点为 IRR，如能在 IRR 的前后各找一个相邻的折现率 i_1 和 i_2，只要 i_1 和 i_2 的绝对误差足够小，在(i_1, i_2) 区间内，NPV 函数曲线可近似地看作直线 AB，其与 i 轴的交点为 i'（IRR 的近似值），则 $\Delta Ai_1i'$ 和 $\Delta Bi_2i'$ 是相似的，根据相似三角形原理，则有：

$$\frac{\overline{Ai_1}}{\overline{Bi_2}} = \frac{\overline{i_1i'}}{\overline{i'i_2}} \quad 即 \quad \frac{NPV(i_1)}{|NPV(i_2)|} = \frac{i' - i_1}{i_2 - i'}$$

则

$$IRR \approx i' = i_1 + \frac{NPV(i_1)}{NPV(i_1) + |NPV(i_2)|} \cdot (i_2 - i_1)$$

不失一般性，IRR 可直接用式(2.7)计算。为保证足够的计算精度，通常规定 $|i_2 - i_1| \leqslant 3\%$。

$$IRR = i_1 + \frac{|NPV(i_1)|}{|NPV(i_1)| + |NPV(i_2)|} \cdot (i_2 - i_1) \tag{2.8}$$

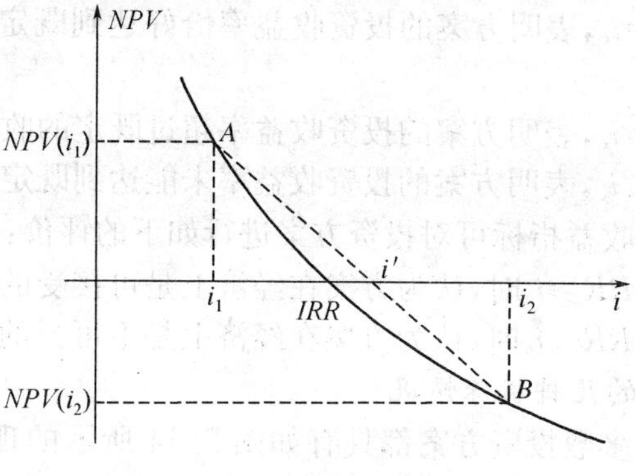

图 2.12　***IRR* 计算的近似方法**

【例 2.3】 对例 2.2 中的方案，用线性内插法计算其 IRR。

【解】 分别取 $i_1=15\%$，$i_2=18\%$，代入下式计算：

$$NPV(i) = -800 + 213 \times \frac{(1+i)^4 - 1}{i(1+i)^4} + \frac{413}{(1+i)^5}$$

得出，$NPV(15\%)=13.44$ 万元，$NPV(18\%)=-46.49$ 万元，则

$$IRR=15\%+\frac{13.44}{13.44+|-46.49|}\times(18\%-15\%)\approx16\%$$

利有电子表格的内置 IRR 函数也可直接计算出内部收益率(图 2.13)。

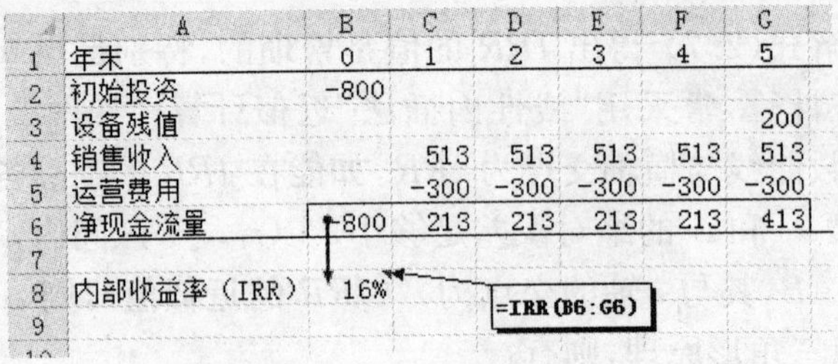

	A	B	C	D	E	F	G
1	年末	0	1	2	3	4	5
2	初始投资	-800					
3	设备残值						200
4	销售收入		513	513	513	513	513
5	运营费用		-300	-300	-300	-300	-300
6	净现金流量	-800	213	213	213	213	413
7							
8	内部收益率（IRR）	16%					
9							

图 2.13　例 2.3 的电子表格解法

3) 内部收益率的经济含义

内部收益率是考察方案盈利能力的最主要的效率型指标，它反映方案所占用资金的盈利率(即总是假定在方案计算期的各年内未被收回的投资按 $i=IRR$ 增值)，同时它也反映了方案对投资资金成本最大承受能力。由于其大小完全取决于方案本身的初始投资规模和计算期内各年的净收益的多少，而没有考虑其他外部影响，因而称作内部收益率。由于内部收益率反映的是投资方案所能达到的收益率水平，因此它可以直接与基准投资收益率进行比较，分析方案的经济性。

(1) 如果 $IRR=i_c$，表明方案的投资收益率恰好达到既定的收益率(基准收益率)；

(2) 如果 $IRR>i_c$，表明方案的投资收益率超过既定的收益率；

(3) 如果 $IRR<i_c$，表明方案的投资收益率未能达到既定的收益率。

所以，根据内部收益指标可对投资方案进行如下的评价：

(1) 当方案的 $IRR\geqslant i_c$ 时，认为方案在经济上是可接受的；

(2) 当方案的 $IRR<i_c$ 时，认为方案在经济上是不可行的。

4) 内部收益率的几种特殊情况

通常情况下，大多数投资方案都具有如图 2.14 所示的现金流量图(C_t 为第 t 年的净现金流量)，且具备以下几个条件：

$$\begin{cases}当\ t=0,1,2,\cdots,M\ 时，C_t\leqslant0\\当\ t=M+1,M+2,\cdots,N\ 时，C_t\geqslant0\\M\leqslant N-1\\\sum_{t=0}^{N}C_t\geqslant0\end{cases}$$

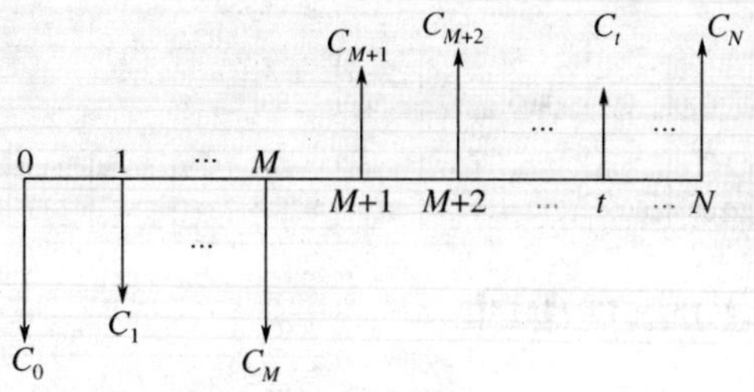

图 2.14 常规型现金流量图

这种通常的现金流量可称为常规型现金流量，在这种常规型情况下，在$[0, +\infty)$ 区间内（即有实际经济意义的收益率区域）NPV 函数曲线与横轴有且仅有唯一交点（有兴趣的读者不妨通过证明 NPV 函数是一个单调递减函数或式(2.7)有实数意义的根来证明这一结论）。这一交点就是 IRR，也就是说，对于符合上述正常情况的方案，有且仅有一个内部收益率。

尽管一般方案都属于上述的正常情况，但在实际工作中有时会遇到下面的几种特殊情况。

(1) 不存在 IRR 的情况

如图 2.15 所示的(a)，(b)，(c)3 种特殊的现金流量图，它们相应的净现值函数图如图 2.16 所示，显然都不存在有实际经济意义的 IRR。

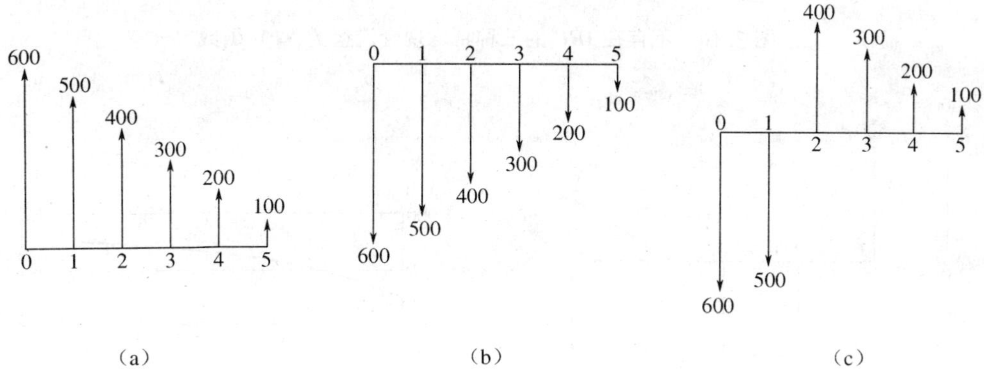

图 2.15 不存在 *IRR* 的三种特殊现金流量图示例

(2) 非投资的情况

如图 2.17 所示现金流量图即为非投资性的方案，如以补偿贸易方式建设的项目。补偿贸易是一种易货贸易，以设备技术和相关产品相交换。项目建设单位和跨国公司签订补偿贸易合同，由其供应项目所需的设备技术，并以投产后的若干年的生产产品返还给跨国公司抵偿设备技术费用。可见，这类现金流量项目的 NPV 函数与常规现金流量项目的 NPV 函数正好相反，只有当其 $IRR \leqslant i_c$ 时，项目投资才可采纳。

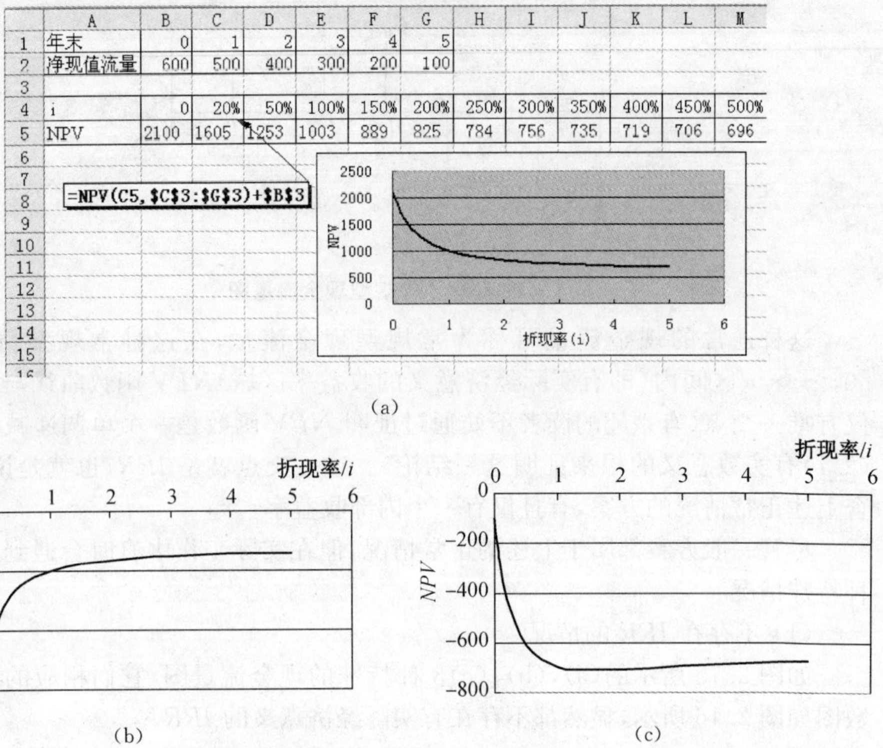

	A	B	C	D	E	F	G	H	I	J	K	L	M
1	年末	0	1	2	3	4	5						
2	净现值流量	600	500	400	300	200	100						
3													
4	i	0	20%	50%	100%	150%	200%	250%	300%	350%	400%	450%	500%
5	NPV	2100	1605	1253	1003	889	825	784	756	735	719	706	696

图 2.16　不存在 *IRR* 的三种特殊现金流量的 *NPV* 函数

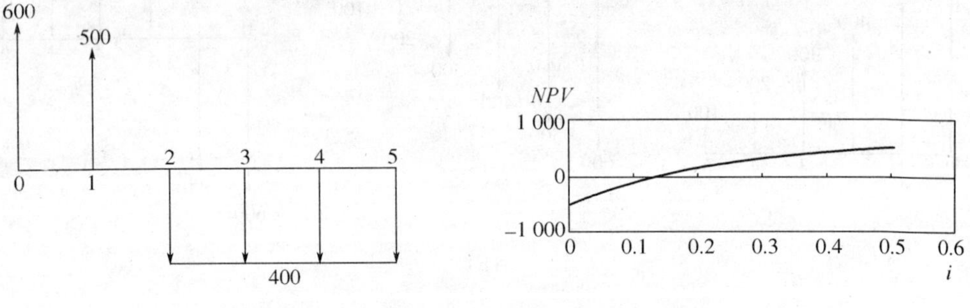

图 2.17　非投资情况示例及其 *NPV* 函数

(3) 多重内部收益率的情况

下面先看一个多重 *IRR* 的例子。

【例 2.4】 某厂租用生产设备一台，租期 20 年，预计设备提供的净收入(已扣除租赁费) 每年为 10 000 元。租约规定承租人在使用 4 年后自行负责更换部分零件，预计所需费用为 100 000 元。试求该方案的内部收益率。

【解】 方案的净现值函数为

$$NPV(i)=-\frac{100\,000}{(1+i)^4}+10\,000\times\frac{(1+i)^{20}-1}{i(1+i)^{20}}$$

令 $NPV(i)=0$，则得到两个内部收益率 $IRR_1-21\%$，$IRR_2=48\%$。

用电子表格同样也可计算出上述值，并模拟出其净现值函数图(见图 2.18)。

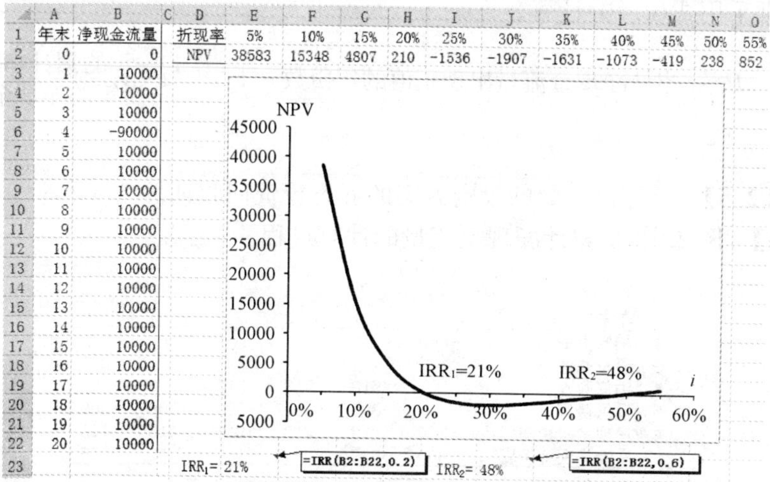

	A	B	C	D	E	F	G	H	I	J	K	L	M	N	O
1	年末	净现金流量		折现率	5%	10%	15%	20%	25%	30%	35%	40%	45%	50%	55%
2	0	0		NPV	38583	15348	4807	210	-1536	-1907	-1631	-1073	-419	238	852
3	1	10000													
4	2	10000													
5	3	10000													
6	4	-90000													
7	5	10000													
8	6	10000													
9	7	10000													
10	8	10000													
11	9	10000													
12	10	10000													
13	11	10000													
14	12	10000													
15	13	10000													
16	14	10000													
17	15	10000													
18	16	10000													
19	17	10000													
20	18	10000													
21	19	10000													
22	20	10000													
23				IRR₁= 21%		=IRR(B2:B22,0.2)		IRR₂= 48%			=IRR(B2:B22,0.6)				

图 2.18　例 2.4 电子表格解法

从例 2.4 看出，IRR 的个数与现金流量正负符号的变化次数有关系。这一规律可根据式(2.7) 的数学特性得到证明。

需要说明的是，存在多个内部收益率情况给方案评价带来困难，而且多个内部收益率本身没有一个能真实反映方案占用资金的收益率。所幸的是，实际工作中有多个内部收益率的方案并不常见，绝大多数情况下的方案仅只有一个内部收益率。当然，对于多个内部收益率情况下的真实收益率的求取还可通过调整现金流量模式方法来解决，即计算外部收益率或修正内部收益率等，有兴趣的读者可参考其他有关文献。

2.2.4　投资回收期

投资回收期(Pt—Payback Time of Investment)是指用方案所产生的净收益补偿初始投资所需要的时间。根据是否考虑资金的时间价值，投资回收期可分为静态投资回收期和动态投资回收期。

1) 静态投资回收期计算

静态投资回收期 P_t 满足式(2.9)：

$$\sum_{t=0}^{P_t}(CI-CO)_t=0 \tag{2.9}$$

可以看出，静态投资回收期就是图 1.2 中的累计现金流量曲线与时间轴的交点。由于一般来说，静态投资回收期不可能正好是某一自然年份数，所以在实际工作中通常采用式(2.10)计算。

$$P_t=\text{累计净现金流量出现正值的年份数}-1+\frac{|\text{上一年的累计净现金流量}|}{\text{当年的净现金流量}} \tag{2.10}$$

【例 2.5】 计算例 2.2 的投资方案的静态投资回收期。

【解】 图 2.19 是累计净现金流量的计算过程。

	A	B	C	D	E	F	G
1	年末	0	1	2	3	4	5
2	初始投资	-800					
3	设备残值						200
4	销售收入		513	513	513	513	513
5	运营费用		-300	-300	-300	-300	-300
6	净现金流量	-800	213	213	213	213	413
7	累计净现金流量	-800	-587	-374	-161	52	465
8							
9							

=B6　=B7+C6

图 2.19　例 2.5 的电子表格计算

根据式(2.10)，可计算出

$$P_1=4-1+\frac{|-161|}{213}=3.76(\text{年})$$

即该方案静态投资回收期为 3.76 年。

2) 静态投资回收期的经济含义

静态投资回收期体现了投资方案 3 个方面的经济含义：一是反映投资回收速度的快慢；二是反映投资风险的大小；三是反映了投资收益的高低。第一层含义是很明显的。第二层含义则是体现在：由于越是远期的现金流的预测越具有不确定性，所以，在投资决策者看来，回收期越短，风险就越小。第三层含义体现在投资初始投资不变的情况下，回收期长短取决于方案各年的净收益的大小，所以它能考察方案的投资盈利能力。另外，还可以从“投资效果系数”来理解这一经济含义。

“投资效果系数”用于对投资机会的盈利性初步分析中。假设一投资机会的初始投资为 C_0，每年的净收益为 R 且相等，则该投资机会的投资效果系数为

$$E=\frac{R}{C_0}\times 100\% \tag{2.11}$$

显然，E 的倒数即为该投资机会的静态投资回收期。实际上，如果当投资方案的寿命足够长时，E 就非常接近于 IRR。

投资方案的静态投资回收期计算结果可以与行业或同类投资项目的静态投资回收期的平均先进水平相比较，或与投资者所要求的投资回收期相比较。如果小于或等于预期的标准（既定的回收期），则认为该投资方案静态投资回收期满足要求。

静态投资回收期是一个传统的并广泛使用的评价指标，从上面的论述中可以看出，其经济含义明确、直观，分析简便（只需要预测既定回收期内的现金流量就可以做出分析评价），所以易于为投资决策者所理解、接受并信赖。但由于其只考察了投资回收期之前的方案盈利能力，而不能反映投资方案整个计算寿命期内的盈利情况，也没有考虑资金的时间价值，所以，一般认为该指标只能作为一个重要的辅助性经济分析指标，而不能直接作为方案唯一的取舍标准。

3）*动态投资回收期*

动态投资回收期（P_t'）又称为折现回收期，它与静态回收期的区别是其要考虑资金的时间价值，其表达式如式（2.12）所示。

$$\sum_{t=0}^{P_t'}(CI-CO)_t(1+i_c)^{-t}=0 \tag{2.12}$$

一个实用的计算公式如式（2.13）所示。

$$P_t' = \text{累计净现金流量现值出现正值的年份数} - 1 + \frac{|\text{上一年的累计净现金流量现值}|}{\text{当年的净现金流量现值}} \tag{2.13}$$

按式（2.13），可计算出例 2.5 方案的动态投资回收期（如图 2.20）。

	A	B	C	D	E	F	G
1	基准收益率	10%					
2							
3	年末	0	1	2	3	4	5
4	初始投资	-800					
5	设备残值						200
6	销售收入		513	513	513	513	513
7	运营费用		-300	-300	-300	-300	-300
8	净现金流量	-800	213	213	213	213	413
9	折现系数	1	0.9091	0.8264	0.7513	0.683	0.6209
10	净现金流量现值	-800	194	176	160	145	256
11	累计净现金流量现值	-800	-606	-430	-270	-125	132
12							
13	动态回收期	4.49					

=1/(1+$B$1)^C3

=5-1+ABS(F11)/G10

图 2.20　例 2.5 的动态回收期计算

动态投资回收期考虑了资金时间价值，它可以理解为：当方案寿命延续到 P_t' 时，方案能收回投资并恰好已取得既定的收益率。所以，动态投资回收期是以现值现金流量计算的投资回收速度，具有静态投资回收期一样的经济含义，同时也具有除了没有考虑资金时间价值之外静态回收期的一切缺陷。此外，根据其计算结果可以对投资方案的经济性作出评价：

(1) 当 $P_t' \leqslant n$ 时，则表明方案在计算寿命期(n)内可以收回投资并取得了既定的收益率，所以可认为方案在经济上是可以接受的。

(2) 当 $P_t' > n$ 时，则表明方案在计算寿命期(n)内没有能取得既定的收益率甚至没有能收回投资(要说明的是，这种情况下并不能计算出 P_t' 值，只能确知其大于 n)。

2.2.5 评价指标的比较分析

1) 净现值和内部收益率之间的关系

前述已知，净现值函数图中 NPV 函数曲线与横轴 i 的交点即为 IRR，因此借助 NPV 函数图来进一步分析。图 2.21 所示为具有常规现金流量的投资方案的 NPV 函数图，若基准收益率分别取为 r_0、r_1 和 r_2，那么

(1) 当 $i_c = r_0 = IRR$ 时，则必有 $NPV = 0$，反之亦然；

(2) 当 $i_c = r_1 < IRR$ 时，即 $IRR > i_c$，则必有 $NPV > 0$，反之亦然；

(3) 当 $i_c = r_2 > IRR$ 时，即 $IRR < i_c$，则必有 $NPV < 0$，反之亦然。

因此，根据 NPV 和 IRR 来评价方案在经济上是否可接受必定会得出相同的结论。

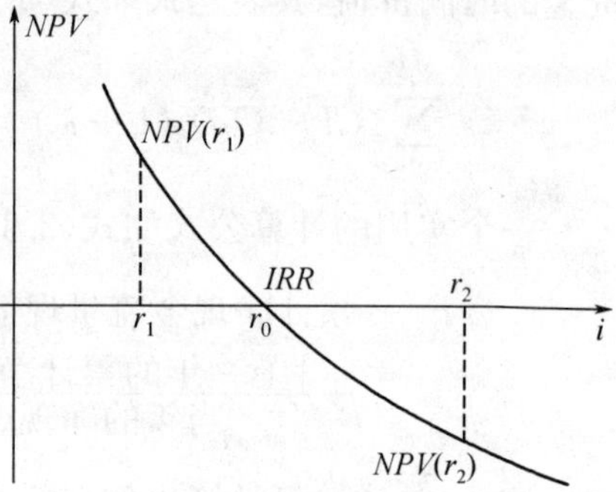

图 2.21 NPV 与 IRR 关系图

2) 净现值与动态投资回收期的关系

设以 T 为自变量，表达式函数为

$$NPV(T) = \sum_{t=0}^{T} (CI - CO)_t (1+i)^{-t} \tag{2.14}$$

根据动态投资回收期计算公式(2.12)与净现值计算公式(2.3)，则

(1) 当 $T = P_t'$(动态投资回收期)时，$NPV(T) = 0$；

(2) 当 $T = n$(方案计算寿命期) 时，$NPV(T) = NPV(n) = NPV$(方案净现值)。

对于具有常规现金流量的投资方案，式(2.14)具有图 2.22 所示的(a)，(b)，(c)3 种情况。

从图 2.22 得出如下的结论：

(1) 当 $P_t' = n$ 时，则必有 $NPV = 0$，反之亦然；

(2) 当 $P_t' < n$ 时，则必有 $NPV > 0$，反之亦然；

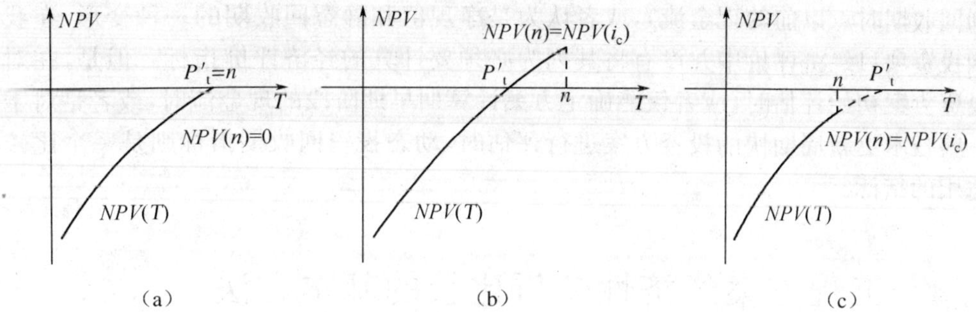

图 2.22　*NPV* 与 P_t' 关系图

(3) 当 $P_t'>n$ 时，则必有 $NPV<0$，反之亦然。

因此，根据 NPV 和 P_t' 来评价方案在经济上是否可接受，会得出相同的结论。上述净现值与内部收益率和动态投资回收期的关系可以在数学上予以证明。

3) 净现值、内部收益率和动态投资回收期 3 个指标的比较分析

3 个指标对同一个方案的基本评价结论是一致的，但是 3 个指标是无法相互替代的，这是由它们各自特点及所具备的经济含义所决定的。

(1) 内部收益率是一个相对效果指标，实际上反映的是方案未收回投资的收益率，它全面考虑了方案在整个寿命周期的现金流量。由于其反映的是方案的单位投资盈利水平，符合习惯，易于为投资决策者理解和接受。特别是在难以确定基准收益率时，只要投资决策者能确定投资方案所呈现出的内部收益率远远高于可能的资金成本和投资机会成本，仍然可以做出投资决策。同时，该指标也反映出方案所能承担的筹集资金的资金成本的最大限额。但是，当方案存在非常规现金流量的情况下，该指标的应用受到限制。同时，它也不能直接用于对投资规模不等的方案进行优劣比较(见第 3 章有关内容)。

(2) 净现值是一个绝对效果指标，反映的是方案所取得的超过既定收益率的超额部分收益的现值，也可以认为是股东财富的增加额，它全面考虑了方案在整个寿命周期的现金流量和资金成本，并具有深刻的消费和投资理论的思想内涵，是一个非常可靠和适用的经济评价技术。当方案有非常规现金流量而存在多个内部收益时，它特别有用。另外，该指标可直接用于多方案的比较与选择，而其他两个指标(包括静态投资回收期) 是不能直接用于方案比较的(见第 3 章有关内容)。但计算净现值时，需要事先确定一个折现率，而在有些情况下这是比较困难或者是难以做出决定。而且，净现值也不能直接反映方案单位投资的盈利水平，所以投资决策者不易理解和接受这一指标。

(3) 从上述动态投资回收期与净现值的关系以及动态投资回收期的经济含义，可以看出，其所表现的投资方案经济特征基本上可以由净现值和静态回收期所替代。因此，动态投资回收期法通常被认为是净现值的一种简便方法(只需要考虑

到回收期时点以前的现金流)，或者认为是净现值和静态回收期的一种变形，在我国投资项目经济评价中并没有将其列为必须要计算的经济评价指标。但是，在对投资方案初始评估时，或者仅能确定方案计算期早期阶段的现金流时，或者是对于一些技术更新周期快的投资方案进行评估时，动态投资回收期指标则是一个比较适用的指标。

2.3 工程方案经济性分析比较的基本方法

工程经济分析过程中会涉及各种多方案比较问题，如产品方案、工艺设计方案、工程设计方案、场址方案和融资方案等(参见本书 4.2～4.3，5.4.5)。多方案经济性分析比较的基本方法主要有单指标比较和多指标综合比较两种方法。

2.3.1 单指标比较方法

单指标评价方法是用单一指标作为选择方案的标准。单一指标可以是价值指标、实物指标或时间指标等。在进行方案比较时，如果不同方案之间的其他指标比较接近，或者其中某个指标特别重要，或者其他方面指标可以不用考虑，这时利用单一指标来评价选择方案是比较方便和直接的。

单指标法的优点是比较单一，反映方案的某个方面的真实情况，便于决策者很快做出决策。例如：设备选型，如生产的零件的质量和生产速度相同，则可以直接根据各种型号的购置费用和运营费用进行比较选择。在实际工作中，往往通过方案的预选，确定一些其他方面的指标符合基本要求的方案，再根据一个重要的指标来确定优劣。本书第 3 章中将专门论述不同情况下的多方案的比较方法和过程。

2.3.2 多指标综合比较方法

1) 多指标综合评价的特点

有些比较复杂的方案比较，如果采用单一指标，只能反映某个局部的优劣，不能全面地反映方案的总体状况，人为割断了方案之间的关系，对它们的比较需要用一系列指标来衡量。如果一个方案的全部指标优于其他方案，这个方案无疑是最优的方案。但实际上这种全部指标全优的方案是极少的，往往各个方案有部分指标相对较优，而有部分指标相对较差，这时候需要对方案进行综合的评价。

技术方案的综合评价，就是在技术方案的各个部分、各个阶段、各层次评价的基础上对技术方案的整体优化，而不是某一项指标或几项的最优值。综合评价有两重意义：一是在各部分、各阶段、各层次评价的基础上，谋求整体功能的优化；二是将不同观察角度、各种不同的指标得出的结论进行综合，选择总体目标最优的方案。

2）多指标综合评价的过程

综合评价方法主要有以下几个步骤。

(1) 确定目标

方案评价的具体目标要根据方案的性质、范围、类型、条件等确定。

(2) 确定评价范围

在目标确定后，就要调查影响达到目标的各种因素，各因素间的相互制约关系及主要因素，进而了解这些因素所涉及的范围。

(3) 确定评价的指标

评价指标是目标的具体化，根据目标设立相应的评价指标。评价指标的设置原则有：①指标的系统性；②指标的可测性；③定量指标与定性指标相结合；④绝对指标与相对指标相结合；⑤避免指标的重叠与相互包容；⑥指标的设置要有轻重程度和层次性，便于确定指标的权重。

(4) 确定评价指标的评价标准

具体方案的评价指标值的优劣和满意度，不能依靠主观直觉判断，应有共同的尺度。每一个评价指标都应制定具体的标准和统一的计算方法。定量的指标可用金额、时间、人数、重量、体积等确定具体的量的标准，定性的指标可对标准进行定性描述，并给予相应的等级划分，也可以对相应的等级分数进行量化处理。

(5) 确定指标的权重

按各项指标的评价结果，对综合指标的影响程度是不同的，为了能正确地反映各分项指标对目标影响的重要程度，通常通过加权予以修正，重要的指标予以较大的权重，相对次要的指标予以较小的权重。

(6) 确定综合评价的依据和方法

一般有两种方法。一种是对每个方案的各个定量的指标确定指标值，并列出非定量的指标的优缺点，但并不确定一个综合的指标值，而直接交决策者决策。另一种方法，是确定各方案的各项技术经济指标值，并对非定量的指标进行量化处理，然后综合成单一评价值，再提交给决策者决策。在实践中，如果一些主要指标的指标值差异较大，可采用混合的方法，即计算出各个方案一个综合的单一指标值，同时列出各方案主要指标的指标值或优缺点的对比表，一起提交决策者参考。

3）综合评价值的计算

综合评价值的计算有下面几种方法，具体选用何种方法，则需要根据整个评价过程、评价要求、评价指标的设定、评价标准和指标值等的确定来定。

(1) 加分评分法

就是将各方案的各指标值得分累加为总分，即为各方案的综合评价值。公式如下：

$$S_i = \sum_{j=1}^{m} s_{ij} \tag{2.15}$$

式中，S_i——第 i 个方案的综合评价值，$i=1, 2, \cdots, n$；

s_{ij}——第 i 个方案的第 j 个指标的指标值，$j=1, 2, \cdots, m$。

(2) 连乘评分法

将各方案的各指标值得分连乘，作为总分，即为各方案的综合评价值。公式如下：

$$S_i = \prod_{j=1}^{m} s_{ij} \tag{2.16}$$

式中，S_i——第 i 个方案的综合评价值，$i=1, 2, \cdots, n$；

s_{ij}——第 i 个方案的第 j 个指标的指标值，$j=1, 2, \cdots, m$。

(3) 加权评分法

按各个指标的重要程度确定各指标的权重，再计算各方案的各指标值与权重相乘，再累加，得到的加权总分即为各方案的综合评价值。计算公式为

$$S_i = \sum_{j=1}^{m} s_{ij} \cdot w_j \tag{2.17}$$

式中，S_i——第 i 个方案的综合评价值，$i=1, 2, \cdots, n$；

s_{ij}——第 i 个方案的第 j 个指标的指标值，$j=1, 2, \cdots, m$；

w_j——第 j 个指标的权重，$\sum_{j=1}^{m} w_j = 1$。

上述的过程只是多指标综合评价的基本方法。多指标综合评价已形成一门专门的理论与技术，例如层次分析法、模糊综合评判法等。有兴趣的读者可参考相关文献。

【例 2.6】 某家具展销城工程采用普通钢框架结构体系，主梁采用焊接工形截面；柱采用焊接箱型截面。框架的横向和纵向梁柱按刚性连接设计，次梁为工字形截面单跨简支梁；基础采用柱下独立基础，总建筑面积为 12 668.8 m^2，横向柱距为 4×7 200mm＋3×9 000 mm＋4×7 200 mm。纵向柱距为 6×6 000 mm。第一层高为 4.5 m，其余层高为 3.9 m。楼面恒荷载为 4.5 kN/m^2，活荷载为 5.0 kN/m^2，屋面为屋顶花园上人屋面，恒荷载为 5.0 kN/m^2，活荷载为 3.5 kN/m^2，该工程位于 7 度抗震区，三类场地，框架的抗震等级为 3 级。在轻钢结构建筑中，楼盖的合理选择对整个结构的安全性、经济性至关重要。本工程提出了 4 个楼盖结构设计方案：压型钢板组合楼盖、现浇整体混凝土楼盖、SP 预应力空心板楼盖、混凝土叠合板楼盖。试对它们进行比较选择。

【解】 从工程本身的要求及结构特点出发，楼盖结构形式的选择要考虑以下几个方面：

(1) 保证楼盖有足够的平面整体刚度；

(2) 减轻楼盖结构的自重及减小楼盖结构层的高度；

(3) 有利于现场安装方便及快速施工；

(4) 较好的防火、隔音性能，并便于敷设动力、设备及通信等管线设施；

(5) 相对低廉的造价。

4 种结构类型楼盖均满足结构安全性的要求。表 2.1 中给出评价指标及 4 种方案的各指标的情况。评审专家组给出了 8 个指标的权重，并按 5 分制给每个方案的各指标进行打分量化，结果如表 2.2 所示。然后，可以求出各方案的综合评价值。从表 2.3 可以看出，混凝土叠合板楼盖方案得分最高，应作为优先选择的方案，其次为现浇混凝土楼盖方案。从计算中也可以看出，如果项目对施工工期要求不紧，现浇混凝土楼盖方案也是一个很好的方案。实际上，在这种情况下，“施工速度”指标的权重则会减少，如“施工速度”指标权重调整为 0.1，“平面刚度”指标权重调整为 0.3，重新计算可得到混凝土叠合板楼盖方案得分为 4.41，现浇混凝土楼盖方案得分为 4.52。

表 2.1　指标及各方案的指标优劣情况

方案	指标							
	平面刚度	施工进度	楼板跨度	管线布置	防火性能	楼板开洞	防水性能	楼盖造价/(元/m^2)
压型钢板组合楼盖	最好	快	较小	好	差	不易	好	180
现浇混凝土楼盖	好	慢	小	一般	好	易	最好	110
SP 预应力空心板	较差	最快	大	最好	差	不易	不好	150
混凝土叠合板	较好	快	较大	不好	好	易	一般	130

表 2.2　指标权重及方案的各指标得分

方案	指标及权重								
	平面刚度	施工进度	楼板跨度	管线布置	防火性能	楼板开洞	防水性能	楼盖造价	加权得分
	0.25	0.15	0.05	0.03	0.25	0.02	0.05	0.2	1
压型钢板组合楼盖	5	3	2	4	2	2	4	1	3.36
现浇混凝土楼盖	4	1	1	3	5	4	5	5	4.37
SP 预应力空心板	2	5	5	5	2	2	2	3	2.89
混凝土叠合板	3	4	4	1	5	4	3	4	4.46

2.3.3　优劣平衡分析方法

优劣平衡分析，又称为损益平衡分析，是方案比较分析中应用较广的一种方法。它是根据某个评价指标(包括多指标的综合评价值)在某个因素变动下的情况，对方案的优劣变化的比较。

损益平衡分析的基本过程如下：

(1) 确定比较各方案优劣的指标 r。

(2) 确定各方案的指标值随变动因素变化的函数关系。

$$r_i = f_i(x) \tag{2.18}$$

式中，r_i——第 i 个方案的指标值(因变量)，$i=1, 2, \cdots, n$；

x——变动因素(自变量)；

$f_i(x)$——第 i 个方案的指标值随着自变量 x 变化的函数关系。

绘制优劣平衡分析图(图 2.23)，各方案的指标随变动因素变化曲线的交点即为方案之间的优劣分歧点(损益平衡点)，确定对应的变动因素 x 的值。

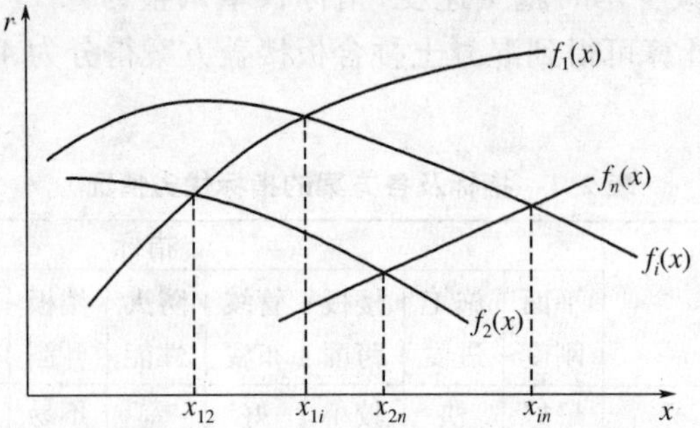

图 2.23　优劣平衡分析图

根据指标值的最大(如收益等) 或最小化(如费用等) 的目标，确定变动因素变化的各区域的最优方案的选择。

【例 2.7】 某厂欲租入某设备一台，生产急需的一种零件。现在两种型号供选择，两种型号的生产零件的速度和质量均相同，各型号的月租费和零件的加工费见表 2.3。设该厂的基准收益率为 10%。应如何选择设备?

表 2.3　两型号设备的月租费和零件的加工费

方案	月租费/元	零件加工费/(元/件)
A 型号	2 000	5
B 型号	2 500	4.8

【解】 设该厂零件的月需量为 x 件。

则若租用 A 型号，月生产总成本为

$$C_A = 2\,000 + 5x$$

若租用 B 型号，月生产总成本为

$$C_B = 2\,500 + 4.8x$$

在优劣平衡点上，$C_A = C_B$（如图 2.24）。

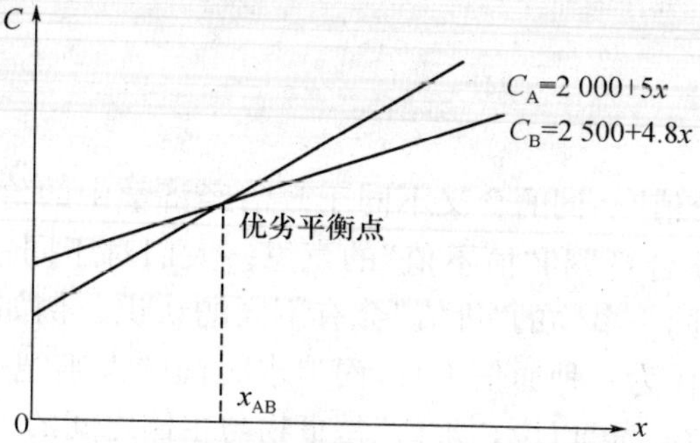

图 2.24 A、B 型号优劣平衡分析图

则

$$x_{AB} = \frac{2\,500 - 2\,000}{5 - 4.8} = 2\,500(\text{件})$$

从图中可以看出：

(1) 当零件月需量少于 2 500 件时，选择 A 型号是经济的；

(2) 当零件月需量多于 2 500 件时，选择 B 型号是经济的；

(3) 当零件月需量正好为 2 500 件时，两型号经济上是等价的。当然，正好为 2 500件的可能性是极小的。

2.4 价值工程原理

价值工程（Value Engineering，VE），也称为价值分析（Value Analysis，VA）或价值管理（Value Management，VM），它是通过研究产品或系统的功能与成本之间的关系，来改进产品或系统，以提高其经济效益的现代管理技术。它于 20 世纪 40 年代末起源于美国，从材料代用开始，逐渐发展到改进产品设计、改进工艺、改进生产等领域。价值工程与一般的投资决策理论不同，一般的投资决策理论研究的是项目的投资效果，强调项目的可行性，而价值工程是以研究获得产品必要功能所采用的省时、省钱、省力的技术经济分析法，以功能分析和功能改进为研究目标。

2.4.1 价值工程的概念

价值工程是分析产品或作业的功能与成本的关系，力求以最低的寿命周期成本实现产品或作业的必要功能的一种有组织的技术经济活动。其定义可用公式表示为

$$\text{价值(Value)} = \frac{\text{功能(Function)}}{\text{成本(Cost)}}$$

通常写为

$$V = \frac{F}{C} \tag{2.19}$$

1）价值

价值工程中的“价值”一词的含义不同于政治经济学中的价值概念，它类似于生活中常说的“合算不合算”和“值不值”的意思。人们对于同一事物有不同的利益、需要和目的，对于同一事物的“价值”会有不同的认识。例如，大多数人对手机“价值”的认识是把它作为一种通信工具，而追求时尚的人则把一款新颖漂亮的手机作为一种时尚和饰物。可以说，“价值”是事物与主体之间的一种关系，属于事物的外部联系，表现为客体的功能与主体的需要之间的一种满足关系。

因此，虽然人们把“价值工程”作为一种现代管理技术，实质上它是一种技术经济分析的思想，是面对限制条件的最大化问题，即通过以功能为核心的分析方法，研究功能与成本之间的关系，在产品的技术与经济之间寻找一个最佳的均衡点，设计生产出最“合算”的产品，或者是在满足用户对产品功能需求的情况下，以最低的成本实现其功能。

2）功能

功能是指分析对象用途、功效或作用，它是产品的某种属性，是产品对于人们的某种需要的满足能力和程度。产品或零件的功能通过设计技术和生产技术得以实现，并凝聚了设计与生产技术的先进性和合理性。功能可分为下面几类。

（1）按功能重要程度可分为基本功能与辅助功能。基本功能是指产品必不可少的功能，决定了产品的主要用途。辅助功能是基本功能外的附加功能，可以根据用户的需要进行增减。如手机的基本功能是无线通信，辅助功能则有无线数据传接（短信）、计时、来电显示、电子数据记录等。

（2）按功能的用途可分为使用功能与美学功能。使用功能反映产品的物质属性，促使产品、人及外界之间发生能量和物质的交流，是动态的功能。使用功能通过产品的基本功能和辅助功能而得以实现。美学功能反映产品的精神和艺术属性，是人对产品所产生的一种内在的精神感受，是静态的功能。如手机的使用功能有上面所述的无线通信、数据传送等，美学功能则体现在手机体型、色彩和装饰性上。

（3）按用户需求可分为必要功能与不必要功能。必要功能是用户需要的功能，不必要功能是指用户不需要的功能。功能是否必要，是视产品的目标对象（消费群体）而言的。如手机的数码摄像功能，对追求时尚的年轻人来说是必要的，而对一些年长的中老年用户来说则可能是不必要的功能。

（4）按功能的强度可分为过剩功能与不足功能。过剩功能是指虽属必要功能，但有富余，功能强度超过了该产品所面对的消费群体对功能的需求。例如，手机的数码摄像功能对许多年轻的消费者来说，是必要的功能，但如果把摄像的像素配置得很高，可能就成为过剩功能了。不足功能是相对于过剩功能而言的，表现为整体或部件功能水平低于用户需求的水平，不能满足用户需要的满足。

3）成本

成本是指实现分析对象功能所需要的费用，是在满足功能要求条件下的制造生产技术和维持使用技术（这里的技术是指广义的技术，包括工具、材料和技能等）的耗费支出。“价值工程”中的成本包括 3 个方面的内容。

（1）功能现实成本

功能现实成本指目前实现功能的实际成本。在计算功能现实成本时，需要将产品或零部件的现实成本转换成功能的现实成本。当产品的一项功能与一个零部件之间是“一对一”的关系，即一项功能通过一个零部件得以实现，并且该零件只有一项这样的功能，则功能成本就等于零部件成本；当一个零部件具有多项功能或者与多项功能有关时，将零部件的成本分摊到相应的各个功能上；当一项功能是由多个零部件提供的，其功能成本应是各相关零部件分摊到本功能上的成本之和。

（2）功能目标成本

功能目标成本是指可靠地实现用户要求功能的最低成本。通常，根据国内外先进水平或市场竞争的价格，确定实现用户功能需求的产品最低成本（企业的预期的成本或理想成本等）。再根据各功能的重要程度（重要性系数），将产品的成本分摊到各功能，则得到功能目标成本（参见 2.4.5）。

（3）寿命周期成本

价值工程中所指的成本，通常是指产品寿命周期成本。从社会角度来看，产品寿命周期成本最小的产品方案是最经济方案。对于消费者而言，要使其所购商品的价值最大化，就是在实现同等功能的前提下，商品寿命周期成本最低。即一些品质较高的产品，尽管售价可能会高些，但在使用过程中，其维护修理次数及成本可能会较低，整个寿命周期成本较小。所以，尽管消费者原则上都趋向选择价格低廉的产品，但由于信息不对称的作用，对于复杂的商品消费者往往宁愿付出更高的购价，选择购买知名品牌或企业的产品，以使得商品的寿命周期成本最低。对于目标是长远发展的企业来说，应该注重产品的寿命周期成本。企业现代生产经营理念之一的“顾客价值最大化”，与“价值工程”思想殊途同归，说到底都是“价廉物美”。

2.4.2 价值分析的基本思路

一般说来，生产成本是随着产品功能强度（包括功能数量和功能的效果）的提高而不断增加的，产品的使用成本随着功能强度越高而越低，由两类成本组成的寿命周期成本存在一个最低点，这是成本与功能的均衡点，是价值工程工作的目标。图 2.25表明了产品寿命周期成本、生产成本和使用成本之间的相互关系，称之为“成本—功能”特性曲线。价值中的成本与功能之间的关系，指出了价值分析的基本思路。

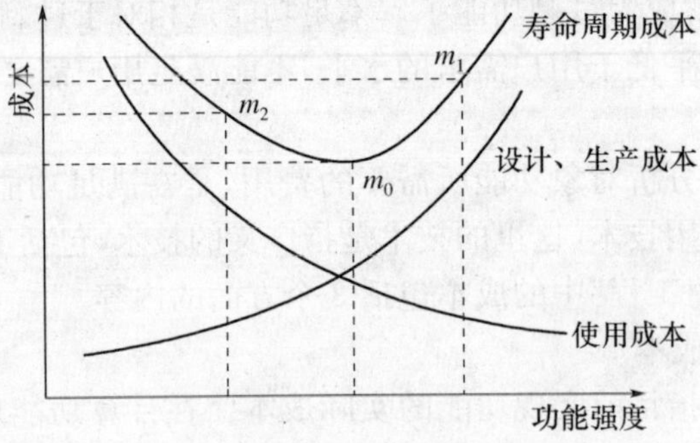

图 2.25　功能—成本关系图

（1）提高产品价值是价值工程的目标

价值工程是以提高产品的价值为目标，这是用户需要，也是企业追求的目标。价值工程的特点之一，就是价值分析并不单纯追求降低成本，也不片面追求较高功能，而是追求 F/C 的比值的提高，追求产品功能与成本之间的最佳匹配关系。从价值的定义及表达式可以看出，提高产品价值的途径有以下 5 种：

① 降低成本，功能保持不变；

② 成本保持不变，提高功能；

③ 成本略有增加，功能提高很多；

④ 功能减少一部分，成本大幅度下降；

⑤ 成本降低的同时，功能能有提高。这可使价值大幅提高，是最理想的提高价值的途径。

如图 2.25 所示，若采取一定的技术措施，使功能成本点从 m_2 移到了 m_0，则既提高了功能又降低了成本，属于第五种途径；当由 m_0 移到 m_1，也能提高功能，但增加了成本。

（2）功能分析是价值工程的核心

功能分析是通过分析对象资料，正确表达分析对象的功能，明确功能特性要求，从而弄清产品与部件各功能之间的关系，去掉不合理的功能，使产品功能结构更合理。从成本—功能关系图可以看出，提高产品价值有两条思路：一是从功能出发；二是从成本出发。从成本出发，并不是成本管理中的降低成本的含义，而是通过功能分析，通过方案代换，在保证功能的基础上，实现成本的降低。所以，功能分析是价值工程的核心。

功能分析的主要工作，一是区分产品的基本功能和辅助功能、使用功能和美学功能；二是在满足产品特定用户需求的同时，保证基本功能，合理选择辅助功能，取消不必要的功能和过剩功能，从而降低产品的成本，或者是增加产品的辅助功能，弥补和改进产品的不足的使用功能，尤其是主要功能，从而使产品的功能能得到大幅度提高,并使产品的价值也得到提高。

(3) 有组织的团队性创造活动是价值工程的基础

价值工程是贯穿于产品整个寿命周期的系统的方法。从产品设计、材料选购、生产制造、交付使用,都涉及价值工程的内容。价值工程尤其强调创造性活动,只有创造才能突破原有设计水平,大幅度提高产品性能,降低生产成本。因此,团队的知识、经验对价值工程工作十分重要,并且只能在有组织的条件下,才能充分发挥团队的集体智慧。所以,价值工程工作通常是成立价值工程小组、以团队方式来开展。例如,在美国土木工程领域的价值工程活动通常成立一个由各方面的专家(如建筑师、结构工程师、机电工程师与机械工程师等)组成的价值工程小组,进行价值工程活动,并由一个来自于咨询机构的价值工程专家(称之为价值工程促进员)组织和领导。

2.4.3 价值工程的工作程序与方法

价值工程的工作过程可分为4个阶段,即准备阶段、分析阶段、创新阶段、实施阶段。各阶段的具体工作内容见表2.4。其中:准备阶段的主要工作是选择价值工程对象;分析阶段的主要工作是进行功能成本分析;创新阶段的主要工作是进行方案创新设计以及方案评价。这3项主要工作构成了价值工程分析的基本框架。

表2.4 价值工程的一般工作程序

阶段	步骤	说明	解答的主要问题
准备阶段	1. 对象选择 2. 组成价值工程小组 3. 制订工作计划	1. 应明确目标、限制条件和分析范围 2. 由项目负责人、价值工程咨询专家、专业技术人员等组成 3. 具体执行人,执行日期,工作目标	1. 价值工程的对象是什么
分析阶段	4. 收集整理信息资料 5. 功能系统分析 6. 功能评价	4. 贯穿于价值工程工作的全过程 5. 明确功能特性要求,绘制功能系统图 6. 确定目标成本,确定功能改进区域	2. 产品的作用,功能如何 3. 产品成本是多少 4. 产品的价值如何
创新阶段	7. 方案创新 8. 方案评价 9. 提案编写	7. 提出各种不同的实现功能的方案 8. 从技术、经济和社会等方面综合评价各方案达到预定目标的可行性 9. 将选出的方案及有关资料编写成册	5. 有无实现同样功能的新方案 6. 新方案的成本是多少 7. 新方案能满足要求吗?还能继续改进吗
实施阶段	10. 审批 11. 实施与检查 12. 成果鉴定	10. 委托单位或主管部门进行组织 11. 制订实施计划,组织实施并跟踪检查 12. 对实施后取得的技术经济效果进行成果鉴定	8. 新方案实施效果如何

2.4.4 价值工程对象的选择

价值工程对象的选择是指在众多的产品、零部件中从总体上选择价值分析的对象，为后续的深入的价值工程活动选择工作对象。常用的选择方法有下面几种：

(1) 因素分析法

因素分析法，又称经验分析法，即由价值工程小组成员根据专家经验，对影响因素进行综合分析，确定功能与成本配置不合理的产品或零部件，作为价值工程的对象。这是一种定性的方法。选择的原则是：①从设计方面看，结构复杂、性能差或技术指标低的产品或零部件；②从生产方面看，产量大、工艺复杂、原材料消耗大且价格高并有可能替换的或废品率高的产品或零部件；③从经营和管理方面看，用户意见多的、销路不畅的、系统配套差的、利润率低的、成本比重大的、市场竞争激烈的、社会需求量大的、发展前景好的或新开发的产品或零部件。

【例 2.8】 对某居住区开发设计方案进行价值工程分析，根据专家经验，该地区的多层住宅建筑工程造价在 750～800 元/m^2 之间，如果某设计方案的造价估算超过太多，就可选择其作为价值工程的对象。

(2) ABC 分析法

ABC 分析法是一种定量分析方法，是根据客观事物中普遍存在的不均匀分布规律，将其分为“关键的少数”和“次要的多数”，此法以对象数占总数的百分比为横坐标，以对象成本占总成本的百分比为纵坐标，绘制曲线分配图，如图 2.26 所示。

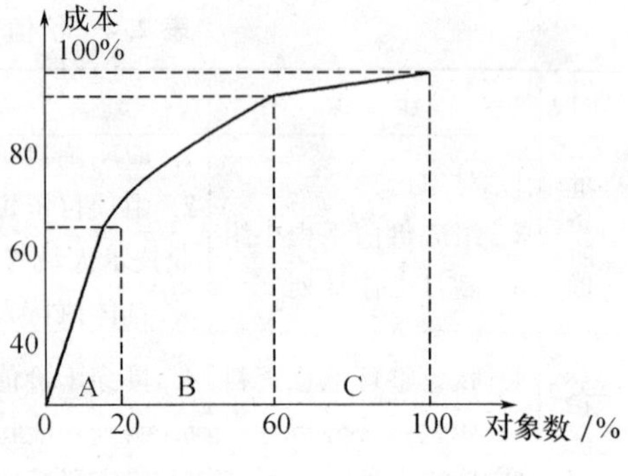

图 2.26 ABC 分析法

ABC 法将全体对象分为 A、B、C 3 类，A 类对象的数目较小，一般只占总数的 20%左右，但成本比重占 70%左右；B 类对象一般只占 40%左右，其成本比重占 20%左右；C 类对象占 40%左右，其成本比重占 10%左右。显然 A 类对象是关键少数，应作为价值工程的对象；C 类对象是次要多数，可不加分析；B 类对象则视情况予以选择，可只做一般分析。

(3) 百分比分析法

百分比法是通过计算不同产品、不同零部件的各类技术经济指标进行比较选择，确定价值工程的对象。不同产品之间可选择成本利润率或产值资源消耗率等指标，同一产品零部件之间可选择成本所占百分比等指标。

【例 2.9】 某企业生产 4 种产品，其成本和利润所占百分比如表 2.5 所示。

表 2.5　例 2.9 成本和利润百分比表

产品名称	A	B	C	D	合计
成本/万元	500	300	200	100	1 100
占比/%	45.1	27.2	18.1	9.1	100
利润/万元	115	50	60	25	250
占比/%	46	20	24	10	100
成本利润率/%	23	16.7	30	25	

从表中计算结果可知，B 产品成本利润率最低，应选为价值工程对象。

(4) 价值指数法

该方法主要适用于从系列产品或同一产品的零部件中选择价值工程的对象，依据 $V=F/C$ 计算出每个产品或零部件的价值指数进行比较选择。对于产品系列，可直接采用功能值与产品成本计算出的价值指数，以价值指数小的产品作为价值工程对象。对于同一产品的零部件的选择方法参见 2.4.5 中的相关内容。

【例 2.10】 某成片开发的居住区，提出了几种类型的单体住宅的初步设计方案，各方案单体住宅的居住面积及相应概算造价如表 2.6 所示，试选择价值工程研究对象的部分。

表 2.6　例 2.10 方案数据表

方案	A	B	C	D	E	F	G
功能：单体住宅居住面积/m^2	9 900	3 500	3 200	5 500	8 000	7 000	4 500
成本：概算造价/万元	1 100	330	326	610	1 000	660	400
价值指数：$V=F/C$	9.00	10.61	9.82	9.02	8.00	10.61	11.25

根据价值计算结果，可知 A、D、E 方案价值指数明显偏低，应选为价值工程的研究对象。

上述的方法在实际工作中可以综合应用，一般可先根据经验分析法进行初步的选定，再根据定量方法进行确定。

2.4.5　功能分析

在确定了价值工程的对象产品之后，就是对该产品进行功能分析。

1) 功能定义

功能定义就是根据已有信息资料，用简洁、准确、抽象的语言从本质上对价值工程的对象的每一项功能进行界定，并与其他功能相区别。功能定义过程如图 2.27 所示。

图 2.27　功能定义过程图

功能定义要注意以下几点：

(1) 简洁。多用“动词＋名词”形式，如道路功能定义为“提高通行能力”，路面功能定义为“增大摩擦系数”。

(2) 准确。使用词汇要反映功能的本质，并要对用户的需求进行定量化，以表明功能的大小，如“提高通行能力至××万辆”。

(3) 抽象。以不违反准确性原则为度，如路面功能定义为“提高强度”，并未注明采用何种方法提高强度，这有助于开阔思路。

(4) 全面。可参照产品的结构从上到下，从主到次，顺序分析定义。注意功能与零部件之间是“一对一”的关系还是“一对多”或“多对多”的关系。

2) 功能整理

功能整理就是用系统的观点将已经定义了的功能加以系统化，找出功能之间的逻辑关系，对功能进行分析归类，画出反映功能关系的功能系统图。通过功能整理分析，弄清哪些是基本的，哪些是辅助的，哪些是必要的，哪些是不必要的，哪些是需要加强的，哪些属于过剩的，从而为功能评价和方案构思提供依据。

(1) 功能逻辑关系与功能系统图

功能之间的逻辑关系包括两种：

①上下位关系。上位功能又称为目的功能，下位功能又称为手段功能。这种关系是功能之间存在的目的与手段的关系。如图 2.28 中，屋盖功能之一是“防水”，其下位功能包括“隔绝雨水”和“排除雨水”，“防水”是目的，通过“隔绝雨水”和“排除雨水”两个手段而实现。

② 同位关系。又称为并列关系，指同一上位功能下，有若干个并列的下位功能。如图 2.28 中的“隔绝雨水”和“排除雨水”即为同位功能。

按功能之间的上下关系和并列关系，按树状结构进行排列，形成功能系统图。如图 2.28 所示，即为平屋盖结构的功能系统图。

(2) 功能整理过程

适应用户需求的产品的功能定义及功能系统图不是一次完成的，而是通过功能整理的过程逐步实现的。功能整理的基本过程可以分为 3 个阶段。

①第一阶段：初步构建。根据用户需求，初步定义产品的功能，包括基本功能和辅助功能，构成初步的功能系统图。

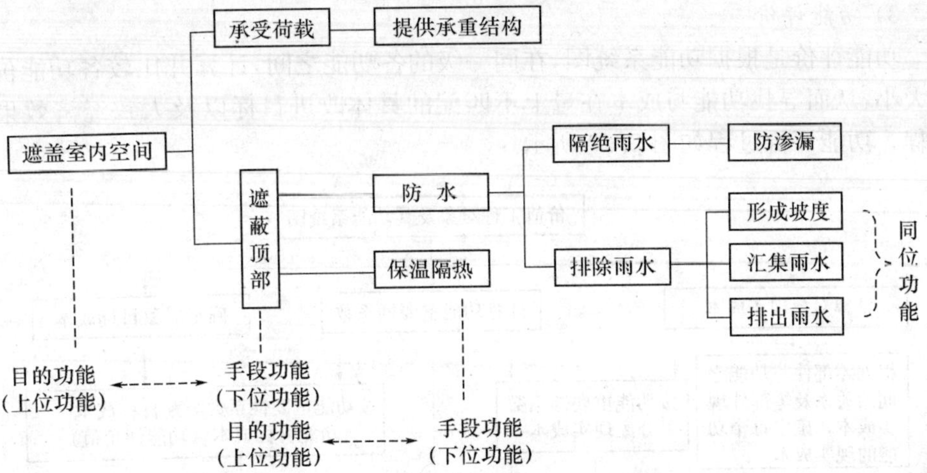

图 2.28 平屋盖结构的功能系统图

②第二阶段:系统调整。对每一个功能,通过提问"用什么方法实现这一功能"这个问题,来寻找必要的下位功能。对每个下位功能,再提问"这个下位功能是怎么实现的",同样可找到下位功能的下位功能。同样,对每个功能,通过提问"为什么需要这样的功能"这个问题,就可以确定其上位功能。这样便把一组功能按目的、手段逻辑关系联系起来,形成一个功能链。继续用这种方式,对最初的功能系统图进行调整。

③第三阶段:优化改进。对调整后的功能系统图,可进一步进行优化改进。可通过对每一功能提出"为什么需要这个功能""能否去掉这个功能""该功能能否满足用户的需求"和"有无实现该功能的新方法"等,以确定功能的类型,进一步改进功能系统图,形成一个适应用户功能需求的,没有不必要功能的最终功能系统图。

(3) 功能计量

功能计量是指确定产品各项性能的指标值,如图 2.28 中的"承受荷载"的大小、"保温隔热"的"传热阻"等。它以功能系统图为基础,依据各功能之间的关系,以对象整体功能定量为出发点,由左向右逐级分析测算,定出各功能程度的数量指标,揭示各级功能领域有无不足或过剩,从而在保证必要功能的基础上剔除剩余功能,补足不足功能。

①整体功能的量化。整体功能计量是对各级子功能量化的依据,是以用户的合理要求为出发点,确定其必要功能的数量标准,以保证无过剩功能或不足功能。

②各级子功能的量化。产品整体功能数量标准确定后,可根据"手段功能满足目的功能"的原则。依据"目的—手段"的逻辑关系,由上而下逐级推算,测定各级手段功能的数量标准。

3）功能评价

功能评价是根据功能系统图，在同一级的各功能之间，计算并比较各功能价值的大小，从而寻找功能与成本在量上不匹配的具体改进目标以及大致经济效果的过程。功能评价过程如图 2.29 所示。

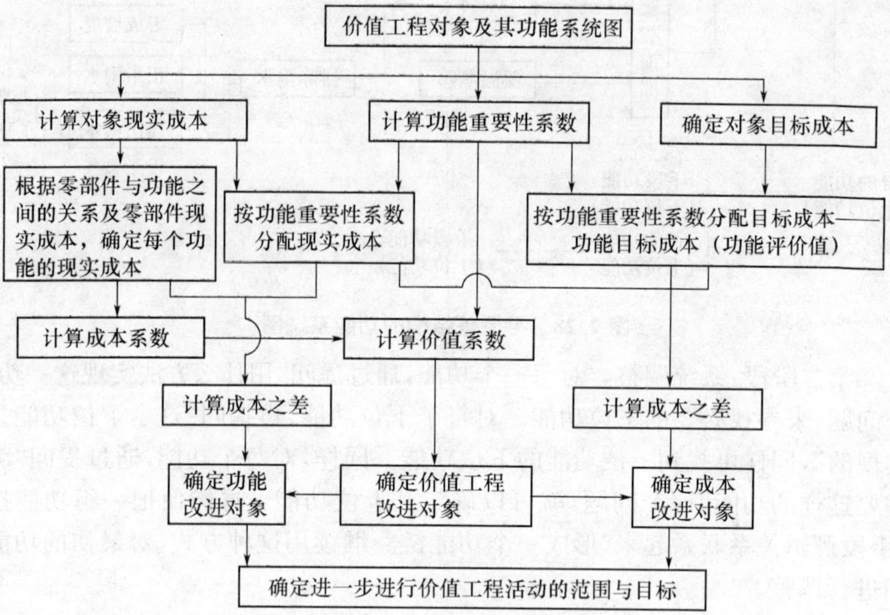

图 2.29　功能评价过程

(1) 功能重要度系数确定方法

功能重要度系数，或称为功能评价系数或功能系数，是从用户的需求角度确定产品或零部件中各功能重要性之间的比例关系。确定方法有强制确定法、直接打分法、多比例评分法、环比评分法和逻辑评分法等，这里主要介绍强制确定法[简称 FD(Forced Decision)法]，包括 0—1 法和 0—4 法两种。

① 0—1 强制确定法

由每一参评人员对各功能按其重要性一对一地比较，重要的得 1 分，不重要的得 0 分(如表 2.7)。逐次比较后，求出各功能重要度的得分。为避免出现功能系数为 0 的情况，可对功能得分进行修正，再按式(2.20)求出该参评人员评定的各功能的功能重要度系数。然后，计算所有参评人员评定的功能评价系数的算术平均值或加权平均值作为各功能的最终的功能重要度系数。

$$功能重要度系数=\frac{某功能的重要性得分}{所有功能的重要性总分} \tag{2.20}$$

表 2.7　0—1 FD 法示例

功能	A	B	C	D	E	F	功能得分	修正得分	功能重要度系数
A	×	1	1	0	1	1	4	5	0.238
B	0	×	0	0	1	1	2	3	0.143
C	0	1	×	0	1	1	3	4	0.190
D	1	1	1	×	1	1	5	6	0.286
E	0	0	0	0	×	0	0	1	0.048
F	0	0	0	0	1	×	1	2	0.095
合　计							15	21	1

② 0—4 强制确定法

0—4 法和 0—1 法类似，也是采用一一对比的方法进行评分，但分值分为更多的级别，更能反映功能重要程度的差异(如表 2.8)。其评分规则如下：

(a) 两两比较，非常重要的功能得 4 分，另一个相比的功能很不重要得 0 分；

(b) 两两比较，比较重要的功能得 3 分，另一个相比的功能不太重要得 1 分；

(c) 两两比较，两个功能同等重要各得 2 分；

(d) 自身对比，不得分。

各参评人员的功能重要度系数和最终的各功能的功能重要度系数计算方法同 0—1 法。

表 2.8　0—4 FD 法示例

功能	A	B	C	D	E	F	功能得分	功能重要度系数
A	×	2	3	2	4	3	14	0.233
B	2	×	1	1	3	2	9	0.150
C	1	3	×	1	3	3	11	0.183
D	2	3	3	×	4	4	16	0.267
E	0	1	1	0	×	2	4	0.067
F	1	2	1	0	2	×	6	0.100
合　计							60	1.000

(2) 确定成本系数

成本系数按功能实际成本进行计算。功能实际成本与传统的成本核算不同之处在于：功能实际成本是以功能对象为单位，而传统成本的核算是以产品和部件为单位。进行功能分析时，需要以产品或部件的实际成本为基础，对其进行分解或汇总(参见 2.4.1),从而得到某一功能的功能实际成本。确定了功能实际成本,就可以按式(2.21)计算各功能的成本系数(参见例 2.11)。

$$成本系数=\frac{某功能的实际成本}{产品成本(或所有功能实际成本之和)} \tag{2.21}$$

(3) 确定价值系数

各功能的价值系数按式(2.22)计算。

$$价值系数=\frac{功能系数}{成本系数} \tag{2.22}$$

如果某功能的价值系数等于 1 或比较接近于 1,表明功能与实现功能的实际成本匹配或比较匹配,则该功能不作为进一步价值分析的对象和范围;如某功能的价值系数偏离 1 较大,则说明该功能与实现该功能的现实成本之间不匹配,则列为进一步价值分析的对象。

(4) 确定功能评价值(目标成本)

功能评价值指为实现某一功能所要求的最低费用,即作为实现的功能的目标成本。常用的功能评价值(目标成本)的估算方法有 3 种。

①理论计算方法。根据工程计算公式和设计规范等确定实现功能(产品)的零部件和材料组成成分,以此计算实现功能(产品)的成本,再通过几个方案的比较,以最低费用方案的成本作为功能评价值(产品目标成本)。

②统计法。广泛搜集企业内外的同一功能(产品)的实际成本资料,并根据各个成本资料的具体条件按目前的条件进行修正,以最低的成本作为该功能的功能评价值(产品的目标成本)。

③功能评价系数法。在实际工作中,由于条件的限制,按上述两种方法可以比较容易地确定产品的目标成本,但比较困难的是确定产品各个功能的目标成本。在这种情况下,可根据功能与成本匹配的原则,可按功能评价系数把产品目标成本分配到每一功能上,作为各功能的功能评价值。

(5) 确定价值工程改进对象(价值分析)

对价值系数偏离 1 较大的功能(或零部件),进一步确定价值分析的改进对象,包括确定对功能的改进对象和成本的改进对象(参见例 2.11)。

①计算成本差

成本差包括各功能按功能评价系数分配的实际成本与功能的实际成本之差(ΔC_1)和按功能系数分配的目标成本与按功能评价系数分配的实际成本之差(ΔC_2)。

②确定功能的改进对象

对于 $\Delta C_1<0$ 的功能,如果其功能评价系数较低(一般 ΔC_2 绝对值也较小),即对于用户来说,该功能重要性比重较低,而实际成本的比重较高,则可能存在功能过剩,甚至是多余功能,应作为功能改进的对象;对于 $\Delta C_1>0$ 的功能,如果其功能评价系数较高（一般 ΔC_2 绝对值也较大），即对于用户来说，该功能重要性比重较高，而实际成本的比重却较低，则可能存在评价对象的该功能存在不足，没有达到用户的功能要求，要适当提高其功能水平。

③确定成本的改进对象

对于 $\Delta C_1<0$ 的功能中，ΔC_2 绝对值较大的为成本改进对象，这类功能通常是功能系数较高的功能，功能上可能并不存在功能过剩（视具体情况分析），但实现功能的手段不佳，以致实现功能的实际成本高于目标成本（功能评价值），可通过材料代换、方案替代方法实现成本的降低。对于 $\Delta C_1>0$ 的功能中，ΔC_2 绝对值也较小的，表示其成本分配是低的，但由于功能评价系数较低，所以没有必要去提高其成本，只要检查其功能是否能得到保证。实际上，往往在保证功能的条件下，成本仍然有可能降低。

(6) 确定价值工程改进目标

价值工程改进目标，即通过价值工程活动实现功能改进与成本改进的目标，可以统一用成本改进期望值来确定。各功能的成本改进期望值（ΔC）为按功能评价系数分配的目标成本与功能实际成本的差值计算，或按 $\Delta C_1+\Delta C_2$ 计算。

【例 2.11】 某产品包括 A、B、C、D、E、F 等 6 个功能，产品实际成本为 500 元，目标成本为 450 元，现要对其进行功能评价。

第一步：由 5 人组成价值工程小组，用 0—4 法对各功能重要程度评分。表2.8 是甲对所确定的功能重要度系数，同理可得到其他人的评分结果（表 2.9），并计算平均功能评价系数作为最终的每一个功能的评价系数。

第二步：根据式(2.21)计算成本系数（见表 2.10）。

第三步：根据式(2.22) 计算价值系数（见表 2.10）。

C 和 E 功能的价值系数接近于 1，说明功能比重与成本比重基本相当，可以认为功能本身及目前的实际成本合理，无需改进；A、B、D、F 等 4 个功能的价值系数偏离 1 较大，则把这 4 个功能列为价值工程进一步分析的对象。

表 2.9　例 2.11 功能评价系数计算表

功能	专家					
	甲	乙	丙	丁	戊	平均功能评价系数
A	0.233	0.217	0.233	0.250	0.250	0.237
B	0.150	0.150	0.167	0.133	0.150	0.150
C	0.183	0.200	0.183	0.183	0.183	0.187
D	0.267	0.267	0.283	0.283	0.300	0.280
E	0.067	0.050	0.050	0.050	0.033	0.050
F	0.100	0.117	0.083	0.100	0.083	0.097

表 2.10　例 2.11 价值系数计算表

功能	功能系数	实际成本	成本系数	价值系数
A	0.237	180	0.360	0.658
B	0.150	121	0.242	0.620
C	0.187	88	0.176	1.063
D	0.280	71	0.142	1.972
E	0.050	22	0.044	1.136
F	0.097	18	0.036	2.694
合计	1	500	1	

第四步：确定价值工程改进对象。

根据价值分析确定了 A、B、D、F 为进一步分析的对象，根据市场资料统计确定新的目标成本为 450 元。分别计算 ΔC_1、ΔC_2 和 ΔC。分析确定功能改进对象、成本改进对象和成本改进期望值。计算结果见表 2.11。

表 2.11　例 2.11 价值分析表

功能	功能评价系数	实际成本	成本系数	价值系数	按功能评价系数分配实际成本	按功能评价系数分配目标成本	ΔC_1	ΔC_2	成本改进期望值 ΔC
(1)	(2)	(3)	$(4)=\frac{(3)}{500}$	$(5)=\frac{(2)}{(4)}$	(6)＝(2)×500	(7)＝(2)×450	(8)＝(6)－(3)	(9)＝(7)－(6)	(10)＝(7)－(3)
A	0.237	180	0.360	0.658	118.50	106.65	−61.50	−11.85	−73.35
B	0.150	121	0.242	0.620	75.00	67.50	−46.00	−7.50	−53.50
C	0.187	88	0.176	1.063	93.50	84.15	5.50	−9.35	−3.85
D	0.280	71	0.142	1.972	140.00	126	69.00	−14.00	55
E	0.050	22	0.044	1.136	25.00	22.50	3.00	−2.50	0.50
F	0.097	18	0.036	2.694	48.50	43.65	30.50	−4.85	25.65

从表中可以看出，A 功能可以作为成本改进的主要对象，可以通过新的方案（如材料代换、新的工艺原理等）实现成本的降低；B 功能则可能存在功能过剩的问题，可作为功能改进的对象；D 功能则可能存在功能上的不足，可能通过新的方案，实现功能的增加以满足用户的需求；F 功能由于其功能比重较小，在保证现有成本水平的基础上，检验其功能是否满足用户的需求。

2.4.6　方案创造与评价

价值工程能否取得成效，关键在于针对产品存在的问题提出解决的方法，创造新方案，完成产品的改进。

1) 方案创造

方案创造就是在前面的功能分析的基础上（有些文献中甚至直接把方案创造

列为功能分析的一个阶段),根据产品存在的功能和成本上的问题,寻找使得功能与成本相匹配的新的实现功能的技术方案。这一过程将根据已建立的功能系统图和功能目标成本,运用创造性的思维方法,加工已获得的资料,在设计思想上产生质的飞跃,创造出实用效果好、经济效益高的新方案。这一过程要具备创新精神和创新能力,要依靠价值工程小组内外的集体智慧。价值工程中常用的方案创造的方法有 BS 法、Gorden 法、Delphi 法等,具体见本书第 3 章有关内容。

在方案创造过程中,从以下几个方面着手,可以取得较好的效果:

①优先考虑上位功能;

②优先考虑价值低的功能区;

③优先考虑首位功能的实现手段,因为首位功能比较抽象,受限制少,更易于提出不同的构想。

2) 方案评价

方案创造阶段所产生的大量方案需要进行评价和筛选,从中找出有实用价值的方案付诸实施。方案评价可以视具体情况从技术、经济和社会 3 个方面进行评价。

(1) 技术评价

技术评价围绕功能进行,考察方案能否实现所需要的功能及实现程度。它是以用户的功能需要为依据,评价内容包括功能的实现程度(性能、质量、寿命等)、可靠性、可维修性、易操作性、使用安全性、与整个产品系统的匹配性、与使用环境条件的协调性等。

(2) 经济评价

经济评价是在技术评价的基础上考察方案的经济性,评价内容主要是确定新方案的成本是否满足目标成本的要求。另外,对于销售类的产品对象,还可以从市场销售量的增加、市场竞争力的增强等方面进行全面的经济评价。可采用本书介绍的其他经济评价方法对创新的方案与原方案进行经济比较分析。

(3) 社会评价

对于涉及环境、生态、国家法规约束、国防、劳动保护、耗用稀缺资源、民风民俗等方面的新方案,还需要对新方案进行社会评价。

方案评价分为概略评价和详细评价两个阶段。概略评价是对创造出的方案从技术、经济和社会 3 个方面进行初步研究,其目的是从众多的方案中粗略地筛选出一些优秀的方案,为详细评价做准备。详细评价是在掌握大量数据资料的基础上,对概略评价获得的少数方案进行详尽的技术评价、经济评价、社会评价和综合评价,为提案的编写和审批提供依据。

方案评价的具体方法可参见本书的其他章节。

2.4.7 价值工程应用中应注意的问题

价值工程是一个简单、实用而灵活的经济分析技术和管理方法，在实际应用中要注意以下几个方面：

(1) 价值工程活动的开展不仅需要掌握价值分析的方法，还需要有效的组织实施的方法，包括如何组织这项研究、由谁领导这项研究、由谁参加这项研究、何时开始这项研究、用多少时间从事这项研究等。

在美国、英国等国的工程建设中，通常由业主方推动实施价值工程活动，并委托外部的独立的价值工程管理咨询公司组织工程建设的价值工程活动。价值工程咨询公司委派有资格认证的价值工程专家作为价值管理促进员，负责组建价值工程团队，领导开展价值工程活动。团队的成员可来自业主方成员、设计小组内部、楼宇的使用者(或使用楼宇企业内的职员)等。价值工程活动一般在草图设计阶段(相当于我国的初步设计阶段)进行，采用研讨会的形式(美国为 40 小时的研讨会，英国为 2 天研讨会)。

(2) 价值分析方法在实际应用中有很大的灵活性，可以根据具体应用的问题选择价值分析的全部过程或采用其中的某一方面的技术与思想。例如，人们应用价值系数的大小来判断技术方案的优劣。

在方法上也是可以灵活运用的，按价值工程的思想，功能的重要性比重与实现其功能的最低费用(目标成本)的比重是匹配的(即其系数比值为 1)，因此功能评价系数和最低成本系数之间可以互相替代，这就是前面所述的可以用功能系数将产品的目标成本分配到每个功能上，也可以用功能的目标成本作为功能评价值。

(3) 前面所述的价值工程方法一般都是以功能为对象的分析过程，它对于产品的零件的功能比较单一(即功能与零部件之间的关系为“一对一”或“一对多”，参见 2.4.1) 且功能的目前成本比较容易确定时是比较适用的。

而对于产品的各功能的目前成本难以确定，或者功能与零部件之间的关系为“多对多”的关系(这种情况下功能成本对比关系可能并不突出，因而不易从功能成本对应关系中确定价值工程对象) 的情况，直接以功能作为价值工程对象就比较困难，这时可以直接评估产品或各组成产品部件对产品功能总体的重要程度作为其功能评价系数，或者各功能的功能评价系数按各零部件对该功能所起的作用的程度分解到相关零部件上，从而得到各零部件的功能评价系数，再以这种相关的产品或零部件功能评价系数与其成本来确定价值工程对象(参见例 2.12)。

(4) 在价值工程活动开展过程中，一个易犯的错误就是将价值工程与成本管理、成本控制或成本减少相混淆，实际上成本的降低只是价值工程活动的一个可能的结果而不是目标(有时恰恰相反的是，其结果可能是要增加成本)，价值工程的过程是一个与产品设计过程密切联系的产品优化过程。

【例 2.12】 某国产手表出口国外，外商及用户的评价是：手表的内在质量尚好，外观质量太差，价格无法提高。因此，必须对产品进行更新，以增强竞争能力。主要目标是针对缺点进行改进。

(1) 分布分析

该手表的零件总数按 140 个计算，其平均成本为 18.78 元/个。经 ABC 分析法将零件按成本从高到低的程序排列，见表 2.12。

表 2.12 成本分布表

零件类别	零件数量/个	占总数量/%	计算成本/(元/万个)	占成本总值/%
A	32	22.86	147 194.16	78.37
B	25	17.86	27 917.88	14.87
C	83	59.28	12 698.90	6.76
合计	140	100	187 810.94	100

(2) 产品功能分析及评价

①功能定义

基本功能：精确计时。

辅助功能：防水、防震、防磁。

使用功能：耐用。

外观功能：美观。

②各功能重要性评价

(a)应用 0—1 评分法进行重要性次序评价，见表 2.13。

(b)进一步应用百分制评定功能的重要度系数。评定要点是按每人评分的多少进行排列，现将 6 位专家的评分结果列于表 2.14。

(c)再对 A、B 类中 6 个重点零部件进行功能评价。应用定量评分法进行评定，得出的 6 项重点零部件的功能评价系数见表 2.15。

表 2.13 各主要零件重要性评价表

序号	功能	计时	防水	防震	防磁	耐用	美观	评分值	重要性次序
1	计时	×	1	1	1	1	1	5	1
2	防水	0	×	1	1	0	0	2	4
3	防震	0	0	×	1	0	0	1	5
4	防磁	0	0	0	×	0	0	0	6
5	耐用	0	1	1	1	×	0	3	3
6	美观	0	1	1	1	1	×	4	2

表 2.14　评估专家对手表评分表

次序	功能	评分人员						得分总计	功能重要度系数
		甲	乙	丙	丁	戊	己		
1	计时	30	30	28	35	32	30	185	0.308 3
2	美观	30	25	25	35	30	30	175	0.291 7
3	耐用	20	20	20	10	15	15	100	0.166 7
4	防水	8	10	12	10	11	10	61	0.101 7
5	防震	8	10	10	7	8	10	53	0.088 3
6	防磁	4	5	5	3	4	5	26	0.043 3

表 2.15　重点零部件功能评价系数表

序号	零部件名称 加权系数	功能项目												功能评价系数
		计时 0.308 3		美观 0.291 7		耐用 0.166 7		防水 0.101 7		防震 0.088 3		防磁 0.043 3		
1	夹板	15%	0.046 2	8%	0.023 4	30%	0.05	0	0	0	0	0	0	0.119 6
2	原动系	25%	0.077 1	0	0	0	0	0	0	0	0	0	0	0.077 1
3	擒纵调速系	60%	0.185 0	0	0	0	0	0	0	0	0	100%	0.0433	0.228 3
4	防震器	0	0	2%	0.005 8	0	0	0	0	100%	0.088 3	0	0	0.094 1
5	表盘	0	0	30%	0.087 5	0	0	0	0	0	0	0	0	0.087 5
6	表壳	0	0	60%	0.175 0	70%	0.116 7	100%	0.101 7	0	0	0	0	0.393 4
	合计	100%		100%		100%		100%		100%		100%	0	1.000 0

(d)计算 6 项重点部件的成本系数，如表 2.16 所示。

(3) 确定具体改进目标

根据功能评价系数和成本系数，求出这 6 项零部件的价值系数，如表 2.17 所示。应用价值系数判别法来确定具体目标。

由表 2.17 中可以看出，夹板、防震器的价值系数小于 1，故其是主要的改进对象。其他零部件要作具体分析。

表 2.16　成本系数表

序号	零部件名称	成本/(元/万只)	成本系数
1	夹板	60 426.36	0.345 1
2	原动系	12 466.40	0.071 2
3	擒纵调速系	15 451.48	0.088 2
4	防震器	29 715.00	0.169 7
5	表盘	8 914.50	0.050 9
6	表壳	48 138.30	0.274 9
	共计	175 112.04	1.000 0

表 2.17　价值系数表

序号	零部件名称	功能评价系数	成本系数	价值系数
1	夹板	0.119 6	0.345 1	0.346 5
2	原动系	0.077 1	0.071 2	1.082 8
3	擒纵调速系	0.228 3	0.088 2	2.588 4
4	防震器	0.094 1	0.169 7	0.554 5
5	表盘	0.087 5	0.050 9	1.719 0
6	表壳	0.393 4	0.274 9	1.431 1

①原动系价值接近于1，说明原动系功能与所花的成本基本上相当，不必作为改进对象。

②擒纵调速系价值系数大于1，说明其功能与成本已较低，在满足使用者需要的条件下，不是价值分析的主要目标，可暂时不分析。

③表盘价值系数大于1，说明表盘功能在满足使用者要求的条件下成本已降低，不是价值分析的主要目标。

④表壳的价值系数大于1，说明成本偏低，还可适当提高一点成本，以便使表壳外观造型更加新颖美观。这符合用户需要，也是合理的。

(4) 改进方案

根据上述分析，该手表完全可以在保证内在功能不变，适当提高外观功能，使成本有所降低的条件下，达到扩大出口，积极创汇的目的。

①改进方案提出的依据

由于国际市场的发展要求无钻或注钻，比如美国在海关法中就明确规定，一些钻数少的手表可获得最优惠进口税率，因此，就必须尽量减少表钻数量，简化夹板结构，不使用防震器，从而简化机芯，达到降低成本、扩大出口的目的。

②改进方案的要点：简化主夹板结构；条夹板和上夹板合并，中夹板兼做垫块；19 钻改为 7 钻，夹板的孔位坐标不变；表壳改进外观造型，并考虑采用配套表带。经过改进后，整个机芯的零件数量减少，减少的比例为 25%。

(5) 产品更新后的预计效果

①成本变化内容

(a) 通过减少夹板钻所节约的成本为 3.94 元/只；

(b) 采用钢托不用防震器所降低的成本为 2.42 元/只；

(c) 简化主夹板结构所节约的成本为 0.69 元/只；

(d) 表壳改进造型和增加表带增加的成本为 2 元/只。

②经济效益分析

上述各项成本的降低总数为

$$3.94+2.42+0.69-2=5.05(\text{元/只})$$

每年净节约金额:以年产量 100 万只计算,每万只手表改进前的成本为 187 810.94元,改进后为 137 310.94 元,改进后减少 50 500 元。整个工艺改进需要增加投资 15 000 元,有

$$
\begin{aligned}
\text{每年净节约额} &= (187\ 810.94-137\ 310.94)\times 100-15\ 000 \\
&= 50\ 500\times 100-15\ 000 \\
&= 5\ 050\ 000-15\ 000 \\
&= 5\ 035\ 000(\text{元/年})
\end{aligned}
$$

节约百分数为

$$
\frac{187\ 810.94-137\ 310.94}{187\ 819.94}\times 100\%=26.89\%
$$

③技术性能指标对比

根据对样机试制后的实际测试结果可以看出,经过简化后的机芯仍能符合统一机芯各项原有性能指标。

2.5 费用效益分析

前面所介绍的方案经济性判断的方法主要是针对营利性项目的,即在完全市场环境下从投资者角度分析其投资的营利性问题。而对于一些追求社会效益的非营利性项目(公共事业项目,如防灾工程、城市道路等)来说,显然按营利性分析方法,则没有人愿意投资建设公用事业项目,即市场配置的方式无法实现公共物品的有效率的生产,因此必须由政府参加资源配置过程,按社会需要提供公共物品(建设公共事业项目)。

费用效益分析方法就是西方国家用来评价社会公用事业项目的社会经济效果的一种主要的方法,现在也被发展中国家广泛地用于公用事业项目、由政府投资或融资的营利性或半营利性的大型项目的国民经济评价和社会评价中(参见本书第 4 章、第 7 章),费用效益分析有一套完整的理论体系与方法,本节简要介绍一下基本概念和方法。本书 9.4 将展开论述其在公共项目经济评价中的应用。

费用效益分析的基本方法和一般的经济分析思路一样,就是计算绝对效果指标或相对效果指标对公用事业项目经济效果进行评价,区别就在于效益和费用的范围是不同的。

相对效果指标为

$$
\frac{B}{C}=\frac{\sum_{t=0}^{n} B_t(1+i)^{-t}}{\sum_{t=0}^{n} C_t(1+i)^{-t}}
$$

绝对效果指标为

$$B-C=\sum_{t=0}^{n}(B_t-C_t)(1+i)^{-t}$$

式中，B_t——公用事业项目第 t 年的净收益，即社会受益者收入与社会受损者支出的差额；

C_t——公用事业项目第 t 年的净支出，即兴办者的支出与收入的差额；

i——基准收益率；

B/C——公用事业项目的相对经济效果，又称为“益本比”，表示该项目单位成本所获得的社会效益；

$B-C$——公用事业项目的绝对经济效果，又称为“益本差”，收入与成本之差，表明该项目社会净效益的现值。

显然，当 $B/C>1$ 或 $B-C>0$，就可认为公用事业项目社会效益大于其费用支出，项目是可接受的。

费用效益分析中，特别应注意“收益项”与“费用项”的计算范围。式中的收益 B 是指方案给社会带来的收入或节约值减去损失值后的余额。同样，费用是指项目兴办者支付的全部投资和经营成本扣除所获收入或节约值后的净额。例如，政府兴建的公路可能发生以下收益与费用。

(1) 社会收益：车辆运行成本降低、事故减少、运输时间缩短所产生的节约。

(2) 社会所受的损失：农田改作公路的损失，空气污染和环境干扰造成的损失等。

(3) 兴办者(政府) 的成本支出：路基勘探、设计费用、筑路费用、养路费用及公路管理费用等。

(4) 兴办者(政府) 的收入：车辆通行费、由土地提价与商业活动增加带来的税收增加。

【例 2.13】 某城市市内的 A、B 两马路交叉处现设有信号灯控制系统指挥车辆通行，信号灯系统的年运行费用为 5 000 元。此外，还有负责巡视的交警 2 名，每日交通高峰时间值勤 2 小时，每小时工资为 20 元。据测算，公路 A 平均日通行量为 10 000 辆，公路 B 为 8 000 辆，其中有 20%为货车，60%为商用客车，20%为轿车。约有 50%的车辆在十字路口停车等候。每次停车时间在 A 公路上为 1 分钟，在 B 公路上为 1.2 分钟。货车每停车 1 小时损失 100 元，客车为 180 元，轿车为 60 元。车辆每起动一次的费用，货车、客车和轿车分别为 0.06 元、0.04 元和 0.02 元。据近 4 年的统计资料，因车辆违反信号控制共发生死亡事故 2 起，平均每起赔付 50 万元，伤残事故 40 件，平均每件赔付 10 000 元。现在拟在该交叉口建隧道立交工程，预计投资 10 000 万元，工程寿命 25 年，年维修费 25 万元，残值为 0。建成后可消除停车与交通事故，但约有 20%的车辆增加了 0.25 公里的行程，货车、客车和轿车的每公里行驶成本为1.0元、0.8元和0.5元。基准收益率为6%。试对该项目进行费用效益分析。

【解】 按费用效益分析方法，可先逐项计算出社会净收益与兴办者净支出，再计算费用效益分析指标，从而判断项目是否应立项。

(1) 社会净收益现值计算

①节约车辆等待时间的收益

$$10\,000\times50\%\times(20\%\times100+60\%\times180+20\%\times60)\times\frac{1}{60}+8\,000\times50\%\times(20\%\times100+60\%\times180+20\%\times60)\times\frac{1.2}{60}=22\,867(\text{元/天})$$

②节约车辆起动次数的收益

$$10\,000\times50\%\times(20\%\times0.06+60\%\times0.04+20\%\times0.02)+8\,000\times50\%\times(20\%\times0.06+60\%\times0.04+20\%\times0.02)=360(\text{元/天})$$

③减少交通事故的节约额

$$\frac{2\times500\,000+40\times10\,000}{4}=350\,000(\text{元/年})$$

④增加行驶里程的损失额

$$(10\,000+8\,000)\times20\%\times(20\%\times1.0+60\%\times0.8+20\%\times0.5)\times0.25=702(\text{元/天})$$

则，社会净收益的现值为

$$B=[(22\,867+360)\times365+350\,000-702\times365]\times(P/A,6\%,25)/10\,000=10\,957(\text{万元})$$

(2) 兴办者净支出现值计算

$$C=10\,000+(25-0.5-20\times2\times2\times365/10\,000)\times(P/A,6\%,25)=10\,276(\text{万元})$$

(3) 计算费用效益分析指标

$$B/C=1.07>1$$

$$B-C=681>0$$

项目的社会效益大于其费用支出，是可以立项建设的。

本章学习参考和扩展阅读文献

[1] 刘晓君. 工程经济学[M]. 北京：中国建筑工业出版社，2009：75-88，363-396

[2] 邵颖红，黄渝祥. 工程经济学概论[M]. 北京：电子工业出版社，2003：27-51，78-91，181-190，251-260

[3] 钱静，刘凯. Excel财务函数在建设项目财务评价中的应用[J]. 现代经济信息，2011(16)：128-129

[4] 陈文华,陈洪亮. 巧用 Excel 财务函数[J]. 计算机应用研究,1999(3):108-109

[5] 聂乃广. 探讨 Excel 财务函数应用[J]. 硅谷,2010(17):131

[6] 李爽,洪亮. 长期投资决策中 Excel 财务函数的应用[J]. 扬州教育学院学报,2008(2):68-72

习 题

1. 简述工程经济要素的基本构成及计算方法。

2. 如何理解总成本、经营成本、固定成本和变动成本之间的关系?

3. 平均成本和边际成本的概念及其与固定成本和变动成本之间的关系是什么?边际成本在经济决策中的作用是什么?

4. 分析投资、资产和成本之间的关系。

5. 分析销售收入、总成本、税金、利润的关系。

6. 分析全部投资的净收益来源及构成要素之间的关系。

7. 分析资本金投资的净收益来源及构成要素之间的关系。

8. 某公司市值 7 500 万元,长期债务 2 500 万元,公司权益投资要求的收益率为 20%,债务资金税后平均成本为 6%。社会无风险投资收益率为 5%。

(1) 计算公司的资金机会成本。

(2) 如果公司拟投资一个新的计划,预计投入资本金 1 000 万元,债务资金 1 000 万元,该新的投资计划所在行业的平均投资收益率为 15%,新计划为公司新涉足的行业,确定的 β 系数为 1.2。试确定该投资计划的基准收益率。

9. 方案 A,B,C 计算期内各年净现金流量如表 2.18 所示,基准贴现率为 10%。试根据所给数据,计算 3 个方案的净现值、将来值、年值。

表 2.18 单位:万元

年末	0	1	2	3	4	5
方案 A	−100	50	50	50	50	50
方案 B	−100	30	40	50	60	70
方案 C	−100	70	60	50	40	30

10. 某工程方案的净现金流量如表 2.19 所示,假如基准贴现率为 10%,求其净现值、内部收益率、静态投资回收期、动态投资回收期。

表 2.19 单位:万元

年末	1	2	3	4—7	8	9	10	11	12	13
净现金流量	−15 000	−2 500	−2 500	4 000	5 000	6 000	7 000	8 000	9 000	10 000

11. 一个技术方案的内部收益率正好等于基准投资收益率,则其净现值和动态投资回收期的值分别是什么特殊值?为什么?

12. 某工厂自行设计制造特种机床一台,价格为 75 万元,估计可使用 20 年,每年可节省成本 10 万元。若该机床使用 20 年后,无残值,其内部收益率是多少?事实上。该机床使用 6 年后，以 30 万元出让给了其他单位，其内部收益率又如何？

13. 在正常情况下，某年产 100 万吨的水泥厂建设期为 2 年，项目经济寿命为 18 年，全部投资在 8 年内可回收（从开工建设期算起的静态投资回收期），则该投资项目的内部收益率为多少？如果该项目投资规模为 200 万，项目建设期为 3 年，运营期为 20 年，要达到同样的投资效果，回收期应不大于几年？该水泥厂的现金流量图如图 2.30 所示。

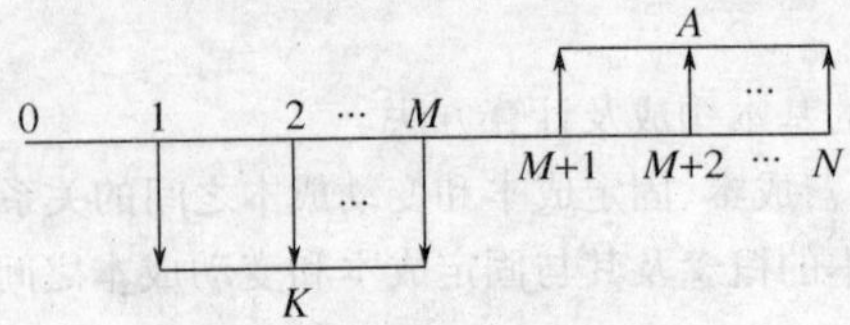

图 2.30

14. 某油田项目，有两种原油加工方法供选择：一是使用一组手工操作的油罐（MTB），二是采用自动油罐（ATB）。两种方法都是可行的。油罐组由加热器、处理器、贮油器和其他设备组成。有关费用见表 2.20。那么，当原油加工量达到多少时，才应该选择自动油罐方案？

表 2.20 单位：万元

方案	MTB	ATB
年固定费用	95 000	120 000
处理每桶原油的可变费用	0.15	0.10

15. 从功能与成本之间的关系，分析价值工程工作的基本思路。

16. 价值工程对象选择的目的是什么？有哪些主要方法？

17. 简述功能分析的基本过程。

18. 选择你所熟悉的生产中或生活中一件产品或物品，画出其功能系统图。

19. 某产品有 A、B、C、D、E 等 5 项功能，各功能的目前成本测算和功能重要性比较结果见表2.21，目标成本为 450 元。试确定其价值工程改进目标。

表 2.21

产品功能	功能重要性比较	目前成本/元
A	A 与 B 比较同等重要，与 C 相比比较重要，与 D 和 E 相比非常重要	210
B	B 与 C 相比同等重要，与 D、E 相比非常重要	100
C	C 与 D 相比同等重要，与 E 相比比较重要	110
D	D 与 E 相比较重要	60
E		20

20. 价值工程模拟实验：组成价值分析小组，选择生产中或生活中的某一产品、物品或某种服务，开展价值工程活动，并提交分析报告。

21. 分析政府廉租房投资计划的费用和效益。

3 多方案的经济比较与选择方法

本章提要

在工程实践中,我们经常会遇到多方案的比较与选择问题。多方案的比较,首先是分析方案之间的可比性,然后确定方案之间的关系类型,再根据相应的类型选择相应的方法进行比较选择。本章介绍了互斥方案、独立方案、混合方案等几种类型多方案的比较方法。

3.1 方案的创造和制定

出于经济的目的,对工程项目需要提出多个技术上可行的备选方案(参见本书2.3,4.2~4.3)。事实上,方案之间经济差别性正是创造备选方案的一种动力。企业等一些机构内的各级组织层次上的操作人员、管理人员以及研究设计开发人员在从事某项工程或业务时,必须有目的、有计划地识别方案的经济差别性,寻求和提出实现目标的备选方案。

3.1.1 提出和确定备选方案的途径

1) 机构内的个人灵感、经验和创新意识以及集体的智慧

主要是指本单位内部的专业技术人员、管理人员和操作人员根据自己的经验和灵感提出的备选方案,或者是通过本单位内部有目的、有计划、有组织地进行新方案的创造和旧方案改进的活动来提出的。

2) 技术招标、方案竞选

一家买方需要获得某项技术之前,发布招标公告,提出对技术的具体要求和条件,吸引多家技术提供者前来投标,最后买方利用投标人的竞争从中择优选择最理想的技术提供者,这种行为就是技术招标。

方案竞选是由组织竞选活动的单位通过报刊、信息网络或其他途径发布竞选公告,吸引有关单位或个人参加方案竞选。组织竞选单位邀请有关专家组成评定小组,从技术和经济等角度综合评定设计方案的优劣,择优确定中选方案。方案竞选和技术招标的主要区别是技术招标在选定方案的同时,也选定了方案的实施者;

而方案竞选只是确定了中选方案，这个方案也可以吸收其他未中选方案的优点，同时方案的实施者也不一定就是中选方案的提供者。

3）技术转让、技术合作、技术入股和技术引进

技术转让是通过许可证交易实现的。它是指专利权人或商标所有人、专有技术所有人作为许可方，向被许可方授予的若干项权利，允许其按许可方拥有的技术，实施、制造、销售该项产品，为此被许可方向许可方支付一定数额的报酬。

技术合作是指企业间或企业、科研机构、高等院校之间联合进行技术研制、攻关和创新等工作。通常以合作伙伴的共同利益为基础，以利益共享或优势互补为前提，有明确的合作目标、期限和规则，合作方共同投入、共同参与、共享成果、共担风险。

技术入股是指技术作价作为投资入股，称为技术资本化，或工业产权资本化。我国的法律规定，投资者可以以工业产权、专用技术等无形资产作价作为出资额，无形资产（不包括土地使用权）的比例最高为注册资本的35%。

技术引进是指在国际技术转移活动中，通过各种方式从别国取得本国需要的先进技术和设备的经济活动。技术引进的途径包括产品贸易、许可证贸易、合作研究和生产、技术咨询和服务、包建项目等。

4）技术创新和技术扩散

技术创新是指有商业潜力的新的科技成果被企业首次采用并成功商业化的过程。技术创新包括产品创新和过程创新，前者是指技术上有变化的产品的商业化，后者指工艺创新，即产品生产技术的变革，包括新工艺、新设备和新的组织管理方式。

技术扩散是指技术创新通过市场或非市场渠道传播，使创新的产品和技术被其他企业通过合法手段采用的过程，是技术的时空传播、渗透和交叉作用。一项科技首次为某企业所采用并实现了商业利润，这是技术创新，而其他企业如再次采用只能称为技术扩散。

5）社会公开征集

征集单位通过报纸、宣传广告单或销售的产品中附带的用户回执函，有偿或无偿地向社会公开征集各种观点、建议、意见和方案等。这种方法与方案竞选的区别是：它面对的通常是社会各层次的人，不需要太多的专业知识和技能，提出的结果大多也是不具体、不具备可操作性或者是不现实的，同时除非是特殊约定，否则其过程都不会受到太多的程序和规则的约束。

6）专家咨询和建议

可聘请有关专家和咨询机构作为本单位的顾问，可经常性地就本单位的产品和技术的发展、市场战略、销售策划等方面向他们进行咨询，而他们作为顾问，也有义务对本单位的产品和其他方面提供建议。

3.1.2 备选方案提出的思路

在确定方案时，通常可以通过提问这样一些问题来拓宽思路：

1）现行的方案行吗

方案提出和创造是一项开发性的工作，不是模仿和简单的重复，要突破原有的框框，对现有的方案的各个方面要大胆怀疑。从疑问出发，而不是从现在基础出发，最大限度地解放思想，创造出有独到见解、别具风格的方案来。

2）有没有更新的

随着科学技术的发展，实现同一目的和功能的手段越来越多，新技术、新工艺、新材料层出不穷。在方案创造时，必须树立“永远有更好的方案，永远没有最好的方案”的思想，这样才能有突破性的进展。

3）反过来想一想怎么样

当一个问题从正面去思考很难得到满意的解决方法时，不妨从反面考虑，有可能获得满意的方案，这就是常说的逆向思维。逆向思维往往会得出意料之外的结果。

4）有别的东西替代吗

实现同样的目的和功能，可以采用不同的零部件、原材料、工艺方法等，在制定方案时要经常考虑是否有更为经济的方案替代它们。

5）能换个地方或方式使用吗

已有的设备、产品等也许有新的用途或者使用方式，可以创造更大的效益或者有更经济的用途。

6）有无相似的东西

可否利用相似性产生新的东西？能否模仿生物的特征或性能？如飞机的发明最初就是受到飞鸟飞行的启发。

7）可以改变吗

能否改变方案的功能、形状、大小等？是否还有其他改变的可能性？

8）能重新组合吗

设备、零部件、材料、方案、目标等能否重新组合，能否叠加、复合、化合、混合、综合，形成新的方案？

9）不妨站在高处看一看

实际工作中解决某个问题，有时仅仅局限于问题本身提出方案，未必是最好的方案，需要从全面的、整体的、系统的角度来分析与本问题相关的产品、生产设备、生产工艺的总体。

3.1.3 方案创造的方法

方案创造的方法很多，下面介绍几种常用的方法：

1）头脑风暴法

头脑风暴法，又称 BS 法、畅谈会法，是一种通过会议对产品改进方案或设计思想畅所欲言、集思广益的方法。具体做法是邀请 5～10 位专家和有经验的工程技术人员讨论。座谈时应注意以下的原则：① 不互相批评指责；② 自由奔放地思考；③ 多提构思方案；④ 结合别人的意见提出设想。其特点在于创造一种没有顾虑、各抒己见和广泛发表意见的气氛，通过提案人自由奔放、打破常规、创造性地思考问题，发现新的创意或方案。

2）歌顿法

会议主持人对于所讨论的功能不作具体介绍，而是有意向大家提出一个抽象概念，以使与会人能够开阔思路，打破框框，不受原有事物的约束。最后会议主持者再公布具体的目的，作进一步的研究选择。

3）书面咨询法

通过信函方式，向专业人员和有关专家对某个问题提出各自的方案，然后进行总结筛选。这是一种向专家做调查的方法，其特点在于它是一种背对背的方式，既能汇集专家的经验，又能解放思想，可保证被调查者不受权威或者他人的思想影响，自由发表意见，而且可以进行几个轮回的调查，当然调查的周期往往比较长。

4）检查提问法

检查提问法是一种刺激方案构思的方法。在进行方案创造时，漫无边际地寻找方案，往往提不出成形的或具体的构思，如果围绕回答某一问题，往往容易有好的思路。检查提问法正是通过提问的方式，引导人们对方案加以改进并形成新的方案。一般提问的问题可参考前述方案提出的思路内容。

5）特性列举法

此种方法多用于新产品的设计。具体做法是把设计对象的要求一一列举出来，针对这些特性逐一研究实现的手段。如用此法分析自行车，可以列出自行车的用途有上学、送货、拖运、竞赛、游玩、旅游等，所列出的每一用途都可能导致产品的功能或用途的扩展甚至出现全新的产品。

6）缺点列举法

与特性列举法相类似，将要改进的方案存在的缺点一一列举出来，然后对这些缺点进行改进，为提高产品在市场上的竞争机会而创造条件。此种方法多用于老产品的改进设计。

7）希望点列举法

如果对要改进的对象提不出明显的缺点，也可以提出改进的希望，按照这些希望改进方案。这种方法不仅可以应用于老产品的改进，也可以应用于新产品的设计，把用户的要求作为希望详细列出，以便对这些希望的功能设计出新方案。

3.2 多方案之间的关系类型及其可比性

3.2.1 多方案之间的关系类型

一组多方案构成一个方案的集合，如何按一定准则选择集合中的元素，则取决于集合的结构。按多方案之间是否存在资源约束，多方案可分为有资源限制的结构类型和无资源限制的结构类型。有资源限制的结构类型，是指多方案之间存在资金、劳力、材料、设备或其他资源量的限制，在工程经济分析中最常见的就是投资资金的约束；无资源限制的结构类型是指多方案之间不存在上述的资源限制问题，当然这并不是指资源是无限多的，而只是指有能力得到足够的资源。

按多方案之间的经济关系类型，一组多方案又可划分为互斥型多方案、独立型多方案、混合型多方案和其他类型方案。

1）互斥型多方案

在没有资源约束的条件下，在一组方案中，选择其中的一个方案则排除了接受其他任何一个的可能性，则这一组方案称为互斥型多方案，简称互斥多方案或互斥方案。这类多方案在实际工作中是最常见到的。如一个建设项目的工厂规模、生产工艺流程、主要设备、厂址的选择，一座建筑物或构筑物的结构类型选择，一个工程主体结构的施工工艺的确定等，这类问题决策通常面对的是互斥方案的选择。

2）独立型多方案

在没有资源约束的条件下，在一组方案中，选择其中的一个方案并不排斥接受其他的方案，即一个方案是否采用与其他方案是否采用无关，则称这一组方案为独立型多方案，简称独立多方案或独立方案。例如，某施工企业投资购置一批固定资产，列出的一组方案包括：一架吊车、一辆运输汽车、一台搅拌机，在没有资金约束的条件下这 3 个方案之间不存在任何的制约和排斥关系，它们就是一组独立方案。再例如，个人投资者在资金没有限制的条件下，可以购买股票，也可以购买债券，或者投资房地产。

3）混合型多方案

在一组方案中，方案之间有些具有互斥关系，有些具有独立关系，则称这一组方案为混合方案。混合方案在结构上又可组织成两种形式：

（1）在一组独立多方案中，每个独立方案下又有若干个互斥方案的形式　例如，某大型零售业公司现欲投资在两个相距较远的 A 城和 B 城各建一座大型仓储式超市，显然 A，B 是独立的。目前在 A 城有 3 个可行地点 A_1，A_2，A_3 供选择，在 B 城有两个可行地点 B_1，B_2 供选择，则 A_1，A_2，A_3 是互斥关系，B_1，B_2 也是互斥关系。这组方案的层次结构图如图 3.1 所示。

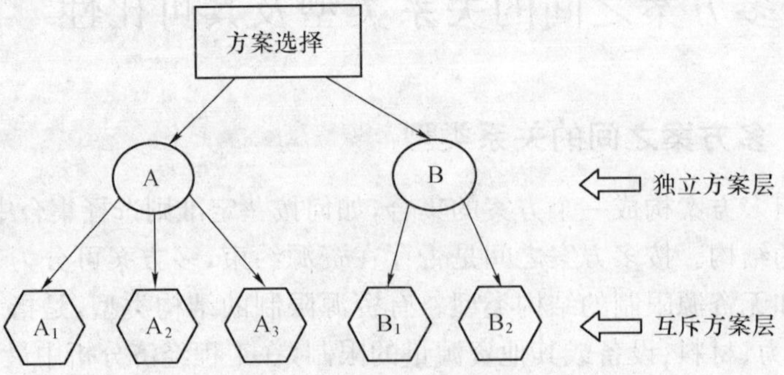

图 3.1　第一种类型混合方案结构图

(2) 在一组互斥多方案中，每个互斥方案下又有若干个独立方案的类型　例如，某房地产开发商在某市以出让方式取得一块熟地的使用权，按当地城市规划的规定，该块地只能建居住物业(C 方案)或建商业物业(D 方案)，不能建商住混合物业或工业物业，但对于居住物业和商业物业的具体类型没有严格的规定，如建住宅可建成豪华套型(C_1)、高档套型(C_2)、普通套型(C_3)或混合套型的住宅(C_4)，如建商业物业可建餐饮酒楼(D_1)、写字楼(D_2)、商场(D_3)、娱乐休闲服务(D_4)或者综合性商业物业。显然，C，D 是互斥方案，C_1，C_2，C_3，C_4 是一组独立方案，D_1，D_2，D_3，D_4 也是一组独立方案。这组方案的层次结构图如图 3.2 所示。

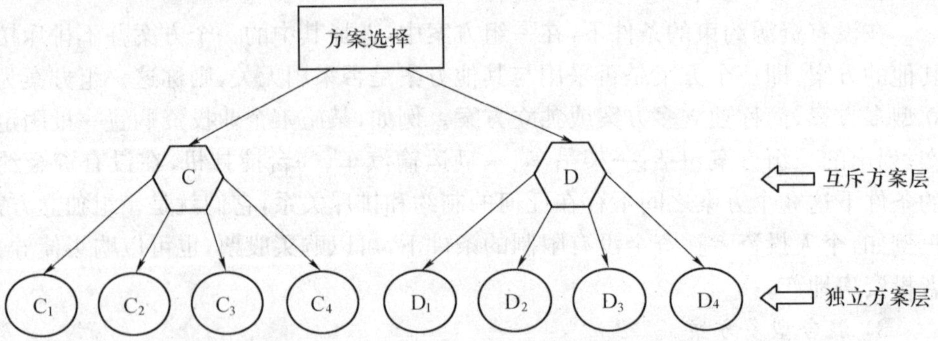

图 3.2　第二种类型混合方案结构图

4）其他类型多方案

除了上述的 3 种结构类型之外，实际工作中还会遇到下面几种类型的多方案。

(1) 条件型多方案　是指在一组方案中，接受某一方案的同时，就要求接受另一个或多个方案，接受后者的一个或多个方案，则首先要接受前者的一个方案。如修一座新机场必须修一条城市与机场之间的高速公路，确定机场高速公路方案时，则必须先确定机场的方案。

(2) 现金流量相关型多方案　是指在一组方案中,方案之间不完全是排斥关系,也不完全是独立关系,但一方案的取舍会导致其他方案现金流量的变化。如某房地产开发商,在相距较近的两个地块开发两个居住小区,显然这两个方案既非完全排斥也非完全独立,一个方案的实施必然会影响另一个方案的收入。

(3) 互补型多方案　是指在一组方案中,某一方案的接受有助于其他方案的接受,方案之间存在着相互补充的关系。如电视塔方案可以利用其优势增加餐饮、旅馆和观光服务等方案,可以充分发挥电视塔的功能,创造更大的经济效益,接受后者有助于前者的接受。

对于条件型和互补型的多方案,可以合并为一个方案进行处理;互补型的原方案与互补方案之间形成两个互斥的方案。现金流量相关型多方案,可以对方案实施的前后时间的安排或对方案本身进行一些改变,使之变成独立方案或者互斥方案,也可以合成一个方案。例如,前面的例子,可以在两个地块上分别开发不同类型的、满足不同层次需要的住宅类,或者在时间安排上分先后顺序,则两个方案成为独立方案;如果两个地块尚未购买土地使用权,或者虽然都已购得土地使用权,但可以转让使用权,这时,也可把它们作为互斥方案;在潜在需求较大的情况下,则两个方案可以合并作为一个方案看待。

从上面的论述中可以看出,一组方案之间的结构类型并不是一成不变的。这是因为方案之间的关系是由内部条件(方案自身特点)和外部条件(环境因素制约)两方面决定的,尽管内部条件一般难以改变,但外部条件不同,方案之间的关系也会发生变化。当外部条件发生变化时,互斥关系可以转变为独立关系或者独立关系转变为互斥关系。例如,某个投资者投资完全不相干的两个行业的项目,如果有足够的资金,这两个方案是独立关系;如果资金至多只能满足一个项目的需要,则完全可以把它们作为互斥方案处理,因为此时只能选择其中一个项目进行投资。

3.2.2　多方案之间的可比性

在对不同方案进行经济比选时,必须考虑这些方案在经济上的可比性。可比性原则包括下面几个方面:

1) 资料和数据的可比性

对各方案数据资料的搜集和整理的方法要加以统一,所采用的定额标准、价格水平、计算范围、计算方法等应该一致。经济分析不同于会计核算。会计核算要求全面、精确,是事后核算。经济分析是预测性的计算,费用和收益都是预测值,因而不必要也不可能十分精确,它允许舍弃一些细枝末节,以便把注意力集中在主要的经济要素计算上。只要主要要素(包括投入和产出)计算比较准确,就能保证经济分析的质量,得出正确的结论。在实践中,比较方案一般都有具体的费用和收益的数据,如果不具体,特别当替代方案是一个假定方案的时候,则可采用平均水平数据。

确定分析计算的范围是保证资料数据可比性的一个重要方面。确定计算范围,即规定方案经济效果计算的起讫点。方案的比选必须以相同的经济效果计算范围为基础,才具有可比性。例如,对于原来已经花费的费用和已经取得的收入在进行方案的比较时一般是不考虑的,只考虑由于本方案所引起的新增费用和新增收益。又如,闲置的设备被利用,如果没有出卖或出租的可能,应作为沉没成本,不应计入消耗费用。

经济分析同样要考虑不同时期价格的影响,如果忽视不同时期价格的变化,则分析结论就会有偏差。一般常采用某一年的不变价格进行技术经济分析计算,这就是为了消除不同时期价格不可比因素的影响。

2) 同一功能的可比性

任何方案都是为了达到一定的目标而提出的,或者是追求投资利润,或者是为了取得一定数量的产品,或者是为了提高已有产品的质量,或者是为了改善生产劳动条件,或者是为了提供某种形式的服务。总之,任何技术方案都是根据项目预定的目标而制定的。但是,达到预期目标的途径则可以是多种多样的,所采取的方法和手段也可以是五花八门的,因而各种方案的经济效益也是各不相同的。参与比选的众多方案的一个共同点就是预期目标的一致性,也就是方案产出功能的一致性。如果不同方案的产出功能不同,或产出虽然相同,但规模相当悬殊或产品质量差别很大的技术方案,都不能直接进行对比。

当然,产品功能绝对相同的方案是很少的。只要基本功能趋于一致,就可以认为它们之间具有可比性。当方案的产出质量相同时,如果只是规模相差较大,可以采取几个规模小的方案合起来,与规模大的方案相比较。当规模相差不大的时候,也可以用单位产品的投入量,或单位投入的产出量指标来衡量其经济效益。

3) 时间可比性

一般来说,实际工作中所遇到的互斥方案通常具有相同的寿命期,这是两个互斥方案必须具备的一个基本的可比性条件。但是,也经常遇到寿命不等的方案需要比较的情况,理论上来说是不可比的,因为无法确定短寿命的方案比长寿命的方案寿命所短的那段时间里的现金流量。但是,在实际工作中又经常会遇到此类情况,同时又必须作出选择。这时候就需要对方案的寿命按一定的方法进行调整,使它们具有可比性(见 3.6 节)。

3.3 互斥方案的比较选择

互斥方案的比较选择方法有净现值法、年值法、差额净现值法、差额内部收益率法。

3.3.1 净现值法

净现值法就是对互斥方案的净现值进行比较，以净现值最大的方案为经济上最优方案。用净现值法比较方案，要求每个方案的净现值必须大于或等于零。净现值小于零的方案在经济上是不可行的，让它们参与经济比较是没有意义的。所以，用净现值比较互斥方案，首先可将 $NPV<0$ 的方案排除后再比较其余的方案。下面用例子说明。

【例 3.1】 某企业拟购入一专利生产某新产品，专利购置费为 500 万元，使用年限为 10 年。有 A、B、C 三个建厂规模方案，建厂投资(不含专利费)分别为 4 400 万元、5 500 万元和 6 500 万元，年净收益分别为 1 000 万元、1 200 万元和 1 300 万元，寿命期均为 10 年，期末均无残值。设 $i_c=10\%$，试确定最优建厂规模方案。

【解】 解法 1：采用电子表格计算，如图 3.3 所示。

	A	B	C	D	E	F	G	H	I	J	K	L	M	N	O
1	方	专利购	建厂	年末净现金流量											
2	案	置费	投资	0	1	2	3	4	5	6	7	8	9	10	NPV
3	A	500	4400	-4900	1000	1000	1000	1000	1000	1000	1000	1000	1000	1000	1245
4	B	500	5500	-6000	1200	1200	1200	1200	1200	1200	1200	1200	1200	1200	1373
5	C	500	6500	-7000	1300	1300	1300	1300	1300	1300	1300	1300	1300	1300	988
6			=-(B5+C5)										=NPV(10%,E5:N5)+D5		
7															

图 3.3 例 3.1 电子表格解法

解法 2：查复利系数表，手工计算。

$$NPV_A=-4\,900+1\,000\times(P/A,10\%,10)=1\,245(\text{万元})$$

$$NPV_B=-6\,000+1\,200\times(P/A,10\%,10)=1\,373(\text{万元})$$

$$NPV_C=-7\,000+1\,300\times(P/A,10\%,10)=988(\text{万元})$$

3 个方案的净现值均大于 0，且 B 方案的净现值最大，因此 B 为经济上最优方案，则应选择 B 方案进行投资。

3.3.2 年值法

年值法就是通过计算各个互斥方案的年值进行比较，以年值最大的方案为最优方案。用年值法比较方案，同样要求每个方案的年值必须大于或等于零，或者说最后的最优方案的年值必须是大于或至少是等于零的。

【例 3.2】 对例 3.1 中的一组互斥方案用年值法比较。

【解】 $AW_A=-4\,900\times(A/P,10\%,10)+1\,000=203(\text{万元})$

$AW_B=-6\,000\times(A/P,10\%,10)+1\,200=224(\text{万元})$

$AW_C=-7\,000\times(A/P,10\%,10)+1\,300=161(\text{万元})$

由于方案的年值与净现值之间的关系为 $AW = NPV \cdot (A/P, i_c, n)$，对于寿命期相同的互斥方案 $(A/P, i_c, n)$ 为常数，则 NPV 最大的方案必然 AW 也最大，因此用 NPV 法和用 AW 法比较互斥方案结论应是相同的，可根据具体情况选择使用。另外，年值法在寿命期不等的互斥方案比较中是很有用的（见 3.6 节）。

3.3.3 差额净现值法

1）差额现金流量

两个互斥方案之间现金流量之差（通常为投资额较大方案的现金流量减去投资额较小方案的现金流量）构成新的现金流量，这里称之为差额现金流量。例如，在例 3.1 中，A 方案和 B 方案之间的差额现金流量如图 3.4 所示。我们可以将 A 方案与 B 方案的差额现金流量作为一个新的方案，称之为差额方案（B－A），这一新方案的经济含义是 B 方案比 A 方案多投资 1 100 万元，而 B 方案每年净收益比 A 方案多 200 万元。

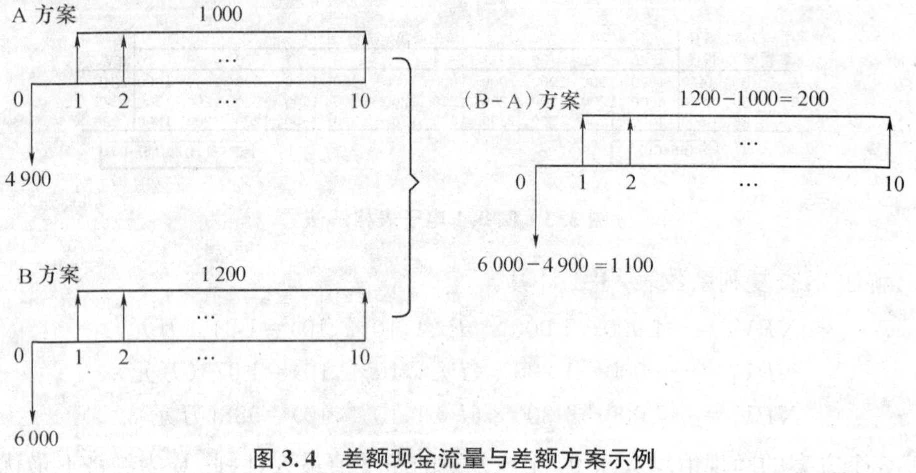

图 3.4 差额现金流量与差额方案示例

这里将差额现金流量称为差额方案是企图强调差额现金流量并不仅存在于理论的分析计算中，而且更主要的是它具有重要的实用意义。在实际工作中，经常会遇到难以确定每个具体方案的现金流量的情况，但方案之间的差异却是易于了解的，这就形成差额方案。例如，用一台新设备（一方案）代替生产流程中某一老设备（另一方案），这时如果要确定各方案各自的现金流量，特别是方案的收益是很难的，但可以较容易地确定用新设备代替老设备而引起现金流量的变化（差额方案）。

2）差额净现值及其经济含义

差额净现值就是指两互斥方案构成的差额现金流量的净现值，用符号 ΔNPV 表示。设两个互斥方案 j 和 k，寿命期皆为 n，基准收益率为 i_c，第 t 年的净现金流量分别为 C_t^j，C_t^k $(t = 0, 1, 2, \cdots, n)$，则

$$\Delta NPV_{k-j}=\sum_{t=0}^{n}(C_t^k-C_t^j)\cdot(1+i_c)^{-t}$$

根据 ΔNPV 的概念及净现值所具有的经济含义，ΔNPV 数值大小表明了下面几方面的经济含义：

(1) 当 $\Delta NPV=0$ 时，表明投资大的方案比投资小的方案多投资的资金可以通过前者比后者多得净收益回收并恰好取得既定的收益率(基准收益率)。

(2) 当 $\Delta NPV>0$ 时，表明投资大的方案比投资小的方案多投资的资金可以通过前者比后者多得净收益回收并取得超过既定的收益率的收益，其超额收益的现值即为 ΔNPV。

(3) 当 $\Delta NPV<0$ 时，表明投资大的方案比投资小的方案多得净收益与多投资的资金相比较达不到既定的收益率，甚至不能通过多得收益收回多投资的资金。

所以，可以根据 ΔNPV 数值的大小来比较两个方案在经济上的优劣：

(1) 如果 $\Delta NPV=0$，认为在经济上两个方案等值。但考虑到投资大的方案比投资小的方案多投入的资金所取得的收益达到了基准收益率，因此如果撇开其他因素，就应考虑选择投资大的方案。

(2) 如果 $\Delta NPV>0$，认为在经济上投资大的方案优于投资小的方案。

(3) 如果 $\Delta NPV<0$，认为在经济上投资大的方案劣于投资小的方案。

例如，图 3.4 中 A 方案与 B 方案的差额净现值为

$$\Delta NPV_{B-A}=-1\,100+200\times(P/A,10\%,10)=129(\text{万元})>0$$

则 B 方案在经济上优于 A 方案。

3) 用 ΔNPV 法比较多方案

一组互斥方案可按下列程序比选最优方案：

(1) 将互斥方案按投资额从小到大的顺序排序。

(2) 增设 0 方案。0 方案又称为不投资方案或基准方案，其投资为 0，净收益也为 0。选择 0 方案的经济含义是指不投资于当前的方案，投资者就不会因为选择当前投资方案而失去相应的资金的机会成本(基准收益率)。在一组互斥方案中增设 0 方案可避免选择一个经济上并不可行的方案作为最优方案。

(3) 将顺序第一的方案与 0 方案以 ΔNPV 法进行比较，以两者中的优的方案作为当前最优方案。

(4) 将排列第二的方案再与当前最优方案以 ΔNPV 法比较，以两者中的优的方案替代为当前最优方案。

(5) 依此类推，将排列于第三、第四……的方案分别与各步的当前最优方案比较，直至所有的方案比较完毕。

(6) 最后保留的当前最优方案即为一组互斥方案中在经济上最优的方案。

【例 3.3】 用 ΔNPV 法比较确定例 3.1 中的互斥方案的最优方案。

【解】 电子表格解法如图 3.5 所示。

	A	B	C	D	E	F	G	H	I	J	K	L	M
1	（1）增设0方案，投资为0，收益也为0；并按投资额从小到大的顺序排列为：0，A，B，C。												
2	方案	年末净现金流量											NPV
3		0	1	2	3	4	5	6	7	8	9	10	
4	0	0	0	0	0	0	0	0	0	0	0	0	0
5	A	-4900	1000	1000	1000	1000	1000	1000	1000	1000	1000	1000	1245
6	B	-6000	1200	1200	1200	1200	1200	1200	1200	1200	1200	1200	1373
7	C	-7000	1300	1300	1300	1300	1300	1300	1300	1300	1300	1300	988
8	（2）将A方案与0方案进行比较，由于$\Delta NPV_{A-0}>0$，A方案为当前最优方案。 （3）将B与当前最优方案A比较，因$\Delta NPV_{B-A}>0$，B方案为当前最优方案。 （4）将C方案与当前最优方案B比较，因$\Delta NPV_{C-B}<0$，B方案仍为当前最优方案。 （5）因所有方案比较完毕，所以B方案为最优方案。												
9	差额	年末净现金流量											ΔNPV
10	方案	0	1	2	3	4	5	6	7	8	9	10	
11	A-0	-4900	1000	1000	1000	1000	1000	1000	1000	1000	1000	1000	1245
12	B-A	-1100	200	200	200	200	200	200	200	200	200	200	129
13	C-B	-1000	100	100	100	100	100	100	100	100	100	100	-386
14		=B7-B6								=NPV(10%,C13:L13)+B			
15													

图 3.5 例 3.3 电子表格解法

从上例中可以看出，净现值法与差额净现值法的比较结果是一致的。差额净现值的经济含义也表明了为什么净现值最大的方案为最优方案。实际上，两互斥方案的净现值之差即为方案之间差额净现值。

3.3.4 差额内部收益率法

1）方案内部收益率与方案的比较

前已看到，可以根据净现值的大小判定方案的优劣，那么是否可以根据内部收益率大小来判断方案的优劣呢？下面通过计算例 3.1 中各互斥方案的内部收益率来分析。

根据例 3.1 的现金流量，A 方案的内部收益率 IRR_A 满足

$$-4\,900+1\,000(P/A, IRR_A, 10)=0$$

则求出 $IRR_A=15.63\%$。同理，可求出 B 方案的内部收益率 $IRR_B=15.10\%$，C 方案的内部收益率 $IRR_C=13.19\%$。如果按内部收益率作为标准，IRR_A 最大，则 A 方案应为最优了。显然这是不对的，前面我们已经通过几种方法证明了 B 方案是最优方案。因此，不能根据内部收益率的大小判断方案在经济上的优劣。后面还将进一步讨论这个问题。

这里再顺带分析一下是否可根据回收期的长短来判断方案经济上的优劣。表 3.1 列出了例 3.1 中 3 个方案的回收期，从表中看出 A 方案无论是静态回收期还是动态回收期都是最短的，但它不是最优方案。这说明和内部收益率一样，回收期也不能作为直接比较方案经济上优劣的标准。尽管如此，回收期却是一个较好的

辅助指标，特别是当几个互斥方案的净现值相同或相近时，则可选择回收期最短的方案，因为回收期反映方案投资的风险大小，回收期越短风险越小。

表 3.1　例 3.1 方案回收期数据

方案	静态投资回收期/年	动态投资回收期/年
A	4.90	7.06
B	5.00	7.27
C	5.38	8.11

2) *差额内部收益率及其经济含义*

差额内部收益率是指使得两个互斥方案形成的差额现金流量的差额净现值为零时的折现率，又称为增额投资收益率，用符号 ΔIRR 表示。设两个互斥方案 j 和 k，寿命期皆为 n，第 t 年的净现金流量分别为 C_t^{j}，C_t^{k}（$t=0,1,2,\cdots,n$），则 $\Delta IRR_{\mathrm{k-j}}$ 满足下式：

$$\sum_{t=0}^{n}(C_t^{\mathrm{k}}-C_t^{\mathrm{j}})\cdot(1+\Delta IRR_{\mathrm{k-j}})^{-t}=0$$

根据 ΔIRR 的概念及差额现金流量和 IRR 所具有的经济含义，ΔIRR 数值大小表明了下面几方面的经济含义：

(1) 当 $\Delta IRR=i_c$ 时，表明投资大的方案比投资小的方案多投资的资金所取得的收益恰好等于既定的收益率(基准收益率)；

(2) 当 $\Delta IRR>i_c$ 时，表明投资大的方案比投资小的方案多投资的资金所取得的收益大于既定的收益率；

(3) 当 $\Delta IRR<i_c$ 时，表明投资大的方案比投资小的方案多投入的资金的收益率未能达到既定的收益率。

所以，可以根据 ΔIRR 数值的大小来比较两个方案在经济上的优劣：

(1) 如果 $\Delta IRR=i_c$，认为在经济上两个方案等值，一般应考虑选择投资大的方案；

(2) 如果 $\Delta IRR>i_c$，认为在经济上投资大的方案优于投资小的方案；

(3) 如果 $\Delta IRR<i_c$，认为在经济上投资大的方案劣于投资小的方案。

3) *用 ΔIRR 法比较多方案*

用 ΔIRR 法比较互斥多方案和用 ΔNPV 法的过程相同，只是在比较和淘汰方案时使用 ΔIRR 作为衡量标准。

【例 3.4】 用 ΔIRR 法比较例 3.1 中的互斥方案。

【解】 电子表格解法如图 3.6 所示。

在图 3.6 中，0 方案的内部收益率为 10%(即等于基准收益率)，并不是根据现金流量计算结果，而是根据前文所述 0 方案经济含义及 2.2.1 中有关基准收益率理论所确定的值。

（1）增设0方案，投资为0，收益也为0；并按投资额从小到大的顺序排列为：0，A，B，C。

方案	年末净现金流量 0	1	2	3	4	5	6	7	8	9	10	IRR
0	0	0	0	0	0	0	0	0	0	0	0	10.00%
A	-4900	1000	1000	1000	1000	1000	1000	1000	1000	1000	1000	15.63%
B	-6000	1200	1200	1200	1200	1200	1200	1200	1200	1200	1200	15.10%
C	-7000	1300	1300	1300	1300	1300	1300	1300	1300	1300	1300	13.19%

（2）将A方案与0方案进行比较，由于$\Delta IRR_{A-0}>10\%$，A方案为当前最优方案。

（3）将B与当前最优方案A比较，因$\Delta IRR_{B-A}>10\%$，B方案为当前最优方案。 =IRR(B7:L7)

（4）将C方案与当前最优方案B比较，因$\Delta IRR_{C-B}<10\%$，B方案仍为当前最优方案。

（5）因所有方案比较完毕，所以B方案为最优方案。

差额方案	年末净现金流量 0	1	2	3	4	5	6	7	8	9	10	ΔIRR
A-0	-4900	1000	1000	1000	1000	1000	1000	1000	1000	1000	1000	15.63%
B-A	-1100	200	200	200	200	200	200	200	200	200	200	12.66%
C-B	-1000	100	100	100	100	100	100	100	100	100	100	0.00%

=B7-B6　　=IRR(B13:L13)

图 3.6　例 3.4 电子表格解法

3.3.5 *IRR*，Δ*IRR*，*NPV*，Δ*NPV* 之间的关系

对于具有常规现金流量特征的互斥方案，它们的内部收益率、差额内部收益率、净现值与差额净现值之间存在着一些特定的关系。不失一般性，这里仍以例 3.1 中的 A、B 两互斥方案为例，予以阐述。

根据 A、B 两方案的现金流量，它们的净现值函数分别为

$$NPV_A(i)=-4\,900+1\,000\times\frac{(1+i)^{10}-1}{i(1+i)^{10}}$$

$$NPV_B(i)=-6\,000+1\,200\times\frac{(1+i)^{10}-1}{i(1+i)^{10}}$$

两方案的净现值函数图如图 3.7 所示，两线的交点位于折现率 i^* 处，则有

$$NPV_A(i^*)=NPV_B(i^*)$$

即，$-4\,900+1\,000(P/A,i^*,10)=-6\,000+1\,200(P/A,i^*,10)$

求得 $i^*=12.66\%$.

从图 3.7 可看出，当所确定的基准收益率 i_c 落在[0，12.66%)区间时，$NPV_B(i_c)>NPV_A(i_c)$，B 方案为优；当所确定的基准收益率 i_c 落在(12.66%，15.63%]区间时，$NPV_A(i_c)>NPV_B(i_c)$，A 方案为优。所以，正如在前文所述，不能简单地直接以内部收益的大小来对互斥方案进行经济上的比较。

比较图 3.6、图 3.7 可见，A、B 两方案净现值函数曲线的交点就是两方案的差额投资内部收益率。两方案的差额净现值函数为

$$\Delta NPV_{B-A}(i) = -1\,100 + 200 \times (P/A,\ i,\ 10)$$

方案	年末净现金流量										IRR
	0	1	2	3	4	5	6	7	8	9	10	
A	-4900	1000	1000	1000	1000	1000	1000	1000	1000	1000	1000	15.63%
B	-6000	1200	1200	1200	1200	1200	1200	1200	1200	1200	1200	15.10%

i	$NPV_A(i)$	$NPV_B(i)$
10.00%	1245	1373
10.40%	1140	1248
10.80%	1039	1127
11.20%	940	1008
11.60%	844	893
12.00%	750	780
12.40%	659	671
12.80%	570	564
13.20%	483	460
13.60%	399	358
14.00%	316	259
14.40%	236	163
14.80%	157	69
15.20%	81	-23
15.60%	6	-113
16.00%	-67	-200

=NPV(A22,C$4:L$4)+B$4

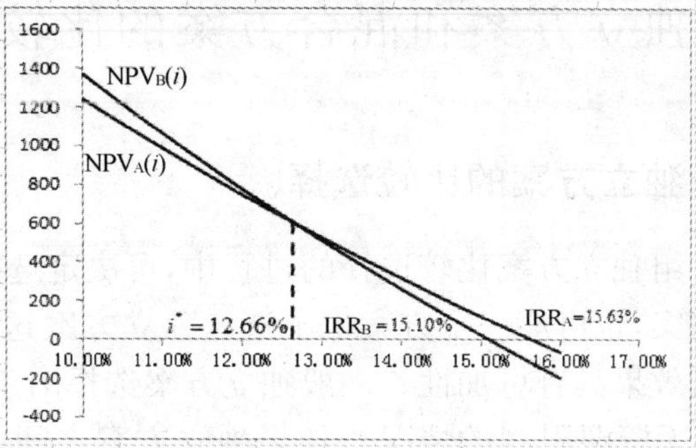

图 3.7　例 3.1 中 A、B 两方案的 *NPV* 函数图

图 3.8 是其净现值函数图。由图可见，

方案	年末净现金流量										IRR
	0	1	2	3	4	5	6	7	8	9	10	
B-A	-1100	200	200	200	200	200	200	200	200	200	200	12.66%

i	$NPV_{B-A}(i)$
10.00%	129
10.40%	108
10.80%	88
11.20%	68
11.60%	49
12.00%	30
12.40%	12
12.80%	-6
13.20%	-23
13.60%	-40
14.00%	-57
14.40%	-73
14.80%	-89
15.20%	-104
15.60%	-119
16.00%	-133

=NPV(A21,C$3:L$3)+B$3

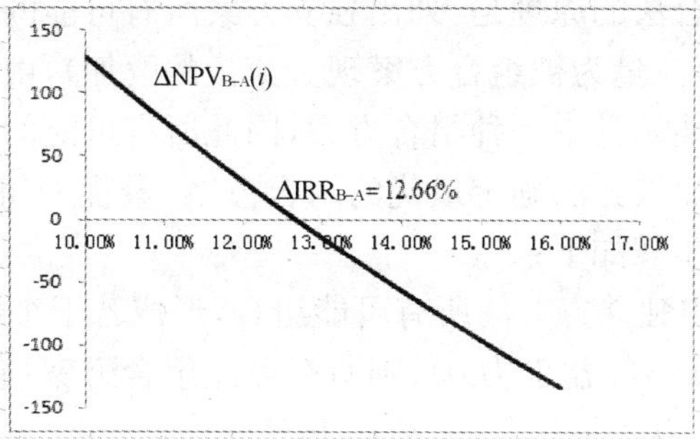

图 3.8　A、B 方案的 Δ*NPV* 函数图

(1) 当所确定的基准收益率 i_c 落在[0,12.66%)区间时，即 $\Delta IRR_{B-A} > i_c$，则必有 $\Delta NPV_{B-A}(i_c) > 0$，B 方案为优；反之，当 $\Delta IRR_{B-A}(i_c) > 0$，则必有 $\Delta IRR_{B-A} > i_c$，B 方案为优。

(2) 当所确定的基准收益率 i_c 落在(12.66%,15.63%]区间时，即 $\Delta IRR_{B-A} < i_c$，则必有 $\Delta IRR_{B-A}(i_c) < 0$，A 方案为优；反之，当 $\Delta IRR_{B-A}(i_c) < 0$ 时，则必有

$\Delta IRR_{B-A} < i_c$，A 方案为优。

因此，用 ΔIRR 法和 ΔNPV 判断方案优劣的结论是一致的，而 ΔNPV 是比较常用的方法，ΔIRR 适用于无法确定基准收益率的情况。

3.4 独立方案和混合方案的比较选择

3.4.1 独立方案的比较选择

在一组独立方案比较选择的过程中，可决定选择其中任意一个或多个方案，甚至全部方案，也可能一个方案也不选。独立方案这一特点决定了独立方案的现金流量及其效果具有可加性。一般独立方案选择出于下面两种情况。

(1) 无资源限制的情况　如果独立方案之间共享的资源(通常为资金)足够多(没有限制)，则任何一个方案只要是可行的(经济上可接受的)，就可采纳并实施。

(2) 有资源限制的情况　如果独立方案之间共享的资源是有限的，不能满足所有方案的需要，则在这种不超出资源限额的条件下，独立方案的选择有两种方法：一是方案组合法；二是内部收益率或净现值率排序法。

1) *方案组合法*

方案组合法的原理是：列出独立方案所有可能的组合，每个组合形成一个组合方案(其现金流量为被组合方案现金流量的叠加)，由于是所有可能的组合，故最终的选择只可能是其中一种组合方案，因此所有可能的组合方案形成互斥关系，可按互斥方案的比较方法确定最优的组合方案，最优的组合方案即为独立方案的最佳选择。具体步骤如下：

(1) 列出独立方案的所有可能组合，形成若干个新的组合方案(其中包括 0 方案，其投资为 0，收益也为 0)，则所有可能组合方案(包括 0 方案)形成互斥组合方案(m 个独立方案则有 2^m 个组合方案)。

(2) 每个组合方案的现金流量为被组合的各独立方案的现金流量的叠加。

(3) 将所有的组合方案按初始投资额从小到大的顺序排列。

(4) 排除总投资额超过投资资金限额的组合方案。

(5) 对所剩的所有组合方案按互斥方案的比较方法确定最优的组合方案。

(6) 最优组合方案所包含的独立方案即为该组独立方案的最佳选择。

【例 3.5】 有 3 个独立的方案 A、B 和 C，寿命期皆为 10 年，现金流量如表 3.2所示。基准收益率为 8%，投资资金限额为 12 000 万元。要求选择最优方案。

表 3.2 例 3.5 方案数据

方案	初始投资/万元	年净收益/万元	寿命/年
A	3 000	600	10
B	5 000	850	10
C	7 000	1 200	10

【解】(1) 列出所有可能的组合方案。以 1 代表方案被接受,以 0 代表方案被拒绝,则所有可能的组合方案(包括 0 方案)组成过程见表 3.3。

(2) 对每个组合方案内的各独立方案的现金流量进行叠加,作为组合方案的现金流量,并按叠加的投资额从小到大的顺序对组合方案进行排列,排除投资额超过资金限额的组合方案(A+B+C)(表 3.3)。

(3) 按组合方案的现金流量计算各组合方案的净现值(表 3.3)。

(4) (A+C)方案净现值最大,所以(A+C)为最优组合方案,故最优的选择应是 A 和 C。

表 3.3 方案组合及组合方案数据

序号	方案组合			组合方案	初始投资/万元	年净收益/万元	寿命/年	净现值/万元
	A	B	C					
1	0	0	0	0	0	0	10	0
2	1	0	0	A	3 000	600	10	1 026
3	0	1	0	B	5 000	850	10	704
4	0	0	1	C	7 000	1 200	10	1 052
5	1	1	0	A+B	8 000	1 450	10	1 730
6	1	0	1	A+C	10 000	1 800	10	2 078
7	0	1	1	B+C	12 000	2 050	10	1 756
8	1	1	1	A+B+C	15 000	—	—	—

2) 内部收益率或净现值率排序法

内部收益率排序法是日本学者千住重雄教授和伏见多美教授提出的一种独特的方法,又称之为右下右上法。现在还以上例为例说明这种方法的选择过程。

(1) 计算各方案的内部收益率。分别求出 A、B、C 3 个方案的内部收益率为

$IRR_A=15.10\%$

$IRR_B=11.03\%$

$IRR_C=11.23\%$

(2) 这组独立方案按内部收益率从大到小的顺序排列,将它们以直方图的形式绘制在以投资为横轴、内部收益率为纵轴的坐标图上(如图 3.9 所示),并标明基准收益率和投资的限额。

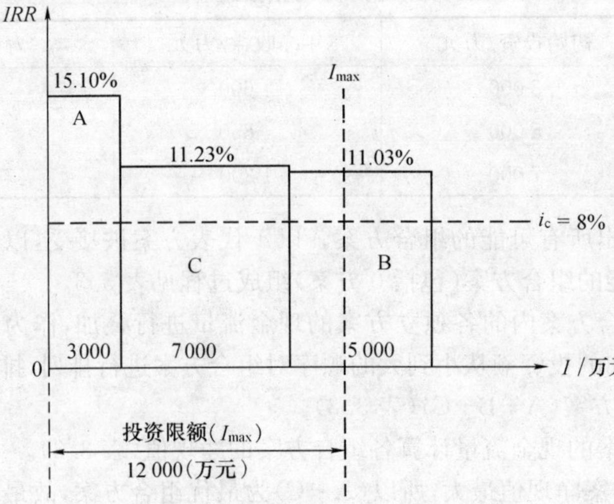

图 3.9　*IRR* 排序法选择独立方案

(3) 排除 i_c线以下和投资限额线右边的方案。由于方案的不可分割性,所以方案 B 不能选中,因此最后选择的最优方案应为 A 和 C。

净现值率排序法与 *IRR* 排序法具有相同的原理:计算各方案的净现值,排除净现值小于零的方案,然后计算各方案的净现值率(净现值/投资的现值),按净现值率从大到小的顺序,依次选取方案,直至所选取方案的投资额之和达到或最大限度地接近投资限额。

内部收益率或净现值率法存在一个缺陷,即可能会出现投资资金没有被充分利用的情况。如上述的例子中,假如有个独立的 D 方案,投资额为 2 000 万元,内部收益率为 10%,显然,再选用 D 方案,并未突破投资限额,且 D 方案本身也是有利可图。而用这种方法,有可能忽视了这一方案。当然,在实际工作中,如果遇到一组方案数目很多的独立方案,用方案组合法,计算是相当繁琐的(组合方案数目呈几何级数递增)。这时,利用内部收益率或净现值率排序法是相当方便的。

3.4.2　混合方案的比较选择

混合方案的结构类型不同,选择方法也不一样,下面分两种情形来讨论。

1) *在一组独立多方案中,每个独立方案下又有若干个互斥方案的情形*

例如:A、B 两方案是相互独立的,A 方案下有 3 个互斥方案 A_1、A_2、A_3,B 方案下有 2 个互斥方案 B_1、B_2,如何选择最佳方案呢?

这种结构类型的混合方案也是采用方案组合法进行比较选择,基本方法与过程和独立方案是相同的,不同的是在方案组合构成上,其组合方案数目也比独立方案的组合方案数目少。如果 m 代表相互独立的方案数目，n_j 代表第 j 个独立方案下互斥方案的数目，则这一组混合方案可以组合成互斥的组合方案数目为

$$N = \prod_{j=1}^{m}(n_j + 1) = (n_1 + 1)(n_2 + 1)(n_3 + 1)\cdots(n_m + 1)$$

上例的一组混合方案形成的所有可能组合方案见表 3.4。表中各组合方案的现金流量为被组合方案的现金流量的叠加，所有组合方案形成互斥关系，按互斥方案的比较方法，确定最优组合方案，最优组合方案中被组合的方案即为该混合方案的最佳选择。具体方法和过程同独立方案。

表 3.4　情形 1)混合方案组合示例

序号	方案组合					组合方案
	A			B		
	A_1	A_2	A_3	B_1	B_2	
1	0	0	0	0	0	0
2	1	0	0	0	0	A_1
3	0	1	0	0	0	A_2
4	0	0	1	0	0	A_3
5	0	0	0	1	0	B_1
6	0	0	0	0	1	B_2
7	1	0	0	1	0	A_1+B_1
8	1	0	0	0	1	A_1+B_2
9	0	1	0	1	0	A_2+B_1
10	0	1	0	0	1	A_2+B_2
11	0	0	1	1	0	A_3+B_1
12	0	0	1	0	1	A_3+B_2

2) 在一组互斥多方案中，每个互斥方案下又有若干个独立方案的情形

例如：C、D 是互斥方案，C 方案下有 C_1、C_2、C_3 3 个独立方案，D 方案下有 D_1、D_2、D_3、D_4 4 个独立方案，如何确定最优方案？

分析一下方案之间的关系，就可以找到确定最优方案的方法。由于 C、D 是互斥的，最终的选择将只会是其中之一，所以 C_1、C_2、C_3 选择与 D_1、D_2、D_3、D_4 选择互相没有制约，可分别对这两组独立方案按独立方案选择方法确定最优组合方案，然后再按互斥方案的方法确定选择哪一个组合方案。具体过程是：

(1) 对 C_1、C_2、C_3 3 个独立方案，按独立方案的选择方法确定最优的组合方案(表 3.5)。假设最优的组合方案是第 5 个组合方案，即 C_1+C_2，以此作为方案 C。

表 3.5 情形 2)C 下独立方案组合

序号	方案组合			组合方案
	C_1	C_2	C_3	
1	0	0	0	0
2	1	0	0	C_1
3	0	1	0	C_2
4	0	0	1	C_3
5	1	1	0	C_1+C_2
6	1	0	1	C_1+C_3
7	0	1	1	C_2+C_3
8	1	1	1	$C_1+C_2+C_3$

(2) 对 D_1、D_2、D_3、D_4 4 个独立方案，也按独立方案选择方法确定最优组合方案(表 3.6)。假设最优组合方案为第 13 个方案，即 $D_1+D_2+D_4$，以此作为 D 方案。

(3) 将由最优组合方案构成的 C、D 两方案按互斥方案的比较方法确定最优的方案。假设最优方案为 D 方案，则该组混合方案的最佳选择应是 D_1、D_2 和 D_4。

表 3.6 情形 2)D 下独立方案组合

序号	方案组合				组合方案
	D_1	D_2	D_3	D_4	
1	0	0	0	0	0
2	1	0	0	0	D_1
3	0	1	0	0	D_2
4	0	0	1	0	D_3
5	0	0	0	1	D_4
6	1	1	0	0	D_1+D_2
7	1	0	1	0	D_1+D_3
8	1	0	0	1	D_1+D_4
9	0	1	1	0	D_2+D_3
10	0	1	0	1	D_2+D_4
11	0	0	1	1	D_3+D_4
12	1	1	1	0	$D_1+D_2+D_3$
13	1	1	0	1	$D_1+D_2+D_4$
14	0	1	1	1	$D_2+D_3+D_4$
15	1	0	1	1	$D_1+D_3+D_4$
16	1	1	1	1	$D_1+D_2+D_3+D_4$

3.5 收益未知的互斥方案比较

3.5.1 收益相同且未知的互斥方案比较

在实际工作中，常常会需要比较一些特殊的方案，方案之间的效益相同或基本相同，而其具体的数值是难以估算的或者是无法以货币衡量的，例如，一座人行天桥无论采用钢结构还是钢筋混凝土结构，其功能是一致的。这时，只需要以费用的大小作为比较方案的标准，以费用最小的方案为最优方案，这一方法称为最小费用法。最小费用法包括费用现值法、年费用法、差额净现值法和差额内部收益率法，方法的具体应用过程通过下面的例子说明。

【例 3.6】 某工厂拟采用某种设备一台，市场上有 A、B 两种型号供选择，两种型号的年产品数量和质量相同(即年收益相同)，但购置费和日常运营成本不同(见表 3.7)。两种型号的计算寿命皆为 5 年，$i_c=8\%$。试比较并选择最经济的型号。

表 3.7 例 3.6 方案数据

型号(方案)	购置费/元	年运营成本/元	残值/元
A	16 000	5 000	1 500
B	12 000	6 500	2 000

【解】 (1) 费用现值法 费用现值(Present Cost)就是指将方案各年发生的费用折算为现值，再求和。费用现值法通过计算各方案的费用现值，以费用现值最小的方案为最优方案。

A、B 方案的现金流量图如图 3.10 所示。

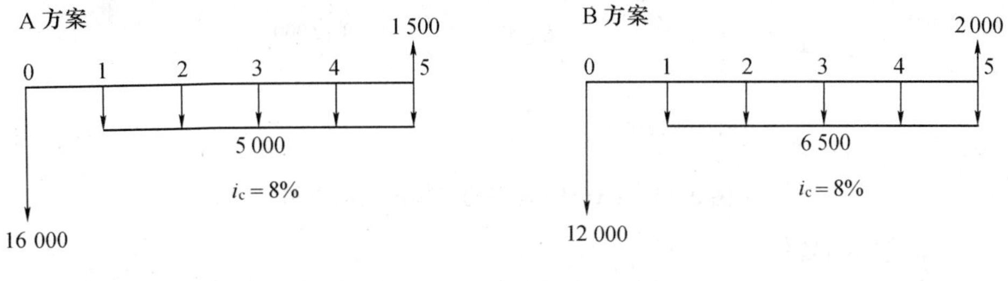

图 3.10 A、B 方案的费用流量图

分别计算两方案的费用现值为

$$PC_A=16\,000+5\,000\times(P/A,8\%,5)-1\,500\times(P/F,8\%,5)$$
$$=16\,000+5\,000\times3.992\,6-1\,500\times0.680\,59$$

$=34\,942$(元)

$PC_B=12\,000+6\,500\times(P/A,8\%,5)-2\,000\times(P/F,8\%,5)$

$=12\,000+6\,500\times3.992\,6-2\,000\times0.680\,59$

$=36\,591$(元)

由于$PC_A<PC_B$,所以A型号最经济。

(2) 年费用法　年费用(Annual Cost)就是指年等值费用,即将方案各年发生的费用及初期投资折算为等值的年费用。年费用也可理解为年平均费用,但这里的平均不是算术平均,而是考虑资金时间价值的动态平均。年费用法就是比较各互斥方案的年费用,以年费用最小的方案为最优方案。

$AC_A=5\,000+16\,000\times(A/P,8\%,5)-1\,500\times(A/F,8\%,5)$

$=5\,000+16\,000\times0.250\,46-1\,500\times0.170\,46$

$=8\,752$(元)

$AC_B=6\,500+12\,000\times(A/P,8\%,5)-2\,000\times(A/F,8\%,5)$

$=6\,500+12\,000\times0.250\,46-2\,000\times0.170\,46$

$=9\,164$(元)

由于$AC_A<AC_B$,所以A型号最经济。

(3) 差额净现值法　这里的差额净现值和前文所述的有收益的互斥方案比较的差额净现值是相同的。这是因为如果两个互斥方案的收益相同,在计算它们的差额现金流量时,收益相抵,其差额现金流量就是两方案的费用形成的差额现金流量。

A,B两方案所形成的差额现金流量如图3.11所示。

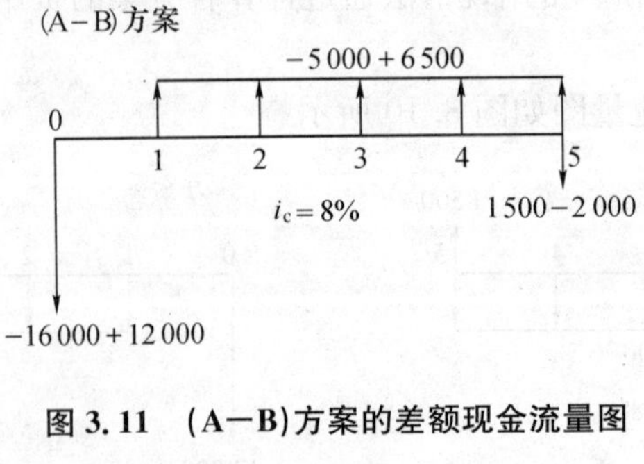

图3.11　(A—B)方案的差额现金流量图

计算差额净现值

$\Delta NPV_{A-B}=-4\,000+1\,500\times(P/A,8\%,5)-500\times(P/F,8\%,5)$

$=-4\,000+1\,500\times3.992\,6-500\times0.680\,59$

$=1\,649$(元)

由于$\Delta NPV_{A-B}>0$,所以A方案优于B方案,即A型号最经济。

(4) 差额内部收益率法　差额内部收益率法的基本思想同差额净现值法,只是不是计算净现值而是计算差额内部收益率来比较方案优劣。

A,B 方案的差额内部收益率 ΔIRR_{A-B}满足下式：

$$-4\,000+1\,500\times\frac{(1+\Delta IRR_{A-B})^5-1}{\Delta IRR_{A-B}\cdot(1+\Delta IRR_{A-B})^5}-500\times\frac{1}{(1+\Delta IRR_{A-B})^5}=0$$

用线性内插法求得 $\Delta IRR_{A-B}=23.34\%>i_c=8\%$，所以 A 型号经济。

上述四种方法电子表格解法如图 3.12 所示。

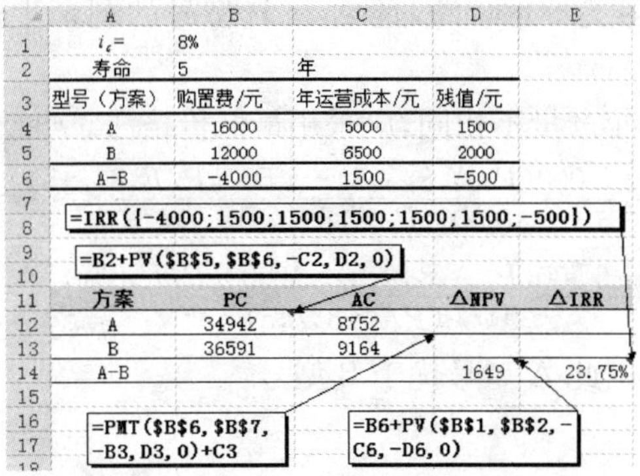

图 3.12　例 3.6 四种方法电子表格解法

从例 3.6 的计算结果看，4 种方法的比较结论是一致的，实际使用时择一应用。4 种方法适用于不同的情况：费用现值法是常用的方法，年费用法适用于不等寿命的方案比较（见 3.5 节），差额净现值法适用于难以确定各方案准确的费用流但可确定方案之间的费用流量差额的情况，差额内部收益率法则适用于无法确定基准收益率的情况。

应该说明的是，用最小费用法只能比较互斥方案的相对优劣，并不能表明各方案在经济上是否合理。这一方法尤其适用于已被证明必须实施的技术方案，如公用事业工程中的方案比较、一条生产线中某配套设备的选型等。

3.5.2　收益不同且未知的互斥方案比较

对产品产量（服务）不同，产品价格（服务收费标准）又难以确定的方案的比较，当其产品为单一产品或能折合为单一产品时，可采用最低价格（最低收费标准）法。计算公式为

$$P_{\min}=\frac{\sum_{t=0}^{n}(I_t+C_t-L_t)(1+i_c)^{-t}}{\sum_{t=0}^{n}Q_t(1+i_c)^{-t}}$$

式中，I_t——第 t 年的投资；

C_t——第 t 年的运营费用；

L_t——第 t 年的残值；

Q_t——第 t 年的产品(服务)量。

最低价格的计算可简单理解为当产品的费用现值与产品的产量现值之比，即考虑资金时间价值情况下的单位产品费用。下面用例子来说明其方法和过程。

【例 3.7】 假设例 3.6 中两种型号的加工零件的质量相同，但 A 型号的年产量为 10 000 件，B 型号为 9 000 件，且 A 和 B 型号的剩余生产能力均能被利用。试比较两型号的优劣。

【解】 A 与 B 的年产量不相同，应采用最低价格法。

$$P_{\min}^{A}=\frac{16\,000+5\,000(P/A,8\%,5)-1\,500(P/F,8\%,5)}{10\,000(P/A,8\%,5)}=0.88(\text{元/件})$$

$$P_{\min}^{B}=\frac{12\,000+6\,500(P/A,8\%,5)-2\,000(P/F,8\%,5)}{9\,000(P/A,8\%,5)}=1.02(\text{元/件})$$

由于 $P_{\min}^{A}<P_{\min}^{B}$，因此 A 型号优于 B 型号。

3.6 寿命无限和寿命期不等的互斥方案比较

3.6.1 寿命无限的互斥方案比较

一些公共事业工程项目方案，如铁路、桥梁、运河、大坝等，可以通过大修或反复更新使其寿命延长至很长的年限直到无限，这时其现金流量大致也是周期性地重复出现。根据这一特点，可以发现寿命无限方案的现金流量的现值与年值之间的特别关系。

按资金等值原理，已知

$$P=A\cdot\frac{(1+i)^n-1}{i(1+i)^n}=A\cdot\frac{1}{i}\left[1-\frac{1}{(1+i)^n}\right]$$

其中，i 为具有实际经济意义的利率，即 $i>0$。则当 $n\to\infty$ 时，

$$\begin{aligned}P&=\lim_{n\to\infty}\left\{A\cdot\frac{1}{i}\cdot\left[1-\frac{1}{(1+i)^n}\right]\right\}\\&=\frac{A}{i}\lim_{n\to\infty}\left[1-\frac{1}{(1+i)^n}\right]\\&=\frac{A}{i}\end{aligned}$$

即当 $n\to\infty$ 时，

$$P=A/i$$

或者

$$A=P\cdot i$$

应用上面两式可以方便地解决无限寿命期互斥方案的比较。方案的初始投资费用加上假设永久运行所需支出的运营费用和维护费用的现值，称为资本化成本。下面通过例子来说明具体的方法。

【例 3.8】 某桥梁工程，初步拟定 2 个结构类型方案供备选。A 方案为钢筋混凝土结构，初始投资 1 500 万元，年维护费为 10 万元，每 5 年大修 1 次费用为 100 万元；B 方案为钢结构，初始投资 2 000 万元，年维护费为 5 万元，每 10 年大修 1 次费用为 100 万元。折现率为 5%。哪一个方案经济？

【解】 (1) 现值法

A 方案的费用现值为

$$PC_{\mathrm{A}}=1\,500+\frac{10}{5\%}+\frac{100\times(A/F,5\%,5)}{5\%}=2\,062(\text{万元})$$

B 方案的费用现值为

$$PC_{\mathrm{B}}=2\,000+\frac{5}{5\%}+\frac{100\times(A/F,5\%,10)}{5\%}=2\,259(\text{万元})$$

由于 $PC_{\mathrm{A}}<PC_{\mathrm{B}}$，故 A 方案经济。

(2) 年值法

A 方案的年费用为

$$AC_{\mathrm{A}}=10+100\times(A/F,5\%,5)+1\,500\times5\%=103.10(\text{万元})$$

B 方案的年费用为

$$AC_{\mathrm{B}}=5+100\times(A/F,5\%,10)+2\,000\times5\%=112.95(\text{万元})$$

由于 $AC_{\mathrm{A}}<AC_{\mathrm{B}}$，故 A 方案经济。

3.6.2 寿命期不等的互斥方案比较

尽管没有特别说明，但前文中所讨论的多方案寿命实际上都是假设是相等的。在严格意义上，只有寿命期相等的方案才能进行经济比较，方案寿命不等是不可比的。但是，在实际工作中常遇到寿命不等的互斥方案比较问题，这时必须对方案的服务期限作出某种假设，使得备选方案在相同服务寿命的基础上进行比较。一般有两种方法处理方案的服务寿命期，一是最小公倍数法，另一是研究期法。

1) 最小公倍数法

最小公倍数法是通常采用的一种方法，它基于重复型更新假设理论。重复型更新假设理论包括下面两个方面：

(1) 在较长时间内，方案可以连续地以同种方案进行重复更新，直到多方案的最小公倍数寿命期或无限寿命期；

(2) 替代更新方案与原方案现金流量完全相同，延长寿命后的方案现金流量以原方案寿命为周期重复变化。

在分析中，重复型更新通常是隐含于问题之中的，也就是说，除非特别说明，在进行分析时一律认为这项是成立的。最小公倍数法就是将一组互斥方案按重复型更新假设理论将它们延长至最小公倍数寿命期，然后按互斥方案的比选方法进行比较。

【例 3.9】 有 A、B 2 个互斥方案，A 方案的寿命为 4 年，B 方案的寿命为 6 年，其现金流量如表 3.8 所示。$i_c=10\%$。试比较两方案。

表 3.8 例 3.9 方案数据 单位:元

年末	0	1	2	3	4	5	6
A 方案	−5 000	3 000	3 000	3 000	3 000	—	—
B 方案	−4 000	2 000	2 000	2 000	2 000	2 000	2 000

【解】 根据重复型更新假设理论，将 A、B 方案的寿命延长到最小公倍数寿命期 12 年，现金流量也周期重复变化。即 A 重复更新 2 次，延长为 3 个寿命周期；B 方案重复更新 1 次，寿命延长为 2 个周期(表 3.9)。

表 3.9 例 3.9 方案重复更新 单位:元

年末	0	1	2	3	4	5	6	7	8	9	10	11	12
A 方案	−5 000	3 000	3 000	3 000	3 000								
					−5 000	3 000	3 000	3 000	3 000				
									−5 000	3 000	3 000	3 000	3 000
B 方案	−4 000	2 000	2 000	2 000	2 000	2 000	2 000						
							−4 000	2 000	2 000	2 000	2 000	2 000	2 000

$$
\begin{aligned}
NPV_A^{(12)} &= -5\,000-5\,000\times(P/F,10\%,4)-5\,000(P/F,10\%,8) \\
&\quad +3\,000\times(P/A,10\%,12) \\
&= 9\,693.15(\text{元})
\end{aligned}
$$

$$
\begin{aligned}
NPV_B^{(12)} &= -4\,000-4\,000\times(P/F,10\%,6)+2\,000\times(P/A,10\%,12) \\
&= 7\,369.28(\text{元})
\end{aligned}
$$

由于 $NPV_A^{(12)} > NPV_B^{(12)}$，所以 A 方案为优。

如果直接计算例 3.9 中 A、B 两方案的净现值，则有 $NPV_A^{(4)}=4\,506.7$(元)$<$ $NPV_B^{(6)}=4\,710.4$(元)。显然，对于寿命期不等的方案不能直接计算各方案的净现值来比较优劣。

在重复型更新假设条件下，现金流量是周期变化的，则延长若干周期后的方案的年值与一个周期的年值应是相等的。这可通过例 3.9 中 A、B 两方案的年值得到验证：

$$AW_{\mathrm{A}}^{(12)}=AW_{\mathrm{A}}^{(4)}=1\,421.73(\text{元})$$

$$AW_{\mathrm{B}}^{(12)}=AW_{\mathrm{B}}^{(6)}-1\,081.55(\text{元})$$

对于一般情况也是如此。设 n 为方案的寿命年限，m 为周期数，则在重复型更新假设条件下，有

$$AW^{(n\cdot 1)}=AW^{(n\cdot m)}$$

感兴趣的读者可对此等式予以数学证明。

因此，对于寿命期不等的互斥方案可直接计算方案的年值来比较方案的优劣。

2) 研究期法

最小公倍数法是常用的一种比较寿命期不等的多方案的方法。但是在一些情况下重复更新假设理论不太适用。例如，对于产品和设备更新较快的方案，由于旧技术迅速地为新技术所替代，若仍然以原方案重复更新显然是不合理的，在这种情况下，以寿命较短的方案的寿命作为比较基础可能更为合适。又如，当人们对方案提供的产品服务所能满足社会需求的期限有比较明确的估计时，则可能不必要进行重复更新。在这些情况下，原方案的重复更新可能是不经济的，甚至有时是不可能实现的，用最小公倍数法则显然不能保证选择最优的方案。

处理这一问题可行的办法是研究期法。研究期的选择视具体情况而定，主要有下面 3 类：

(1) 以寿命最短方案的寿命为各方案共同的服务年限，令寿命较长方案在共同服务年限末保留一定的残值。

(2) 以寿命最长方案的寿命为各方案共同的服务年限，令寿命较短方案在寿命终止时，以同种固定资产或其他新型固定资产进行更替，直至达到共同服务年限为止，期末可能尚存一定的残值。

(3) 统一规定方案的计划服务年限，计划服务年限不一定同于各个方案的寿命。在达到计划服务年限前，有的方案或许需要进行固定资产更替；服务期满时，有的方案可能存在残值。

【例 3.10】 确定例 3.9 中 A、B 两方案在不同研究期下的现金流量。

【解】 (1) 以 A 方案的寿命期(4 年)为研究期，现金流量如表 3.10 所示。

表 3.10　例 3.10 研究期为 4 年的情况　　单位：元

年末	0	1	2	3	4
A 方案	−5 000	3 000	3 000	3 000	3 000
B 方案	−4 000	2 000	2 000	2 000	2 000 +1 500(残值)

(2) 以 B 方案的寿命期(6 年)为研究期，现金流量如表 3.11 所示。

表 3.11　例 3.10 研究期为 6 年的情况　　　　单位:元

年末	0	1	2	3	4	5	6
A 方案	−5 000	3 000	3 000	3 000	3 000 −5 000	3 000	3 000 +3 500(残值)
B 方案	−4 000	2 000	2 000	2 000	2 000	2 000	2 000

(3) 计划服务年限(10 年)为研究期,现金流量如表 3.12 所示。

表 3.12　例 3.10 研究期为 10 年的情况　　　　单位:元

年末	0	1	2	3	4	5	6	7	8	9	10
A 方案	−5 000	3 000	3 000	3 000	3 000 −5 000	3 000	3 000	3 000	3 000 −5 000	3 000	3 000 +3 500(残值)
B 方案	−4 000	2 000	2 000	2 000	2 000	2 000	2 000 −4 000	2 000	2 000	2 000	2 000 +1 500(残值)

对于寿命不等的方案在通过上述方法解决了寿命不等问题之后,就可采用前述各种互斥多方案比较方法进行方案经济比较。

采用研究期法涉及研究期末的方案未使用价值(残值)的处理问题。处理的方法有 3 种:(1) 完全承认未使用的价值,即将方案的未使用价值全部折算到研究期末;(2) 完全不承认未使用价值,即研究期后的方案未使用价值均忽略不计;(3)对研究期末的方案未使用价值进行客观的估计,以估计值计在研究期末(如例3.10中的 1 500 和 3 500 就是估计的残值)。下面通过例 3.9 来进一步说明 3 种情况的处理。

设例 3.9 中 A、B 分别为两台设备,期初的购置费分别为 5 000 元和 4 000 元,以后每年的收益分别为 3 000 元和 2 000 元,选定研究期为 4 年。

(1) 完全承认研究期末设备未使用价值

$$NPV_A^{(4)} = -5\,000 + 3\,000(P/A,10\%,4) = 4\,506.7(\text{元})$$

$$NPV_B^{(4)} = -4\,000(A/P,10\%,6)(P/A,10\%,4) + 2\,000(P/A,10\%,4) = 3\,428.3(\text{元})$$

由于 $NPV_A^{(4)} > NPV_B^{(4)}$,所以选择 A 设备有利。

(2) 完全不承认研究期末设备未使用价值

$$NPV_A^{(4)} = -5\,000 + 3\,000(P/A,10\%,4) = 4\,506.7(\text{元})$$

$$NPV_B^{(4)} = -4\,000 + 2\,000(P/A,10\%,4) = 2\,339.6(\text{元})$$

显然,选择 A 设备有利。

(3) 估计研究期末设备的残值为 1 500 元

$$NPV_A^{(4)} = -5\,000 + 3\,000(P/A, 10\%, 4) = 4\,506.7(\text{元})$$

$$NPV_B^{(4)} = -4\,000 + 2\,000(P/A, 10\%, 4) + 1\,500(P/F, 10\%, 4) = 3\,364.1(\text{元})$$

显然，A 设备为优。

3.7 短期多方案的比较选择

短期方案是指寿命为一年或一年以内的方案，在实际工作中会遇到许多短期决策方案。这类方案的比较通常不必再采用折现的方法而可以直接计算比较。

3.7.1 可确定收益的互斥短期方案

可确定收益的互斥短期方案采用追加投资收益率法进行比较。追加投资收益率法与长期方案的差额内部收益率法基本原理是相同的，具体方法见下面的例子。

【例 3.11】 某公司在生产旺季因某种设备不足影响生产，拟租入几台该种设备。经测算，得到租入该种设备数量与其引起收益的增加额的关系(见表 3.13)。每台设备的月租金为 3 600 元，公司的月基准收益率为 4%，问租入多少设备适宜?

表 3.13 例 3.11 方案的数据

设备租入数量/台	1	2	3
比未租入设备以前收入增加/(元/月)	5 960	11 280	16 300
租入设备增加的运营费用/(元/月)	2 000	3 500	4 800

【解】 (1) 增设 0 方案，租入设备为 0，收益增加也为 0。各方案的投资及净收益如表 3.14 所示。

表 3.14 例 3.11 方案的数据处理

方案	租入设备数量/台	投资额(租金)/(元/月)	运营费用增加/(元/月)	收入增加/(元/月)	净收益/(元/月)
(1)	(2)	(3)	(4)	(5)	(6)=(5)-(4)-(3)
A	0	0	0	0	0
B	1	3 600	2 000	5 960	360
C	2	7 200	3 500	11 280	580
D	3	10 800	4 800	16 300	700

(2) B 方案与 A 方案比较，追加投资收益率为

$$\frac{360-0}{3\,600-0} = 10\% > i_c = 4\%$$

则 B 为当前最优方案。

(3) C 方案与当前最优方案比较，追加投资收益率为

$$\frac{580-360}{7\,200-3\,600}=6.11\%>i_c=4\%$$

则 C 为当前最优方案。

(4) D 方案与当前最优方案比较，追加投资收益率为

$$\frac{700-580}{10\,800-7\,200}=3.33\%<i_c=4\%$$

则 C 仍为当前最优方案。

(5) 因所有的方案比较完毕，所以 C 方案为最优方案，则最优选择应是租入 2 台设备。

以此例为例，说明这一方法的经济含义：当租入设备超过 2 台，比 2 台增加的净收益与增加的投资（租金）相比，达不到预期的收益率。而尽管租入 1 台有 10% 的投资收益率，但不能因此放弃租入 2 台所增加的 3 600 元投资（租金）所带来的 6.11%的收益率的机会，因为它已超过 4%的基准收益率。所以，最适宜的选择应是租入 2 台设备。

3.7.2 收益相同或未知的互斥短期多方案

与长期方案的情形一样，收益相同或未知的短期方案也采用最小费用法进行比较，即直接计算出各方案的成本，然后进行比较。

【例 3.12】 某施工单位承担某工程施工任务，该工程混凝土总需要量为 4 500 m^3，工期为 9 个月。对该工程的混凝土供应提出了两个方案。

方案 A：现场搅拌混凝土方案。

(1) 现场建一个搅拌站，初期一次性建设费用，包括地坑基础、骨料仓库、设备的运输及装拆等费用，总共 100 000 元；

(2) 搅拌设备的租金与维修费为 22 000 元/月；

(3) 每立方米混凝土的制作费用，包括水泥、骨料、添加剂、水电及工资等总共为 270 元。

方案 B：商品混凝土方案。由某构件厂供应商品混凝土，送到施工现场的价格为 350 元/m^3。

问：采用哪个方案有利？

【解】

方案 A 的成本为

$$\frac{100\,000+22\,000\times 9}{4\,500}+270=336.2(\text{元}/\text{m}^3)$$

方案 B 的成本为 350 元/m^3。因此，采用方案 A 有利。

3.7.3 独立和混合的短期多方案的比较

独立和混合的短期多方案的比较选择与长期的同类方案一样，也采用方案组合法。首先列出所有的可能组合方案，再按互斥短期方案的追加投资收益率法确定最优的组合方案，构成最优组合方案的各方案即为所选择的方案。

本章学习参考和扩展阅读文献

[1] 刘晓君. 工程经济学[M]. 北京：中国建筑工业出版社，2009：89-116

[2] 邵颖红，黄渝祥. 工程经济学概论[M]. 北京：电子工业出版社，2003：94-111

[3] 吴贵生. 互斥方案比较的指标选择问题探讨[J]. 数量经济技术经济研究，1987(5)：38-44

[4] 杨淑华. 对技术经济比较方法有关问题的研讨[J]. 湖南商学院学报，2004(6)：12-14

[5] 周百泉. 工程经济评价的方案比较方法及应用[J]. 有色金属设计，1998(4)：22-24，34

[6] 魏光荣，李洪柱. 技术改造项目多方案评价方法[J]. 中国城市金融，1989(1)：48-50

[7] 刘享东，卢永国，郑长海. 投资项目方案比较方法及实例[J]. 黑龙江水利科技，2010(5)：44

[8] 靳景玉，杜二明. 模糊综合评判与投资多方案比较[J]. 技术经济与管理研究，1998(4)：31-32

[9] 任伍元. 论项目经济评价方案比较方法[J]. 技术经济，1996(8)：13-14，27

习　题

1. 某投资者拟投资于房产，现有 3 处房产供选择。该投资者拟购置房产后，出租经营，10 年后再转手出让，各处房产的购置价、年租金和转卖价见表 3.15。其基准收益率为 15%。分别用净现值法、差额净现值法或者差额内部收益率法，选择最佳方案。

表 3.15　　　　单位：万元

	A 房产	B 房产	C 房产
购置价	140	190	220
净转让价(扣除相关费用)	125	155	175
年净租金收入	24	31	41

2. 由于一个较大居住区内居民经常抱怨没有娱乐健身设施，故政府考虑修建一个公共的娱乐健身场所。虽然政府无法提供基金，但可为项目筹集建设资金提供担保。建设设施的贷款利息和本金的偿还，可在 15 年内以每年的净收入来支付。若银行贷款利率为 10%，则应修建哪种级别的设施(各级别的费用与收入数据见表 3.16)？

表 3.16 单位:万元

级别	建设费用	年运行费用	年收入
Ⅰ	60	3.5	10
Ⅱ	220	6.0	35
Ⅲ	360	8.0	57
Ⅳ	480	9.5	81

3. 为了满足两地交通运输增长的需求,拟在两地之间建一条铁路或新开一条高速公路,也可考虑两个项目同时上。如果两个项目同时上,由于分流的影响,两个项目的现金流量将会受到影响。基准收益率为10%。根据表3.17提供的数据,对方案进行比较选择(注:表3.17中括号里面的数据为两个项目同时上时的现金流)。

表 3.17 单位:万元

方 案	年 末			
	0	1	2	3~32
铁路(A)	−30 000	−30 000	−30 000	15 000(12 000)
公路(B)	−15 000	−15 000	−15 000	9 000(5 250)

4. 考虑6个互斥的方案,表3.18是按初始投资费用从小到大的顺序排列的,表中给出了各方案的内部收益率和方案之间的差额内部收益率,所有方案都具有同样的寿命和其他可比条件。

(1) 如果必须采纳方案中的一个,但又无足够的资本去实施最后3个方案,那么应该选哪个方案?为什么?

(2) 假设对于方案Ⅳ、Ⅴ和Ⅵ投资资金仍旧不足,且能吸引投资者的最小收益率是12%,你将推荐哪个方案?为什么?

(3) 至少多大的基准收益率才能保证选择方案Ⅳ是正确的?

(4) 如果有足够的资金,基准收益率为10%,你将选择哪个方案?为什么?

(5) 如果有足够的资金,基准收益率为15%,你将选择哪个方案?为什么?

表 3.18

方案	*IRR*	差额内部收益率				
		Ⅰ	Ⅱ	Ⅲ	Ⅳ	Ⅴ
Ⅰ	1%					
Ⅱ	8%	21%				
Ⅲ	11%	15%	12%			
Ⅳ	15%	22%	19%	17%		
Ⅴ	13%	19%	16%	15%	9%	
Ⅵ	14%	21%	18%	16%	14%	21%

5. 互斥方案A和B的净现金流量如图3.13所示。

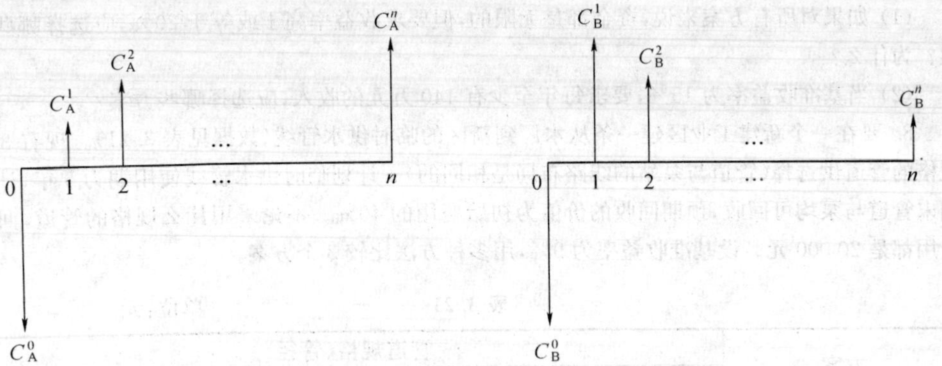

(a) A 方案　　　　(b) B 方案

图 3.13　互斥方案 A 和 B 的净现金流量图

已知：

$$\sum_{t=0}^{n} C_A^t > \sum_{t=0}^{n} C_B^t > 0, \quad 并且 \quad |C_A^0| > |C_B^0|$$

问：当基准收益率提高时，有利于哪个方案？为什么？

6. 某音像公司经济分析人员现在提出了 6 个供考虑的方案，假设每个方案期末均无残值，并有 10 年寿命，且方案是独立的，$i_c=10\%$。各方案的数据如表 3.19 所示。

(1) 假定音像公司有足够的资本，应选择哪些方案？

(2) 假定音像公司仅有 90 000 元的投资资本，应如何选择？

(3) 假定仅有 90 000 元的投资资本，在这些独立方案中选择投资收益率最高的方案，并将其没用完的资本投资于其他机会且取得 15%的收益率，则该项投资组合与(2)中确定的方案相比，孰优孰劣？

(4) 假设方案是互斥的，应如何选择？

表 3.19　　　单位：元

方案	A	B	C	D	E	F
投资资本	80 000	40 000	10 000	30 000	15 000	90 000
年净现金流量	11 000	8 000	2 000	7 150	2 500	14 000

7. 3 个独立方案已通过初步的筛选，所有方案的内部收益率均高于 15%。表 3.20 给出了 3 个方案的现金流量。

表 3.20　　　单位：万元

方案	初始费用	年末净现金流量			
		1	2	3	4
A	170	100	80	60	40
B	222	40	70	100	130
C	207	80	80	80	80

(1) 如果对所有方案来说，资金都是无限的，但要求收益率高于或等于 20%，应选择哪些方案？为什么？

(2) 当基准收益率为 15%，要求每年至少有 140 万元的收入，应选择哪些方案？

8. 要在一个新建工业区建一条从水厂到新区的临时供水管线(数据见表 3.21)。现有 3 种规格的管道供选择(管道与泵站的线路布局是相同的)。计划临时供水管线使用期为 5 年，计划期末管道与泵均可回收，预期回收的价值为初始费用的 40%。不论采用什么规格的管道，回收费用都是 20 000 元。设基准收益率为 9%，用多种方法比较 3 个方案。

表 3.21 单位:元

方案	管道规格(管径)		
	35 cm	40 cm	45 cm
初始费用	180 000	250 000	340 000
年抽水费用	64 000	44 000	28 000

9. 某工程拟铺设蒸汽管道，根据同类工程的资料，管道不同厚度的绝热材料的造价和使用期的年热损失价值见表 3.22，预计使用期为 15 年，试确定最佳的绝热材料的厚度($i_c=8\%$)。

表 3.22 单位:万元

方案		造价	热损失价值
序号	绝热材料厚度/cm		
0	0	0	2 700
1	1.80	2 700	1 350
2	2.43	3 818	885
3	3.70	5 010	675
4	5.61	6 540	540
5	7.51	8 595	465
6	8.78	10 920	428

10. 某造船厂为了使船坞上的装卸能力尽可能地扩大，打算购买装卸系统。有 3 种不同的系统(每个系统的装卸能力相同)可供选择。每种系统的初始投资和年运行费用见表 3.23。该船厂最多能筹集 140 万元，3 种系统的寿命均为 10 年，基准收益率为 15%。各种系统可组合投入运行，但每种系统最多只需一套。请确定最优的方案组合。

表 3.23 单位:元

系统类型	初始投资	年运行费用
A	650 000	91 810
B	600 000	105 000
C	720 000	74 945

11. 某拟建项目中有一套设备，该设备由动力(A)、控制(B)、检查(C)和传动(D)等 4 个部分组成，每个部分都有几种型号供选择，生产中除了费用不同外，任何部分采用任何型号对生产

没有任何影响。其中，A、B两部分是设备系统的基础部件，必须组装在一起，C和D可由人工代替。各组成部分的购置安装费及运行使用费如表 3.24 及表 3.25 所示。$i_c=10\%$，设备计算寿命期为 10 年。试分析采用何种方案有利。当投资限额分别为 60 000 元和 50 000 元时，分别采用何种方案有利？

表 3.24 单位：元

动力方案（初始投资）		控制方案（初始投资） B_1 15 000	控制方案（初始投资） B_2 25 000
A_1	5 000	20 000	15 000
A_2	15 000	16 000	14 000
A_3	30 000	11 000	10 000

表 3.25 单位：元

检查与传动	购置与安装费	年运营费用
C_0	0	10 000
C_1	10 000	6 000
C_2	20 000	4 000
D_0	0	5 000
D_1	5 000	3 500
D_2	15 000	3 000

12. 某冶炼厂欲投资建一储水设施，有两个方案：A 方案是在厂内建一个水塔，造价 102 万元，年运营费用 2 万元，每隔 10 年大修 1 次的费用 10 万元；B 方案是在厂外不远处的小山上建一储水池，造价 83 万元，年运营费用 2 万元，每隔 8 年大修 1 次的费用 10 万元。另外，方案 B 还需购置一套附加设备，购置费为 9.5 万元，寿命为 20 年，20 年末的残值为 0.5 万元，年运行费用为 1 万元。该厂基准收益率为 7%。

(1) 储水设施计划使用 40 年，任何一个方案在寿命期末均无残值。哪个方案为优？

(2) 若永久性地使用储水设施，哪个方案为优？

13. 某物流公司拟采购一批载重量为 10 吨的运输车辆，现有两种方案可供选择：第一个方案是某合资车辆制造企业生产的 A 型卡车，购置费用为 20 万元/辆；第二个方案是国内某国有大型汽车制造企业生产的 B 型卡车，购置费用为 15 万元/辆。每车的车辆操作人员平均工资为 30 000 元/年，车辆的经济使用寿命均为 5 年，5 年内 A 型可行驶 50 万 km，B 型可行驶 40 万 km，5 年的残值为购置费的 20%。在运营期间，A 型车的燃油成本、日常维护成本和大修成本合计为 1.00 元/km，每辆国产车的燃油成本、日常维护成本和大修成本合计为 1.10 元/km。基准折现率为 10%。试比较两方案。

4 建设项目可行性研究与经济评价

本章提要

可行性研究既是项目建设前的一项研究工作，又是一套项目经济分析系统化、实用化的方法；既是对工程经济学思想的具体运用，又是项目设想细化和项目方案的创造过程。经济评价是以经济视角分析项目的可行性与合理性、优选项目建设方案的一种方法含义，是可行性研究的重要组成内容。本章将从建设项目的建设程序入手，系统介绍可行性研究的工作阶段、研究内容，并对建设项目的经济评价进行总体性阐述，作为以后各章的“敲门砖”。

4.1 项目建设程序与审核

4.1.1 项目建设程序

项目建设程序是指建设项目从设想、规划、评估、决策、设计、施工到竣工验收、交付使用整个过程中，各项工作必须遵循的先后次序的法则。这个法则是人们通过长期的建设实践，在充分认识客观规律，科学地总结实践经验的基础上制定出来的，反映了建设工作所固有的客观规律和经济规律，是不以人们的意志为转移的。

按照这个规律，建设程序分成若干阶段，这些阶段有严格的先后顺序，不能任意颠倒。否则，项目建设就会走弯路，遭受重大损失。

从建设项目管理的角度看，建设程序一般分为 7 个主要阶段(如图 4.1)。

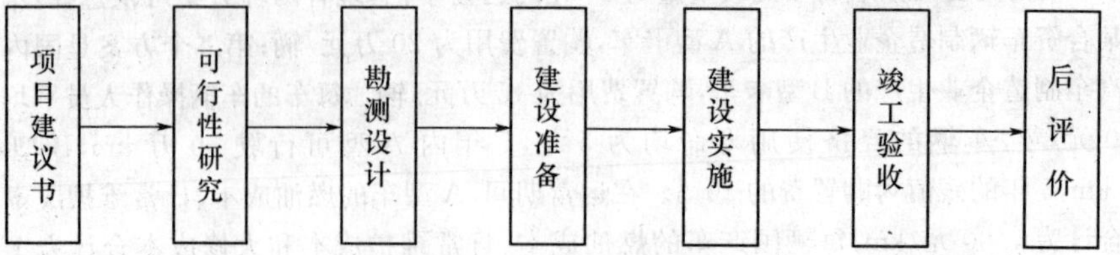

图 4.1　项目建设程序图

(1) 项目建议书阶段。项目建议书是项目投资者(业主)向国家提出要求建设某一建设项目的建议性文件，也是投资者决策前对拟建项目的轮廓性设想。项目建议书主要是从宏观上分析投资项目建设的必要性，看其是否符合市场需求和国家长远规划的方针和要求；同时初步分析项目建设的可能性，看其是否具备建设条件，是否值得投资等。

(2) 可行性研究阶段。项目建议书被批准后，即可进行可行性研究。

可行性研究是根据审定的项目建议书，对投资项目在技术、工程、经济、社会和外部协作条件等的可行性和合理性进行全面的分析论证，做多方案的比选，推荐最佳方案，为项目决策提供可靠的依据。

可行性研究所提交的成果是可行性研究报告。可行性研究报告一经批准，就标志着该项目立项工作的完成，就可以进行勘测设计工作了。

(3) 勘测设计阶段。勘测是指设计前和设计过程中所要进行的勘察、调查、测量工作。

设计是对拟建工程的实施在技术上和经济上所进行的全面而详细的安排。设计工作是分阶段、逐步深入地进行的。大中型建设项目一般采用两阶段设计——初步设计、施工图设计；重大或特殊项目可采用三阶段设计，增设技术设计阶段。

初步设计是研究拟建项目在技术上的可靠性和经济上的合理性，对设计的项目作出基本技术决定，并通过编制总概算确定总的建设费用和主要技术经济指标。技术设计是对初步设计中的重大技术问题进一步开展工作，在进行科研、试验、设备试制取得可靠数据和资料的基础上，具体地确定初步设计中所采用的工艺、土建结构等方面的主要技术问题，并编制修正总概算。施工图设计是按照初步设计或技术设计所确定的设计原则、结构方案和控制性尺寸，根据建筑安装施工和非标准设备制造的需要，绘制施工详图，并编制施工图预算。

(4) 建设准备阶段。完成项目开工建设前的各项准备工作，包括：①征地、拆迁和施工场地平整；②完成施工用的水、电、路、通信等工程；③组织设备、材料订货；④组织监理、施工招标，选定监理单位和施工单位等；⑤制订年度建设计划。

年度建设计划是合理安排分年度施工项目和投资，规定计划年度应完成建设任务的文件。它具体规定各年度应该建设的工程项目和进度要求，应该完成的投资额和投资额的构成，应该交付使用固定资产的价值和新增的生产能力等。只有列入批准的年度建设计划的工程项目，才能进行施工和支取建设用款。

(5) 建设实施阶段。各项建设准备工作做好后，经批准开工，便进入了建设实施阶段，即施工阶段。在该阶段，建设单位按项目管理的要求，组织好施工单位的施工和甲供设备、材料的供应，协调好工程建设的外部环境；监理单位根据项目建设的有关文件和各类工程承包合同，做好对工程的投资、进度和质量的控制、协调和管理；承包商（包括建筑安装施工、设备制造、材料供应等单位）根据承包合同的约定和承诺，全面履行各项合同义务，保质、保量、按时完成工程建设任务。

该阶段还要做好生产准备工作，如招收和培训人员，生产的组织，技术、物资的准备等。

(6) 竣工验收阶段。竣工验收是项目建设全过程的最后一环，是全面考核建设成果、检验设计和施工质量的重要步骤，是确认建设项目能否动用的关键环节，同时也是由基本建设转入生产或使用的标志。竣工验收工作一般可分为单项工程验收和整个项目验收两个阶段进行：每一个单项工程完工后，由建设单位或监理单位组织验收；整个建设项目全部建设完成后，则应根据国家对竣工验收的规定组织验收。

(7) 后评价阶段。在项目建成投产并达到设计生产能力后(一般为项目建成后1～3年)，通过对项目前期工作、项目实施、项目运营情况的综合研究，分析项目建成后的实际情况与预测情况的差距及其原因，从而吸取经验教训，为今后改进项目的准备、决策、实施、管理、监督等工作提供依据，并为提高项目投资效益提出切实可行的对策措施。

在项目建设程序中，通常将项目建议书阶段和可行性研究阶段(有些行业的项目还包括初步设计阶段)统称为建设前期阶段或投资决策阶段，将勘测设计阶段至竣工验收阶段称为建设实施阶段。建设前期阶段主要解决项目是否做和做什么、做多大，建设实施阶段则主要解决如何做的问题。

4.1.2 建设项目审核制度

2004年7月，国务院颁布了国发〔2004〕20号文《关于投资体制改革的决定》，对原有投资管理体制进行了改革，确立了企业的投资主体地位，彻底改变以往"不分投资主体、不分资金来源、不分项目性质，一律按投资规模大小，分别由各级政府及有关部门审批"的投资管理办法，对于不使用政府投资的项目，一律不再实行审批制，区别不同情况实行核准制和备案制，即将投资项目的审核制度分为审批制、核准制和备案制三类。

1) 审批制

(1) 政府投资方式

政府投资的范围主要集中在关系到国家安全和市场不能有效配置的经济和社会领域，包括公益性和公共基础设施建设、生态环境保护和改善等，政府投资一般不进入竞争性领域。

政府投资的方式可以分为三种：一是直接投资，政府从财政预算中进行财政性拨款，直接用于投资建设项目；二是资本金注入，政府作为投资方注入资本金，一般实行委托或成立投资公司实行股权托管；三是投资补助和贷款贴息。

对于政府直接投资和以资本金注入方式投资建设的项目，基于投资决策的考虑，仍然采用"审批制"，但只审批项目建议书和可行性研究报告，一般不再审批开工报告(大型项目例外)。政府投资项目的可行性研究报告既要从投资主体视角进行论证，又要从社会的、政府的视角进行论证，主要从项目的市场前景、产品方案、项目规模、工程设备方案、经济效益、投资估算、融资方案、规划布局、资源利用、征地移民、生态环境、经济和社会影响等方面进行综合论证。

对于政府采用投资补助和贷款贴息方式支持的项目，政府只审批资金申请报告。安排给单个投资项目的投资补助或贷款贴息原则上不超过2亿元，超过该额度的，按直接投资或资本金注入方式管理，审批可行性研究报告。安排给单个投资项目的中央预算内投资金额超过3 000万元，且占项目投资总额50%以上的，也按直接投资或资本金注入方式管理，审批可行性研究报告；3 000万元以下的，一律按投资补助和贷款贴息管理，只审批资金申请报告。

（2）政府投资项目审批管理流程

政府投资项目，按照“谁出资、谁审批”的原则，由各级发展改革委负责审批，城乡规划、国土资源、环境保护、建设和统计等部门密切配合。

项目单位应首先向发展改革委等项目审批部门报送项目建议书，依据项目建议书批复文件分别向城乡规划、环境保护和国土资源部门申请办理项目选址、环境影响评价和用地预审等审批手续。完成上述手续后，项目单位根据项目论证情况向发展改革委等项目审批部门报送可行性研究报告，并附选址意见书、环境影响评价审批文件和用地预审意见书。项目单位依据可行性研究报告批复文件向城乡规划部门申请办理建设用地规划许可手续，向国土资源部门申请办理正式用地手续（见图4.2）。

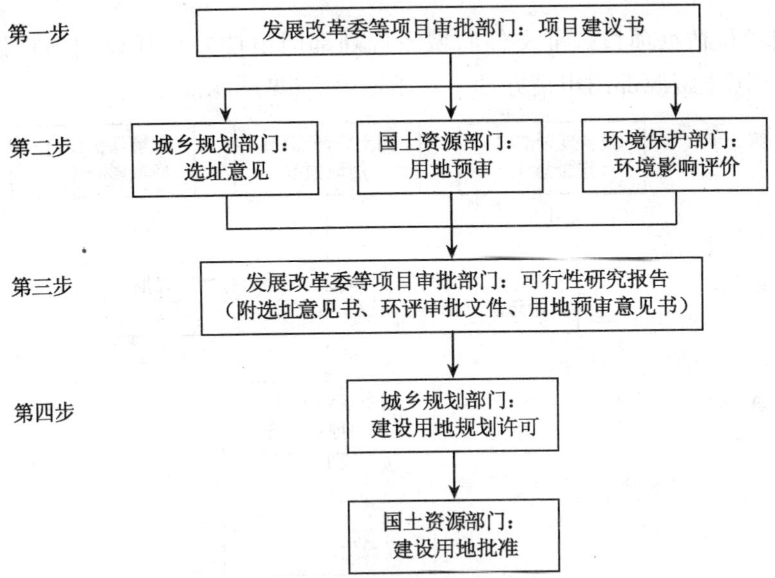

图4.2 适用审批制的投资项目管理流程图

2）核准制

对于不使用政府性资金的项目不再实行审批制。但是，出于维护社会公共利益的目的，政府需根据《政府核准的投资项目目录》（以下简称《投资目录》）对重大和限制类固定资产投资项目实行核准制；对于其他项目，无论规模大小均采用备案制。

《投资目录》对核准制的适用范围做了说明，即核准制适用于不使用政府性资金投资建设的重大和限制类固定资产投资项目。《投资目录》中规定"由国务院投资主管部门核准"的项目，由国务院投资主管部门会同行业主管部门核准，其中重要项目报国务院核准；"由地方政府投资主管部门核准"的项目，由地方政府投资主管部门会同同级行业主管部门核准。省级政府可根据当地情况和项目性质，具体划分各级地方政府投资主管部门的核准权限，但《投资目录》明确规定"由省级政府投资主管部门核准"的，其核准权限不得下放。

实行核准制的企业投资项目，政府不再审批项目建议书、可行性研究报告和开工报告。项目单位首先分别向城乡规划、环境保护和国土资源部门申请办理项目选址、环境影响评价和用地预审等审批手续，然后向发展改革委等项目核准部门报送项目申请报告，并附选址意见书、环境影响评价审批文件和用地预审意见书。项目申请报告主要是对该项目"外部性"和"公共性"作出评价，可视为可行性研究报告的简化版，不再包括投资项目市场前景、经济效益、产品技术方案等应由企业自主判断决策的内容，仅保留原可行性研究报告中"需政府决策"的内容，即对投资项目的合法性、环境和生态影响、经济和社会效果、资源利用和能源耗用等方面进行分析。

项目单位依据项目核准文件向城乡规划部门申请办理建设用地规划许可手续，然后向国土资源部门申请办理正式用地手续（见图 4.3）。

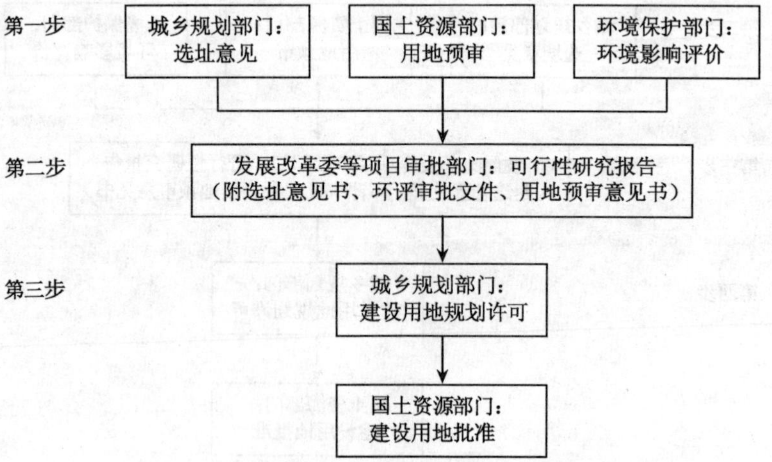

图 4.3　适用核准制的投资项目管理流程图

根据《企业投资项目核准暂行办法》的规定，发展改革委等项目核准部门在受理项目核准申请后（即图4.3中第二步），有权委托有资格的咨询机构对该投资项目进行评估，征求该投资项目涉及的其他行业主管部门的意见、征求公众意见、进行专家评议。

3）备案制

除国家法律法规和国务院专门规定禁止投资的项目以外，不使用政府性资金投资建设《投资目录》以外的项目适用备案制。对于适用备案制的投资项目，项目单位必须首先向发展改革委等备案部门办理备案手续，然后分别向城乡规划、环境保护和国土资源部门申请办理项目选址、环境影响评价和用地预审等审批手续（见图4.4）。

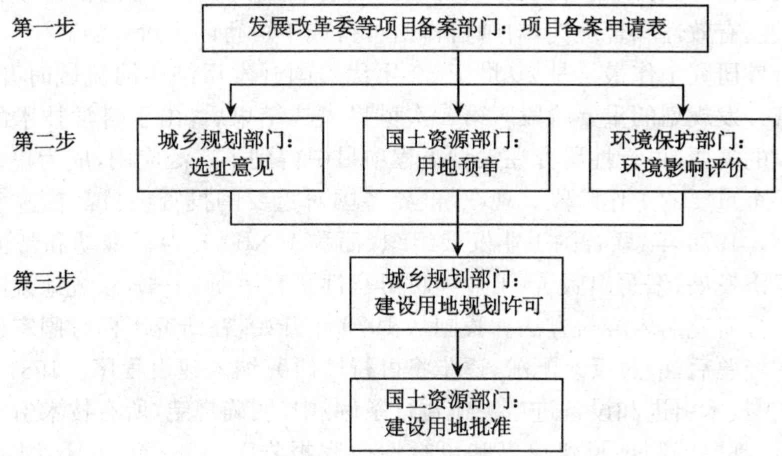

图4.4　适用备案制的投资项目管理流程图

虽然适用于核准制和备案制的企业投资项目不需要报送并审批项目建议书和可行性研究报告，但企业一般仍应编制可行性研究报告，作为项目决策、申请贷款和初步设计的依据。在审批制条件下，可行性研究报告的功能主要表现为报请政府主管部门审批的依据，当然也是向银行申请贷款、委托设计单位进行初步设计的依据。在核准制和备案制条件下，可行性研究报告的功能首先是作为投资方的企业进行投资决策的依据，其次是向银行申请贷款和委托设计单位进行初步设计的依据，它已不再具有作为报请政府主管部门审批依据的功能。因此，适用于审批制的投资项目，可行性研究报告的内容比较全面，不仅包括市场预测、产品方案、技术方案、投资估算、融资方案、财务评价等反映项目内在情况的分析，还包括对资源条件、环境影响、经济影响和社会影响等外部影响的论证。而对于适用核准制和备案制的投资项目，可行性研究报告主要是对项目内在情况的分析，外部性问题可不再论证。

4.2 建设项目可行性研究

4.2.1 可行性研究的概念

可行性研究(Feasibility Study)是一种运用多种学科(包括工程技术科学、社会学、经济学及系统工程学等)知识,对拟建项目的必要性、可能性以及经济、社会有利性进行全面、系统、综合的分析和论证,以便进行正确决策的研究活动,是一种综合的经济分析技术。可行性研究的任务是以市场为前提,以技术为手段,以经济效果为最终目标,对拟建的投资项目,在投资前期全面、系统地论证该项目的必要性、可能性、有效性和合理性,对项目作出可行或不可行的评价。

可行性研究工作最早是 20 世纪 30 年代美国开发田纳西河流域时开始试行,作为流域开发规划的重要阶段。第二次世界大战结束后,由于科学技术的发展和经济建设的需要,可行性研究在大型工程项目中得到了广泛应用,成为投资项目决策前的一个重要的工作阶段。现在,世界各国对重要的投资项目都普遍要进行可行性研究。1978 年,联合国工业发展组织(简称 UNIDO)为了推动和帮助发展中国家的经济发展,编写出版了《工业项目可行性研究手册》一书,系统地说明了工业项目可行性研究的内容与方法。我国从 1979 年开始,在研究了西方国家运用可行性研究的经验后,经过反复酝酿,逐步将可行性研究纳入建设程序。1981 年 1 月,国务院在《技术引进和设备进口工作暂行条例》中,明确规定"所有技术引进和设备进口项目,都要编制项目建议书和可行性研究报告"。1982 年 9 月,国家计委在《关于编制建设前期工作计划的通知》中,进一步扩大了需要进行可行性研究工作的建设项目的范围。1983 年 2 月国家计委制定和颁发了《建设项目进行可行性研究的试行管理办法》,1991 年又对此做了修订,该办法对我国基本建设项目可行性研究的编制程序、内容、审批等进行了规定。

可行性研究不仅可以为投资者的科学决策提供依据,同时还可以为银行贷款、合作者签约、工程设计等提供依据和基础资料,它是决策科学化的必要步骤和手段。

在项目建设和运营的整个周期中,建设前期阶段是决定投资项目经济效果的关键阶段,是投资者研究和控制的重点。如果到了建设实施阶段甚至运营阶段才发现工程费用过高,或者市场对项目产品需求不足、原材料不能保证等问题,则会给投资者造成巨大损失。因此,无论是发达国家还是发展中国家,都把可行性研究作为投资项目建设的重要环节。为了消除盲目性,减少投资风险,以便在竞争中获取最大利润,投资者宁肯在投资前花费一定的代价,也要进行投资项目的可行性研究，以提高投资获利的可靠程度。

4.2.2 可行性研究的阶段划分

UNIDO出版的《工业项目可行性研究手册》将可行性研究工作分为三个阶段，即机会研究、初步可行性研究和详细可行性研究。

1）机会研究

机会研究主要是为项目投资者寻求具有良好发展前景、对经济发展有较大贡献且具有较大成功可能性的投资、发展机会，并形成项目设想。可以说，机会研究是项目生成的摇篮。机会研究的一般方法是从经济、技术、社会及自然情况等大的方面发生的变化中发掘潜在的发展机会，通过创造性的思维提出项目设想。对于工业项目来说，机会研究主要通过以下几个方面的研究来寻找投资机会：

（1）在加工或制造方面有潜力的自然资源新发现；

（2）作为工业原材料的农产品生产格局的状况与趋向；

（3）由于人口或购买力增长而具有需求增长潜力的产品以及类似新产品的情况；

（4）有应用前景的新技术发展情况；

（5）现有经济系统潜在的不平衡，如原材料工业与加工制造业的不平衡；

（6）现有各工业行业前向或后向扩展与完善的可能性；

（7）现有工业生产能力扩大的可能性、多种经营的可能性和生产技术改造的可能性；

（8）进口情况以及替代进口的可能性；

（9）投资环境，包括宏观经济政策、产业政策等；

（10）生产要素的成本和可得性；

（11）出口的可能性等。

总而言之，机会研究围绕着是否具有良好发展前景的潜在需求开展工作。这种研究是大范围的、粗略的，要求时间短、花钱少。

机会研究阶段相当于我国的项目建议书阶段，其主要任务是提供可能进行建设的投资项目。如果证明项目投资的设想是可行的，再进行更深入的调查研究。

2）初步可行性研究

初步可行性研究又称预可行性研究。

机会研究所提出的项目设想是否真正可行，这需要对项目设想作进一步的分析和细化，从产品的市场需求、经济政策、法律、资源、能源、交通运输、技术、工艺及设备等方面对项目的可行性进行系统的分析。然而，一个完善的可行性研究工作量是十分巨大的，需消耗大量的人力、物力、财力，且时间较长。因此，在投入必要的资金、人力及时间进行详细可行性研究之前，先进行初步可行性研究。初步可行性研究主要对项目在市场、技术、环境、选址、资金等方面的可行性进行初步分析，基本上是粗线条的。

(1) 初步可行性研究的主要任务

① 分析机会研究的结论，并在详尽资料的基础上作出投资决定；

② 根据项目设想产生的依据，确定是否进行下一步的详细可行性研究；

③ 确定哪些关键性问题需要进行辅助性专题研究，如市场需求预测、实验室试验、实验工厂试验等；

④ 判断项目设想是否有生命力，能否获得较大的利润。

(2) 初步可行性研究主要解决的问题

① 产品市场需求量的估计，预测产品进入市场的竞争能力；

② 机器设备、建筑材料和生产所需原材料、燃料动力的供应情况及其价格变动的趋势；

③ 工艺技术在实验室或实验工厂试验情况的分析；

④ 厂址方案的选择，重点是估算并比较交通运输费用和重大工厂设施的费用；

⑤ 合理经济规模的研究，对几种不同生产规模的建厂方案，估算其投资支出、生产成本、产品售价和可获得的利润，从而选择合理的经济规模；

⑥ 生产设备的选型，着重研究决定项目生产能力的主要设备和一些投资费用较大的设备。

在提出初步可行性研究报告时，还要提出项目总投资。

初步可行性研究是机会研究与详细可行性研究之间的一个中间阶段，它与机会研究的区别，主要在于所获资料的详细程度不同。如果项目机会研究有足够的资料，也可以越过初步可行性研究阶段，直接进行详细可行性研究。如果项目机会研究阶段项目的有关资料不足，获利情况不明显，则要通过初步可行性研究来判断项目是否值得投资建设。

3) 详细可行性研究

详细可行性研究又称最终可行性研究。

通过初步可行性研究的项目一般都不会再被淘汰，但具体实施方案和计划还需要通过详细可行性研究来确定。项目采用哪种方案来实现以及实现后的实际效果主要取决于详细可行性研究的结果。详细可行性研究的主要任务是对项目的产品纲要、技术工艺及设备、厂址与厂区规划、投资需求、资金融通、建设计划以及项目的经济效果等多方面进行全面、深入、系统的分析和论证，通过多方案比较，选择最佳方案。虽然详细可行性研究的研究范围没有超出初步可行性研究的范围，但研究深度却远大于初步可行性研究的深度。

可行性研究各个阶段的研究深度不同，所花费的时间和费用也不同。一般来说，机会研究需用1个月左右的时间，研究费用约占项目总投资的0.2%～1.0%；初步可行性研究需要1～3个月的时间，研究费用约占0.25%～1.25%；详细可行性研究需要3～6个月或更长的时间，研究费用在大项目中约占0.8%～1.0%，小项目中约占1.0%～3.0%。

在实际工作中，可行性研究的三个阶段未必十分清晰。有些小型和简单项目，常把机会研究与初步可行性研究合二为一。在我国，许多项目的前两个阶段与详细可行性研究工作常常也是交织在一起进行的。下面介绍的可行性研究主要是指详细可行性研究。

4.2.3 可行性研究的内容

企业是国民经济的细胞。用系统理论来说，企业是整个社会经济系统中的一个子系统，它在生产经营过程中，必须不断地与环境进行人、财、物及信息的交换。企业能否正常生产和运营并取得预期的经济效果，除了与所用技术、管理水平等有关外，主要取决于企业在生产经营过程中，这种与外部环境的交换能否有保证。例如，企业生产所需要的原材料、能源能否得到可靠的供应，能否得到足够的、符合要求的公共设施服务（如水、电、通信、运输等），生产的产品能否及时被市场吸收并实现其价值，企业排放的废水、废物等能否被自然环境"消化"等。这些问题不能等到项目建成后再去考虑，而必须在项目投资前就要预先估计和妥善解决，否则就会使建成的项目因"先天不足"而无法实现其预期目标，造成投资浪费。因此，作为项目投资前评估、论证的可行性研究，通常包括项目兴建理由与目标、市场预测、资源条件评价、建设规模与产品方案、场址选择、技术设备方案和工程方案、原材料燃料供应、总图运输与公用辅助工程、环境影响评价、劳动安全卫生与消防、组织机构与人力资源配置、项目实施进度、投资估算、融资方案、财务评价、国民经济评价、社会评价、风险分析等内容。

1）项目兴建理由与目标

根据已确定的项目建议书（或初步可行性研究报告），从总体上进一步论证项目提出的依据、背景、理由和预期目标，即进行项目建设的必要性分析。同时，还要分析论证项目建设和生产运营必备的基本条件及其获得的可能性，即进行项目建设可能性分析。

项目兴建理由一般从项目本身和国民经济两个层次进行分析。项目层次的分析是站在投资者位置，从项目产品和投资效益的角度论证兴建理由是否充分合理；国民经济层次的分析是从国民经济全局的角度分析项目对宏观经济条件的符合性，如是否符合合理配置和有效利用资源的要求，是否符合区域规划、行业发展规划的要求，是否符合国家技术政策和产业政策的要求等。通过这两个层次的分析，判别项目建设的理由是否充分、合理，以确定项目建设的必要性。

根据项目兴建的理由，对项目建议书（或初步可行性研究报告）提出的项目建设内容和建设规模、技术装备水平、产品性能和档次、成本收益目标等与预期达到的目标进行总体分析论证，判别项目预期目标与项目兴建理由是否吻合，预期目标是否具有合理性和现实性。

对于确需建设且目标合理的项目，还应进一步分析论证其是否具备建设的基本条件，如市场条件、资源条件、技术条件、资金条件、环境条件、社会条件、施工条件、法律条件，以及外部协作配套条件等，考察项目建设和运营的可能性。

2）市场预测

在市场调查的基础上，对项目的产品和所需要的主要投入物的市场容量、价格、竞争力，以及市场风险进行分析预测，为确定项目建设规模与产品方案提供依据。

（1）市场预测内容

市场预测的研究内容主要有市场现状调查、产品供应与需求预测、产品价格预测、目标市场与市场竞争力分析，以及市场风险分析。

（2）市场现状调查

市场现状调查是进行市场预测的基础。市场现状调查主要是调查拟建项目同类产品的市场容量、价格，以及市场竞争力现状等。

（3）产品供需预测

产品供需预测是利用市场调查所获得的资料，对项目产品未来市场供应和需求的数量、品种、质量、服务进行定性与定量的分析。

（4）价格预测

项目产品价格是测算项目投产后的销售收入、生产成本和经济效益的基础，也是考察项目产品竞争能力的重要方面。预测价格时，应对影响价格形成和导致价格变化的各种因素进行分析，初步设定项目产品的销售价格和投入物的采购价格。

（5）竞争力分析

竞争力分析是研究拟建项目在国内外市场竞争中获胜的可能性和获胜能力。进行竞争力分析，既要研究项目自身竞争力，也要研究竞争对手的竞争力，并进行对比。以此进一步优化项目的技术经济方案，扬长避短，发挥竞争优势。

（6）市场风险分析

市场风险分析是在产品供需、价格变动趋势和竞争能力等常规分析已经达到一定深度要求的情况下，对未来国内外市场某些重大不确定因素发生的可能性，及其可能对项目造成的损失程度进行分析。市场风险分析可以定性描述，估计风险程度；也可以定量计算风险发生概率，分析对项目的影响程度。

3）资源条件评价

金属矿、煤矿、石油天然气矿、建材矿、化学矿，以及水利水电和森林采伐等项目，都是以矿产资源、水利水能资源和森林资源等自然资源的采掘为主要内容的资源开发项目。

资源开发项目的建设应符合资源总体开发规划的要求，符合资源综合利用的要求，符合节约资源及可持续发展的要求，森林资源开发还应符合国家生态环境保护的有关规定。

资源条件评价主要是对拟开发项目资源开发的合理性、资源可利用量、资源自然品质、资源赋存条件和资源开发价值等进行评价。

资源开发项目的可行性研究，其资源储量和品质的勘探深度应确保资源开发项目设定的生产规模和开采年限。可行性研究报告中，矿产开采项目应附有国家矿产资源储量委员会批准的储量报告，水利资源开发项目应附有关部门批准的水利资源流域开发规划，森林采伐项目应附有关部门批准的采伐与迹地恢复规划。

4）建设规模与产品方案

建设规模与产品方案研究是在市场预测和（资源开发项目）资源评价的基础上，论证比选拟建项目的建设规模和产品方案（包括主要产品和辅助产品及其组合），作为确定项目技术方案、设备方案、工程方案、原材料燃料供应方案及投资估算的依据。

建设规模是指项目设定的正常生产运营年份可能达到的生产能力或者使用效益。确定建设规模，一般应研究项目的合理经济规模、市场容量对项目规模的影响、环境容量对项目规模的影响，以及资金、原材料和主要外部协作条件等对项目规模的满足程度。对于不同行业、不同类型的项目，确定建设规模时还应考虑与之相关的某些特殊因素，如铁路、公路项目还应根据拟建项目影响区内一定时期内运输量的需求预测，以及该项目在综合运输系统和本运输系统中的作用来确定线路等级、线路长度和运输能力；技术改造项目则应充分研究拟建生产规模与现有生产规模的关系，拟建生产规模属于外延型还是外延内涵复合型，以及利用现有场地、公用工程和辅助设施的可能性等因素。

产品方案是研究拟建项目生产的产品品种及其组合的方案。确定产品方案一般应研究市场需求、产业政策、专业化协作、资源综合利用、环境条件、原材料燃料供应、技术设备条件、生产储运条件等因素和内容。对于生产多种产品的拟建项目，还应研究其主要产品、辅助产品、副产品的种类及其生产能力的合理组合，以便为技术、设备、原材料燃料供应等方案的研究提供依据。

建设规模与产品方案的比选内容主要有单位产品生产能力（或使用效益）投资、投资效益（即投入产出比、劳动生产率等）、多产品项目资源综合利用方案与效益等。

5）场址选择

可行性研究阶段的场址选择，是在初步可行性研究（或项目建议书）规划选址已确定的建设地区和地点范围内，进行具体坐落位置选择，习惯上称为工程选址。

不同行业项目选择场址需要研究的具体内容、方法和遵循的规程规范不同，称谓也不同。如工业项目称厂址选择，水利水电项目称坝（闸）址选择，交通项目称线路选择，输油气管道、输电和通信线路项目称路径选择。

场址选择应主要研究场址位置、占地面积、地形地貌气象条件、地震情况、工程地质与水文地质条件、征地拆迁及移民安置条件、交通运输条件、水电供应条件、环境保护条件、法律支持条件、生活设施依托条件、施工条件等内容。

场址方案比选要进行工程条件和经济性条件两个方面的比较。工程条件比较的主要内容为占用土地种类及面积、地形地貌气候条件、地质条件、地震情况、征地拆迁及移民安置条件、社会依托条件、环境条件、交通运输条件、施工条件等。经济性条件比较的内容分为两类：一是建设投资比较，如土地购置费、场地平整费、基础工程费、场外运输投资等；二是运营费用比较，如原材料与燃料运输费、产品运输费、动力费、排污费等。

6）技术方案、设备方案和工程方案

项目的建设规模与产品方案确定后，应进行技术方案、设备方案和工程方案的具体研究论证工作。

（1）技术方案选择

技术方案主要指生产方法、工艺流程（工艺过程）等。

技术方案选择要体现先进性、适用性、可靠性、安全性和经济合理性的要求。技术方案选择的内容分为两个方面：一是生产方法选择，在研究、分析与项目产品相关的国内外各种生产方法的基础上，选择先进适用的生产方法，并进一步研究拟采用生产方法的原材料适应性、技术可得性等；二是工艺流程方案选择，研究工艺流程方案对产品质量的保证程度、各工序之间的合理衔接，研究选择先进合理的物料消耗定额、主要工艺参数等。

技术方案比选的主要内容有技术的先进程度、技术的可靠程度、技术对产品质量性能的保证程度、技术对原材料的适应性、工艺流程的合理性、自动化控制水平、技术获得的难易程度、对环境的影响程度，以及购买技术或专利费用等技术经济指标。

（2）主要设备方案选择

设备方案选择是在研究和初步确定技术方案的基础上，对所需主要设备的规格、型号、数量、来源、价格等进行研究比选。

设备方案的选择，首先要根据建设规模、产品方案和技术方案，研究提出所需主要设备的规格、型号和数量，然后通过调查和询价，研究提出项目所需主要设备的来源、投资方案和供应方式。对于超大、超重、超高设备，还应提出相应的运输和安装的技术措施方案。

设备方案选择主要是比选各设备方案对建设规模的满足程度，对产品质量和生产工艺要求的保证程度，设备的使用寿命和物料消耗指标，备品备件保证程度，安装试车技术服务，以及所需设备投资等。比选的方法主要采用定性分析，辅之以定量分析。定量分析一般包括计算运营成本、寿命期费用和差额投资回收期等指标。

(3) 工程方案选择

工程方案选择是在已选定项目建设规模、技术方案和设备方案的基础上，研究论证主要建筑物、构筑物的建造方案。

工程方案的选择，要满足生产使用功能要求，适应已选定的场址(线路走向)，符合工程标准规范要求，并且经济合理。

不同行业项目的工程方案研究内容不同。一般工业项目的厂房、工业窑炉、生产装置等建筑物、构筑物的工程方案，主要研究其建筑特征(面积、层数、高度、跨度)、结构形式、特殊建筑要求(防火、防爆、防腐蚀、隔音、隔热等)、基础工程方案和抗震设防等；矿产开采项目主要研究开拓方式(井下开采还是露天开采)；铁路项目主要研究路基方案及不良地质处理方案，全线桥梁、隧道的开挖或建造方案，各车站、货场的工程方案等；水利水电项目主要研究坝址、坝型、坝体建筑结构、坝基处理等，有移民的还应研究移民安置的工程方案。

7) 原材料燃料供应

在研究确定项目建设规模、产品方案、技术方案和设备方案的同时，还应对项目所需的原材料、辅助材料和燃料的品种、规格、成分、数量、价格、来源及供应方式进行研究论证。

原材料是项目建成后生产运营所需的投入物。在建设规模、产品方案和技术方案确定后，应对所需主要材料的品种、规格、质量、数量、价格、来源、供应方式和运输方式进行研究确定。

项目所需燃料包括生产工艺用燃料、公用和辅助设施用燃料、其他设施用燃料。燃料供应方式研究的内容有燃料的品种、质量、数量、价格，以及来源和运输方式。

主要原材料燃料供应方案应进行多方案比选。比选的主要内容为满足生产要求的程度，采购来源的可靠程度，价格和运输费用是否经济合理等。

8) 总图运输与公用辅助工程

总图运输与公用辅助工程是在已选定的场址范围内，研究生产系统、公用工程、辅助工厂及运输设施的平面和竖向布置，以及相应的工程方案。

(1) 总图布置方案

总图布置应根据项目的生产工艺流程或者使用功能的需要及其相互关系，结合场地和外部环境条件，对项目各个组成部分的位置进行合成，使整个项目形成布置紧凑、流程顺畅、经济合理、使用方便的格局。

通过总图布置研究，要确定各个单项工程建筑物、构筑物的平面尺寸和占地面积，合理划分功能区，确定各功能区和各单项工程的总图布置(平面布置和竖向布置)，合理布置场内外运输、消防道路、火车专用线走向，以及码头和堆场的位置，计算土地利用系数、建筑系数和绿化系数。

总图布置方案应从技术经济指标和功能两个方面进行比选，择优推荐方案。技术经济指标主要比选场区占地面积、建筑物构筑物占地面积、道路和铁路占地面积、土地利用系数、建筑系数、绿化系数、土石方挖填工程量、地上和地下管线工程量、防洪治涝措施工程量、不良地质处理工程量，以及总图布置费用等；功能主要比选生产流程的短捷、流畅、连续程度，内部运输的便捷程度，以及满足安全生产程度。

(2) 场内外运输方案

根据建设规模、产品方案、技术方案确定主要投入物和产出物的品种、数量、特性、流向，据此研究提出项目内外部运输方案。

运输方案研究主要是计算运输量，选择运输方式，合理布置运输路线，选择运输设备和建设运输设施等。

(3) 公用工程与辅助工程方案

公用工程与辅助工程是为项目主体工程正常运转服务的配套工程。公用工程主要有给水、排水、供电、通信、供热、通风等工程；辅助工程包括维修、化验、检测、仓储等工程。

给水工程主要是确定用水量和水质要求，研究水源、取水、输水、净水、场内给水方案等；排水工程主要是确定排水量，研究排水方案，计算生产、生活污水和自然降水的年平均排水量和日最大排水量，分析排水污染物成分；供电工程主要是研究确定电源方案、用电负荷、负荷等级、供电方式，以及是否需要建设自备电厂等；通信设施主要是研究项目生产运营所需的各种通信设施，提出通信设施采用租用、建造或购置的方案；供热设施主要是研究计算项目的热负荷，选择热源和供热方案；维修设施主要是研究配备类型方案，配备小修设备，还是中修设施或大修设施；仓储设备主要是研究原材料、燃料、中间产品和最终产品的仓储量和仓储面积，提出建设方案。

9) 环境影响评价

环境影响评价是在研究确定场址方案和技术方案中，调查研究环境条件，识别和分析拟建项目影响环境的因素，研究提出治理和保护环境的措施，比选和优化环境保护方案。

项目环境影响评价应符合国家环境保护法律、法规和环境功能规划的要求，坚持污染物排放总量控制和达标排放的要求，坚持环境治理措施与项目主体工程同时设计、同时施工、同时投产使用，力求环境效益与经济效益相统一，并注重资源的综合利用。

(1) 环境条件调查

环境条件调查的主要内容有项目所在地的大气、水体、地貌、土壤等自然环境状况，森林、草地、湿地、动物栖息、水土保持等生态环境状况，居民生活、文化教育卫生、风俗习惯等社会环境状况，以及周边地区名胜古迹、风景区、自然保护区等特殊环境状况。

(2) 影响环境因素分析

影响环境因素分析，主要是分析项目建设过程中破坏环境，生产运营过程中污染环境，导致环境质量恶化的主要因素。该分析分为两个方面：一是污染环境因素分析，分析生产运营过程中产生的各种污染物源，计算排放污染物数量及其对环境的污染程度；二是破坏环境因素分析，分析项目建设施工和生产运营对环境可能造成的破坏因素，预测其破坏程度。

(3) 环境保护措施

在分析环境影响因素及其影响程度的基础上，按照国家有关环境保护法律、法规的要求，研究提出治理方案。

治理方案应根据项目的污染源和排放污染物的性质，采用不同的治理措施，如废气可采用冷凝、吸附、燃烧或催化转化等方法，废水可采用物理法、化学法、物理化学法、生物法等方法。在可行性研究中，应在环境治理方案中列出所需的设施、设备和投资。

对环境治理的各种方案(包括局部方案和总体方案)，要从技术水平、治理效果、管理及监测方式、环境效益等方面进行技术经济比较，作出综合评价，并提出推荐方案。

10) *劳动安全卫生与消防*

拟建项目劳动安全卫生与消防的研究是在已确定的技术方案和工程方案的基础上，分析论证在建设和生产过程中存在的对劳动者和财产可能产生的不安全因素，并提出相应的防范措施。

(1) 劳动安全卫生

劳动安全卫生研究，主要是分析在生产或者作业过程中可能对劳动者身体健康和生产安全造成危害的物品、部位、场所，以及危害范围和程度，并针对不同危害和危险性因素的场所、范围及危害程度，研究提出相应的安全措施方案。

(2) 消防设施

消防设施研究，主要是分析项目在生产运营过程中可能存在的火灾隐患和消防部位，根据消防安全规范确定消防等级，并结合当地公安消防设施状况，提出消防监控报警系统和消防设施配置方案。

11）组织机构与人力资源配置

拟建项目的可行性研究，应对项目的组织机构设置、人力资源配置、员工培训等内容进行研究，比选和优化方案。

（1）组织机构设置及其适应性分析

根据拟建项目的特点和生产运营的需要，研究提出项目组织结构的设置方案，并对其适应性进行分析。

组织机构的设置，就是要根据拟建项目出资者特点，研究确定相应的组织机构模式；根据拟建项目的规模大小，研究确定项目的管理层次；根据建设和生产运营特点和需要，设置相应的管理职能部门。

适应性分析，主要是分析项目法人的组建方案是否符合《公司法》和国家有关规定的要求；项目执行机构的层次和运作方式能否满足建设和生产运营管理的要求；项目法人代表及主要经营管理人员的素质能否适应项目建设和生产运营管理的要求，能否承担项目筹资建设、生产运营、偿还债务等责任。

（2）人力资源配置

组织机构设置方案确定后，应研究确定各类人员，包括生产人员、管理人员和其他人员的数量和配置方案。

人力资源配置，主要是研究制定合理的工作制度与运转班次，提出工作时间、工作制度和工作班次方案；研究员工配置数量，提出配备各职能部门、各工作岗位所需人员数量；研究确定各类人员应具备的劳动技能和文化素质；研究测算职工工资和福利费用；研究测算劳动生产率；研究提出员工选聘方案等。

（3）员工培训

可行性研究阶段应研究提出员工培训计划，包括培训岗位、人数，以及培训的内容、目标、方法、时间、地点和培训费用。

12）项目实施进度

工程建设方案确定后，应研究提出项目的建设工期和实施进度方案。

（1）建设工期

项目建设工期可以参考有关部门或专门机构制定的建设项目工期定额和单位工程工期定额，并结合项目建设内容、工程量大小、建设难易程度和施工条件等具体情况综合研究确定。

（2）实施进度安排

项目建设工期确定后，应根据工程实施各阶段工作量和所需时间，对时序作出大体安排，并编制项目实施进度表。

大型建设项目，还应根据项目总工期要求，制定主体工程和辅助工程的建设起止时间及时序表。

13）投资估算

投资估算是在对项目的建设规模、技术方案、设备方案、工程方案及项目实施进度等进行研究并基本确定的基础上，估算项目投入总资金，并测算建设期内分年资金需要量，作为制定融资方案、进行经济评价，以及编制初步设计概算的依据。投资估算的具体方法和投入总资金的分年度计划编制详见第5章。

14）融资方案

融资方案是在投资估算的基础上，研究拟建项目的资金渠道、融资形式、融资结构、融资成本、融资风险，比选推荐项目的融资方案，并以此研究资金筹措方案和进行财务评价。融资的组织形式、资金的来源渠道，以及融资方案的分析比选等详见第5章。

15）财务分析

财务分析是在国家现行财税制度和市场价格体系下，从项目和投资者的角度，分析预测项目的财务效益与费用，计算财务评价指标，分析项目的盈利能力、偿债能力和财务生存能力，从而判断项目在财务上的可接受性。财务分析的内容、步骤等详见第6章。

16）经济费用效益分析

经济费用效益分析是针对财务现金流量不能全面、真实地反映其经济价值，需要进行经济费用效益分析的项目，从资源合理配置的角度，分析项目投资的经济效益和对社会福利所做出的贡献，评价项目的经济合理性。对于效果难以或无法货币化的项目，采用费用效果分析，比较项目的效果与所支付的费用，判断项目的费用有效性或经济合理性。经济费用效益分析的内容、方法等详见第7章。

17）社会评价

社会评价是分析拟建项目对当地社会的影响、当地社会对项目的适应性和可接受程度，以及项目存在的社会风险，从而判断项目的社会可行性。其中，社会影响分析中对项目所在区域经济发展和国家宏观经济影响的分析详见本章第4节。

18）风险分析

风险分析是在市场预测、技术方案、工程方案、融资方案、财务评价和社会评价等论证中已进行的初步风险分析的基础上，进一步识别拟建项目在建设和运营中潜在的主要风险因素，揭示风险来源，判别风险程度，提出规避风险对策，为决策提供依据。风险分析的内容和方法详见第8章。

19）研究结论与建议

在上述各项研究论证的基础上，择优提出推荐方案，并对推荐方案的主要内容和论证结果进行总体描述。在肯定推荐方案优点的同时，还应指出可能存在的问题和可能遇到的主要风险，并作出项目及其推荐方案是否可行的明确结论。

对于未被推荐的一些重大比选方案，也要阐述方案的主要内容、优缺点和未被推荐的原因，以便决策者从多方面进行思考并作出决策。

4.3 建设项目经济评价

4.3.1 建设项目经济评价的地位与作用

1）建设项目的经济评价是项目整体评价的重要组成部分

对于拟建项目而言，决策阶段的主要工作就是通过编制项目建议书和可行性研究报告对项目建设的必要性和可行性进行充分的分析和论证。由上述可行性研究的内容可知，这种分析与论证是综合性的，涉及微观与宏观两个层面，既要考虑技术因素，也要考虑经济因素。而经济评价就是对项目的经济合理性进行计算、分析、论证，从经济的角度分析项目的可行性，并提出结论性意见。

对于已建项目来说，后评价要对项目目标的实现程度、项目实施的过程、项目的实际效益和影响等进行综合评价，其中效益评价就是根据项目的实际成果和效益，对项目的实际经济效果进行分析，并与前评价的结论进行对比，从而判断前评价的正确性。

可见，无论是对拟建项目的前评价还是对已建项目的后评价，经济评价都是项目整体评价中的一个重要组成部分。

2）建设项目经济评价是投资者决策的依据

对于经营性建设项目，投资者投资的目的是获取投资回报。因此，投资者首先关心建设项目的盈利能力和所投资本金的获利能力。即在完成市场调查与预测，确定产品方案、拟建项目规模、技术方案、设备方案、工程方案、投资估算及融资方案的基础上，对拟建项目各个方案的投入与产出数据进行预测和估算，并通过计算总投资收益率、资本金净利润率、净现值、内部收益率、投资回收期等经济评价指标来评价项目投资和资本金的盈利能力。

其次，对于需要筹措债务资金的建设项目，投资者要知道借款能否按期偿还。根据融资方案和项目的盈利状况，通过计算利息备付率、偿债备付率、资产负债率、借款偿还期等指标，反映项目偿还债务资金的能力。

第三，在项目建成后的运营期间，要确保从各项经济活动中得到的现金收入能够支付各项现金支出，这是保证项目能够从财务上持续生存的条件。通过综合考察项目运营期间各年经营活动所产生的各项现金流入和流出，编制财务计划现金流量表，计算各年的净现金流量和累计盈余资金，以判断项目是否有足够的净现金流量维持正常运行。

第四，投资者的投资决策必然要考虑投资风险，即要考虑未来的市场有哪些不确定性因素，这些不确定性因素出现的可能性有多大，不确定性因素对项目经济效果的影响有多大，以考察项目承受客观因素变动的能力——承受风险的能力。

3）建设项目经济评价可以正确判断项目对国民经济的净贡献

建设项目的决策不能仅仅取决于投资者的态度，还要考虑项目对国民经济的影响。特别是非经营性建设项目，必须分析、计算项目对国民经济和社会福利做出的贡献，以及国民经济为项目付出的代价，从国民经济的角度评价项目的经济合理性。

站在不同的角度，对收益和费用的理解是不同的，以致项目经济性评价的结论也可能不同。对投资者来说，按照国家现行财税制度和市场价格体系计算项目的投入和产出，就是他的费用和收益。但是，由于市场价格存在扭曲，不能真实反映项目投入和产出对国民经济的价值；再者，收益和费用的范围不同，向政府缴纳税金、向银行支付利息等，对投资者来说属于费用，但从整个国民经济的角度来看，既不属于费用也不属于收益，只是国民经济内部的一种转移支付。因此，项目决策不仅要从投资者的角度评价其经济合理性，还要从国民经济的角度对项目的经济性进行评价。

4）建设项目经济评价可以为协调投资者利益和国家利益提供依据

如上所述，从投资者和国民经济这两个不同的角度评价项目的经济性，其结论可能不同。对于政府投资项目或适用于核准制的企业投资项目，从国民经济的角度评价，如果其经济性不合理，即对国民经济和社会福利的净贡献为负，政府则会限制该项目投资建设；反之，如果某个项目对国民经济和社会福利具有较大的净贡献，但投资者因经济效果不佳而缺乏投资的积极性，政府则会采取财政补贴、减免税收、提供贴息贷款等优惠政策鼓励投资者进行投资。在这种情况下，采用何种优惠政策、优惠幅度多大，需根据经济评价的结果而定。

4.3.2 建设项目经济评价的主要内容

围绕建设项目的经济评价，其主要内容为：

1）收集资料

根据来源的不同，建设项目经济评价所需资料可分为项目内部资料与项目外部资料。项目内部资料是指反映项目自身特征的资料，如项目的建设规模、建设标准、产品方案、建设场址条件、技术方案、设备方案、工程方案、项目实施进度，以及项目建成后的使用寿命期、各类运营成本等；项目外部资料主要包括国家及项目所在地政府的财税制度、项目投入物和产出物的市场供求及价格情况、融资渠道与融资成本、行业同类已建项目的投资数额和投资效果等资料。

2）投资估算

根据拟建项目的建设规模、建设标准、建设场址条件、技术方案、设备方案、工程方案及项目实施进度等，以及投资估算指标（或参数），选择合适的投资估算方法分别估算建设项目的建设投资、建设期利息和铺底流动资金，汇总得到建设项目总投资。在此基础上，根据项目实施进度，测算建设期内各年的资金需要量，编制资金使用计划，详见第5章。

3）融资方案制定

一般而言，经营性项目的投资者不会完全使用项目资本金来建设项目，还需要通过银行贷款、发行债券、融资租赁等方式筹集债务资金。在对项目进行经济评价时，需确定融资数额、融资方式、融资比例、融资成本等问题，即融资方案。因为不同的融资方案，债务资金的财务杠杆效应不同，投资者的投资收益也就不同。制定融资方案，就是根据投资估算确定所需融资数额，在分析各种融资方式的可行性、融资限额、融资成本、融资风险的基础上，确定债务资金的来源及其比例，详见第5章。

在项目经济分析实践中，投资估算与融资方案制定往往是交叉进行的。融资的数额取决于投资估算，而建设期利息的估算又是投资估算的组成部分。

4）财务分析

建设项目财务评价是根据国家现行财税制度和市场价格体系，从项目和投资者的角度，分析预测项目的财务效益与费用，编制财务分析报表，计算财务分析指标，考察和分析项目的盈利能力、偿债能力和财务生存能力，从而判断项目的财务可行性，明确项目对财务主体的价值及对投资者的贡献，为投资决策、融资决策以及银行审贷提供依据。

可见，完整的项目财务分析包括盈利能力分析、偿债能力分析和财务生存能力分析三部分内容。但是，不同类型的项目，财务分析内容的选择会有所差异。对于经营性项目，一般要对上述三部分内容进行全面的财务分析；而对于非经营性项目，不以营利为目的，没有直接收益，或直接收益很少，远不足以回收投资，所以一般不做盈利能力分析和偿债能力分析，只分析项目的财务生存能力。

对于投资者而言，项目决策包括投资决策和融资决策两个层次，对应的财务分析分别为融资前分析和融资后分析。

（1）融资前分析

融资前分析是在不考虑融资方案的条件下（排除融资方案变化的影响），从项目全部投资的角度，考察项目的盈利能力，判断项目方案设计的合理性，为投资决策提供依据。

融资前分析以建设投资、营业收入、经营成本和流动资金的估算为基础，考察项目计算期内的现金流入和现金流出，编制项目投资现金流量表，计算项目投资的财务内部收益率、财务净现值和投资回收期等分析指标。为了体现与融资方案无关的要求，各项现金流量的估算中都应当剔除利息的影响，项目运营期的现金流出应采用不含利息的经营成本,而不是包含利息的付现成本,更不是总成本费用。

根据需要,融资前分析又可从所得税前和(或)所得税后两个角度进行考察,分别计算所得税前和(或)所得税后的分析指标。所得税前和所得税后分析的现金流入完全相同,但现金流出略有不同。所得税前分析不将所得税作为现金流出,所得税后分析视所得税为现金流出。

(2) 融资后分析

在融资前分析结果能够接受的情况下,投资者可以进一步考虑融资方案,进行融资后分析。融资后分析是以拟定的融资方案为基础,从项目资本金的角度,考察项目的盈利能力、偿债能力和财务生存能力,以判断项目方案在融资条件下的合理性,为融资决策提供依据。

融资后的盈利能力分析包括动态分析和静态分析。动态分析时通过编制财务现金流量表,根据资金时间价值原理,计算财务内部收益率、财务净现值等指标,分析资本金的获利能力;静态分析时不考虑资金时间价值,依据项目运营期正常生产年份或多年平均的利润数据计算相关盈利能力指标。

对于举债建设的项目,还需通过偿债能力分析考察项目按期偿还借款的能力,即通过计算利息备付率、偿债备付率、资产负债率等指标,分别考察项目偿付利息和还本付息的资金保障程度,以及项目的债务风险度。

财务生存能力分析是通过项目计算期内的投资、融资和经营活动所产生的各项现金流入与流出,计算净现金流量和累计盈余资金,判断项目是否有足够的净现金流量维持正常运营(即各年累计盈余资金不为负),以实现财务可持续性,故亦称资金平衡分析。财务生存能力分析应结合偿债能力分析进行,如果拟安排的还款期过短,致使还本付息负担过重,导致为维持资金平衡必须筹借的短期借款过多,可以调整还款期,减轻各年还款负担。

财务分析的内容、步骤等详见第6章。

5) 经济费用效益分析

经济费用效益分析是从资源合理配置的角度,分析项目投资的经济效益和对社会福利所做出的贡献,评价项目的经济合理性。对于财务现金流量不能全面、真实地反映其经济价值的项目,应当进行经济费用效益分析,并将经济费用效益分析的结论作为项目决策的主要依据之一。

在项目的经济费用效益分析中,将项目对国民经济和社会福利的贡献称为经济效益,国民经济为项目付出的代价称为经济费用。由于所站角度各异,经济效益、经济费用与财务效益、财务费用是不同的。一是界定的范围不同,有些财务费用或财务效益(如税金、财政补贴等)在经济费用效益分析中既不作为经济费用也不作为经济效益,而财务分析中不考虑的间接效益和间接费用在经济费用效益分析中应当考虑;二是所用的价格不同,因为市场价格存在扭曲,有些物品的市场价格远高于其经济价值,而有些物品的市场价格又远低于其经济价值,所以经济效益和经济费用的计算不采用市场价格,而是使用能够反映物品经济价值的影子价格。经济效益和经济费用的识别,可以根据项目的投入和产出直接得到,也可以通过调整财务效益和财务费用得到。

如果项目的经济效益和经济费用能够货币化表示,则应在效益费用识别和计算的基础上,编制经济费用效益流量表,通过计算经济净现值、经济内部收益率等指标,分析项目投资的经济效益。

对于效益难以或无法进行货币化的项目,应尽可能采用非货币的量纲进行量化,采用费用效果分析的方法比较项目的效果与所支付的费用,对项目建设方案进行经济合理性分析;对于效益和费用均难以量化的项目,应进行定性经济费用效益分析。

6) 费用效果分析

费用效果分析是通过比较项目所达到的效果与所付出的耗费,判断项目的费用有效性或经济合理性。

费用效果分析有广义与狭义之分。广义的费用效果分析不强调效益和费用的计量方式,财务分析、经济费用效益分析都可视为其运用。狭义的费用效果分析专指耗费采用货币计量,效果采用非货币计量的分析方法。在有些项目中,项目的效果可以通过一定的计算方法确定其数量,但难以甚至根本无法用货币量表示,如防灾减灾项目所减免的死亡人数,环保项目带来的环境改善等。狭义的费用效果分析回避了效果定价的难题,直接用非货币化的效果指标与费用进行比较,方法相对简单。

费用效果计算得到的结果是单位费用所取得的效果,或单位效果所花费的费用。由于效果与费用不是同一量纲,且建设项目具有一次性和单件性,因此该结果用于绝对评价,即对单一方案的评价没有什么意义。费用效果分析主要用于多方案比选,采用最小费用法(或称固定效果法)、最大效果法(也称固定费用法)、增量分析法等方法对备选方案进行优选。

多方案比选时,备选方案应为互斥方案或可转化为互斥型的方案;备选方案应具有共同的目标,目标不同的方案、不满足最低要求的方案不可进行比较;备选方案的费用应能货币化,且资金用量在直接限额内;备选方案的效果应采用同一非货币计量单位衡量,如果有多个效果,应加权处理成单一综合指标;备选方案应具有可比的寿命期。

经济费用效益分析和费用效果分析的内容、方法等详见第7章。

7) 不确定性分析与风险分析

无论是财务分析还是经济费用效益分析或费用效果分析,都要用到投资、成本、产量、售价等工程经济要素。项目工程经济要素的变化,会直接影响其经济效果指标。在对拟建项目进行经济评价时，要对这些工程经济要素进行预测和估算。由于工程经济要素的未来变化具有不确定性，且预测方法也存在局限性，经济评价时采用的预测值与未来的实际值可能出现偏差，使得实际经济效果偏离预测值，从而给投资者带来投资风险。

(1) 不确定性分析

不确定性分析是在对项目投资环境及项目自身特点的认识和预测的基础上，分析对拟建项目具有较大影响且变化可能性较大的不确定性因素，计算不确定性因素增减变化对项目经济效果指标的影响程度，找出最敏感的不确定性因素以及临界点，估计项目对各种不确定性因素变化的承受能力和项目可能承担的风险，为投资决策和风险控制提供依据。

不确定性分析主要包括盈亏平衡分析和敏感性分析。盈亏平衡分析是指在项目达到设计生产能力的条件下，根据产品数量、固定成本、变动成本、产品价格和销售税金及附加等要素，分析项目成本与收入的平衡关系，找出项目盈利与亏损的转折点(即盈亏平衡点)，判断项目对产品数量、产品价格、单位产品变动成本等要素变化的适应能力和抗风险能力。

敏感性分析是指通过分析不确定性因素发生增减变化时对项目经济效果指标的影响，找出敏感因素，估计项目经济效果对它们的敏感程度，并结合它们发生变化的可能情况，判断项目可能承担的风险。

盈亏平衡分析只用于财务分析，敏感性分析可用于财务分析和经济费用效益分析。

(2) 风险分析

项目经济评价中的风险是指对项目预期的经济目标产生不利影响的可能性。影响项目经济目标实现的风险可能来自于多个方面，如法律法规及政策变化、市场供需变化、资源品位与可采储量的预测偏差、技术的可靠性、工程方案变更、融资方案变化、组织管理不当、环境与社会影响估计不足、外部配套条件滞后等。这些原因导致的风险因素可以归纳为项目收益风险(产出物的数量减少或价格下降)、建设投资风险(工程量增加或费用上涨)、融资风险(资金的供应量减少或供应时间拖后)、建设工期风险(工期延长)、运营成本费用风险(投入物消耗量上升或价格上涨)、政策风险(税率、利率变化及产业政策调整)等六类。

风险分析是在市场预测、技术方案、工程方案、融资方案、财务分析和经济费用效益分析等论证中已进行的初步风险分析的基础上，进一步识别拟建项目在建设和运营中潜在的主要风险因素，揭示风险来源，判别风险程度，提出规避风险对策，为决策提供依据。风险分析一般分为三步：第一步是风险识别，即识别影响项目经济目标的各种风险因素；第二步是风险评估，即估计风险的性质，估算风险事件发生的概率及其对方案结果影响的大小；第三步是制定风险防范对策，即在风险识别和风险评估的基础上，根据决策主体的风险态度，制定应对风险的策略和措施。

不确定性分析与风险分析的内容和方法详见第8章。

8）区域经济与宏观经济影响分析

区域经济影响分析是从区域经济的角度出发，综合分析建设项目对所在区域乃至较大区域的经济活动的各方面影响，包括对区域现存发展条件、经济结构、城镇建设、劳动就业、土地利用、生态环境等方面当前和长远影响的分析。宏观经济影响分析是从国民经济整体的角度出发，综合分析建设项目对国家宏观经济的各方面影响，包括对国民经济总量增长、产业结构调整、生产力布局、自然资源开发、劳动就业结构变化、物价变化、收入分配等方面影响的分析，以及国家承担项目建设的能力、项目时机选择对国民经济影响等的分析。

区域经济与宏观经济影响分析的重点是项目与区域发展战略和国家长远规划的关系，分析内容包括项目对区域经济或宏观经济的直接贡献和间接贡献，以及项目可能产生的不利影响。直接贡献通常表现为促进经济增长、优化经济结构、提高居民收入、增加就业、减少贫困、扩大进出口、改善生态环境、增加地方或国家财政收入、保障国家经济安全等方面；间接贡献表现为促进人口合理分布和流动、促进城市化、带动相关产业、克服经济瓶颈、促进经济社会均衡发展、提高居民生活质量、合理开发利用资源、促进技术进步、提高产业国际竞争力等方面；不利影响包括非有效占用土地资源、污染环境、损害生态平衡、危害历史文化遗产、引发通货膨胀、冲击地方传统经济、产生新的相对贫困阶层及隐性失业、危害国家经济安全等。

区域经济与宏观经济影响分析通常采用由经济总量指标、经济结构指标、社会与环境指标和国力适应性指标构成的指标体系进行分析。经济总量指标反映项目对国民经济总量的贡献，包括增加值、净产值、纯收入、财政收入等经济指标；经济结构指标反映项目对经济结构的影响，包括三次产业结构、就业结构、影响力系数等指标；社会与环境指标反映项目对社会与环境的影响效果，主要包括就业效果指标、收益分配效果指标、资源合理利用指标和环境影响效果指标等；国力适应性指标表示国家的人力、物力和财力承担重大项目的能力，一般用项目所使用的资源量占全部资源总量的百分比或财政资金投入占财政收入（或支出）的百分比表示。

区域经济与宏观经济影响分析的内容与方法详见本章第4节。

9）方案经济比选

方案经济比选是寻求合理的经济和技术方案的必要手段，是项目评价的重要内容。

备选的多方案之间存在着互斥关系、独立关系和相关关系，具有相关关系和一定条件下独立关系的多方案都可以转化为互斥型方案（或方案组）。对于互斥型多方案（或方案组），可以运用第3章所述的净现值（或费用现值）比较法、净年值（或费用年值）比较法、差额内部收益率法等方法进行方案的经济性比选。

4.4 建设项目区域经济与宏观经济影响分析

特大型项目会对所在区域经济发展乃至宏观经济产生影响，因此特大型项目的经济评价还需进行区域经济与宏观经济影响分析。

4.4.1 特大型建设项目及其对区域经济和宏观经济的影响

1) 特大型建设项目的特征与类型

特大型建设项目是一个相对的概念，随着生产力水平和经济发展水平的不断提高，特大型建设项目的判别标准也将逐步提高。

(1) 特大型建设项目的特征

特大型建设项目一般具有下列部分或全部特征：

① 在国民经济和社会发展中占有很重要的战略地位；

② 建设工期或实施周期长(跨五年计划或十年规划)；

③ 投资总额或人力、物力、财力的投入量大，且年度投入量分布非常不均匀；

④ 项目实施前后的国家经济发展水平将有很大变化，潜在需求变化大，因而导致效益的突变性大；

⑤ 项目的技术风险大；

⑥ 对生态环境会产生很大影响；

⑦ 对国家经济安全带来较大影响。

(2) 特大型建设项目的类型

特大型建设项目可以分为以下几类：

① 特大型基础设施项目，如铁路、高速公路、水利工程、港口等；

② 特大型资源开发项目，如油田开发，气田开发，其他矿藏开采，油、气长距离管道输送等；

③ 特大型重型工业企业建设；

④ 大规模区域开发项目；

⑤ 特大型高科技攻关项目，如尖端科研国际合作项目，航空、航天、国防等高科技关键技术攻关项目等；

⑥ 特大型生态保护工程等。

2) 特大型建设项目对区域经济和宏观经济的影响

特大型建设项目对区域和宏观经济的影响是多方面的，既有有利的影响(正效益)，也有不利的影响(负效益)；既有直接影响，也有间接影响。从表现形式上看，特大型建设项目对区域和宏观经济的影响也是多方面的，既有总量影响，也有结构影响；既有对资源开发的影响，也有对资源利用的影响；既有经济影响，也有社会影响和环境影响等。

(1) 直接贡献

科学合理的特大型建设项目，可以促进区域或宏观经济的增长，优化经济结构，提高居民收入，增加就业岗位，减少贫困人口，扩大进出口贸易，增加地方或国家财政收入，保障国家经济安全，改善生态环境等。这些有利的影响是项目对区域经济或国民经济的直接贡献。

(2) 间接贡献

特大型建设项目对区域或宏观经济的间接贡献，可以促进人口合理分布，促进城市化发展，带动相关产业发展，突破经济发展瓶颈，促进经济社会协调发展，提高居民生活质量，有效利用资源，促进技术进步，提高产业的国际竞争力等。

(3) 不利影响

特大型建设项目在给区域和宏观经济做出贡献的同时，也可能产生不利影响，如耕地资源减少、环境污染、破坏生态平衡、历史文化遗产遭到破坏、供求关系与生产格局失衡、区域经济及地方传统经济遭受冲击、产生新的相对贫困阶层和隐形失业、引发通货膨胀、影响国家经济安全等。

可见，特大型建设项目对区域和宏观经济的影响非常广泛。由于每个特大型建设项目的自身特点和建设环境差异很大，它们对区域经济与宏观经济影响的内容、性质、程度也是千差万别的，因此区域经济与宏观经济影响分析更多的是采用个案分析，针对每个项目的实际情况，具体问题具体分析；同时，还要注重专项分析，对影响较大的内容进行专门分析，如对生态平衡、国力承担能力等的分析。

4.4.2 区域与宏观经济影响分析的目的与原则

1) 目的

(1) 特大型建设项目区域经济影响分析的目的在于，通过分析以期有效地开发利用资源，合理配置人、财、物力，使部门之间、企业之间、生产性建设和非生产性建设之间在地区分布上协调组合，提高社会经济效果，保持良好的生态环境，促进地区开发建设顺利进行。

(2) 特大型建设项目宏观经济影响分析的目的在于，通过分析判断国家承担项目投资建设的能力，项目对国民经济总量增长和结构改善的贡献，项目对劳动就业、收入分配、物价变化等方面的影响，项目可能存在的各种风险，从而选择有利的投资建设时机，促进项目开发建设顺利进行，以实现生产力在宏观范围内的合理布局，推动国民经济协调发展。

2) 原则

(1) 系统性原则

特大型建设项目本身就是一个系统，同时它又是国民经济这个大系统中的一个子系统。一个子系统的产生与发展，必然会对原有系统的内部结构和运行机制带来影响。因此，特大型建设项目对区域经济与宏观经济的影响，必须以国民经济大系统的视野，应用系统理论及其方法进行分析和评价。

（2）综合性原则

特大型项目的建设和运营将会对原有经济系统的结构（包括产业结构、投资结构、就业结构、供给结构、消费结构、价格体系和区域经济等）、状态和运行带来重大影响。这种影响，既影响经济总量，又影响经济结构；既涉及资源开发，还涉及资源利用、人财物资源配置；不仅影响局部区域，而且影响国民经济整体。因此，分析特大型建设项目对区域和宏观经济的影响，务必以全面的视角进行综合分析。

（3）定量分析与定性分析相结合原则

特大型建设项目对区域和宏观经济的影响，既包括可用价值型指标进行量化的有形效果和经济效果，也包括大量难以用价值型指标进行量化的无形效果和非经济效果。因此，评价特大型建设项目对区域和宏观经济的影响，对于可以进行量化分析的，尽量采用定量指标描述；对于难以量化分析的，应进行定性分析或比较性描述，以便对其作出准确评价。

3）与经济费用效益分析的异同

特大型建设项目的区域经济与宏观经济影响分析与一般项目的经济费用效益分析相比，既有相同之处，又有很大区别。

相同之处表现在，两者都是从资源合理配置的角度，着眼于项目对经济整体的影响，分析项目可能带来的各类效益和需要的各种投入，分析的目的均为促进资源优化配置并实现社会福利最大化。

两者差异主要表现在：

（1）一般项目的经济费用效益分析中的费用和效益计算仍然基于现行价格和评价价格的不变性，并采用统一、确定的社会折现率来体现动态分析的要求，但是特大型建设项目的建设周期长，项目的投入产出对资源供求关系变化的影响很大，仅用社会折现率一个指标，则会低估某些效益或高估另一些效益，无法反映效益的真实性。

（2）一般项目的经济费用效益分析将国际市场价格视为评价价格的比较基础，以期实现引导投资、调整产业结构的目的，但是这有可能对我国特定的产业结构施加不利的影响。对特大型建设项目的宏观经济分析则要立足于我国的现实国情，具体情况具体分析。

（3）一般项目的经济效益可采用总量指标（如净产值、社会纯收入、国内生产总值等）来衡量，但是对特大型建设项目来说，仅采用总量指标是不完全的，还需要进行结构分析才能真正把握项目的经济效益。

（4）一般项目经济费用效益分析忽略了不同利益主体的偏好差异，认为只要项目有净效益，就必然对各个利益主体都有利，未考虑各利益主体之间的矛盾以及最终分配。特大型建设项目涉及的利益主体复杂，不仅包括中央政府或主管的政府部门，而且包括项目所在地区的政府、项目所在地区的居民、项目主持单位、项目受益单位等，彼此价值判断不同。因而，要全面权衡，使各主体利益协调一致。

4.4.3 特大型建设项目区域与宏观经济影响评价指标体系

1）总量指标

特大型建设项目区域与宏观经济影响评价的总量指标包括增加值、净产值、社会纯收入等经济指标。

增加值是指项目投产后对国民经济的净贡献，按每年形成的国内生产总值计。对项目评价而言，按收入法计算较为方便，即

增加值＝项目范围内全部劳动者报酬＋固定资产折旧＋生产税净额＋营业盈余　（4.1）

净产值是指项目全部效益扣除各项费用（不包括工资及附加费）后的余额。

社会纯收入是指净产值扣除工资及附加费后的余额。

由于特大型建设项目一般均为综合性项目，具有多种效益，具体计算时，应根据项目发挥效益的类别逐项计算。

2）结构指标

特大型建设项目区域与宏观经济影响评价的结构指标主要包括影响力系数、产业结构、就业结构等。

影响力系数是指特大型项目每增加一个单位最终产品时，对国民经济其他各部门产生的增加产出的影响及程度，又称带动度系数。影响力系数 F_j 的计算公式为

$$F_j = \frac{\sum_{i=1}^{n} b_{ij}}{\sum_{j=1}^{n}\sum_{i=1}^{n} b_{ij} \Big/ n} \tag{4.2}$$

式中，b_{ij}——完全消耗系数，表示第 j 个部门每生产一个最终产品需要直接或间接消耗（即完全消耗）第 i 个部门的产品或服务的数量；

n——国民经济的产业部门总数。

影响力系数大于 1 表示该项目增加产出对其他产业部门产出的影响程度超过社会平均水平，影响力系数越大，说明该项目对其他部门增加产出的拉动作用越大，对经济增长的影响越大。

产业结构可以采用各产业增加值计算，反映各产业在国内生产总值中所占份

额大小。特大型项目建设前后产业结构的变化反映了项目对产业结构的影响。

就业结构包括就业的产业结构、就业的知识结构等。前者指各产业就业人数的比例,后者指不同知识水平就业人数的比例。特人型项目建设前后就业结构的变化反映了项目对就业结构的影响。

3）社会与环境指标

特大型建设项目区域与宏观经济影响评价的社会与环境指标主要包括就业效果指标、收益分配效果指标、资源及环境影响效果指标等。

（1）就业效果指标

就业效果指标一般用项目单位投资带来的新增就业人数表示,可以具体分为总就业效果、直接就业效果和间接就业效果等指标。

$$\text{总就业效果}=\frac{\text{新增就业人数(含本项目与相关项目)}}{\text{项目总投资(含直接投资与间接投资)}}\quad(\text{人}/\text{万元})\tag{4.3}$$

$$\text{直接就业效果}=\frac{\text{本项目新增就业人数}}{\text{本项目直接投资}}\quad(\text{人}/\text{万元})\tag{4.4}$$

$$\text{间接就业效果}=\frac{\text{相关项目新增就业人数}}{\text{相关项目投资}}\quad(\text{人}/\text{万元})\tag{4.5}$$

(2)收益分配效果指标

收益分配效果指标用于检验项目收益分配在国家、地方、企业、职工之间的比重是否合理,各个收益分配主体的分配比重为

$$\text{国家收益分配比重}=\frac{\text{项目上缴国家的收益}}{\text{项目的总收益}}\times 100\%\tag{4.6}$$

$$\text{地方收益分配比重}=\frac{\text{项目上缴地方的收益}}{\text{项目的总收益}}\times 100\%\tag{4.7}$$

$$\text{企业收益分配比重}=\frac{\text{项目分配于企业的收益}}{\text{项目的总收益}}\times 100\%\tag{4.8}$$

$$\text{职工收益分配比重}=\frac{\text{项目分配于职工的收益}}{\text{项目的总收益}}\times 100\%\tag{4.9}$$

为体现项目对老、少、边、穷等贫困地区的经济扶持,可以设置贫困地区收益分配指标,并赋予贫困地区较高的收益分配比重。

（3）资源和环境影响效果指标

资源和环境的影响效果指标主要有节能效果指标、节约时间效果指标、节约用

地效果指标、节约水资源效果指标等几类。

节能效果以项目的综合能耗水平(可折合成“年吨标煤消耗”)来反映,即

$$项目的综合能耗水平=\frac{项目的综合能耗}{项目的净产值} \tag{4.10}$$

项目的综合能耗水平低于社会平均能耗水平,则说明项目具有较好的节能效果。

节约时间的效果分析应结合具体项目进行。此类指标对交通运输类特大型建设项目尤其具有意义。

节约用地效果用单位投资占地反映,即

$$单位投资占地=\frac{项目土地占用量}{项目总投资} \quad (m^2/万元) \tag{4.11}$$

项目单位投资占地低于社会平均水平,则说明项目具有较好的节约用地效果。

节约用水效果以项目单位产值(或产品)耗水量来反映,即

$$单位产值(或产品)耗水量=\frac{项目总耗水量}{项目总产值(或总产量)} \tag{4.12}$$

项目的单位产值耗水量或单位产品耗水量应与国家和地方规定的定额进行比较,以判定项目的节水效果。

4) 国力适应性指标

特大型建设项目往往需要使用大量的人力、物力、财力和自然资源,如果使用量过多,必然会影响到国民经济其他部门和其他地区的建设与发展;或者由于特大型建设项目使用的投入物数量过多,引发这些物品供应紧张,价格大幅上涨,乃至加剧通货膨胀。这些现象都说明国力承担该项目的能力不足,或者说,该项目与当前的国力不相适应。

除特殊技能人才外,我国的劳动力资源非常丰富。因此,国力适应性评价的重点是财力和物力分析。

国家财力是指国家在一定时期内可以直接或间接支配与使用的资金实力,主要由国内生产总值(或国民收入)、国家财政收入、信贷总额、外汇储备、可利用的国外资金等构成。财力承担能力一般通过国内生产总值(或国民收入)增长率,项目年度投资规模分别占国内生产总值(或国民收入)、全社会固定资产投资总额和国家预算内投资总额等的比重等指标来衡量。对于运用财政资金的项目,财政投入占财政收入比例的高低反映财政对项目资金需求承受能力的大小。

国家物力是指国家所拥有的物质资源,包括工农业主要产品及储备量,矿产资源储备量,森林、草场以及水资源拥有量等。特大型建设项目的物力承担能力主要指能源、钢材、水泥和木材等主要物资能否支持项目兴建。物力承担能力一般通过项目对上述主要物资的年度需要量占同期产量的比重来衡量。

4.5 建设项目后评价

建设项目的可行性研究是项目决策阶段的一项重要工作，为项目是否投资建设和如何建设提供决策依据。但是，可行性研究是在项目建设前进行的，其判断、预测是否正确，项目的实际效果究竟如何，都需要在项目竣工投产后根据实际运营资料通过再评价来检验，这种再评价就是项目后评价。

4.5.1 项目后评价的概念

项目后评价是指对已经完成的项目的目的、执行过程、效益、作用和影响所进行的系统、客观的分析，即根据项目的实际成果和效益，检查项目预期的目标是否达到，项目是否合理有效，项目的主要效益指标是否实现；通过分析评价，找出成败的原因，总结经验教训；并通过及时有效的信息反馈，为未来新项目的决策和提高、完善投资决策管理水平提出建议；同时也为项目实施运营中出现的问题提出改进建议，从而达到提高投资效益的目的。

1）项目后评价的目的与作用

根据上述基本概念可知，项目后评价的目的与作用主要有以下几点。

（1）总结项目管理的经验教训，提高项目管理水平

投资项目管理是一项十分复杂的活动，它涉及政府主管部门、业主、设计、施工、监理、制造、物资供应、银行等许多部门，只有这些部门密切合作，项目才能顺利进行。如何协调各部门之间的关系，各方面应采取什么样的协作形式等都尚在不断探索的过程中。项目后评价通过对已建成项目实际情况的分析研究，总结项目管理经验，指导未来项目管理活动，从而可以提高项目管理水平。

（2）提高项目决策科学化水平

项目前评价是项目投资决策的依据，但前评价中所作的预测是否准确，需要后评价来检验。通过建立完善的项目后评价制度和科学的方法体系，一方面可以增强前评价人员的责任感，促使评价人员努力做好前评价工作，提高项目预测的准确性；另一方面可以通过项目后评价的反馈信息，及时纠正项目决策中存在的问题，从而提高未来项目决策的科学化水平。

（3）为政府制定投资计划、政策提供依据

通过项目后评价能够发现宏观投资管理中的不足，从而使政府能及时地修正某些不适应经济发展的技术政策，修订某些已经过时的指标参数。同时，政府还可以根据后评价所反馈的信息，合理确定投资规模和投资流向，协调各产业、各部门之间及其内部的各种比例关系，并运用法律的、经济的、行政的手段，建立必要的法

令、法规、制度和机构,促进投资项目的良性循环。

(4) 对项目建成后的经营管理进行诊断,提出完善项目的建议方案

项目后评价是在项目运营阶段进行的,因而可以分析和研究项目投产初期和达产时期的实际情况,比较实际情况与预测情况的偏离程度,探索产生偏差的原因,提出切实可行的措施,从而促使项目运营状态正常化,充分发挥项目的经济效益和社会效益。

2) 项目后评价的种类

一般而言,从项目开工之后,即项目投资开始发生以后,由监督部门所进行的各种评价,都属于项目后评价的范畴,这种评价可以延伸至项目的寿命期末。因此,根据评价时点,项目后评价可细分为跟踪评价、完成评价、影响评价。

(1) 跟踪评价

跟踪评价也称中间评价或实施过程评价,它是指在项目开工以后到项目竣工以前任何一个时点所进行的评价。这种由独立机构进行的评价的主要目的是,检查评价项目实施状况(包括进度、质量、费用等);评价项目在建设过程中的重大变更(如项目的产品市场发生变化、概算调整、重大方案变化等)及其对项目效益的作用和影响;诊断项目发生的重大困难和问题,寻求对策和出路等。

(2) 完成评价

完成评价又称总结评价或终期评价,它是指在项目投资结束,各项工程建设竣工,项目的生产效果已初步显现时进行的一次较为全面的评价。完成评价是对项目建设全过程的总结和对项目效益实现程度的评判,其内容主要包括项目选定的准确性及其经验、教训的分析,项目目标的制定是否适当,项目采用的技术是否适用,项目组织机构和管理是否有效,项目市场分析是否充分、全面,项目财务和经济分析是否符合实际,项目产生的社会影响,预期目标的实现情况,预期目标的有效程度等。

(3) 影响评价

影响评价又称事后评价,它是指在项目效益得到充分正常发挥后(一般投资完成 5~10 年后)直到项目报废为止的整个运营阶段中任何一个时点,对项目所产生影响进行的评价。影响评价侧重于对项目长期目标的评价,通过调查项目的实际运营状况,衡量项目的实际投资效益,评价项目的发展趋势和对社会、经济及环境的影响;发现项目运营过程中在经营和管理方面的问题,提出改进措施,充分发挥项目的潜力。

4.5.2 项目后评价的内容

1) 项目目标评价

评定项目立项时所预定的目标的实现程度,是项目后评价的主要任务之一。

项目后评价要对照原定目标所需完成的主要指标，根据项目实际完成情况，评定项目目标的实现程度。如果项目的预定目标未全面实现，需分析未能实现的原因，并提出补救措施。目标评价的另一项任务，是对项目原定目标的正确性、合理性及实践性进行分析评价。有些项目原定的目标不明确，或不符合实际情况，项目实施过程中可能会发生重大变化，如政策性变化或市场变化等，项目后评价要给予重新分析和评价。

2）项目实施过程评价

项目的过程评价应对立项评估或可行性研究时所预计的情况与实际执行情况进行比较和分析，找出差别，分析原因。过程评价一般要分析以下几个方面：

（1）项目的立项、准备和评估；

（2）项目的内容和建设规模；

（3）项目进度和实施情况；

（4）项目投资控制情况；

（5）项目质量和安全情况；

（6）配套设施和服务条件；

（7）收益范围与收益者的反映；

（8）项目的管理和机制；

（9）财务执行情况等。

3）项目效益评价

项目的效益评价是对项目实际取得的效益进行财务评价和国民经济评价，其评价的主要指标应与项目前评价的一致，即内部收益率、净现值及贷款偿还期等反映项目盈利能力和清偿能力的指标。但项目后评价采用的数据是实际发生的，而项目前评价则采用的是预测的。

4）项目影响评价

（1）经济影响评价

主要分析项目对所在地区、所属行业以及国家所产生的经济方面的影响，包括分配、就业、国内资源成本（或换汇成本）、技术进步等。

（2）环境影响评价

根据项目所在地（或国）对环境保护的要求，评价项目实施后对大气、水、土地、生态等方面的影响，评价内容包括项目的污染控制、地区环境质量、自然资源的利用和保护、区域生态平衡和环境管理等方面。

（3）社会影响评价

对项目在社会的经济、发展方面的效益和影响进行分析，重点评价项目对所在地区和社区的影响，评价内容一般包括贫困、平等、参与、妇女和持续性等。

5）项目持续性评价

项目的持续性是指在项目的建设资金投入完成之后，项目的既定目标是否还能继续，项目是否可以持续地发展下去，项目业主是否愿意并可能依靠自己的力量继续去实现既定目标，项目是否具有可重复性，即能否在未来以同样的方式建设同类项目。项目持续性评价就是从政府的政策、管理、组织和地方参与，财务因素，技术因素，社会文化因素，环境和生态因素以及其他外部因素等方面来分析项目的持续性。

4.5.3 项目后评价的方法与程序

1）评价方法

(1) 统计预测法

项目后评价包括对项目已经发生事实的总结和对项目未来发展的预测。后评价时点前的统计数据是评价对比的基础，后评价时点的数据是评价对比的对象，后评价时点后的数据是预测分析的依据。

① 统计调查

统计调查是根据研究的目的和要求，采用科学的调查方法，有计划有组织地收集被研究对象的原始资料的工作过程。统计调查是统计工作的基础，是统计整理和统计分析的前提。

统计调查是一项复杂、严肃和技术性较强的工作。每一项统计调查都应事先制定一个指导调查全过程的调查方案，包括确定调查目的；确定调查对象和调查单位；确定调查项目，拟定调查表格；确定调查时间；制订调查的组织实施计划等。

统计调查的常用方法有直接观察法、报告法、采访法和被调查者自填法等。

② 统计资料整理

统计资料整理是根据研究的任务，对统计调查所获得的大量原始资料进行加工汇总，使其系统化、条理化、科学化，以得出反映事物总体综合特征的工作过程。

统计资料整理分为分组、汇总和编制统计表三个步骤。分组是资料整理的前提，汇总是资料整理的中心，编制科学的统计表是资料整理的结果。

③ 统计分析

统计分析是根据研究的目的和要求，采用各种分析方法，对研究的对象进行解剖、对比、分析和综合研究，以揭示事物内在联系和发展变化的规律性。

统计分析的方法有分组法、综合指标法、动态数列法、指数法、抽样和回归分析法、投入产出法等。

④ 预测

预测是对尚未发生或目前还不明确的事物进行预先的估计和推测，是在现时对事物将要发生的结果进行探索和研究。

项目后评价中的预测主要有两种用途，一是对无项目条件下可能产生的效果进行假定的估测，以便进行有无对比；二是对今后效益的预测。

(2) 对比法

① 前后对比法

前后对比法是指将项目实施前与项目实施后的情况加以对比，以确定项目效益的一种方法。在项目后评价中，它是一种纵向的对比，即将项目前期的可行性研究和项目评估的预测结论与项目的实际运行结果相比较，以发现差异，分析原因。这种对比用于揭示计划、决策和实施的质量，是项目过程评价应遵循的原则。

② 有无对比法

有无对比是指将项目实际发生的情况与若无项目可能发生的情况进行对比，以度量项目的真实效益、影响和作用。这种对比是一种横向对比，主要用于项目的效益评价和影响评价。有无对比的目的是要分清项目作用的影响与项目以外作用的影响。

(3) 因素分析法

项目投资效果的各种指标，往往都是由多种因素决定的。只有把综合性指标分解成原始因素，才能确定指标完成好坏的具体原因和症结所在。这种把综合指标分解成各个因素的方法，称为因素分析法。运用因素分析法，首先要确定分析指标的因素组成，其次是确定各个因素与指标的关系，最后确定各个因素对指标影响的份额。

(4) 定量分析与定性分析相结合

定量分析是通过一系列的定量计算方法和指标对所考察的对象进行的分析评价；定性分析是指对无法定量的考察对象用定性描述的方法进行的分析评价。在项目后评价中，应尽可能用定量数据来说明问题，采用定量的分析方法，以便进行前后或有无的对比。但对于无法取得定量数据的评价对象或对项目的总体评价，则应结合使用定性分析。

2) 评价执行程序

项目后评价的类型很多，各个项目后评价的要求也不同。因此，各个项目后评价的执行，其内容和程序都是有所差异的。在此只介绍项目后评价一般的、通用的执行程序。

(1) 提出问题

明确项目后评价的具体对象、评价目的及具体要求。项目后评价的提出单位可以是国家计划部门、银行部门、各主管部门，也可以是企业(项目)自身。

(2) 筹划准备

筹划准备阶段的主要任务是组建一个评价工作小组，并按委托单位的要求制订项目后评价计划。项目后评价计划的内容包括评价人员的配备、建立组织机构的设想、时间进度的安排、内容范围与深度的确定、预算安排、评价方法的选定等。

(3) 深入调查,收集资料

制订调查提纲,确定调查对象和调查方法,并开展实际调查工作,收集后评价所需要的各种资料和数据。这些资料和数据主要包括项目建设资料、国家经济政策资料、项目运营情况的有关资料、项目实施和运营影响的有关资料、同行业有关资料以及与后评价有关的技术资料及其他资料。

(4) 分析研究

根据项目后评价的内容,运用各类定性、定量方法进行分析,发现问题,提出改进措施。

(5) 编制报告

项目后评价报告是项目后评价工作的最后成果。后评价报告既要全面、系统,又要反映后评价目标。项目类型不同,后评价报告的内容和格式也不完全一致。一般而言,项目后评价报告应包括总论、项目前期工作评价、项目实施评价、项目运营评价、项目经济后评价、结论等几个主要方面。

本章参考和扩展阅读

[1] 李开孟. 我国投资项目可行性研究 60 年的回顾和展望[J]. 技术经济,2009,28(9):66-72

[2] 肖立舜. 建设项目可行性研究存在的问题及其对策[J]. 中外建筑,2004(4):98-99

[3] 廖小军. 关于重点工程项目不可行性研究问题探讨[J]. 中共福建省委党校学报,2005(3):47-52

[4] 张文娟,王广斌. 大型公共项目的宏观经济贡献评价研究[J]. 上海管理科学,2007(2):64-67

[5] 任旭,刘延平. 构建政府投资建设项目后评价机制研究[J]. 中国行政管理,2010(3):67-69

习　题

1. 项目建设周期包括哪几个阶段？各个阶段有哪些主要工作内容？

2. 我国现行的投资项目审核制度分为哪几类？各类审核制度所适用的项目有什么特点？

3. UNIDO 将项目可行性研究分为几个阶段？各个阶段的作用和任务是什么？

4. 我国的投资项目可行性研究包括哪些主要内容？

5. 项目经济评价在建设项目决策中有什么作用？

6. 建设项目经济评价的主要内容有哪些？

7. 对于特大型建设项目,为什么要开展区域经济与宏观经济影响分析？

8. 特大型建设项目区域与宏观经济影响评价指标体系分为哪几类？各类评价指标反映了什么内容？

9. 什么叫项目后评价？项目后评价具有什么作用？

10. 与可行性研究等项目“前评价”相比,建设项目后评价有什么特点？

5 项目投资估算与融资

本章提要

本章主要介绍项目投资估算基本方法和项目融资。项目投资估算包括建设投资估算、流动资金;项目融资包括项目融资组织形式、资金来源渠道以及融资方案的资金来源可靠性分析、融资结构分析、融资成本分析和风险分析。项目投资估算是融资分析及财务评价的基础,投资估算应根据项目所处的阶段和掌握的基本资料和数据选择合适的方法,确保估算满足精度和准确性的要求。

5.1 项目总投资估算

5.1.1 项目投资估算概述

投资估算是对项目的建设规模、技术方案、设备方案、工程方案及项目实施进度等进行研究并基本确定的基础上,估算项目投入总资金(包括建设投资和流动资金)并测算建设期内分年资金需要量。投资估算作为制定融资方案、进行经济评价,以及编制初步设计概算的依据,是项目决策的重要依据之一。准确、全面地估算建设工程项目的投资额是项目可行性研究乃至整个工程项目投资决策阶段的重要任务。

1) 投资估算的特点

投资估算是决策性质的文件,是分析、研究建设项目经济效果的重要依据,在可行性研究报告批准后,投资估算就作为设计投资的限额,对初步设计起控制作用,并作为资金筹措及贷款计划的依据。同时,也是制订国民经济中期计划的重要依据。没有拟建项目的投资估算,就不可能准确地核算国民经济固定资产的投资需要量,不可能准确地确定国民经济积累的合理比例,也不可能保持适度的投资规模和合理的投资结构。

投资估算是初步设计前期各阶段工作中作为论证拟建项目在经济上是否可行

的重要文件。但是,由于建设前期工作阶段的条件限制,未能预见因素较多,技术条件不具体等,所以拟建项目投资估算有以下特点:

(1) 估算条件轮廓性大,假设因素多,技术条件内容粗浅;

(2) 估算技术条件伸缩性大,估算难度大,反复次数多;

(3) 估算数值误差大,准确度低;

(4) 估算工作涉及面广,政策性强,对估算工作人员素质要求高。

2) 投资估算阶段的划分

按投资估算的时间和估算精度划分,可以分为以下几个阶段:

(1) 投资机会研究及项目建议书阶段的投资估算

该阶段估算工作比较粗略,投资额的估计一般是通过已建类似项目对比得来。其估算误差率在30%左右。其作用是作为领导部门审批项目建议书、初步选择投资项目的主要依据之一,对初步可行性研究及投资估算起指导作用。

(2) 初步可行性研究阶段的投资估算

此阶段是在研究投资机会结论的基础上,进一步弄清项目的投资规模、原材料来源、工艺技术、厂址、组织机构、建设进度等情况,进行经济效益评价,判断项目的可行性,做出初步投资评价。估算的误差率在20%左右。其作用是作为决定是否进行详细可行性研究的依据之一,同时也是确定哪些关键问题需要进行辅助性专题研究的依据之一。

(3) 详细可行性研究阶段的投资估算

详细可行性研究的投资估算阶段也称为最终可行性研究阶段,主要是进行全面、详细的技术经济分析论证,对拟建项目的投资方案进行比选,确定最佳投资方案,对项目的可行性做出结论。该阶段内容翔实、资料全面,投资估算误差率应在10%左右。此阶段的估算是进行详尽经济评价的阶段,也是编制设计文件、控制初步设计及概预算的主要依据。

3) 项目总投资的构成

生产性建设项目总投资包含建设投资和流动资金两部分,非生产性建设项目总投资不含流动资金。建设投资由建筑工程费、设备及工器具购置费、安装工程费、工程建设期其他费、预备费(涨价预备费、基本预备费)和建设期贷款利息构成。

建设投资分为静态投资、动态投资两部分。所谓静态投资是指建筑安装工程费、设备和工器具购置费、工程建设其他费、基本预备费,它相对不随时间变化而变化。动态投资包括建设期贷款利息、涨价预备费,是随时间变化而变化的投资。

建设投资最终形成四类资产,其中建筑工程费、安装工程费、设备工器具购置费形成固定资产;工程建设其他费可形成固定资产、无形资产、其他资产;预备费、建设期利息在可行性研究阶段为简化计算一并计入固定资产。流动资金最终形成流动资产。

总投资构成如图 5.1 所示。

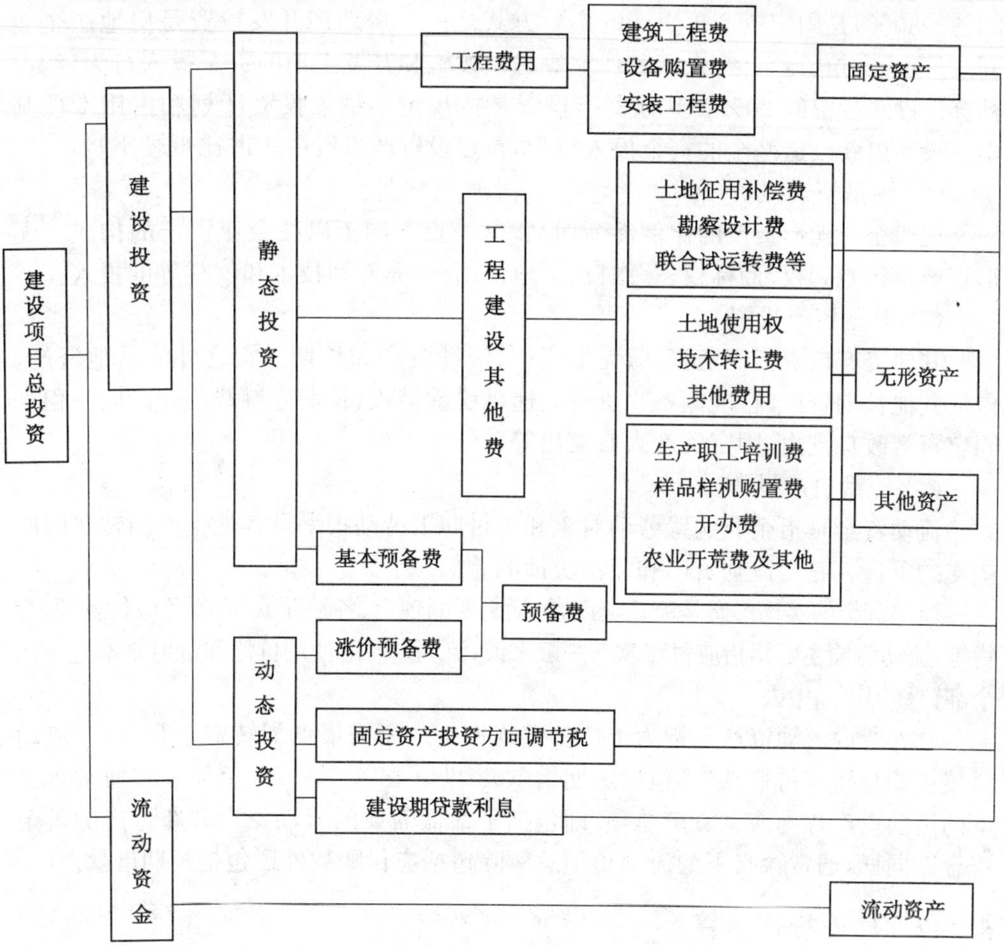

图 5.1　投资构成与所形成的资产关系图

根据所形成的资产，投资可分为以下四种：

(1) 固定资产投资

建设投资中形成固定资产的投资为固定资产投资。

固定资产是指在社会再生产过程中较长时间为生产和人民生活服务的物质资料。通常要求使用期限超过一年，单位价值在规定的限额以上(具体规定按国家有关财务制度和主管部门制定的固定资产目录办理)，否则，只能算作低值易耗品。

建设投资包括基本建设投资、更新改造投资、房地产开发和其他固定资产投资四个部分。其中基本建设投资用于新建、改建、扩建和重建项目的资金投入行为，是形成固定资产的主要手段，在建设资产投资中占的比重最大，约占社会建设投资总额的50%～60%。更新改造投资是在保证固定资产简单再生产的基础上，通过先进技术改造原有技术，以实现扩大再生产的目的，约占社会建设投资总额的20%～30%，是固定资产再生产的主要方式之一。房地产开发投资是房地产企业开发厂房、宾馆、写字楼、仓库和住宅等房屋设施和开发土地的资金投入行为，约占社会建设总投资的20%。其他资产投资是按规定不纳入投资计划和占用专项基本建设和更新改造基金的资金投入行为，在建设资产投资中所占比重较小。

(2) 无形资产投资

现代企业无形资产的比例逐渐增高，这一点不同于以往企业资产的构成。无形资产是指专利权、商标权、著作权、土地使用权、非专利技术和信誉等的投入。

(3) 其他资产投资

其他资产投资指固定资产、无形资产、流动资产和长期投资之外的其他资产，包括其他长期资产(特准储备物资等)、递延税款借项、长期待摊费用(开办费、租入固定资产改良支出、固定资产大修支出等)。

(4) 流动资产投资

流动资金是指企业购置劳动对象和支付职工劳动报酬及其他生产周转费用所垫支的资金。它是流动资产和流动负债的差额。

流动资金的实物形态是流动资产，包括必要的现金、各种存款、应收及应付款项、存货等，流动负债主要是指应付账款。一般来说，流动资产的使用价值和价值基本上一次全部转移到产品中去。

此处所说流动资产是指为维持一定规模生产所需最低周转资金和存货；流动负债主要是指应付账款(不包括短期借款)。为了区别，将资产负债表中通常含义下的流动资产称为流动资产总额，即包括了最低需要的流动资产和新生产的盈余资金。同样，通常含义下的流动负债总额除包括应付账款外还包括短期借款。

5.1.2 建设投资估算

1) 建设投资估算的依据和要求

(1) 估算依据

投资估算应做到方法科学、依据充分，主要依据为：

① 项目管理部门颁发的建设工程造价费用构成、计算方法，以及其他有关计算工程造价的文件；

② 行业主管部门制定的投资估算方法、估算指标和定额；

③ 有关部门制定的工程建设其他费用计算方法和费用标准，以及国家颁布的价格指数；

④ 拟建项目各单项工程的建设内容和工程量。

(2) 估算精度要求

① 工程内容和费用构成齐全,计算合理,不重复计算,不提高和降低估算标准,不漏项,不少算;

② 若选用的指标与具体的工程之间的标准或条件有差异,应进行必要的换算和调整;

③ 投资估算深度应能满足控制设计概算要求。

2) 投资估算步骤

① 分别估算各单项工程所需的建筑工程费、安装工程费、设备及工器具购置费;

② 在汇总各单项工程费用的基础上,估算工程建设其他费用和基本预备费,得出项目的静态投资部分;

③ 估算涨价预备费和建设期贷款利息,得出项目的动态投资部分。

3) 建设投资估算方法

(1) 项目建议书阶段和工程预可行性研究阶段建设投资估算方法

在项目建议书阶段和初步可行性研究阶段,所获得的关于项目的资料和信息比较有限,通常采用下述方法:

① 生产能力指数法

这种方法根据已建成的、性质类似的建设项目或生产装置的投资额和生产能力及拟建项目或生产装置的能力估算拟建项目的投资额。

根据实际统计资料,生产能力不同的两个同类企业投资额与生产能力的指数幂成正比。其计算公式为:

$$I_2 = I_1\left(\frac{c_2}{c_1}\right)^e \times f \tag{5.1}$$

式中,I_1, I_2 ——分别为已建和拟建工程或装置的投资额;

c_1, c_2 ——分别为已建和拟建工程或装置的生产能力;

e ——投资、生产能力系数,$0 < e < 1$,根据不同类型企业的统计资料确定;

f ——不同时期、不同地点的定额、单价费用变更等的调整系数。

根据国外某些化工项目的统计资料,e 的平均值大约在 0.6,又称为“0.6 指数法”。例如,生产能力指数值为 0.6 时,产量如果增加一倍,则固定资产的投资额仅增加到 $2^{0.6}$,约为 1.5 倍,使用此法时,拟建项目的增加幅度不宜大于 50 倍。采用增加相同设备(装置)容量扩大生产规模时,e 取 0.6~0.7;采用增加相同设备(装置)数量扩大生产规模时,e 取 0.8~1.0;高温高压的工业生产项目,e 取 0.3~0.5。

若已建类似项目或装置的规模相差不大,生产规模比值在 0.5~2 之间,则指数 e 的取值近似为 1;若已建类似项目或装置与拟建项目或装置的规模相差不大于

50 倍，且拟建项目规模的扩大仅靠增大设备规模来达到时，则 e 取值约在 0.6～0.7 之间；若是靠增加相同规模设备数量达到目的时，e 的取值约在 0.8～0.9 之间。

采用这种方法，计算简单、速度快，但要求类似工程的资料可靠，条件基本相同，否则误差就会加大。

【例 5.1】 已知建设年产 30 万吨乙烯装置的投资额为 60 000 万元，试估算建设年产 70 万吨乙烯装置的投资额（生产能力指数 $e=0.6$，$f=1.2$）。

【解】 由 $I_2 = I_1\left(\frac{c_2}{c_1}\right)^e \times f$ 得

$$I_2 = 60\,000 \times \left(\frac{70}{30}\right)^{0.6} \times 1.2 = 119\,706.73\text{（万元）}$$

② 资金周转率法

这是一种用资金周转率来推测投资的简便方法。其公式如下：

$$I = \frac{Qa}{t_r} \tag{5.2}$$

式中，I ——拟建项目投资额；

Q ——产品的年产量；

a ——产品的单价；

t_r ——资金周转率。

其中资金周转率为：

$$t_r = \frac{\text{年销售总额}}{\text{总投资}} = \frac{\text{产品的年产量} \times \text{产品单价}}{\text{总投资}}$$

国外化学工业的资金周转率为 1.0，生产合成甘油的化工装置的资金周转率为 1.41。拟建项目的资金周转率可以根据已建相似项目的有关数据进行估计，然后再根据拟建项目的预计产品的年产量单价估算拟建项目的投资额。

这种方法比较简便，计算速度快，但精度较低，可用于第一阶段的估算。

③ 比例估算法

按设备费用推算，以拟建项目或装置的设备费为基数，根据已建成的同类项目或装置的建筑安装费和其他工程费等占设备的价值百分比，求出相应的建筑安装费及其他工程费用，再加上拟建项目的其他有关费用，总和即为项目或装置的投资。

$$I = E \cdot (1 + f_1 P_1 + f_2 P_2 + f_3 P_3) + C \tag{5.3}$$

式中，I ——拟建工程的投资额；

E——拟建工程设备购置费的总和；

P_1, P_2, P_3——分别为建筑工程、安装工程、其他费用占设备费用的百分比；

f_1, f_2, f_3——由于时间因素引起的定额、价格费用标准等变化的综合的调整系数；

C——拟建项目的其他费用。

设备总值计算，是根据各专业的统计方案提出的主要设备乘以现行设备出厂价格。

【例 5.2】 某建设项目拟用于购置设备的费用 800 万元，建筑工程、安装工程、其他工程费用分别占设备购置费用的 150%，60%，30%，三种费用的调整系数分别为 1.2，1.3，1.1，其他费用为 20 万元。试估算此建设项目的投资额。

【解】 由 $I = E \cdot (1 + f_1P_1 + f_2P_2 + f_3P_3) + C$

得 $I = 800 \times (1 + 1.5 \times 1.2 + 0.6 \times 1.3 + 0.3 \times 1.1) + 20 = 3\,148$（万元）

④ 系数估算法

系数估算法又称因子估算法、工艺设备投资系数法（或朗格系数法）是以拟建工程的主体费用或主体设备为基数乘以适当的系数来推算拟建项目建设投资。

工艺设备是基本建设中最基本、最活跃的与生产能力直接相关的部分，是确定项目内容的基本数据之一。

$$I = CK_1 \tag{5.4}$$

式中，I——拟建项目静态投资额；

C——工艺设备费；

K_1——朗格系数，$K_1 = \left(1 + \sum f_i\right) f_c$。

其中：f_i——管线、仪表、建筑物等专业工程的投资系数；

f_c——管理费、合同费、应急费等间接费在内的总估算系数。

这种方法比较简单，但没有考虑设备规格、材质的差异，准确度较低，一般用于项目建议书阶段。

【例 5.3】 某轧钢车间主厂房部分，各专业工程的投资系数如下表 5.1 所示：

表 5.1　工程投资系数表

工艺设备名称	专业工程投资系数 f_i	工艺设备名称	专业工程投资系数 f_i
主要工艺操作设备	$f_0 = 1.00$	土建工程	$f_1 = 0.70$
起重运输设备	$f_2 = 0.086$	工业炉	$f_3 = 0.121$
汽化冷却	$f_4 = 0.005$	供电及热传设备	$f_5 = 0.18$
余热锅炉设备	$f_6 = 0.04$	给水排水工程	$f_7 = 0.03$
车间照明	$f_8 = 0.007$	采暖通风	$f_9 = 0.002$
工艺管道	$f_{10} = 0.004$	自动化仪器	$f_{11} = 0.02$

若主要工艺操作设备费为 100 万元，设计与管理费为工程费用的 15%，未可预见

费用为工程费用及管理费用之和的5%,则车间主厂房全部建成后的费用计算是:

$$K_1 = \left(1 + \sum f_i\right) f_c = (1 + 0.7 + 0.086 + 0.121 + 0.005 + 0.18 + 0.04 + 0.03 + 0.007 + 0.002 + 0.004 + 0.02)(1 + 0.15)(1 + 0.05)$$
$$= 2.213 \times 1.15 \times 1.05 = 2.6722$$
$$I = CK_1 = 100 \times 2.6722 = 267.22(\text{万元})$$

表5.2是国外的流体加工系统的典型经验系数值及采用系数估算法估算投资的方法。

表5.2 国外流体加工系统的典型经验系数值

工艺设备名称	工艺设备费用系数(各分项工艺设备费用与主要工艺设备费用之比)
主要工艺设备费用 C	1.0
主要设备安装人工费	0.10～0.20
保温费	0.10～0.25
管线费	0.50～1.00
基础	0.03～0.13
建筑物	0.07
构架	0.05
防火	0.06～0.10
电气	0.07～0.15
油漆粉刷	0.06～0.10
$\sum f_i$	1.04～1.93
直接费用之和 $\left[C \cdot \left(1 + \sum f_i\right)\right]$	(2.04～2.93)C
间接费(日常管理、合同费和利息)	0.30
工程费	0.13
不可预见费	0.13
f_c	1.56
总费用:$I = C \cdot \left(1 + \sum f_i\right) \cdot f_c = (3.84 \sim 4.57)C$	

(2) 可行性研究阶段建设静态投资估算方法

可行性研究阶段已比较齐全地掌握了项目的基本资料,估算精度要求较高,通常分别估算建筑工程费、安装工程费、设备工器具购置费,在此基础上估算工程建设其他费用,进而估算出工程费用。然后,按相应的估算方法,计算基本预备费、涨价预备费、建设期贷款利息,汇总形成建设投资。

① 建筑工程费估算

建筑工程费是指为建造永久性和大型临时建筑物和构筑物所需费用,如场地平整、厂房、仓库、电站、设备基础、工业窑炉、矿井开拓、露天剥离、桥梁、码头、堤坝、隧道、涵洞、铁路、公路、管线敷设、水库、水坝、灌区等各项工程费用。

根据《住房和城乡建设部、财政部关于印发〈建筑安装工程费用项目组成〉的通知》(建标〔2013〕44 号),建筑安装工程费用按费用构成要素的划分如图 5.2 所示。

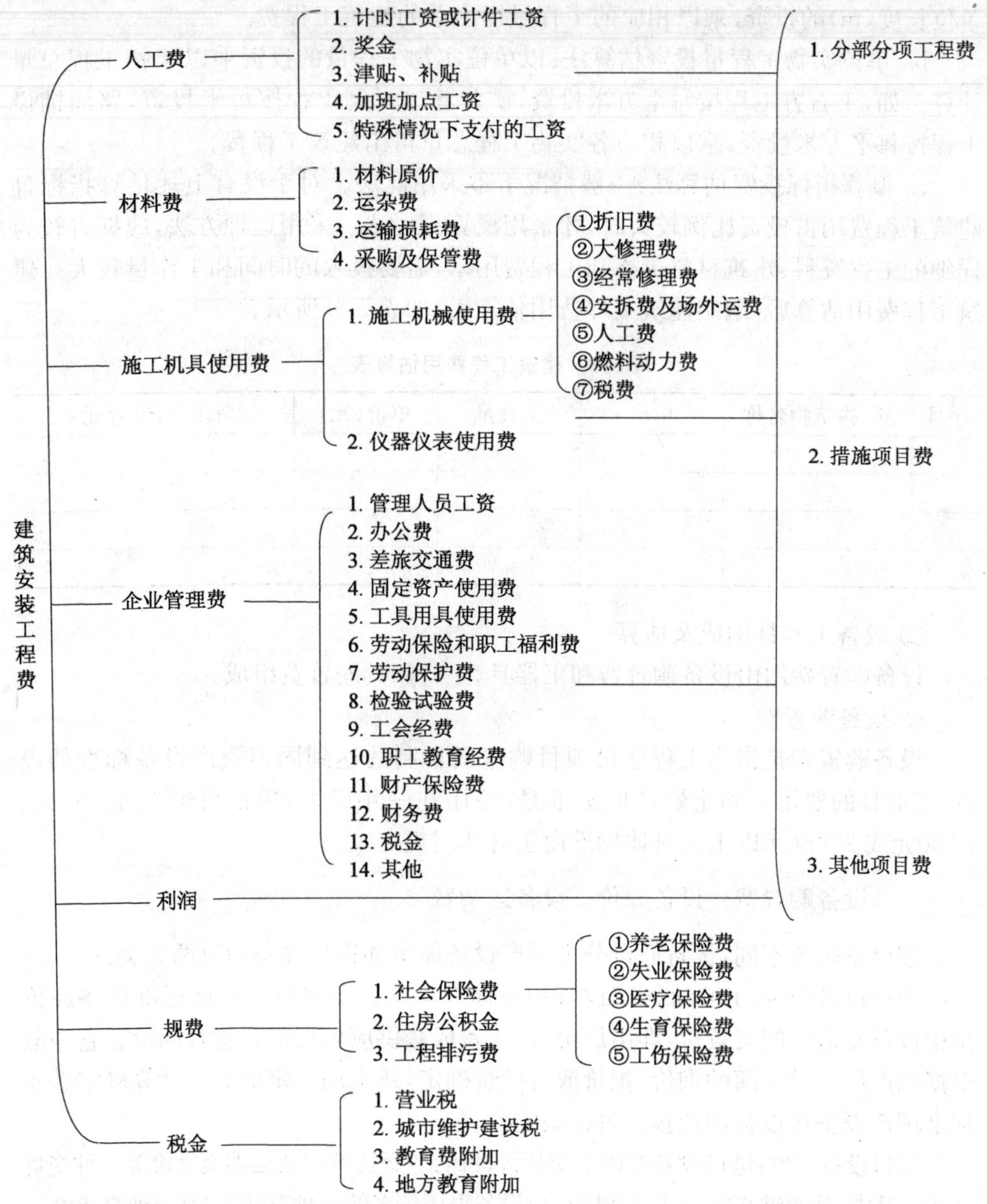

图 5.2　建筑安装工程费用项目组成表(按费用构成要素划分)

建筑工程费用估算一般采用以下方法:

a. 单位工程投资估算法:以单位建筑工程量投资乘以建筑总工程量计算。

如，一般工业与民用建筑以单位房屋建筑面积(m^2)的投资，工业窑炉砌筑以单位容积(m^3)的投资，水库以水坝长度(m)，公路路基以单位长度(km)的投资，矿山以单位长度(m)的投资，乘以相应的工程量得出总的建筑工程费。

b. 单位实物工程量投资估算法：以单位实物工程量的投资乘以实物工程总量计算。如，土石方工程按每平方米投资，矿井巷道衬砌工程按每米投资，路面铺设工程按每平方米投资，乘以相应各实物工程总量得出建筑工程费。

c. 概算指标投资估算法：一般情况下不采用此法。对于没有上述估算指标且建筑工程费用占投资比例较大时，才采用概算指标法。采用这种方法，应拥有较为详细的工程资料、建筑材料价格和工程费用率，需要投入的时间和工作量较大。建筑工程费用估算后，编制建筑工程费用估算表，如表 5.3 所示。

表 5.3 建筑工程费用估算表

序号	建、构筑物名称	单位	工程量	单价(元)	费用合计(万元)

② 设备工器具构成及估算

设备购置费用由设备购置费和工器具、生产家具购置费组成。

a. 设备购置费

设备购置费是指为工程建设项目购置或自制的达到固定资产设备标准的设备、工器具的费用。固定资产的标准是：使用在一年以上，单位价值在 1 000 元、1 500元或 2 000 元以上。具体标准由主管部门规定。

设备购置费＝设备原价＋设备运杂费

按设备来源不同，设备原价分为国产设备原价和进口设备原价两大类。

国产设备原价：有标准国产设备和非标准国产设备之分。国产标准设备原价是指设备制造厂的交货价，即出厂价，或设备成套供应公司的订货合同价。它一般根据生产厂或供应商的询价、报价或合同价确定，或采用一定的方法计算确定。非标准国产设备按设备制造预算价格确定。

进口设备原价：进口设备有内陆交货价、目的地交货价和装运港交货价等三种交货方式。其中，装运港交货方式是我国进口设备采用较多的一种方式，它有三种交货价：

Ⅰ) 装运港船上交货价(Free On Board，FOB)，习惯称为离岸价；

Ⅱ) 运费在内价(Cost and Freight，C&F)，即成本加运费价；

Ⅲ)运费、保险费在内价(Cost，Insurance and Freight，CIF)，习惯称为到岸价。

进口设备原价＝货价(FOB)＋国际运费＋运输保险费＋银行财务费
＋外贸手续费＋关税＋增值税＋消费税
＋海关监管手续费＋车辆购置附加费

国际运费(海陆空)＝FOB×运费费率或运量×单位运价

运输保险费＝(FOB＋国际运费)/(1－保险费率)×保险费率

银行财务费＝FOB×银行财务费率

外贸手续费＝CIF×外贸手续费费率

关税＝CIF×进口关税税率

增值税＝组成计税价格×增值税税率

组成计税价格＝关税完税价(CIF)＋关税＋消费税

消费税＝(CIF＋关税)/(1－消费税税率)×消费税税率

海关监管手续费＝CIF×海关监管手续费费率(多为0.3%)

车辆购置附加费＝(CIF＋关税＋消费税)× 进口车辆购置附加费费率

设备运杂费由下列四项构成：运费和装卸费；包装费；设备供销部门的手续费；采购与仓库保管费。

设备运杂费的计算公式为：

设备运杂费＝设备原价×设备运杂费率

其中设备运杂费率按有关规定计取。

b. 工器具及生产家具购置费

工器具及生产家具购置费是指新建项目初步设计规定所必须购置的不够固定资产标准的设备、仪器、工卡模具、器具、生产家具和备品备件等的购置费用，其一般计算公式为：

工器具及生产家具购置费＝设备购置费×定额费率

③ 安装工程费用估算

安装工程费用包括需要安装的各种机电设备的装配、安装工程，与设备相连的工作台、梯子及其装设工程，附属于被安装的管线及敷设工程，被安装设备的绝缘、保温、防腐等工程费用以及单体试运转和联动无负荷运转的费用。

安装工程费通常按行业有关安装工程定额、取费标准和指标估算。如按安装费占设备原价的百分比，按每吨设备的安装费，或者按每单位安装实物工程量的费用估算。即：

安装工程费＝设备原价×安装费率

安装工程费＝设备吨位×每吨安装费

安装工程费＝安装实物工程量×安装费用指标

编制安装工程费估算表，如表5.4所示。

表 5.4 安装工程费估算表

序号	安装工程名称	单位	数量	指标(费率)	安装费用(万元)
1	设备				
	A				
	B				
	…				
2	管线工程				
	A				
	…				
合计					

④ 工程建设其他费构成及估算

工程建设其他费用是指建设项目除去工程费(即建筑工程费、安装工程费、设备工具及器具购置费)以外必须开支的费用。可分为土地使用费、与工程建设有关的其他费用、与未来企业生产经营有关的其他费用三类。工程建设费用中,除土地使用费和属于未来企业经营有关的联合试运转费、生产准备费、办公及生活家具购置费等三项费用之外,其他的费用均属于工程建设的有关费用。工程建设其他费用按各项费用的费率或取费标准计算,编制工程建设其他费用估算表,如表 5.5 所示。工程建设其他费用具体科目及取费标准处在变动之中,应根据各级政府部门有关规定并结合项目的具体情况确定。

表 5.5 工程建设其他费用估算表

序号	费用名称	计算依据	费率或标准	总价
1	土地使用费			
2	建设单位管理费			
3	勘查设计费			
4	研究试验费			
5	建设单位临时设施费			
6	工程建设监理费			
7	工程保险费			
8	施工机构迁移费			
9	引进技术和进口设备其他费用			
10	联合试运转费			
11	生产职工培训费			
12	办公及生活家具购置费			
…	…			
合计				

⑤ 基本预备费估算

基本预备费是指在初步设计及概算内难以预料的工程费用。

基本预备费是按设备及工器具购置费、建筑安装工程费用和工程建设其他费用三者之和为计费基础，乘以基本预备费率进行计算。基本预备费率按国家有关规定计取。

⑥ 涨价预备费估算

涨价预备费是指建设项目在建设期间由于价格等变化引起工程造价变化的预备、预留费用。包括人工、设备、材料、施工机械价差、税费、汇率等调整。

涨价预备费的测算方法，一般根据国家规定的投资综合价格指数，按估算年份价格水平的工程费用为基数，采用复利法计算。

价差（涨价）预备费计算公式为：

$$V = \sum_{t=1}^{n} K_t[(1+i)^t - 1] \tag{5.5}$$

式中，V ——价差预备费；

K_t ——第 t 年工程费用，包括建筑安装工程费用和设备工器具购置费用；

i ——年价格变动率；

n ——建设期年份数。

⑦ 建设期贷款利息估算

建设期贷款利息包括向国内银行和其他非银行金融机构、出口信贷、外国政府贷款、国际商业银行贷款以及在境内外发行的债券等在建设期间应偿还的贷款利息。建设期贷款利息实行复利计算。

建设期贷款利息的计算方法分为以下两种情况：

a. 贷款总额一次性贷出且利率固定的贷款，按下式计算。

$$I = F - P$$

其中，$F = P(1+i)^n$

式中，I ——利息；

F——n 期后的本利和；

P ——本金；

n ——计息期数；

i ——有效利率。

b. 当总贷款额是分年均衡发放时，建设期利息的计算可按当年借款在年中支用考虑，即当年贷款按半年计息，上年贷款按全年计息，计算公式为：

$$Q_j = (P_{j-1} + \frac{1}{2}A_j)i \tag{5.6}$$

式中，Q_j ——建设期第 j 年应计利息；

P_{j-1} ——建设期第（$j-1$）年贷款额累计金额与利息累计金额之和；

A_j ——建设期第 j 年贷款金额；

i ——年利率。

国外贷款利息的计算，还应包括国外贷款银行根据贷款协议向贷款方以年利率的方式收取的手续费、管理费、承诺费以及国内代理机构经国家主管部门批准的以年利率的方式向贷款单位收取的转贷费、担保费、管理费等。

5.1.3 流动资金的估算

流动资金是企业以货币购买劳动对象和支付工资时所垫支的劳动资金，是企业进行生产和经营活动的必要条件。它用于购买原材料、燃料、备品备件、低值易耗品。包装品、半成品、产成品、外购商品和一定数量的资金，形成生产储备，然后投入生产，经加工制成产品，通过销售回收货币。流动资金就是这样由生产领域进入流通领域，又从流通领域回到生产领域，反复循环，依次通过产、工、销三个环节。

企业流动资金按其在企业再生产过程中所起的作用，以及在周转过程中所处的阶段，可以分为生产领域的流动资金（如储备基金和生产资金）与流通领域的流动资金（如成品资金、结算资金和货币资金）。按其管理方式划分，又可以分为定额流动资金和非定额流动资金。定额流动资金如储备基金、生产资金和成品资金，它们是企业资金流动的主要组成部分。非定额流动资金如结算资金，它们在企业流动资金中所占的比例较小。

流动资金的估算一般采用两种方法，即扩大指标估算法与分项详细估算法（定额估算法）。

1）扩大指标估算法

扩大指标估算法是按照流动资金占有某种基数的比率来估算流动资金。一般常用的基数有销售收入、经营成本、总成本和费用、固定资产投资等。究竟采用何种基数依行业习惯而定，所采用的比率依经验而定，或根据实际掌握的现有同类企业实际资料来确定，或依照行业、部门的参考值来确定。这种方法估算的准确度不高，适用于项目建议书阶段的投资估算。

(1) 按产值或销售收入资金率进行估算

一般加工工业项目多采用产值或销售收入资金来估算。

流动资金额＝年产值（年销售收入额）×产值（销售收入）资金率

【例 5.4】 已知某项目的年产值为 5 000 万元，其类似企业百元产值的流动资金占用额为 20 元，则该项目的流动资金为：

5 000 × 20% = 1 000(万元)

(2) 按经营成本(或总成本)资金率估算

所谓成本资金率是指流动资金占经营成本(或总成本)的比率。

由于经营成本或总成本是一项综合性指标,能反映项目的物资消耗、生产技术和经营管理水平以及自然资源赋予条件的差异等实际状况,一些工业项目,尤其是采掘工业项目经常采用经营成本(总成本)资金率来估算流动资金。

流动资金额=年经营成本(总成本)×经营成本(总成本)资金率

【例 5.5】 某铁矿厂年经营成本为 8 000 万元,经营成本资金率为 35%,则该矿厂的流动资金额为 8 000×35%=2 800(万元)。

(3) 按固定资产价值资金率估算

固定资产价值资金率是流动资金占用固定资产投资的百分比。如化工项目流动资金约占固定资产投资的 15%~20%,一般工业项目流动资金约占固定资产的 5%~12%。

流动资金额=固定资产价值总额×固定资产价值资金率

(4) 按单位产量资金率估算。单位产量资金率指单位产量占用流动资金的数额估算,如每吨原煤占用流动资金 5 元,即生产煤的单位产量资金率为 5 元/吨。

流动资金额=年生产能力×单位产量资金率

2) 分项详细估算法

资金分项详细估算法也称分项定额估算法,即指按流动资金的构成分项计算并汇总。

分项估算的思路是:先按照方案各年生产运行的强度,估算出各大类的流动资产的最低需要量,汇总以后减去该年估算出的正常情况下的流动负债(应付账款),就是该年所需的流动资金,再减去上年已注入的流动资金,就得到该年流动资金的增加额。当项目达到正常生产运行水平后,流动资金就可不再注入。

国际上通行的流动资金估算方法是按流动资产与流动负债差额来估算,具体估算方法见下列公式:

流动资金=流动资产-流动负债

其中:流动资产=现金+应收及预付账款+存货

流动负债=应付账款+预收账款

(1) 现金的估算

现金=(年工资及福利费+年其他费用)/周转次数

年其他费用=制造费用+管理费用+财务费用+销售费用-以上四项中

所含的工资及福利费、折旧费、维简费、摊销费、修理费和利息支出

周转次数＝360/最低需要周转天数

(2) 应收(预付)账款的估算

应收(预付)账款＝年经营成本/周转次数

(3) 存货的估算

存货包括各种外购原材料、燃料、包装物、低值易耗品、在产品、外购商品、协作配件、自制半成品和产成品等。

外购原材料、燃料＝年外购原材料燃料费用/周转次数

在产品＝(年外购原材料燃料及动力费＋年工资及福利费＋年修理费＋年其他制造费用)/周转次数

产成品＝年经营成本/周转次数

(4) 应付(预收)账款的计算

应付账款＝(年外购原材料燃料及动力费＋备品备件费)/周转次数

3) 流动资金估算应注意以下问题

(1) 在采用分项详细估算时，要分别确定现金、应收账款、存货和应付账款的最低周转天数。对于存货中的外购原材料、燃料，要根据不同品种来源，考虑运输方式和距离等因素的影响。

(2) 不同生产负荷下的流动资金是按照相应负荷时的各项费用金额和给定的公式计算来的，而不能按满负荷下的流动资金乘以负荷百分数求得。

(3) 流动资金属于长期性资金，流动资金的筹措可通过长期负债和资金融资方式来解决。流动资金借款部分的利息应计入财务费用，项目计算期期末回收全部流动资金。

5.2 项目投入资金及分年投入计划

5.2.1 项目投入总资金

按投资估算内容和投资估算方法估算各项投资并进行汇总，分别编制项目投入总资金估算汇总表(见表5.6)、主要单项工程投资估算表(见表5.7)，并对项目投入总资金构成和各单项工程投资比例的合理性，单位生产能力(使用效益)投资指标的先进性进行分析。

表 5.6 项目投入总资金估算汇总表

序号	费用内容	投资额		占项目投入资金的比例(%)	计算说明
		合计	其中:外汇		
1	建设投资				
1.1	建设投资静态部分				
1.1.1	建筑工程费				
1.1.2	设备工器具购置费				
1.1.3	安装工程费				
1.1.4	工程建设其他费				
1.1.5	基本预备费				
1.2	建设投资动态部分				
1.2.1	涨价预备费				
1.2.2	建设期贷款利息				
2	流动资金				
3	项目投入资金总额(1+2)				

表 5.7 主要单项工程投资估算表

序号	工程名称	建筑工程费	设备工器具购置费	安装工程费	工程建设其他费	合计
合计						

5.2.2 分年资金投入计划

估算出项目投入资金后,应根据项目实施进度的安排,估算建设期资金投入分配和运营期流动资金投入计划,编制分年资金投入计划表,如表 5.8 所示。

表 5.8 分年资金投入计划表　　单位:万元、万美元

序号	名称	人民币			外汇		
		第一年	第二年	…	第一年	第二年	…
	分年计划(%)						
1	建设投资(不含建设期利息)						
2	建设期利息						
3	流动资金						
4	项目投入总资金(1+2+3)						

项目实施进度主要考虑确定建设工期，安排建设过程中各阶段的工作进度，以便合理分配使用资金，尽快形成生产能力，发挥投资效益。建设工期是指拟建项目从永久性工程开工之日起，到建成交付所需要的全部时间，主要是土建施工、设备采购与安装、生产准备、设备调试、联合试车运转、竣工验收交付使用各个阶段。项目建设期应根据国家有关部门制定的各行业项目建设工期定额和单位工程的工期定额，结合项目建设内容的繁简、工程量的大小、建设的难易程度，以及施工条件等具体情况综合考虑。对于大型工程项目，应根据项目总工期要求，列出主要单项工程（主要工程和辅助工程）的建设起止时间和时序表。

项目建设工期确定后，应根据上述各阶段工作的工作量所需时间和时序作出大体安排，并做好各阶段工作的相互衔接，编制项目实施进度图（横道图）（见图5.3）。建设进度计划可利用网络技术进行编制和调整。

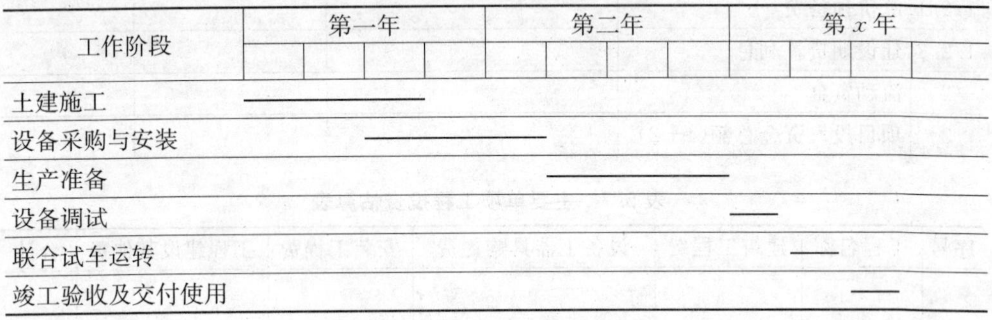

图 5.3　项目实施进度图

5.3　工程投资估算实例

【例 5.6】　拟建年产 10 万吨的炼钢厂，根据可行性研究报告提供的主厂房工艺设备清单和询价资料估算出该项目主厂房主体设备投资约 3 600 万元。已建类似项目资料：与设备有关的其他各专业工程投资系数见表 5.9。与主厂房投资有关的辅助工程及附属设施投资系数表见表 5.10。

表 5.9　与设备有关的各专业工程投资系数

加热炉	汽化冷却	余热锅炉	自动化仪表	起重设备	供电与传动	建安工程
0.12	0.01	0.04	0.02	0.09	0.18	0.40

表 5.10　与主厂房有关的辅助及附属设施的投资系数

动力系统	机修系统	总图运输系统	行政及生活福利设施工程	工程建设其他费
0.30	0.12	0.20	0.30	0.20

本项目的资金来源为自有资金和贷款，贷款总额为8 000万元，贷款年利率为8%(按年计息)。建设期3年，第一年投入30%，第二年投入50%，第三年投入20%。预计建设期物价平均上涨3%，基本预备费5%。

问题:(1) 用系数估算法估算该项目主厂房投资和项目建设的工程费用与其他费投资；

(2) 估算该项目的固定资产投资额，并编制固定资产投资估算表；

(3) 若固定资产投资资金率为6%，用扩大指标法估算项目的流动资金，确定项目的总投资。

【解】 问题(1)：

主厂房投资＝3 600×(1＋0.12＋0.01＋0.04＋0.02＋0.09＋0.18＋0.40)
　　　　＝3 600×1.86＝6 696(万元)

其中，建安工程投资＝3 600×0.4＝1 440(万元)；设备购置投资＝3 600×1.46＝5 256(万元)。

工程费用＝6 696×(1＋0.30＋0.12＋0.20＋0.30)
　　　＝6 696×1.92＝12 856.32(万元)

工程建设其他费＝6 696×0.2＝1 339.20(万元)

问题(2)：

① 基本预备费计算

基本预备费＝14 195.52×0.05＝709.78(万元)

由此得:静态投资＝14 195.52＋709.78＝14 905.30(万元)

② 涨价预备费计算

建设期各年工程费用投入如下：

第一年 12 856.32×0.3＝3 856.90(万元)

第二年 12 856.32×0.5＝6 428.16(万元)

第三年 12 856.32×0.2＝2 571.26(万元)

涨价预备费＝3 856.90×[(1＋0.03)－1]＋6 428.16×[$(1+0.03)^2$－1]＋2 571.26×[$(1+0.03)^3$－1]＝745.61(万元)

由此得，预备费＝709.78＋745.61＝1 455.39(万元)

③ 建设期贷款利息计算

第1年贷款利息＝(0＋8 000×0.30÷2)×8%＝96(万元)

第2年贷款利息＝[(8 000×0.30＋96)＋8 000×0.50÷2]×8%＝359.68(万元)

第3年贷款利息＝[(2 400＋96＋4 000＋359.68)＋(8 000×0.20÷2)]×8%＝612.45(万元)

建设期贷款利息＝96＋359.68＋612.45＝1 068.13(万元)

由此得项目建设投资＝14 195.52＋1 455.39＋1 068.13＝16 719.04(万元)

④ 拟建项目建设投资估算表如表 5.11 所示。

表 5.11　拟建项目建设投资估算表　　单位:万元

序号	工程费用名称	系数	建安工程费	设备购置费	工程建设其他费	合计	占投资总额比例/%
1	工程费		7 600.32	5 256.00		12 856.32	76.90
1.1	主厂房		1 440.00	5 256.00		6 696.00	
1.2	动力系统	0.30	2 008.80			2 008.80	
1.3	机修系统	0.12	803.52			803.52	
1.4	总图运输系统	0.20	1 339.20			1 339.20	
1.5	行政生活福利设施	0.30	2 008.80			2 008.80	
2	工程建设其他费	0.20			1 339.20	1 339.20	8.01
	(1)＋(2)					14 195.52	
3	预备费				1 455.39	1 455.39	8.70
3.1	基本预备费				709.78	709.78	
3.2	涨价预备费				745.61	745.61	
4	建设期贷款利息				1 068.13	1 068.13	6.39
建设投资(1)＋(2)＋(3)＋(4)			7 600.32	5 256.00	3 862.72	16 719.04	100

问题(3):

① 流动资金＝16 719.04×6%＝1 003.14(万元)

② 拟建项目总投资＝16 719.04＋1 003.14＝17 722.18(万元)

【例 5.7】 某新建工业项目工程概况:(1) 项目建设期为 2 年,该项目的实施计划为:第一年完成项目全部投资的 40%,第二年完成 60%,第三年投产并且项目达到 100%的设计能力。

(2) 该项目固定资产投资中有 2 000 万元来自国内银行贷款,其余为自有资金,且不论借款还是自有资金按在两年中 40%及 60%比例投入。根据借款协议,借款年利率为 10%,按季计息,生产期开始采用等额还本、利息照付法 6 年内还清本息。基本预备费费率为 10%。建设期内涨价预备费平均费率为 6%。其他相关资料见表 5.12。

(3) 建设项目进入生产期后,第一年即全负荷生产。全厂职工为 200 人,工资与福利费按照每年每人 1 万元估算,每年的其他费用为 180 万元,年外购原材料、燃料和动力费用估算为 1 600 万元。各项流动资金最低周转天数分别为:应收账款 40 天,现金 25 天,应付账款 45 天。

(4) 经过分析近几年同类产品市场价格，预测产品出厂价为 2 万元/吨，正常年份年销售产量为 3 000 吨，假设年产量全部售完。生产期为 10 年，设备折旧年限为 10 年，净残值率为 4%。修理费按折旧费的 54%计。

(5) 流动资金全部来源于贷款，生产期初一次投入，期末全部收回，年利率为 10%，利息每年偿还。

(6) 经营成本中 5%的费用计入管理费，直接进入固定成本，其余费用计入各年变动成本。

(7)工程费用及建设其他费用估算见表 5.12。

表 5.12　建设投资估算表

单位：万元

序号	费用名称	建筑工程	设备购置	安装工程	工程建设其他费用
1	工程费用				
1.1	主要生产项目	1 550	900	100	
1.2	辅助生产项目	900	400	200	
1.3	公用工程	400	300	100	
1.4	环境保护工程	300	200	100	
1.5	总图运输	200	100		
1.6	服务性工程	100			
1.7	生活福利工程	100			
1.8	厂外工程	50			
2	其他费用 其中：土地费用				500 200

问题：

(1) 编制建设投资估算表；

(2) 编制总成本费用表；

(3) 估算建设项目总投资额。

【解】 问题(1)　编制固定资产投资估算表

① 预备费计算

基本预备费=(工程费用+其他费用)×10%=6 500×10%=650(万元)

涨价预备费：

第一年涨价预备费：6 000×40%×6%=144(万元)

第二年涨价预备费：6 000×60%×$[(1+6\%)^2-1]$=444.96(万元)

建设期内涨价预备费为：144+444.96=588.96(万元)

预备费=650+588.96=1 238.96(万元)

② 建设期贷款利息：

已知 $r=10\%$，按季计息，$m=4$，则贷款实际年利率为：

$$i=(1+r/m)^4-1=(1+10\%/4)^4-1=10.38\%$$

建设期第一年贷款利息为：

$$A_1 = 1/2 \times (2\,000 \times 40\%) \times 10.38\% = 41.52(\text{万元})$$

建设期第二年贷款利息为：

$$A_2 = (800 + 41.52 + 1/2 \times 1200) \times 10.38\% = 149.63(\text{万元})$$

则建设期贷款利息为：

$$A_1 + A_2 = 41.52 + 149.63 = 191.15(\text{万元})$$

建设投资估算结果见表 5.13。

表 5.13　建设投资估算表

单位：万元

序号	工程费用名称	估算价值						占建设投资比例(%)	备注
		建筑工程	设备购置	安装工程	其他费用	合计	其中外币		
1	工程费用	3 600	1 900	500		6 000		75.66	
1.1	主要生产项目	1 550	900	100		2 550			
1.2	辅助生产车间	900	400	200		1 500			
1.3	公用工程	400	300	100		800			
1.4	环境保护工程	300	200	100		600			
1.5	总图运输	200	100			300			
1.6	服务性工程	100				100			
1.7	生活福利工程	100				100			
1.8	厂外工程	50				50			
2	其他费用 其中：土地费用				500 200	500		6.31	
	(1+2)合计	3 600	1 900	500	500	6 500			
3	预备费					1238.96		15.62	
3.1	基本预备费				650	650			
3.2	涨价预备费				588.96	588.96			
4	建设期贷款利息				191.15	191.15		2.41	
合计 (1+2+3+4)		3 600	1 900	500	1 930.11	7 930.11			

由表可知，建设投资估算额为 7 930.11 万元

问题(2)　编制总成本费用估算表

① 折旧费的估算

木项目固定资产原值包括：固定资产投资中的工程费用、土地费用和预备费、投资方向调节税、建设期利息，工程建设其他费用除土地费用形成固定资产原值其余300万元形成无形资产和递延资产，因而固定资产原值合计为：7 930.11－500＋200＝7 630.11万元。按平均年限折旧法计算折旧，折旧年限为10年，净残值率为4%。

$$年折旧率=\frac{1-4\%}{10}\times 100\%=9.6\%$$

年折旧费＝7 630.11×9.6%＝732.49(万元)

第2年净值＝7 630.11－732.49＝6 897.62(万元)

第3年净值＝6 897.62－732.49＝6 165.13(万元)

依此类推可得以后各年净值。

② 修理费的估算

修理费为折旧费的54%，即为：732.49×54%＝395.54(万元)

③ 无形资产及递延资产摊销费估算

固定资产投资中第二部分费用(工程建设其他费用)除土地费用进入固定资产原值外，其余费用均计入项目的无形资产及递延资产。

摊销费＝500－200＝300(万元)

10年摊销，每年30万元。

④ 长期贷款利息支付计算

根据资金筹措计划，固定资产中2 000万元为银行借款，且投入计划第一年及第二年分别为40%及60%，按实际年利率10.38%计息，长期借款还款计划为在投产期第一年开始以收益偿还，采取等额还本、付息照付法6年还清。

第3年年初累计长期借款＝2 000＋41.52＋149.63＝2 191.15(万元)

3～8年每年应还本金＝2 191.15÷6＝365.19(万元)

3～8年各年偿还长期借款的本金和利息如表5.14所示。

表5.14 长期借款还本付息表 单位：万元

序号	项目	1	2	3	4	5	6	7	8
1	年初累计长期借款	0	841.52	2 191.15	1 825.96	1 460.77	1 095.58	730.39	365.2
2	本年新增长期借款	800	1 200	0	0	0	0	0	0
3	本年应计利息	41.52	149.63	277.44	189.53	151.63	113.72	75.81	37.91

（续　表）

序号	项目	1	2	3	4	5	6	7	8
4	本年应还本息	0	0	642.63	554.72	516.82	478.91	441.00	403.10
4.1	本年应还本金	0	0	365.19	365.19	365.19	365.19	365.19	365.19
4.2	本年应还利息	0	0	277.44	189.53	151.63	113.72	75.81	37.91

⑤ 流动资金估算

只有估算出流动资金才能计算出运营期流动资金的贷款利息，本题一年按360天计。流动资金估算按分项详细估算法估算，详见表5.15。

应收账款＝年经营成本/周转次数＝2 400/(360/40)＝266.67(万元)

无存货；

现金＝(年工资及福利费＋其他费用)/年周转次数
　　＝(200＋180)/(360/25)＝26.39(万元)

应付账款＝(外购原材料、燃料及动力费用)/年周转次数
　　＝1 600/(360/45)＝200(万元)

流动资金＝流动资产－流动负债＝(266.67＋26.39)－200
　　＝93.06(万元)

故运营期各年流动资金贷款利息＝93.06×10%＝9.31(万元)

表5.15　流动资金估算表　　单位：万元

序号	项目	最低周转天数	周转次数	达到设计生产能力期(年)(3～12)
1	流动资产			293.06
1.1	应收账款	40	360/40	266.67
1.2	存货			
1.3	现金	25	360/25	26.39
2	流动负债			200
2.1	应付账款	45	360/45	200
3	流动资金(1－2)			93.06

⑥ 总成本费用为(表5.16)1至8项之和。

固定成本＝折旧＋维修费＋摊销费＋利息＋工资福利费＋其他费用

可变成本＝总成本费用－固定成本。

⑦ 经营成本＝总成本费用－折旧费－摊销费－利息支出

总成本费用估算结果如表 5.16 所示。

表 5.16　总成本费用估算表　　单位:万元

序号	项目	达到设计生产能力期(100%)									
		3	4	5	6	7	8	9	10	11	12
1	外购原料	1 200	1 200	1 200	1 200	1 200	1 200	1 200	1 200	1 200	1 200
2	购燃料动力	400	400	400	400	400	400	400	400	400	400
3	工资福利费	200	200	200	200	200	200	200	200	200	200
4	修理费	395.54	395.54	395.54	395.54	395.54	395.54	395.54	395.54	395.54	395.54
5	折旧费	732.49	732.49	732.49	732.49	732.49	732.49	732.49	732.49	732.49	732.49
6	摊销费	30	30	30	30	30	30	30	30	30	30
7	利息支出	286.75	198.84	160.94	123.03	85.12	47.22	9.31	9.31	9.31	9.31
	其中:建设期贷款利息	277.44	189.53	151.63	113.72	75.81	37.91				
	流动资金贷款利息	9.31	9.31	9.31	9.31	9.31	9.31	9.31	9.31	9.31	9.31
8	其他费用	180	180	180	180	180	180	180	180	180	180
9	总成本费用	3 424.78	3 336.87	3 298.97	3 261.06	3 223.15	3 185.25	3 147.34	3 147.34	3 147.34	3 147.34
	9.1 固定成本	1 824.78	1 736.87	1 698.97	1 661.06	1 623.15	1 585.25	1 547.34	1 547.34	1 547.34	1 547.34
	9.2 可变成本	1 600	1 600	1 600	1 600	1 600	1 600	1 600	1 600	1 600	1 600
10	经营成本	2 375.54	2 375.54	2 375.54	2 375.54	2 375.54	2 375.54	2 375.54	2 375.54	2 375.54	2 375.54

问题(3)

总投资额＝建设投资＋流动资产投资＝7 930.11＋93.06＝8 023.17(万元)

问题(4)　产品销售收入和销售税金及附加估算

经分析,近几年同类产品市场价格,预测产品出厂价为每吨(含税)2 万元,正常生产年份的年销售收入为 2×3 000＝6 000(万元)(含税收入)。

销售税金及附加包括产品税、增值税、营业税、教育费附加、城乡维护建设税等，按国家规定计取。此处，增值税税率为17%，城乡维护建设税按增值税的7%计取，教育费附加按增值税的3%计。

其中，

增值税＝(销售收入－外购原材料、燃料、动力费用)÷(1＋17%)×17%
＝(6 000－1 600)÷(1＋17%)×17%＝639.32(万元)

城乡维护建设税＝639.32×7%＝44.75(万元)

教育费附加＝639.32×3%＝19.18(万元)

即销售税金及附加费用为：639.32＋44.75＋19.18＝703.25(万元)

5.4 融资方案

融资方案是在项目投资估算的基础上，研究拟建项目的融资渠道、融资形式、融资结构、融资成本、融资风险，比选推荐项目的融资方案，并以此研究资金筹措方案和进行财务评价。融资又称资金筹措，是以一定渠道为某种特定活动筹集所需资金的各种活动的总称。

5.4.1 融资组织形式选择

研究融资方案，首先应明确融资主体，由融资主体进行融资活动，并承担融资责任和风险。项目融资主体的组织形式有既有项目法人融资和新设项目法人融资两种形式。

1）既有项目法人融资形式

这是指依托现有法人进行的融资活动。具有以下特点：

(1) 拟建项目不组建新的项目法人，由既有法人统一组织融资活动并承担融资责任和风险；

(2) 拟建项目一般是在既有法人资产和信用的基础上进行，并形成增量资产；

(3) 从既有法人的财务整体状况考察融资后的债务偿还能力。

2）新设项目法人融资形式

新建项目法人融资形式是指新组建项目法人进行融资的活动，具有以下特点：

(1) 项目投资由新设项目法人的资本金和债务资金构成；

(2) 由新项目法人承担融资责任和风险；

(3) 从项目投产后的经济效益情况考察偿债能力。

5.4.2 资金来源选择

在估算出项目所需要的资金量后，应根据资金的可得性、供应的充足性、融资成本的高低等情况，选择资金来源渠道。

资金来源渠道可分为直接融资和间接融资两种形式。直接融资方式是指投资者对拟建项目的直接投资，以及项目法人通过发行(增发)股票、债券等直接筹集的资金。间接融资是指从银行及非银行金融机构借入的资金。具体地说，资金的来源渠道主要有以下几种形式：

(1) 项目法人自有资金；

(2) 政府财政性资金；

(3) 国内外银行等金融机构的信贷资金；

(4) 国内外证券市场资金；

(5) 国内外非银行金融机构的资金，如信托投资公司、投资基金公司、风险投资公司、保险公司、租赁公司等机构的资金；

(6) 外国政府、企业、团体、个人等的资金；

(7)国内企业、团体、个人的资金。

5.4.3 资本金筹措

资本金是指项目总投资中由投资者提供的资金，对投资项目来说是非债务资金，也是获得债务的基金的基础。国家对经营性项目实行资本金制度，规定了经营性项目的建设都要有一定数额的资本金，并提出了各行业的项目资本金的最低比例要求。在可行性研究阶段，应根据新设项目法人融资和既有项目法人融资的形式特点，分别研究资本金筹措方案。

1) 新设项目法人资本金筹措

新设项目法人融资形式下的资本金，是项目发起人和投资者为拟建项目所投入的资本金。项目资本金来源有：

(1) 各级政府财政预算内资金、预算外资金和各种专项资金；

(2) 国家授权投资机构入股的资金；

(3) 国内外企业入股的资金；

(4) 社会个人入股的资金；

(5) 项目法人通过发行股票从证券市场筹集的资金。

资本进出形态可以是现金，也可以是实物、工业产权、非专利技术、土地使用权、资源开采权作价出资。对用作资本金的实物、工业产权、非专利技术、土地使用权、资源开采权作价的资金，必须经过有资格的资产评估机构评估作价。在可行性研究中应说明资本金的出资方、出资方式、资本金来源及比例数额、资本金认缴进度等。

2) 既有项目法人项目资本金筹措

资本金来源主要有：

（1）企业可以用于项目的现金，即现金和银行存款中可用于项目投资的资金；

（2）资产变现的现金，即变卖资产所获得的资金；

（3）原有股东增资扩股；

（4）吸收新股东；

（5）发行股票筹集的资金。

在可行性研究报告中，应说明资本金的各种来源和数量，并附有该企业的财务报表，以便判断是否具备足够的资本金投资拟建项目。

5.4.4 债务资金筹措

债务资金是项目总投资中除资本金外，从金融市场借入的资金。债务资金来源主要有以下几种渠道：

1）信贷融资

主要是国内政策性银行和商业银行等提供的贷款；世界银行、亚洲开发银行等国际金融机构贷款；外国政府贷款；出口信贷以及信托投资公司等非银行金融机构提供的贷款；进行信贷融资应说明拟提供贷款的机构及其贷款条件，包括支付方式、贷款期限、贷款利率、还本付息方式及其他附加条件。

2）债券融资

是指项目法人以其自身的盈利能力和信用条件为基础，通过发行银行债券等筹集资金，用于项目建设的融资方式。除了一般债券融资外，还有可转换债券融资，这种债券在有效期限内，只需支付利息，债券持有人有权将债券按规定价格转换成公司的普通股，如果债券持有人放弃这一选择，融资单位需要在债券到期日兑现本金。可转换债券的发行无需项目资产或其他公司的资产作为担保。在可行性研究阶段，采用债券融资方式，应对其可行性进行分析。可行性研究报告应附有国家证券监管部门的意向文件。

3）融资租赁

融资租赁是资产拥有者将资产租给承租人，在一定时期内使用，由承租人支付租赁费的融资方式。采用这种方式，一般是由承租人选定设备，由出租人购置后租给承租人使用，承租人分期交付租金，租赁期满，设备归承租人所有。

从资金的运作角度看，出租人通过购买指定的出租设备给承租人使用，等于发放了一笔贷款，并通过收取资金的方式逐步收回贷款本息；承租人租用设备等于借款买设备，然后以分期付款支付资金的方式偿还借款本息。

融资租赁有以下几种形式：直接购买租赁、转租赁、售后租回租赁、衡平租赁、服务性租赁。

5.4.5 融资方案分析

在初步确定资金筹措方式和来源的基础上，构造项目的融资方案，合理安排资本金和债务资金等筹措数额、比例、期限及投入时序，使资金供给总额、币种、分年投入数额与项目建设的投资计划相匹配。在构造融资方案以后，应对其资金来源的充足性、资金结构的合理性、融资成本高低、融资风险大小进行分析。

1）资金来源可靠性分析

主要是分析能否按项目所需总投资和分年需要量得到足够的、持续的资金供应（资本金和债务资金）。既有项目法人项目主要分析企业现有财务状况，权益资本的数额，拟提现、变现用于建设资金的可能性及其占权益资金的比例，扩股融资和吸收新股东的数额及其保证程度。新设项目法人项目主要分析各投资者认缴的资本金数额的可靠性。

2）融资结构分析

融资结构是项目资金筹措方案中各种资金来源的构成及其比例关系。与其相对应的概念是企业的资金结构，即企业的各种资金的构成及其比例关系，是针对整个企业而言的。由于项目建设阶段所筹集的资金最终要形成企业的各项资产，因此在项目的筹建阶段，就要系统研究并合理选择融资方案的融资结构，以便项目投产运营后，为企业保持比较理想的资产负债结构和资金结构打好基础。

项目的融资结构，应该包括各种融资方式的结构分析，长期融资和短期融资的结构比例，以及负债融资和权益融资的结构比例。其中最关键的是负债融资和权益融资的结构比例，以及项目的资本金比例。它直接影响到项目投产运营后企业的资产负债比例、项目还本付息能力及投资回收情况，因此，习惯上将负债融资和权益融资的结构比例称为融资结构。

融资结构分析主要分析资本与债务资金的比例，股本结构比例，债务结构比例。

(1) 资本金与债务资金的比例。分析项目的资本金比例是否达到国家规定的行业最低资本金比例的要求，中外合资项目的注册资本是否达到国家规定的要求。

(2) 股本结构分析。主要分析股东各方参股的比例，中外合资项目特别应分析中外各方出资比例的合理性。

(3) 债务结构分析。主要分析各种负债融资方式的融资金额比例的合理性。

3）融资成本分析

融资成本是指项目为筹集和使用资金而支付的费用，包括资金筹集费和资金占用费两部分。按资金构成性质，融资成本分析可以分为债务资金融资成本分析和资本金融资成本分析。

资金筹集费是指资金筹集过程中支付的一次性费用，如发行股票、债券支付的印刷费、发行手续费、律师费、资信评估费、公证费、担保费、广告费等;资金占用费是指占用资金支付的费用,如股票的分红派息、银行借款、发行债券的利息等。资金占用费是融资企业经常发生的,而资金筹集费通常是在资金筹集时一次性发生,因此在计算资金成本时可作为融资金额的一项扣除。资本金占用费一般应按机会成本的原则计算,当机会成本难以计算时,可参照银行存款利率计算。

资金成本是选择资金来源,确定融资方案的重要依据,是评价投资项目、决定投资取舍的重要标准,也是衡量企业经营成果的重要尺度。

项目融资成本一般采用资金成本率相对数来表示,它是企业资金占用费与筹集资金的净额的比率,即:

$$资金成本率=\frac{资金占用费}{筹集资金总额-资金筹集费用}\times 100\%$$

由于在实际工作中不同的融资方式的融资成本各不相同,因此在融资方案比选分析时,首先应分别计算各种融资方式的融资成本,然后以各种融资方式的融资规模占项目总融资额的比重为权重,计算融资方案的加权平均成本为项目的综合资金成本。通过分析比较各种方案的资金成本,合理调整资本结构,就可以达到以最低的综合资金成本筹集到项目所需要的资金的目的,从而找到最佳融资方案。

(1) 资金成本的计算

① 各种融资方式资金成本的计算

各种融资方式资金成本的计算,是指发行股票、债券、银行贷款融资等资金成本的计算。企业融资有多种方式可供选择,它们的资金筹集和使用费用各不相同,通过资金成本的计算与比较,能够按照成本高低比较选择各种融资方式。

a. 银行借款的资金成本

银行贷款的资金成本计算公式为:

$$k_d = \frac{R_1(1-t)}{1-F_1} \tag{5.7}$$

式中,k_d——银行借款资金成本;

R_1——长期借款利率;

F_1——资金筹集费用率;

t——所得税税率。

b. 债券融资的资金成本

发行债券的成本主要是债券利息和融资费用。债券利息应按税后成本计算。债券的融资费用一般比较高,不可在计算资金成本时省略。计算公式为:

$$k_b = \frac{I_b(1-t)}{B(1-F_b)} \tag{5.8}$$

式中，k_b ——债券资金成本；

I_b ——债券年利息；

t ——所得税税率；

B ——债券融资额；

F_b ——债券融资费用率。

c. 普通股成本

普通股成本属权益资金成本。权益资金的资金占用费是向股东分派的股利，而股利是以扣除所得税后的净利支付的，不能抵减所得税。

普通股资金成本的计算公式为：

$$k_s = \frac{D_c}{P_c(1-F_c)} \tag{5.9}$$

式中，k_s ——普通股成本；

D_c ——预期年股利额；

P_c ——普通股融资额；

F_c ——普通股融资费用率。

d. 优先股成本

优先股的优先权是相对于普通股而言的，是指公司在融资时，对优先股认购人给予某些优惠条件的承诺。优先股的优先权利，最主要的是优先于普通股分得股利。与负债利息的支付不同，优先股的股利不能在税前扣除，因而在计算优先股成本时无需经过所得税的调整。优先股成本的计算公式为：

$$k_p = \frac{D}{P_F(1-f)} \tag{5.10}$$

式中，k_p ——优先股成本率；

D ——年支付优先股股利；

P_F ——企业实收股金；

f——优先股融资费用率。

由于优先股的股息在税后支付，而债券利息在税前支付；且当公司破产清算时，优先股持有人的求偿权在债券持有人之后，因此，风险要大，其成本也高于债券成本。

② 加权平均资金成本

为了反映整个融资方案的资金成本情况，在计算各种融资公式的个别资金成本的基础上，还要计算加权平均资金成本，它是企业比较各融资组合方案、进行资本结构决策的重要依据。

加权平均资金成本一般是以各种资金占全部资金的比重为权数，对个别资金成本进行加权平均确定的，计算公式为：

$$K_W = \sum_{j=1}^{n} K_j W_j \tag{5.11}$$

式中，K_W——综合资金成本；

K_j——第 j 种个别资金成本；

W_j——第 j 种个别资金占全部资金的比重(权数)。

从以上公式可以看出，在个别资金成本一定的情况下，企业加权平均资金成本的高低取决于资本结构。

个别资金占全部资金比重的确定，还可以按市场价值或目标价值确定，分别称为市场价值权数和目标价值权数。市场价值权数指债券、股票以市场价格确定权数。这样计算的加权平均资金成本能反映目前企业的实际状况。目标价值权数是指债券、股票以未来预计的目标市场价值确定权数。这种权数能体现期望的资本结构，而不是像账面价值权数和市场价值权数那样只反映过去和现在的资本结构。所以，按目标价值权数计算的加权平均资金成本更适用于企业筹措新资金。

(2) 影响资金成本的因素

影响资金成本的因素很多，归纳起来，主要包括以下因素：

① 融资期限。融资期限越长，未来的不确定性因素越多，风险也越大，投资者要求的报酬率也越高，从而其成本也越高。权益资本是无期限的(除非企业破产)，因而其成本比负债基金成本要高。

② 市场利率。市场利率是资金市场供求关系变动的结果，它是资金"商品"的价格。作为各类融资方式的基准利率，市场利率提高时，会相应提高各融资方式的成本；反之，当市场利率下降时，会相应降低各融资方式的成本。

③ 企业信用等级。企业的信用等级决定了企业在资本市场中的地位，从而对各种方式产生重大影响。一般认为，企业的信用等级越高，信誉越好，投资者投资于企业的风险越小，其要求风险报酬越小，从而融资成本也越低。

④ 抵押担保能力。如果企业能够为债务资金提供足够的抵押或担保，则债权人投资的"安全系数"也大大提高，从而要求的报酬率相对较低，资本成本也相应降低。

⑤ 融资工作效率。工作效率决定融资费用的大小。融资效率越高，则花费的资金筹集费用越低，资金成本也相应降低。

⑥ 通货膨胀率。从投资者角度看，通货膨胀率实质上是名义收益率与实际收益率之间的差异，是对因货币购买力风险而进行的一种价值补偿。因此，它作为系统性风险，对所有的收益项目都产生影响。一般情况下，通货膨胀率越高，则融资成本也越高。

⑦ 政策因素。能够获得国家支持的产业，该产业内的企业能够获得优惠贷款利率，从而降低融资成本。

⑧ 资本结构。在融资总量一定的情况下，各种融资方式的组合比例不同，即

资本结构不同，其加权平均成本也不同。

(3) 降低融资成本的对策

企业降低成本，既取决于企业自身的融资决策，如融资期限安排是否合理，融资效率的高低，企业信用等级，资产抵押或担保情况，同时取决于市场环境，特别是通货膨胀状况、市场利率变动趋势等。

① 合理安排融资期限。资金的筹集主要是用于长期投资，融资期限要服从于项目的建设年限，服从于资金需求量预算，按照投资的进度合理安排筹资期限，以降低资金成本，减少资金不必要的闲置。

② 合理预期未来利率。根据未来利率预测情况，合理安排负债融资期限，节约资金成本。

③ 提高企业信誉，重视信用评级工作。

④ 善于利用负债经营。在投资收益率大于债务成本率的前提下，积极利用负债经营，取得财务杠杆效益，可以降低资金成本，提高投资效益。

⑤ 提高投资效率。包括正确制订融资计划，从总体上对企业在一定时期内的融资数量、资金需要的时间等进行周密安排；充分掌握各种融资方式的基本程序，理顺融资程序中各步骤之间关系，并制定具体的实施步骤，以便于各步骤之间衔接与协调，节约时间与费用；在人员组织安排上，组织人员负责融资计划的具体实施，保证融资工作的顺利开展。

⑥ 积极利用股票增值机制，降低股票融资成本。主要是通过提高企业经营实力和竞争能力，扩大市场份额等措施，采用多种方式转移投资者对股利的注意力，降低股票分红压力，使投资者转向市场实现其投资价值，通过股票增值机制来降低企业实际融资成本。

4) 融资风险分析

融资方案的实施经常受到各种风险的影响。为了使融资方案更加稳妥可靠，需要对可能发生的风险因素进行识别、预测。

(1) 资金供应风险

是指融资方案发生变化，资金不落实导致建设工期拖长，工程造价升高，影响原定投资效益目标实现的风险。主要有以下风险：

① 原定筹资额全部或部分落空。拟议中投资者和承诺出资的投资者中途变故，不能兑现承诺。

② 原定发行股票、债券计划不能实现。

③ 既有项目法人融资项目现有企业经营状况恶化，无力支付原定出资额。

④ 各种来源的资金不能按建设进度足额及时到位。

(2) 利率风险

在负债融资的情况下，利率水平随着金融市场情况而变动。如果融资方案中采用浮动利率计算，则应分析贷款利率变动的可能性及其对项目造成的损失。

（3）汇率风险

是指国际金融市场外汇交易结算产生的风险，主要是人民币对各外币币种币值的变动和各种外币币种之间币值的变动。利用外资数额较大的投资项目应对外汇汇率的走势进行分析，估测可能出现的较大变动时对项目造成的损失。

（4）现金性融资风险和收支性融资风险

① 现金性融资风险：是指企业在特定时点上，现金流出量超过现金流入量而产生的到期不能偿付债务本息的风险。现金性融资风险是由于现金短缺、债务的期限结构与现金流入的时间结构不相配套引起的，它是一种支付风险。

② 收支性融资风险：是指企业在收支不抵情况下出现的不能偿还到期债务本息的风险。

（5）融资风险的规避

对于现金性融资风险的规避，应注重资产占用与资金来源间的合理期限搭配，搞好现金流量的安排。为了避免企业因负债筹资而产生的到期不能支付的偿债风险并提高资本利润率，理论上认为，如果借款期限与借款周期能与生产经营周期相匹配，则企业总能利用借款来满足其资金需要。

对于收支性融资风险，可从以下几方面进行规避：

① 优化资本结构，从总体上减少收支风险。收支风险大，很大程度上是由于资本结构安排不当造成的，如在资产利润率较低时安排较高的负债结构。因此，优化资本结构，可以从两方面入手：一方面，从静态上优化资本结构，增加企业受益资本的比重，降低总体上的债务风险。另一方面从动态上，从资产利润率与负债利润率的比较入手，根据需要与负债的可能，自动调节其债务结构，加强财务杠杆对企业筹资的自我约束，在资本利润率下降的情况下，自动降低负债比例，从而减少财务杠杆系数，降低财务风险。反之，自动调高负债比例，从而提高财务杠杆系数，提高资本利润率。

② 实施债务重组，降低收支性融资风险。当出现严重的经营亏损，收不抵支，处于破产清算边界时，可与债权人协商，实施债务重组，包括将部分债券转化为普通股、部分豁免、降低债息率等，以使企业在新的资本结构基础上起死回生。

③ 在融资上通过合理地调控利率，减少资本成本，减轻其利息支付的压力。

本章学习参考与扩展阅读文献

[1] 张亮波，朱天同，李悦然. 公路工程投资估算新标准的应用分析[J]. 建筑经济，2013(1):30-33

[2] 陶道敏. 化工技术经济评价中投资估算技术与方法分析[J]. 无机盐工业，1997(4):42-44

[3] 王大鹏. 可行性研究阶段投资估算的编制方法及注意事项[J]. 建筑经济,2012(5):26-28

[4] 陈海春. 可行性研究阶段的投资估算[J]. 化工技术经济,2005(4):37-41

[5] 李赛,乔海俊,柯洪,等. 市政桥梁工程投资估算模型的影响因子研究——以空心板梁桥为例[J]. 建筑经济,2013(7):52-54

[6] 住房与城乡建设部,财政部. 建筑安装工程费用项目组成[S/OL]. http://www.mohurd.gov.cn/zcfg/jsbwj_0/jsbwjbzde/201304/t20130401_213303.html

[7] 张小平,余建星,段晓晨. 政府投资项目的投资估算方法研究[J]. 统计与决策,2007(10):45-47

[8] 林宝强. 编制项目投资估算应注意的问题[J]. 开放潮,2005(Z2):93-94

[9] 冯芬玲,李夏苗. 中国铁路项目融资模式[J]. 交通运输工程学报,2002(2):110-113

[10] 吴庆玲. 城市基础设施领域项目融资模式创新[J]. 商业时代,2007(4):95-97

[11] 杨会云. 工程项目融资风险管理存在的问题及对策[J]. 建筑管理现代化,2007(2):21-23

[12] 严斌,杜维栋. 建设工程项目融资模式的比较和选择[J]. 科技管理研究,2010(10):175-177

[13] 李春. 项目融资在我国大型石化项目中的应用[J]. 会计之友(下旬刊),2008(7):81-82

[14] 高中军,任杰. 项目融资风险管理研究[J]. 建筑管理现代化,2007(3):57-59

[15] 成昀,卜炜玮. 马普托港项目融资案例的启示[J]. 建筑经济,2006(6):93-96

习 题

1. 年产 10 万吨某化工产品已建项目的静态投资额为 5 000 万元,现拟建年产相同产品 20 万吨类似项目。若生产能力指数为 0.6,综合调整系数为 1.2,则采用单位生产能力指数法的拟建项目静态投资额为多少万元?

2. 某建设项目为期 3 年,分年度贷款,第一年贷款 400 万元,第二年贷款 650 万元,第三年贷款 400 万元,年利率 15%,计算建设期贷款利息总额。

3. 某公司拟投资建设一个化工厂。

(1) 项目实施计划:该项目建设期为 3 年。

实施计划进度为:第一年完成项目全部投资的 20%,第二年完成项目全部投资的 55%,第三年完成项目全部投资的 25%,第四年全部投产,投产当年项目的生产负荷达到设计生产能力的 70%,第五年项目的生产负荷达到设计生产能力的 90%,第六年项目的生产负荷达到设计生产能力的 100%。项目的运营期总计为 15 年。

(2) 建设投资估算:工程费与工程建设其他费用的估算额为 52 180 万元,预备费为 5 000 万元。

(3) 建设资金来源:本项目的资金来源为自有资金和贷款。贷款总额为 30 000 万元,其中外汇贷款为 2 300 万美元。外汇牌价为 1 美元兑换 6.5 元人民币。人民币贷款的年利率为 12.48%(按季计息)。外汇贷款年利率为 8%(按年计息)。

(4) 生产经营费用估计:工程项目达到设计生产能力以后,全厂定员为 1 100 人,工资和福利费按照每人每年 72 000 元估算；每年的其他费用为 860 万元(其中：其他制造费用为 660 万元)；年外购原材料、燃料及动力费估算为 19 200 万元；年经营成本为 21 000 万元，年修理费占年经营成本 10%。各项流动资金的最低周转天数分别为：应收账款 30 天，现金 40 天，应付账款 30 天，存货 40 天。

问题：

(1) 估算建设期利息；

(2) 用分项详细估算法估算项目的流动资金；

(3) 估算项目的总投资，并编制项目总投资使用计划与资金筹措表。

4. 某企业计划年初的资金结构如表 5.17 所示。普通股票每股面值为 200 元，今年期望股息为 20 元，预计以后每年股息增加 5%，该企业所得税假定为 33%。该企业拟增资 400 万元，有 A、B 两个备选方案。

A 方案：发行长期债券 400 万元，年利率为 10%，筹资费率为 3%，同时，普通股股息增加到 25 元，以后每年还可增加 6%。

B 方案：发行长期债券 200 万元，年利率为 10%，筹资费率为 4%，另发行普通股 200 万元，筹资费率为 5%，普通股息增加到 25 元，以后每年增加 5%。

试比较 A、B 两方案的资金成本率，并选择方案。

表 5.17　某企业资金结构表

各种资金来源	金额(万元)
长期债券，年利率 9%	600
优先股，年股息 7%	200
普通股，年股息率 10%，年增长率 5%	600
保留盈余	200
合计	16 000

6 投资项目财务评价

本章提要

财务评价是工程经济的核心内容，它既是工程经济学原理的应用，又是其理论的深化。本章论述财务评价的内容、基本步骤和基本原则，介绍财务评价的辅助报表和基本报表，重点介绍如何从盈利能力、偿债能力和财务生存能力分析和判别项目。

为了使经济评价的指标体系科学化、标准化、规范化和实用化，本章特以国家发展和改革委员会及原建设部2006年颁发的《建设项目经济评价方法与参数》(第三版)为主要依据，并结合2012年全国注册咨询工程师(投资)执业资格考试的培训教材内容，介绍有关的财务评价静态指标和动态指标。这些指标原则上不仅适用于新建项目的经济评价，而且也适用于改扩建项目和更新项目的经济评价；同时，这些指标也适用于各阶段的经济评价，包括投资决策前各阶段的经济评价和建设过程中的中间评价以及建成投产后的后评价。

6.1 财务评价内容与步骤

6.1.1 财务评价的内容

财务评价(又称财务分析)是在国家现行的会计规定、税收法规和价格体系下，从项目的财务角度，通过对项目的直接效益和直接费用进行预测，编制财务报表，计算评价指标，考察和分析项目的盈利能力、偿债能力和生存能力，据以判断项目的财务可行性，明确项目对财务主体及投资者的价值贡献，为项目决策提供依据。财务评价既是经济评价的重要核心内容，又为国民经济评价提供了调整计算的基础。

判断财务可行性的能力分析主要包括以下内容：

1) 盈利能力分析

主要是考察项目投资的盈利水平，它直接关系到项目投产后能否生存和发展，是评价项目在财务上可行性程度的基本标志。盈利能力的大小是企业进行投资活动的原动力，也是企业进行投资决策时考虑的首要因素，应从两方面进行分析：

（1）项目整个寿命期间内的盈利水平，即主要通过计算财务净现值、财务内部收益率以及投资回收期等动态和静态指标，考察项目在整个计算期内的盈利能力及投资回收能力，判别项目投资的可行性。

（2）项目达到设计生产能力的正常生产年份可能获得的盈利水平，即主要通过计算总投资收益率、资本金净利润率等静态指标，考察项目在正常生产年份年度投资的盈利能力，以及判别项目是否达到行业的平均水平。

2）偿债能力分析

主要是考察项目的财务状况和按期偿还债务的能力，它直接关系到企业面临的财务风险和企业的财务信用程度。对需要筹措债务资金的项目，偿债能力的大小是企业进行筹资决策的重要依据，应从两方面进行分析：

（1）通过计算利息备付率和偿债备付率等比率指标，考察项目是否能按计划偿还所筹措的债务资金，判断其偿债能力。

（2）通过计算资产负债率、流动比率、速动比率等比率指标，考察项目的财务状况和资金结构的合理性，分析对短期债务的偿还能力，判断项目的财务风险。

3）财务生存能力分析

主要是考察项目在整个计算期内的资金充足程度，分析财务可持续性，判断在财务上的生存能力。对于非经营性项目，财务生存能力分析还兼有寻求政府补助维持项目持续运营的作用。应从两方面进行分析：

（1）根据财务计划现金流量表考察项目在计算期内各年的投资、融资和经营活动，通过计算净现金流量和累计盈余资金，分析项目是否有足够的净现金流量维持正常运营。

（2）根据累计盈余资金出现负值的年份，分析能否通过适当的调整以满足财务上可持续的必要条件。

6.1.2 财务评价的基本步骤

按照财务评价与投资估算、融资方案的关系，财务评价应该分为两个有关联的阶段进行。

首先需要进行融资前的项目投资现金流量分析，其结果体现了项目或方案本身设计的合理性，用于投资决策以及项目或方案的比选。也就是说用于考察项目是否基本可行并值得去融资，这对项目发起人、投资者、债权人和政府部门都是有用的。

如果融资前分析的结论是“可”，才有必要进一步考虑融资方案，以进行项目的融资后分析，包括项目资本金现金流量分析、偿债能力分析和财务生存能力分析等。融资后分析是比选融资方案、进行融资决策和投资者最终出资的依据。如果融资前分析的结论是“否”，需返回对项目的建设方案进行修改；在修改后仍然达不到满意的分析结果时，可作出放弃项目的建议。

无论融资前分析还是融资后分析，财务评价大致可分为 3 个基本步骤，见图 6.1。

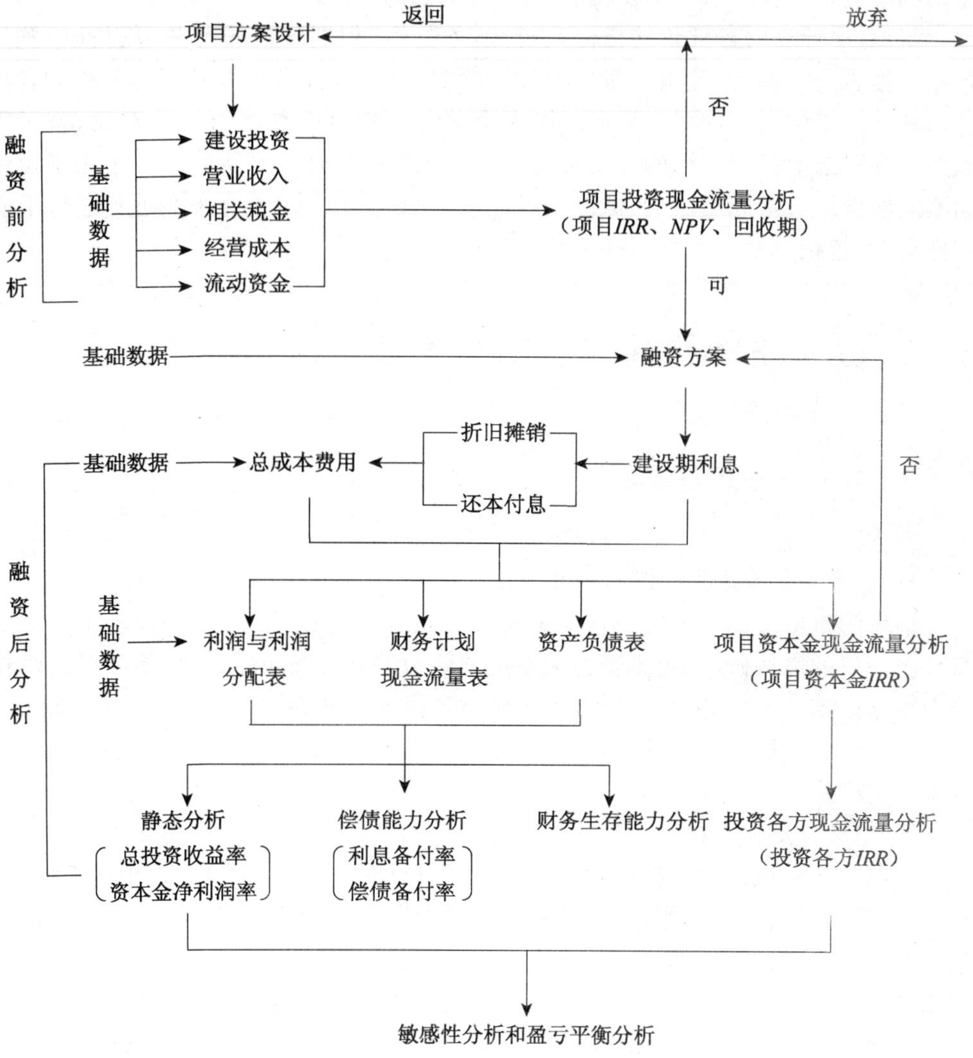

图 6.1　财务评价基本步骤

第一步，进行财务评价基础数据与参数的确定、估算与分析，编制财务评价的辅助报表。通过对主要投入物和产出物的市场价格、税率、利率、汇率、计算期、生产负荷、营业收入、成本费用及基准收益率等基础数据和参数的选取与确定，完成财务评价辅助报表的编制工作。

第二步，编制财务评价的基本报表。将上述辅助报表中的基础数据进行汇总，编制出现金流量表、利润与利润分配表、财务计划现金流量表、资产负债表等主要财务基本报表。为了保证辅助报表与基本报表间数据的一致性和联动性，可使用专门的制表工具(Excel)，完成表格间的数据链接。

第三步，计算财务评价的指标，进行财务分析，判别项目的财务可行性。利用各基本报表，可直接计算出一系列财务评价的指标，包括进行项目能力分析的各项静态和动态指标。将这些指标值与国家有关部门规定的基准值进行对比，就可得出项目在财务上是否可行的评价结论。为了减少项目在未来实施过程中不确定性因素对经济评价指标的影响，保证项目效益的兑现，在财务分析后，还要进行不确定性分析，包括盈亏平衡分析和敏感性分析。

6.2 财务评价的基本原则与参数选取

6.2.1 财务评价的基本原则

财务评价应遵循以下基本原则：

1) 费用与效益计算范围的一致性原则

项目的直接费用与直接效益应该对等一致地限定在同一范围内，才能真实地反映出项目的经济价值，否则会造成费用或效益的漏算或重复计算，使项目的获利能力不能得到正确的评价。例如，增加了某项投资必然会对效益产生作用，那么在效益估算中就应该有所反映。反之，效益产生了增加，必然在投资或成本中有对应的费用付出。

2) 费用与效益识别的有无对比原则

所谓有无对比是指“有项目”与“无项目”进行对比，识别“有项目”相对于“无项目”产生的增量费用与增量效益，这对于依托老厂进行的改扩建与技术改造项目的增量盈利分析有着特殊的意义。这里需要指出的是，所谓“有”是指实施项目后的将来状况，“无”是指不实施项目时的将来状况，即原有的老厂即使不实施项目，原先已存在的基础也会发生的将来状况，它有“变好”、“变差”和“维持现状”三种可能。例如，由于高速公路的建成，轮胎厂即便不扩大生产线，原先的销量也会增加，这时“无项目”所对应的将来状况就“变好”。

采用有无对比的方法就是为了识别那些真正应该算作项目效益即增量效益的部分，排除那些由于其他原因产生的效益；同时也要找出与增量效益相应的增量费用，只有这样才能真正体现“有项目”投资的净效益。

3）动态分析与静态分析相结合，以动态分析为主的原则

国际上通行的财务评价都是以动态分析方法为主，即根据资金的时间价值原理，考虑项目在整个计算期内各年的费用和效益，采用现金流量分析的方法，计算内部收益率和净现值等动态评价指标，以判别项目的财务可行性。

4）基础数据确定的稳妥原则

财务评价的准确性取决于基础数据的可靠性。大量的基础数据来自于预测和估计，难免带来不确定性。为了给投资决策提供可靠的依据，避免因人为的乐观估计所带来的风险，在基础数据的选取和确定中遵循稳妥原则是必要的。

6.2.2 财务评价的参数选取

财务评价的参数分为计算用参数和判别用参数（或称基准参数）。

1）计算用参数

计算用参数是指用于项目费用和效益计算的参数，它用于财务评价辅助报表与基本报表的编制。例如建设投资中资本金的占比，投入物与产出物的价格，成本计算中的各种费率、税率、汇率、利率，项目的计算期和各年运营负荷率，折旧与摊销的年限等。这些参数可参照国家有关部门（行业）发布的数据，或根据现行规定，或根据市场状况由评价者自行确定。

2）判别用参数

判别用参数是指用于比较项目优劣、判别项目可行性的参数，例如基准收益率或最低可接受收益率、基准投资回收期等。这些基准参数往往需要通过专门分析和测算得到，或者直接采用有关部门或行业的发布值，或者由投资者自行确定。

（1）内部收益率的判别基准

《建设项目经济评价方法与参数》（第三版）规定了三个层次的内部收益率指标，即项目投资财务内部收益率、项目资本金财务内部收益率以及投资各方财务内部收益率。这些指标从不同角度考察项目的盈利能力，其相应的判别基准参数即财务基准收益率或最低可接受收益率也可能有所不同。

① 项目投资财务内部收益率的判别基准

项目投资财务内部收益率的判别基准是财务基准收益率，可采用国家、行业或专业（总）公司统一发布执行的基准数据，也可以由评价者根据投资方的要求自行设定。设定时常考虑以下因素，即行业边际收益率、资金成本、资金的机会成本等因素。近年来，采用项目加权平均资金成本（国外简称 WACC）为基础来确定财务基准收益率的做法已成趋势。

② 项目资本金财务内部收益率的判别基准

项目资本金财务内部收益率的判别基准是最低可接受收益率。它的确定主要取决于资金成本、资本收益水平、项目资本金所有者对权益资金收益的要求以及投

资者对风险的态度。当资本金投资者没有明确要求时，可参照同类项目(企业)的净资产收益率来确定。《建设项目经济评价方法与参数》(第二版)也给出了项目资本金财务基准收益率的参考值。

③ 投资各方财务内部收益率的判别基准

投资各方财务内部收益率的判别基准是投资各方对投资收益水平的最低期望值，也可以称为最低可接受收益率，应该由各投资者自行确定，因为不同的投资者其决策理念、资本实力和对风险的承受能力有很大差异。

应该指出的是，当项目的投入物和产出物价格中包含通货膨胀因素时，上述的判别基准也要考虑通货膨胀因素，即在原先的基准上加上通货膨胀率。

(2) 项目投资回收期的判别基准

项目投资回收期的判别基准是基准投资回收期，其取值可以根据行业水平或投资者的具体要求而定。

6.2.3 财务评价的辅助报表和基本报表

在财务评价前，必须进行财务预测。就是先要收集、估计和测算一系列财务数据，作为财务评价所需的基本数据，其结果主要汇集于辅助报表中。有了这些辅助报表，就可编制财务评价的基本报表和计算一系列财务评价的指标。为节省篇幅，本章财务评价报表的格式均参见第11章。

1) 财务评价的辅助报表

(1) 辅助报表1——建设投资估算表(概算法)(见附表11.1)

该表反映了项目的建设投资组成和各类工程或费用的内容以及建设投资的估算值。在该表中，建设投资按工程费用、工程建设其他费用和预备费三部分费用归集而成。

(2) 辅助报表2——建设投资估算表(形成资产法)(见附表11.2)

该表是按照项目建设投资形成的资产类型进行费用的归集，反映了项目建设投资形成的各类资产以及建设投资的估算值。该表与概算法计算的建设投资数额应该一致。

应该指出的是，在2009年1月1日起增值税转型改革后，建设投资中包含的可抵扣固定资产进项税(仅指设备、主要安装材料的进项税额)不再形成项目的固定资产。

(3) 辅助报表3——建设期利息估算表(见附表11.3)

该表反映了在债务融资进行项目建设的情况下建设期各年的利息以及建设期利息总额，为融资后分析计算项目的总投资提供了数据。

(4) 辅助报表4——流动资金估算表(见附表11.4)

该表反映了流动资产和流动负债各项构成，为生产运营期各年流动资金的估算和资金筹措提供了依据。

(5) 辅助报表 5——项目总投资使用计划与资金筹措表(见附表 11.5)

该表用以对各年投资进行规划,并针对各年投资额制定相应的资金筹措方案,以保证项目能按计划实施。

(6) 辅助报表 6——营业收入、营业税金及附加和增值税估算表(见附表11.6)

该表反映了项目在生产运营期内各年的产品(服务)的营业收入、营业税金和附加以及应缴纳的增值税额,是衡量项目盈利能力和财务效益的重要因素。

(7) 辅助报表 7——总成本费用估算表(生产要素法)(见附表 11.7)

该表反映了项目在不同生产负荷下生产和销售产品(或提供服务)而发生的全部费用,是衡量项目利润水平的重要因素。表中的经营成本为流动资金的估算和现金流量分析提供了依据;可变成本和固定资本为进行盈亏平衡分析提供了依据。

(8) 辅助报表 8——外购原材料费估算表(见附表 11.8)

该表反映了生产运营期各年外购原材料、辅助材料及其他材料年耗量、费用及进项税额估算情况。

(9) 辅助报表 9——外购燃料和动力费估算表(见附表 11.9)

该表反映了生产运营期各年外购燃料和动力年耗量、费用及进项税额估算情况。

(10) 辅助报表 10——固定资产折旧费估算表(见附表 11.10)

该表反映了各类固定资产的原值以及在不同的折旧年限下各年的折旧费和净值。

(11) 辅助报表 11——无形资产和其他资产摊销费估算表(见附表 11.11)

该表反映了无形资产和其他资产的原值以及按摊销年限计算的各年摊销费和净值。

(12) 辅助报表 12——工资及福利费估算表(见附表 11.12)

该表按各类员工的工资额进行汇集估算出项目生产运营期各年的工资总额及福利费。

2) 财务评价的基本报表

(1) 基本报表 1——项目投资现金流量表 (见附表 11.13)

该表是从融资前的角度,即在不考虑债务融资的情况下,以项目全部投资作为计算基础,计算财务内部收益率和财务净现值及投资回收期等指标,进行项目投资盈利能力分析,考察项目方案设计的合理性和对财务主体及投资者总体的价值贡献。

根据需要,项目投资现金流量分析可从所得税前和所得税后两个角度进行考察,选择计算相应的指标。一般地,银行和政府管理部门比较关注所得税前的计算指标,而项目投资人(企业)更注重所得税后的计算指标。

(2) 基本报表 2——项目资本金现金流量表(见附表 11.14)

该表是从融资后的角度,在拟定的融资方案下,以项目资本金作为计算基础,把国内外借款利息支付和本金偿还作为现金流出,用以计算资本金财务内部收益率、财务净现值等评价指标,考察项目所得税后资本金的盈利能力,从而有助于对融资方案作出最终决策。

(3) 基本报表 3——投资各方现金流量表(见附表 11.15)

该表是从投资各方的角度出发,反映其具体的现金流入与现金流出情况,计算投资各方财务内部收益率,为其投资决策和进行合作谈判提供参考依据。

(4) 基本报表 4——利润与利润分配表(见附表 11.16)

该表反映了项目计算期内各年的利润总额、企业所得税及企业税后利润的分配情况,用以计算总投资收益率、资本金净利润率等指标。

(5) 基本报表 5——财务计划现金流量表(见附表 11.17)

该表反映了项目计算期内各年的投资活动、融资活动和生产运营活动所产生的现金流入、现金流出和净现金流量,考察资金平衡和余缺情况,是表示财务状况进而分析项目财务生存能力和可持续性的重要报表,可为编制资产负债表提供依据。

(6) 基本报表 6——资产负债表(见附表 11.18)

该表反映了项目计算期内各年末资产、负债和所有者权益的增减变化及对应关系,以考察项目资产、负债、所有者权益的结构是否合理,用以计算资产负债率、流动比率及速动比率等指标。

(7) 基本报表 7——借款还本付息计划表(见附表 11.19)

该表反映了项目计算期内各年借款还本付息的情况,可用来计算利息备付率、偿债备付率等偿债能力分析指标。该表可与建设期利息估算表合二为一,反映出计算期内各年债务资金的利息数额以及偿还债务资金本息的情况。

6.2.4 辅助报表与基本报表的关系

以上各报表,大致可归纳为三类:

第一类:反映项目的总投资及投资使用与资金筹措计划情况,如辅助报表1~5。

第二类:反映项目生产运营期的产品成本和费用、营业收入、营业税金及附加和增值税、利润总额及税后利润分配情况,如辅助报表 6~12 及基本报表 4。

第三类:反映项目全过程的资金活动和各年资金平衡情况以及投资偿还能力,如基本报表 1、2、3、5、6 和 7。

辅助报表与基本报表的关系可以从数据流向及计算顺序中看出,如图 6.2 所示。

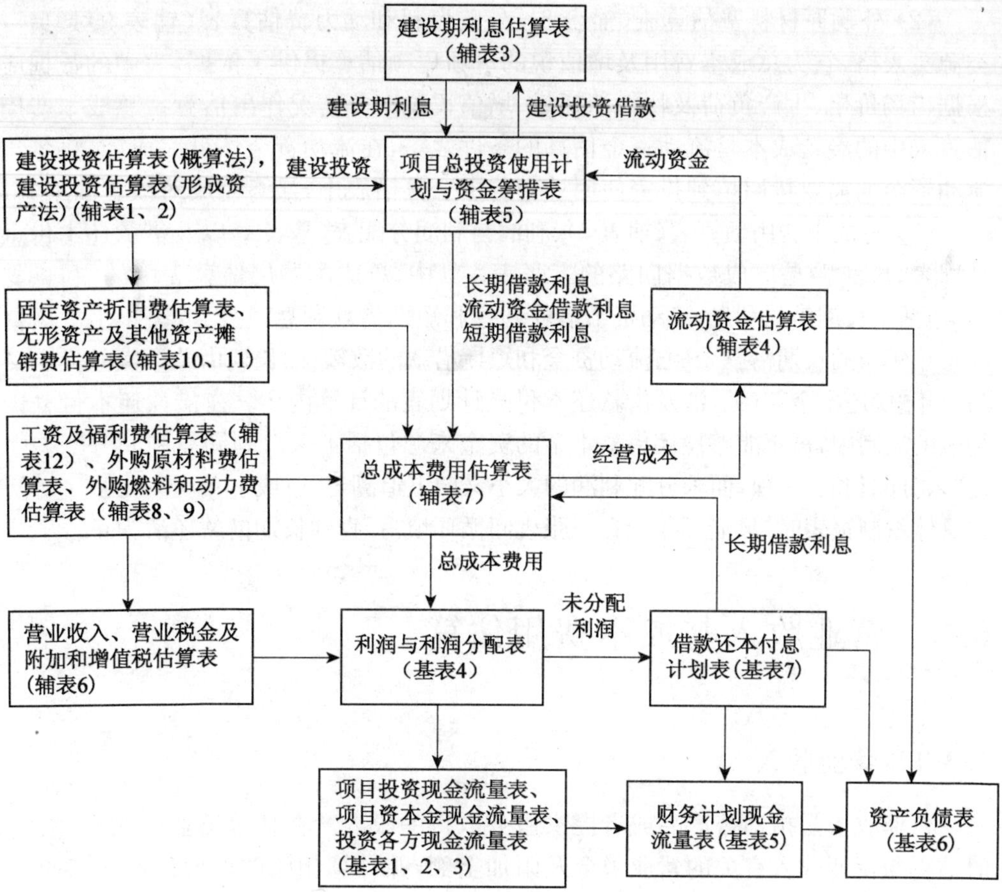

图 6.2　辅助报表与基本报表之间的关系

从图 6.2 中可以看出，财务评价的数据是从辅助报表流向基本报表的。辅助报表是编制基本报表的基础，而基本报表则是计算财务评价各类指标的依据。

在具体的计算过程中，应理清计算思路，把握数据的来龙去脉，通过各报表间的数据链接，使计算准确、快捷。有以下几点需要说明：

(1) 建设投资估算表（辅表 1、2）是源头表格。表中的建设投资可以根据工程建设内容、技术与设备的选择以及施工安装的具体情况，事先估算出各投资费用，并按建筑工程费、设备购置费、安装工程费、其他费用进行分类，填入辅表 1 或辅表 2 中，得到建设投资估算值。

有了建设投资估算值，就可以按投资使用计划进行建设期逐年的投资安排和相应的资金筹措，并由此计算出建设期利息。按照资本保全的原则，从建设投资中归类出的固定资产、无形资产和其他资产的数额，是固定资产折旧费估算表（辅表 10）和无形资产及其他资产摊销费估算表（辅表 11）编制的依据。

(2) 外购原材料费估算表(辅表 8)、外购燃料和动力费估算表(辅表 9)是另一类源头表格,它为总成本费用及增值税的进项税额估算提供了依据,表中的数据应根据市场价格、生产负荷及物料消耗量、增值税税率等情况作出估算。总成本费用估算表中的经营成本是流动资金估算的条件之一,在流动资金估算完成后,将各年流动资金的需要量回填到投资使用计划与资金筹措表中,最终完成对该表的编制。

(3) 总成本费用估算表(辅表 7)、利润与利润分配表(基表 4)以及借款还本付息计划表(基表 7)是形成数据回路的三张表。其中,总成本费用估算表中的"利息支出"包括了长期借款利息、流动资金借款利息和短期借款利息,它们取决于生产运营期每年年初的长期借款余额、流动资金和短期借款的数额;而长期借款余额的大小又与上年"偿还本金"有关,涉及借款还本付息计划表的计算内容。在借款还本付息计划表的编制中,每年能够偿还借款本金的资金来源包括了来自利润与利润分配表中的"未分配利润"一项,而未分配利润的大小又向上追溯与"总成本费用"有关。这样,在具体编制报表时,只能逐年地在三张表间循环填写,直到长期借款还清为止。

6.3 营业收入与成本费用估算

6.3.1 营业收入

营业收入是指销售产品或者提供服务取得的收入。在估算营业收入时,需同时估算与营业收入有关的营业税金及附加金额,并计算相应的增值税额。营业收入、营业税金及附加和增值税估算表格式见附表 11.6。

营业收入=销售量×单价(不含税)

6.3.2 营业税金及附加和增值税

产品或劳务取得了营业收入,就要缴纳相应的税费,包括增值税、消费税、营业税、资源税、城乡维护建设税、教育费附加等,有些行业还涉及土地增值税。

1) 增值税

增值税是以商品生产和流通各环节的新增价值或商品附加值为征税对象的一种流转税。凡在中国境内销售货物或提供加工、修理修配劳务以及进口货物的单位和个人,都是纳税人。

(1) 税率

增值税税率分为 13%和 17%两个档次。

销售或进口下列货物,税率为 13%:粮食、食用植物油;自来水、暖气、冷气、热水、煤气、石油液化气、天然气、沼气、居民用煤炭制品；图书、报纸、杂志；饲料、化肥、农药、农机、农膜等。

销售或进口其他货物以及提供加工、修理修配劳务，税率为17%。

出口货物税率为零。

(2) 应纳税额

增值税采用“价外税”方式，分为一般纳税人和小规模纳税人两类。

小规模纳税人是指生产经营规模小，从事(工业类)生产的年销售额在50万元以下，以及从事(商业类)批发或零售的年销售额在80万元以下的纳税人；其余的纳税人称为一般纳税人。

① 一般纳税人：

$$\text{应纳税额}=\text{当期销项税额}-\text{当期进项税额}$$
$$=\text{当期销售额}\times\text{税率}-\text{当期进项税额}$$

当期销项税额小于当期进项税额不足抵扣时，其不足部分可以结转下期继续抵扣。

当期销售额是指不含增值税的销售额。若售价中含增值税，需把含税销售额还原成不含税的销售额，以便在增值税专用发票上分别记上“销售额”和“税金”。即：

$$(\text{不含税})\text{销售额}=\frac{\text{含税销售额}}{1+\text{增值税税率}}$$

当期进项税额只限于已取得的、从销售方开具的增值税专用发票上注明的增值税额和从海关取得的完税凭证上注明的增值税额。

从2009年1月1日起，我国执行增值税转型改革后的新条例。新条例规定，允许企业抵扣新购入设备所含的增值税进项税额。

购进免税农业产品准予抵扣的进项税额，等于买价乘以13%。

② 小规模纳税人：

$$\text{应纳税额}=\text{销售额}\times 3\%\ (\text{注：不得抵扣进项税额})$$

式中，销售额意义同一般纳税人。

此外，进口货物的应纳税额=(关税完税价格+关税+消费税)×税率

2) 消费税

某些商品除了征收增值税，还要征收消费税，它是对一些特定消费品和消费行为征收的一种税。凡在中国境内生产、委托加工和进口所规定的应税消费品的单位和个人都是纳税人。

(1) 税率

消费税税率分为14类消费品设置：烟36%～56%加0.003元/支；酒及酒精

5%~20%或220~250元/吨;化妆品30%;贵重首饰及珠宝玉石5%~10%;鞭炮焰火15%;成品油(含汽油、柴油、航空煤油、石脑油、溶剂油、润滑油、燃料油等)0.1元~0.28元/升;汽车轮胎3%;摩托车3%~10%;小汽车1%~40%;高尔夫球及球具10%;高档手表20%;游艇10%;木制一次性筷子5%;实木地板5%。

(2) 应纳税额

消费税是价内税,是价格的组成部分,实行从价定率法和从量定额法两种计算方法。

① 从价定率法:

从价定率法计税的税基同增值税。

应纳税额= 销售额×税率=(含消费税价格×销售量)×税率

② 从量定额法:

应纳税额=销售量×单位税额

3) 营业税

凡在中国境内提供所规定的劳务、转让无形资产或销售不动产的单位和个人都是纳税人。

(1) 税率

分为9类产业设置:交通运输业、建筑业、邮电通信业、文化体育业,税率为3%;金融保险业、服务业、转让无形资产、销售不动产,税率为5%;娱乐业税率为5%~20%。

(2) 应纳税额

应纳税额 = 营业额×税率

4) 城市维护建设税

凡在中国境内缴纳增值税、消费税和营业税的单位和个人都是纳税人。

(1) 税率

分为三个档次:市区为7%;县、镇为5%;市区、县、镇以外为1%。

(2) 应纳税额

应纳税额=(增值税+消费税+营业税)×税率

5) 教育费附加和地方教育附加

教育费附加和地方教育附加是伴随增值税、消费税、营业税而附加上缴的税种。

(1) 费率

教育费附加费率为3%,地方教育附加费率为2%。

(2) 应纳税额

应纳税额=(增值税+消费税+营业税)×费率

应当指出，城市维护建设税和教育费附加都属地方税，各地在税率上有不同的规定，计算税金时应以当地规定为准。

6）资源税

凡在中国境内开采矿产品或生产盐的单位和个人都是纳税人。

（1）税率

分为7类资源设置：原油5%～10%；天然气5%～10%；煤炭0.3～20元/吨；黑色金属矿原矿2～30元/吨；有色金属矿原矿0.4～60元/吨；其他非金属矿原矿0.5～20元/吨（或元/立方米）；固体盐10～60元/吨，液体盐2～10元/吨。

（2）应纳税额

从价定率法：应纳税额＝销售额×税率

从量定额法：应纳税额＝销售量×单位税额

7）土地增值税

凡转让房地产（包括转让国有土地使用权、地上的建筑物及其附着物）取得了增值都要缴纳土地增值税。

（1）税率

土地增值税实行四级超额累进税率，税率范围在30%～60%。

（2）应纳税额

应纳税额＝增值额×适用税率－扣除项目金额×速算扣除系数

需要指出的是，上述与营业收入有关的税种中，除了增值税外，其余税种统称为营业税金及附加。

6.3.3 成本费用估算

成本是财务评价的前提，是关系到拟建项目未来盈利能力的重要依据，因此应当实事求是地进行估算，力求提高估算的准确度。成本的估算应与营业收入的计算口径对应一致，各项费用应划分清楚，防止重复计算或者低估费用支出。

在工程经济评价中，按财务评价的特定要求，成本按生产要素进行归结，分为总成本费用和经营成本。按成本与产量的关系，分为固定成本和可变成本。

1）总成本费用

总成本费用是指在一定时期内（一般为一年）为生产和销售产品或提供服务而发生的全部费用，它由制造成本和期间费用两大部分组成。制造成本包括直接材料费、直接燃料和动力费、直接工资、其他直接支出和制造费用；期间费用包括管理费用、财务费用和营业费用。为了估算简便，财务评价中通常按成本要素进行归结分类估算。归结后，总成本费用由外购原材料费、外购燃料和动力费、工资及福利费、修理费、折旧费、摊销费、财务费用（主要指利息支出）以及其他费用组成。

(1) 外购原材料费

外购原材料指在生产过程中消耗的各种原料、主要材料、辅助材料和直接包装物等。按入库价对外购原材料费进行估算,并要估算进项税额。

外购原材料费＝消耗数量×单价(不含税)

(2) 外购燃料和动力费

外购燃料和动力指在生产过程中消耗的固体、液体和气体等各种燃料及水、电、蒸汽等。按入库价对外购燃料和动力费进行估算,并要估算进项税额。

外购燃料和动力费＝消耗数量×单价(不含税)

(3) 工资及福利费

工资总额按职工定员人数(分为工人、技术人员和管理人员)及人均年工资计算,福利费按工资总额的百分比例(14%)计。

工资额＝人数×人均年工资

(4) 修理费

修理费是指为保持固定资产的正常运转和使用,充分发挥其使用效能,对其进行必要修理所发生的费用。

修理费＝固定资产原值(扣除建设期利息)×百分比率

百分比率的选取应考虑行业和项目特点。一般地,修理费可取固定资产原值(扣除建设期利息)的1%～5%。

(5) 折旧费

折旧是对固定资产磨损的价值补偿。按照我国的税法,允许企业逐年提取固定资产折旧,并在所得税前列支。一般采用直线法,包括年限平均法和工作量法计提折旧,也允许采用加速折旧的方法(双倍余额递减法、年数总和法)。

① 年限平均法

这种方法是把应提折旧的固定资产总额按规定的折旧年限平均分摊求得每年的折旧额。具有计算简便的特点,是一种常用的计算方法。

$$\text{年折旧率}=\frac{1-\text{预计净残值率}}{\text{折旧年限}}\times 100\%$$

$$\text{年折旧额}=\frac{\text{固定资产原值}-\text{预计净残值}}{\text{折旧年限}}$$

$$=\text{固定资产原值}\times\text{年折旧率}$$

式中,固定资产原值——由工程费用(建筑工程费、设备购置费、安装工程费)、固定资产其他费用、预备费和建设期利息构成。(注:在增值税转型改革后,可抵扣固定资产进项税不得计入固定资产原值中)

预计净残值率——预计净残值占固定资产原值的百分比率

折旧年限——选取税法规定的分类折旧年限，也可以选用按行业规定的综合折旧年限计算。房屋、建筑物最低折旧年限为 20 年，保留 1%～5%的残值；机器设备一般按 10 年折旧，保留 3%～5%的残值；大型耐用的专用设备可适当增加折旧年限。

② 工作量法

某些固定资产，例如客货运汽车、大型专用设备等，是非常年使用的，可以用实际工作量作为依据计算折旧。

a. 按照行驶里程计算

单位里程折旧额＝固定资产原值×(1－预计净残值率)/总行驶里程

年折旧额＝单位里程折旧额×年行驶里程

b. 按照工作小时计算

每工作小时折旧额＝固定资产原值×(1－预计净残值率)/总工作小时

年折旧额＝每工作小时折旧额×年工作小时

③ 双倍余额递减法

这种方法是在上年末净值的基础上乘以折旧率(常数)求得本年的折旧额。

$$\text{年折旧率}=\frac{2}{\text{折旧年限}}\times 100\%$$

年折旧额＝年初固定资产净值×年折旧率

采用双倍余额递减法折旧时，应当在其固定资产折旧年限到期前 2 年内，将固定资产净值扣除预计净残值后的净额平均分摊。

④ 年数总和法

这种方法是以应提折旧的固定资产总额为基础，乘以年折旧率得到折旧额。年折旧率是一个与年数总和有关的数值，年数越大，折旧率越小，折旧额越低。

$$\text{年折旧率}=\frac{\text{折旧年限}-\text{已使用年数}}{\text{折旧年限}\times(\text{折旧年限}+1)\div 2}\times 100\%$$

年折旧额＝(固定资产原值－预计净残值)×年折旧率

(6) 摊销费

摊销费包括无形资产摊销和其他资产摊销两部分。

① 无形资产摊销

无形资产从开始使用之日起，在有效使用期限内平均摊入成本。若法律和合同或者企业申请书中均未规定有效期限或受益年限的，按照不少于 10 年的期限确定。摊销采用年限平均法，不计残值。

年摊销费＝无形资产原值/摊销年限

② 其他资产摊销

其他资产包括开办费，从企业开始生产经营月份的次月起，按照不少于 5 年的期限分期摊入成本。摊销采用年限平均法，不计残值。

年摊销费＝其他资产原值/摊销年限

(7)财务费用

财务费用是指因筹资而发生的各项费用，包括利息支出(减利息收入)、汇兑损失(减汇兑收益)以及相关的手续费等。在项目的财务评价中，一般只考虑利息支出。利息支出主要由长期借款利息、流动资金借款利息以及短期借款利息组成。

① 长期借款利息

长期借款利息是指对建设期间借款余额(含未支付的建设期利息)应在生产期支付的利息，有等额还本付息方式、等额还本利息照付方式和最大能力还本付息方式三种计算长期借款利息的方法可供选择。无论采取哪种方式，长期借款利息均按年初借款余额全额计息：

长期借款利息＝年初借款余额×年利率

② 流动资金借款利息

流动资金借款从本质上说应归类为长期借款，企业往往可能与银行达成共识，按年终偿还、下年初再借的方式处理，并按 1 年期利率计息。财务评价中，一般设定流动资金借款偿还在计算期最后一年，也可以在还完长期借款后安排。

流动资金借款利息＝流动资金借款额×年利率

③ 短期借款利息

项目评价中的短期借款是指生产运营期间为了资金的临时需要而发生的短期借款，其利息计算一般采用 1 年期利率，按照随借随还的原则处理还款，即当年借款尽可能于下年偿还。

短期借款利息 ＝ 短期借款额 × 年利率

(8)其他费用

其他费用由其他制造费用、其他管理费用和其他营业费用三部分组成，是指从制造费用、管理费用和营业费用中分别去除工资及福利费、修理费、折旧费、摊销费等以后的其余部分。

① 其他制造费用

其他制造费用＝固定资产原值(扣除建设期利息)×百分比率

一般地，百分比率取 1%～10%，但也要结合投资项目和现有企业的实际情况。

另外，其他制造费用也有按人员定额估算的。所以，在项目评价中也可按行业规定或习惯计取。若引进项目或某些特殊项目固定资产原值相对较高，可取较低的比率；若在原有基础上进行局部挖潜改造的项目，可取一般比率的 0.5～0.8。

② 其他管理费用

其他管理费用＝工资及福利费总额×百分比率

一般地，百分比率为150%～300%。若依托老厂进行建设的项目，其费率可取一般数值的50%～80%；特殊行业其他管理费用的取值可从行业习惯。

应当指出的是，若技术转让费、技术开发费和土地使用税数额较大时，可以从其他管理费用中分离出来单列。

③ 其他营业费用

其他营业费用＝营业收入×百分比率

一般地，百分比率可取1%～5%。对某些通过技术改造增加产量的项目可减半计算；而某些特殊项目可取一般比率的2倍或更高，但要符合有关的税法规定。

2）经营成本

经营成本是工程经济评价中特有的概念，应用于现金流量分析中。经营成本是项目总成本费用扣除折旧费、摊销费和利息支出以后的全部费用。

经营成本＝总成本费用－折旧费－摊销费－利息支出
＝外购原材料费＋外购燃料和动力费＋工资及福利费＋修理费＋其他费用

3）固定成本

固定成本是指在总成本费用中，在一定生产规模限度内，费用与产量变化无关的部分。如工资及福利费（计件工资除外）、修理费、折旧费、摊销费和其他费用，利息支出一般也视为固定成本。

4）可变成本

可变成本是指在总成本费用中，费用随产量变化而变化的部分。它可分为两种情况：一种是随产量变化而呈线性变化的费用，称为比例费用，如原材料费、燃料费等。另一种是随产量变化而呈非线性变化的费用，称为半比例费用，如某些动力费、运输费、计时工资的加班费。半比例费用最终可以划分为可变成本和固定成本。

项目财务评价中，一般可进行简化处理，将外购原材料费、外购燃料和动力费作为可变成本，其余的均作为固定成本。

6.4 新设法人项目财务评价

新设法人项目是指由项目的发起者及其他投资人新组建成项目法人并进行建设的项目，其财务评价的主要内容是在编制财务现金流量表、利润与利润分配表、财务计划现金流量表、借款还本付息计划表的基础上，进行盈利能力分析、偿债能力分析和财务生存能力分析。

6.4.1 盈利能力分析

盈利能力分析是项目财务评价的主要内容之一，通过计算财务净现值、财务内部收益率、投资回收期、总投资收益率和资本金净利润率等指标，考察项目财务上的盈利能力。

1) 静态指标

所谓静态指标，就是在不考虑资金的时间价值前提下，对项目或方案的经济效果所进行的经济计算与度量。财务评价中主要有下列几个静态指标：

(1) 投资回收期(P_t)

投资回收期(或投资返本年限)是以项目的净收益回收项目投资所需的时间。也就是说，为补偿项目的投资而要积累一定的净收益所需的时间，它是反映项目财务上投资回收能力的重要指标。

投资回收期一般以年为单位，并从项目建设开始年算起。若从项目投产年算起，应予注明。其表达式为：

$$\sum_{t=1}^{P_t}(CI-CO)_t=0$$

式中，CI——现金流入量；

CO——现金流出量；

$(CI-CO)_t$——第 t 年的净现金流量；

P_t——投资回收期(年)。

投资回收期可用现金流量表中累计净现金流量计算求得，详细计算公式为：

$$P_t=\text{累计净现金流量开始出现正值的年份数}-1+\frac{\text{上年累计净现金流量的绝对值}}{\text{当年净现金流量}}$$

(2) 总投资收益率

总投资收益率是指项目达到设计能力后正常年份的息税前利润或生产运营期内年均息税前利润与项目总投资的比率。其计算公式为：

$$\text{总投资收益率}=\frac{\text{正常年份息税前利润或年均息税前利润}}{\text{项目总投资}}\times100\%$$

总投资收益率是融资后分析指标，可根据利润与利润分配表、项目投资使用计划与资金筹措表求得。在财务评价中，将总投资收益率与行业的收益率参考值对比，以判别项目的盈利能力是否达到所要求的水平。

(3) 资本金净利润率

资本金净利润率是指项目达到设计生产能力后正常年份的净利润或项目生产运营期内年均净利润与项目资本金的比率。其计算公式为：

$$资本金净利润率=\frac{正常年份净利润或年平均净利润}{项目资本金}\times 100\%$$

资本金净利润率是融资后分析指标，反映了投入项目的资本金盈利能力，可根据利润与利润分配表、项目投资使用计划与资金筹措表求得。

2) 动态指标

所谓动态指标，就是在考虑(以复利方法计算)资金的时间价值情况下，对项目或方案的经济效益所进行的计算与度量。与静态指标相比，它的特点是能够动态地反映项目在整个计算期内的资金运动情况，包括投资回收期以后若干年的经济效益、项目结束时的资产余值及流动资金的回收等。

动态指标的计算是建立在资金等值换算的基础上的，即将不同时点的资金流入与资金流出换算成同一时点的价值，它为不同方案和不同项目的经济比较提供了可比的基础。动态指标对投资者和决策者树立资金周转观念、利息观念、投入产出观念，合理利用资金，提高经济效益等都具有十分重要的意义。

常用的财务评价动态指标有如下几个：

(1) 财务净现值($FNPV$)

财务净现值是指项目按设定的折现率(i_c)将各年的净现金流量折现到建设起点(计算期初)的现值之和。利用财务现金流量表可以计算出财务净现值 $FNPV$，其表达式为：

$$FNPV=\sum_{t=1}^{n}\frac{(CI-CO)_t}{(1+i_c)^t}$$

式中，i_c ——设定的折现率。取部门或行业的财务基准收益率或最低可接受收益率。

n ——计算期年数。包括建设期和生产运营期，一般取 10～20 年。

(2) 财务内部收益率($FIRR$)

财务内部收益率是指项目在计算期内各年净现金流量现值累计等于零时的折现率。也就是说，使财务净现值等于零时所对应的折现率即为财务内部收益率，其表达式为：

$$\sum_{t=1}^{n}\frac{(CI-CO)_t}{(1+FIRR)^t}=0$$

应当指出的是，在项目财务评价中，存在三个不同的内部收益率：项目投资财务内部收益率(用于融资前分析)、项目资本金财务内部收益率(用于融资后分析)

和投资各方财务内部收益率(用于融资后分析)。尽管对应的财务现金流量表内涵不完全一样,但其内部收益率的表达式和计算方法是完全相同的。

(3) 财务净现值率($FNPVR$)

财务净现值率是财务净现值与全部投资现值之比,亦即单位投资现值的净现值。其表达式为:

$$FNPVR = \frac{FNPV}{I_p}$$

式中,I_p——项目的投资现值,即各年投资折现到建设起点(计算期初)的现值之和。

当 $FNPVR \geqslant 0$ 时,项目可行;

当 $FNPVR < 0$ 时,项目不可行。

净现值率是在净现值基础上发展起来的,可作为净现值的补充指标,它反映了净现值与投资现值的关系。净现值率的最大化,有利于实现有限投资的净贡献最大化,它在多方案选择中有重要作用。

6.4.2 偿债能力分析

偿债能力分析主要是通过编制借款还本付息计划表、利润与利润分配表,计算利息备付率、偿债备付率、借款偿还期等指标,反映项目的借款偿还能力;并通过编制资产负债表,计算资产负债率、流动比率、速动比率等指标,考察项目的财务状况。

1) 利息备付率和偿债备付率

通常,项目的债务融资其贷款期限已预先约定,这时可以根据年利率、还款方式等融资条件,计算利息备付率和偿债备付率,以考察项目偿还利息或债务的保障能力。并根据不同的还款方式,计算约定期内各年应偿还的本金和利息数额。

(1) 利息备付率

利息备付率= 息税前利润 / 应付利息

= (利润总额 + 应付利息) / 应付利息

式中,应付利息是指计入总成本费用的全部利息。

利息备付率可以分年计算,也可以按整个借款期计算,分年计算的结果更能反映项目的偿债能力。利息备付率至少应大于 1,一般不低于 2;若低于 1 则表示没有足够的资金支付利息,偿债风险很大。

(2) 偿债备付率

偿债备付率=可用于还本付息的资金/应还本付息额

式中,可用于还本付息的资金是指息税折旧摊销前利润(息税前利润加上折旧和摊销)减去所得税后的余额,即包括可用于还款的利润、折旧和摊销,以及在成本中列支的利息费用；应还本付息额包括还本金额及计入成本的利息额。

偿债备付率应分年计算。偿债备付率至少应大于1，一般不宜低于1.3；若低于1则表示没有足够的资金偿付当期债务，偿债风险较大。

2）约定期限下不同还款方式的还本付息计算

（1）等额偿还本金和利息

$$A = I_d \frac{i(1+i)^n}{(1+i)^n - 1} = I_d(A/P, i, n)$$

式中，A——每年还本付息额（等额年金）；

I_d——还款起始年年初的借款余额（含未支付的建设期利息）；

n——约定的还款期。

还本付息额中各年偿还的本金和利息是不等的，但两者之和相等。其中，偿还本金部分将逐年增多，支付利息部分将逐年减少。

每年支付利息 = 年初借款余额 × 年利率

每年偿还本金 = A − 每年支付利息

【例 6.1】 假设建设期建设投资借款本息之和为 2 000 万元，借款偿还期为 4 年，年利率为 10%，用等额偿还本金和利息的方法，列表计算各年偿还的本金和利息各是多少。

【解】 每年还本付息额 A=2 000(A/P, 10%, 4)=630.94(万元)

列表计算如下：

单位：万元

年份	年初借款余额	本年应计利息	本年偿还本金	本年支付利息	年末借款余额
1	2 000.00	200.00	430.94	200.00	1 569.06
2	1 569.06	156.91	474.03	156.91	1 095.03
3	1 095.03	109.50	521.44	109.50	573.59
4	573.59	57.36	573.59	57.36	0
合计			2 000.00	523.77	

（2）等额还本、利息照付

每年支付利息＝年初借款余额×年利率

每年偿还本金＝建设期借款本息之和(I_d)/借款偿还期(n)

各年度偿还本息之和是不等的。其中，偿还期内每年偿还的本金数额相等，利息将随着本金逐年偿还而减少。

【例 6.2】 假设条件同例 6.1，用等额还本、利息照付方式，列表计算各年偿还本金和利息各是多少。

【解】 每年偿还本金＝2 000/4＝500(万元)

列表计算如下：

单位:万元

年份	年初借款余额	本年应计利息	本年偿还本金	本年支付利息	年末借款余额
1	2 000.00	200.00	500.00	200.00	1 500.00
2	1 500.00	150.00	500.00	150.00	1 000.00
3	1 000.00	100.00	500.00	100.00	500.00
4	500.00	50.00	500.00	50.00	0
合计			2 000.00	500.00	

3) 借款偿还期(P_d)

在某些情况下,为了考察项目承受债务的风险,需要计算最大还款能力下的借款偿还期,即在国家财政规定及项目具体财务条件下,项目投产后以可用作还款的利润(指未分配利润)、折旧、摊销及其他收益偿还建设投资借款本金(含未付建设期利息)所需要的时间。若借款偿还期满足了贷款机构的要求,则认为项目的债务风险不大。

借款偿还期的表达式为：

$$I_d = \sum_{t=1}^{P_d} R_t$$

式中,I_d ——建设投资借款本金和(未付)建设期利息之和；

P_d ——借款偿还期(从借款开始年计算,若从投产年算起时应予注明)；

R_t ——第 t 年可用于还款的最大资金额。

实际应用中,借款偿还期可由借款还本付息计划表直接推算,以年表示。其计算式为：

$$P_d = \text{借款偿还后开始出现盈余的年份数} - \text{开始借款年份} + \frac{\text{当年偿还本金额}}{\text{当年可用于还款的资金额}}$$

需要指出的是,借款偿还期指标适用于那些不预先给定借款偿还期限,且按最大偿还能力计算还本付息的方案。对于预先给定借款偿还期的方案,应采用利息备付率和偿债备付率指标分析企业的偿债能力。

【例 6.3】 某项目在第 14 年有了盈余资金。在第 14 年中,未分配利润为 7 262.76万元,可作为归还借款的折旧和摊销为 1 942.29 万元,还款期间的企业留利为 98.91 万元。当年归还国内借款本金为 1 473.86 万元,归还国内借款利息为 33.90 万元。项目开始借款年份为第 1 年,求借款偿还期。

【解】 按照公式有

$$P_d = 14 - 1 + \frac{1\,473.86}{7\,262.76 - 98.91 + 1\,942.29}$$
$$= 13.16(年)(从借款开始年算起)$$

4）资产负债率

资产负债率是指一定时点上负债总额与资产总额的比率，表示总资产中有多少是通过负债得来的。它是评价项目负债水平的综合指标，反映项目利用债权人提供资金进行经营活动的能力，并反映债权人发放贷款的安全程度。资产负债率可由资产负债表求得，其计算公式为：

$$资产负债率 = \frac{负债总额}{全部资产总额} \times 100\%$$

一般认为，过高的资产负债率表明企业财务风险太大，而过低的资产负债率则表明企业对财务杠杆利用不够，适宜的水平在40%～60%左右。对于经营风险较高的企业，例如高科技企业，为减少财务风险应选择比较低的资产负债率；对于经营风险低的企业，例如供水、供电企业，资产负债率可以较高。我国交通、运输、电力等基础行业，资产负债率平均为50%，加工业为65%，商贸业为80%。而英国、美国资产负债率很少超过50%，亚洲和欧盟则明显高于50%，有的成功企业达70%。

应该指出的是，资产负债率可以在长期债务还清后不再计算。

5）流动比率

流动比率是指一定时点上流动资产与流动负债的比率，反映项目流动资产在短期债务到期以前可以变为现金用于偿还流动负债的能力。流动比率可由资产负债表求得，其计算公式为：

流动比率＝流动资产/流动负债

国际公认的标准比率为2.0，理由是变现能力差的存货通常占流动资产总额的一半左右。行业间流动比率会有很大差异，行业周期较长的流动比率应相应提高。到了20世纪90年代以后，由于采用新的经营方式，流动比率的平均值已降为1.5左右。例如，美国平均为1.4左右，日本为1.2左右，达到或超过2的企业已经是个别现象。

6）速动比率

速动比率是指一定时点上速动资产与流动负债的比率，反映项目流动资产中可以立即用于偿付流动负债的能力。速动比率可由资产负债表求得，其计算公式为：

速动比率 ＝ 速动资产 / 流动负债

式中，速动资产＝流动资产－存货。

国际公认的标准比率为1.0。但20世纪90年代以来已降为0.8左右。在有些行业，例如小型零售商很少有赊销业务，故很少有应收账款，因此速动比率低于一般水平,并不意味着缺乏流动性。

6.4.3 财务生存能力分析

财务生存能力分析主要是考察项目在整个计算期内的资金充足程度,分析财务可持续性,判断在财务上的生存能力。对于非经营性项目,财务生存能力分析还兼有寻求政府补助维持项目持续运营的作用。

财务生存能力分析主要是通过编制财务计划现金流量表,同时兼顾借款还本付息计划和利润分配计划进行,应从两方面加以分析:

1) 分析是否有足够的净现金流量维持正常运营

根据财务计划现金流量表考察项目在计算期内各年的投资、融资和经营活动,通过计算净现金流量和累计盈余资金,分析项目是否有足够的净现金流量维持正常运营。拥有足够的净现金流量是财务上可持续的基本条件,特别是在项目的运营初期,更要注意维持项目的资金平衡。

2) 各年累计盈余资金不出现负值是财务上可持续的必要条件

在整个运营期内,允许个别年份的净现金流量出现负值,但不能允许任一年的累计盈余资金出现负值。一旦出现累计盈余资金为负值的年份,则要分析能否通过适当的调整以满足财务上可持续的必要条件。例如,可以通过调整还款计划或融资方案,减少当年还本付息的负担;可以调整利润分配计划,以保证一定数量的累计盈余资金。也可以通过短期融资,以维持累计盈余资金不出现负值。

6.5 改扩建项目财务评价

改扩建项目是指既有法人依托现有企业进行改扩建与技术改造的项目,与新设法人项目相比,其最显著的组织特点就是不组建新的项目法人。

6.5.1 改扩建项目财务评价的特殊性

与从无到有的新设法人项目(新建项目)相比,改扩建项目的财务评价复杂程度高,牵扯面广,需要数据多,涉及项目和企业两个层次、"有项目"与"无项目"两个方面,其特殊性主要表现在:

(1) 在不同程度上利用了原有资产和资源,以增量调动存量,以较小的新增投入取得较大的效益;在财务评价中,注意应将原有资产作为沉没费用处理。

(2) 原来已在生产,若不进行改扩建,原有状况也会发生变化,因此项目效益与费用的识别与计算要比新设法人项目复杂得多,着重于增量分析与评价。例如,项目的效益目标可以是新增生产线或新品种,可以是降低成本、提高产量或质量等多个方面;项目的费用不仅要考虑新增投资、新增成本费用,而且还可能要考虑因改造引起的停产损失和部分原有资产的拆除和迁移费用等。

(3) 建设期内建设与生产可能同步进行。

(4) 项目与企业既有联系,又有区别。既要考察项目给企业带来的效益,又要考察企业整体的财务状况,这就提出了项目范围界定的问题。对于那些难以将项目(局部)与企业(整体)效益与费用严格区分的项目,增量分析将会出现一定的困难,这时应把企业作为项目范围,从总量上考察项目的建设效果。

(5) 出现“有项目”与“无项目”计算期是否一致问题。这时应以“有项目”的计算期为基础,对“无项目”进行计算期调整。调整的手段一般是追加投资或加大各年修理费,以延长其寿命期。在某些特殊情况下,也可以将“无项目”适时终止,其后的现金流量作零处理。

6.5.2 改扩建项目效益与费用的数据

按照效益与费用识别的有无对比原则,对既有法人的改扩建项目而言,为了求得增量效益与费用的数据,必须要计算五套数据。

(1) “现状”数据,反映项目实施起点时(建设期初)的效益和费用现状,是单一的状态值。

(2) “无项目”数据,指不实施该项目时,在现状基础上考虑计算期内效益和费用的变化趋势(其变化值可能大于、等于或小于零),经合理预测得出的数值序列。

(3) “有项目” 数据,指实施该项目后计算期内的总量效益和费用数据,是数值序列。

(4) 新增数据,是“有项目”与“现状” 效益和费用数据的差额。实际上大多要先估算新增数据,如新增投资,然后再加上现状数据得出“有项目”数据。

(5) 增量数据,是“有项目”与“无项目”效益和费用的差额,即“有无对比”得出的数据,是数值序列。

以上五套数据中,“无项目”数据的预测是一个难点,也是增量分析的关键所在,应采取稳妥的原则,避免人为地夸大增量效益。若将现状数据和无项目数据均看作零,则有项目数据与新增数据、增量数据相同,这时有项目就等同于新设法人项目。

6.5.3 盈利能力分析

改扩建项目的盈利能力分析是在明确项目范围和确定上述五套数据的基础上进行的。虽然涉及五套数据,但并不要求计算五套指标。而是强调以“有项目”和“无项目”对比得到的增量数据进行增量现金流量分析,并据此作为判断项目盈利能力的主要依据。

在某些情况下,既有法人改扩建项目的盈利能力分析也可以按“有项目”效益与费用数据编制“有项目”的现金流量表进行总量盈利能力分析,目的是考察项目建设后的总体效果,可以作为辅助的决策依据。

有些改扩建项目与老厂界限清晰或涉及范围较少，可以对盈利能力增量分析进行简化，即按照“有无对比”的原则，直接判定增量数据用于报表编制，并进行增量分析。这种做法实际上就是按照新设法人项目的方式进行盈利能力分析的。

6.5.4 偿债能力分析

改扩建项目偿债能力分析涉及的有关表格基本上与新设法人项目的表格相似，指标的含义、计算以及判别基准均与新设项目法人项目相同，只是表格中采用的是“有无对比”的增量数据。

当项目范围与企业范围一致时，“有项目”数据与报表都与企业一致，可直接进行借款偿还计算；当项目的范围与企业不一致时，偿债能力分析就有可能出现项目和企业两个层次。

(1) 项目层次的借款偿还能力

由于项目自身不是偿债的主体，项目的债务是由既有法人借入并负责偿还的，因此计算得到的项目层次偿债能力指标可以给企业法人两种提示：一是靠本项目自身收益可以偿还债务，不会给企业法人增加筹资还债的额外负担；二是本项目的自身收益不能偿还债务，需要企业法人另筹资金偿还债务。

同样道理，计算得到的拟建项目偿债能力指标对银行等金融机构也有两种参考：一是本项目自身有偿债能力；二是项目自身偿债能力不够，需企业另外筹资偿还。为了满足金融机构的信贷要求，在计算项目层次的借款偿还能力的同时，企业要向银行提供前3～5年的主要财务报表。

(2) 企业层次的借款偿还能力

为了从整体上考察企业的经济实力，降低贷款的风险，银行等金融机构不仅考察现有企业的财务状况，而且还要了解企业各笔借款的综合偿债能力。为了满足债权人的要求，企业不仅要提供项目建设前3～5年的主要财务报表，还需要编制企业在拟建项目建设期和投产后3～5年内(或项目偿还期内)的综合借款还本付息计划表，并结合利润与利润分配表、财务计划现金流量表和资产负债表，分析企业整体的偿债能力。

6.6 非经营性项目财务评价

6.6.1 非经营性项目财务评价的目的和要求

1) 非经营性项目财务评价的目的

所谓非经营性项目是指不以营利为目的，旨在实现社会目标，为社会公众提供服务的投资项目，包括社会公益事业项目(如教育项目、医疗卫生保健项目)、环境保护与环境污染治理项目、某些公用基础设施项目(如市政项目)等。

非经营性项目经济上的显著特点是为社会提供的服务和使用功能不收取费用或只收取少量费用，因此对其进行财务评价的目的不是为了作为投资决策的依据，而是为了考察项目的财务状况，了解其盈利还是亏损，以便采取措施使其能维持运营，发挥功能。有的项目旨在结合财务生存能力分析寻求适宜的融资方案，包括申请政府补助。另外，在许多情况下，对非经营性项目的财务评价实质上是在进行方案比选，以使所选择方案能在满足项目目标的前提下，花费费用最少。

2) 非经营性项目财务评价的要求

非经营性项目财务评价的要求视项目的具体情况有所不同。

(1) 对于没有营业收入的项目，不需进行盈利能力分析，重点在于考察项目的财务可持续性。应同一般项目一样估算费用，包括投资和运营维护成本。在此基础上，推算项目运营期各年所需的政府补贴数额，并分析可能实现的方式。

(2) 对有营业收入的项目，应根据收入抵补支出的不同程度区别对待。

有营业收入但不足以补偿运营维护成本的项目，应估算收入和成本费用，通过两者差额来估算运营期各年需要政府给予补贴的数额，并进行财务生存能力分析及估算，必要时应编制借款还本付息计划表和利润与利润分配表。

有营业收入且能在抵补各项支出(抵补顺序为运营维护成本、缴纳流转税、偿还借款利息、计提折旧、偿还借款本金)后还有盈余的项目，表明项目在财务上有盈利能力和生存能力，其财务评价内容可与一般项目基本相同。

(3) 对提供服务的项目要确定合理的收费价格。收费价格的确定主要考虑消费者的承受能力和支付意愿，以及与政府发布的指导价格进行对比，也可与类似项目对比。

6.6.2 非经营性项目财务评价的比选指标

(1) 单位功能(效果)建设投资

单位功能(效果)建设投资是指提供一个单位的使用功能或提供一个单位的服务所需的建设投资，如医院每张床位的投资、学校每个就学学生的投资、办公用房项目每个工作人员占用面积的投资等。

单位功能(效果)建设投资＝建设投资/设计服务能力或设施规模

进行方案比选时，在功能(效果)相同的前提下，应选取费用最小的方案。

(2) 单位功能运营费用

单位功能运营费用是指提供一个单位的使用功能或提供单位服务所需要的运营费用，如污水处理厂项目处理每吨污水的运营费用。

单位功能运营费用＝年运营费用/设计服务能力或设施规模

进行方案比选时，在费用相同的前提下，应选取功能(效果)最大的方案。

6.7 财务评价示例及电子表格应用

本节将通过一个演示性例子，展示项目财务评价报表编制方法和评价报表数据之间的关联，并用电子表格实现。用电子表格编制财务报表，充分利用电子表格的数据管理与分析功能，如用填充柄对数据和公式进行拖拽复制、单元格相对和绝对引用、单元格键入数学公式并自动计算、工作表之间数据可实现链接、工作簿自动重算等，可轻松实现各财务报表内部及相互之间的数据关联，避免了手工计算所遇到的因重复录入数据、数据变动后重复计算等而造成的费时、费力且易出错等问题。

示例项目基本数据如下：某拟建项目建设期为 2 年，运营期为 8 年，第 3 年为投产年。建设投资（不含建设期借款利息）10 000 万元，其中：资本金 2 000万元在（第 1 年投入），银行借款 8 000 万元（建设期分两年等额投入）。预计建设投资的 90%形成固定资产，10%形成无形资产。固定资产折旧年限 10 年，按年限平均法，残值率为 10%；无形资产按 5 年摊销。流动资金 1 000 万元，在投产年一次性投入，其中：资本金 400 万元，银行借款 600 万元。项目投入运营后，投产期销售收入为 5 500 万元，经营成本为 2 500 万元（其中，外购原料、燃料和动力费用为 2 000 万元）；其余正常生产年份的年销售收入为 7 500万元，经营成本为 3 000 万元（其中，外购原料、燃料和动力费用为 2 500 万元）。建设投资贷款年利率为 10%，按年计息，以项目的最大还款能力偿还贷款；流动资金贷款年利率为 10%，按年计息；法定盈余公积金比例为 10%，项目投产后产品增值税税率为 17%，附加的城乡维护建设税及教育费附加税率共为 5%，所得税率为 25%；企业所设定的基准投资收益率为 15%，基准投资回收期为 5 年。

6.7.1 编制基础数据表

用电子表格编制财务评价报表，可将财务评价进行的相关市场调查工作所得到的基础数据建立一个“基础数据表”工作表（如图 6.3 所示），编制其他报表所需的原始数据都放在该表内。编制其他报表时，只要在相应单元格内对基础数据表相应数据进行引用即可。因此，在财务评价中，若遇到原始数据有变动的情况，只要改变“基础数据表”中相应单元格数据，所有财务报表中相应数据或关联数据都会自动做出改变或重新计算。

	A	B	C	D	E	F	G	H	I	J	K
1	**一、投资数据**										
2	投资构成	数额	资金来源	年份			利率				
3				1	2	3					
4	建设投资	10000	资本金	2000							
5			借款	4000	4000		10%				
6	小计：			6000	4000						
7	流动资金投资	1000	资本金			400					
8			借款			600	10%				
9	小计：					1000					
10	资本金合计：			2000	0	400					
11	**二、收入和费用数据**										
12	年份	1	2	3	4	5	6	7	8	9	10
13	年销售收入			5500	7500	7500	7500	7500	7500	7500	7500
14	年经营成本			2500	3000	3000	3000	3000	3000	3000	3000
15	其中：原、燃料和动力费			2000	2500	2500	2500	2500	2500	2500	2500
16	**三、其他数据**										
17	固定资产形成比例	90%	无形资产形成比例			10%	增值税税率			17%	
18	固定资产残值率	10%	无形资产摊销年限/年			5	增值税附加税率			5%	
19	固定资产折旧年限/年	10	法定盈余公积金比例			10%	所得税税率			25%	
20	基准投资收益率	15%									
21											

基础数据表

图 6.3　示例项目的基础数据表

6.7.2　编制辅助报表

财务评价辅助报表有各类成本费用估算表、销售收入与销售税金估算表等多个报表，视情况，可将一个辅助报表单独作为一个工作表，也可放在多个工作表中。各辅助报表计算所需原始数据从基础数据表相应单元格引用，或相互之间引用(如图 6.4 所示)。

	A	B	C	D	E	F	G	H	I	J	K	L
1		**建设期利息估算表**										
2	序号	项目	1	2	合计							
3		期初借款余额		4200								
4		当期借款	4000	4000								
5		当期应计利息	200	620	820							
6		期末借款余额	4200	8820								
7		**营业税金及附加、增值税估算表**										
8	序号	项目	1	2	3	4	5	6	7	8	9	10
9	1	增值税			509	726	726	726	726	726	726	726
10	1.1	销项增值税			799	1090	1090	1090	1090	1090	1090	1090
11	1.2	进项增值税			291	363	363	363	363	363	363	363
12	2	增值税附加			25	36	36	36	36	36	36	36
13	3	合计			534	763	763	763	763	763	763	763
14		**固定资产折旧估算表**										
15	序号	项目	1	2	3	4	5	6	7	8	9	10
16	1	固定资产原值			9820							
17	2	当期折旧费			884	884	884	884	884	884	884	884
18	3	年末固定资产净值			8936	8052	7169	6285	5401	4517	3633	2750
19		**无形资产摊销估算表**										
20	序号	项目	1	2	3	4	5	6	7	8	9	10
21	1	无形资产原值			1000							
22	2	当期摊销费			200	200	200	200	200			
23	3	年末无形资产净值			800	600	400	200	0			

=(D3+D4/2)*基础数据表!$G$5

=基础数据表!J12/(1+基础数据表!$J$16)*基础数据表!$J$16

=基础数据表!E14/(1+基础数据表!$J$16)*基础数据表!$J$16

=E10-E11

=E9*基础数据表!$J$17

=基础数据表!B4*基础数据表!B16+E5

=E18*(1-基础数据表!B17)/基础数据表!B18

=基础数据表!B4*基础数据表!F16

=E25/基础数据表!F17

辅助报表

图 6.4　示例项目的辅助报表

6.7.3　三表联算

如果未确定建设贷款还款期，编制财务评价报表时可考虑采用最大还款能力还款方式计编制相关报表，这样就出现了图 6.5 中所表明的"借款还本付息计划表""总成本费用估算表"和"利润及利润分配表"之间的数据回路，实践中习惯称之为"三表联算"。图 6.5～图 6.7 为示例项目的三个报表，包括计算公式、对"基础数据表"数据引用以及相互之间的数据引用等。图 6.8 则展示出该例"三表联算"的过程。

建设投资借款偿还计划表　　单位：万元

序号	项目	计算期 1	2	3	4	5	6	7	8	9	10
1	借款										
1.1	年初本息余额		4200	8820	7406	4933	2274				
1.2	本年借款	4000	4000								
1.3	本年应计利息	200	620	882	741	493	227				
1.4	本年还本付息			2296	3214	3152	2501				
	其中：还本			1414	2473	2659	2274				
	付息			882	741	493	227				
1.5	年末本息余额	4200	8820	7406	4933	2274	0				
2	还本资金来源			1414	2473	2659	2858	3029	2979	2979	2979
2.1	未分配利润			330	1390	1575	1775	1945	2095	2095	2095
2.2	折旧			884	884	884	884	884	884	884	884
2.3	摊销			200	200	200	200	200			
计算指标	借款偿还期/年	3.8									

=G11

=(E5+E6/2)*基础数据表!$G$5

=E12

=利润及利润分配表!E17

=(G3-D3)+H5/H12

流动资金借款还本付息表　　单位：万元

序号	项目	计算期 1	2	3	4	5	6	7	8	9	10
1	本年借款			600							
2	年初本息余额			600	600	600	600	600	600	600	600
3	本年应计利息			60	60	60	60	60	60	60	60
4	本年还本付息			60	60	60	60	60	60	60	660
	其中：还本			0	0	0	0	0	0	0	600
	付息			60	60	60	60	60	60	60	60

图 6.5　示例项目的借款还本付息表

总成本费用估计表

序号	项目	计算期 1	2	3	4	5	6	7	8	9	10
1	经营成本			2500	3000	3000	3000	3000	3000	3000	3000
	其中：原燃料和动力费用			2000	2500	2500	2500	2500	2500	2500	2500
2	折旧费			884	884	884	884	884	884	884	884
3	摊销费			200	200	200	200	200	0		
4	财务费用			942	801	553	287	60	60	60	60
	其中：建设借款利息			882	741	493	227	0	0	0	0
	流动资金借款利息			60	60	60	60	60	60	60	60
5	合计：总成本费用			4526	4884	4637	4371	4144	3944	3944	3944

=借款还本付息计划表!E10

=借款还本付息计划表!E26

图 6.6　示例项目的总成本费用估算表

序号	项目	1	2	3	4	5	6	7	8	9	10
	利润和利润分配表							单位：万元			
1	销售（营业）收入			5500	7500	7500	7500	7500	7500	7500	7500
2	增值税附加			25	36	36	36	36	36	36	36
3	增值税			509	726	726	726	726	726	726	726
4	总成本费用			4526	4884	4637	4371	4144	3944	3944	3944
5	利润总额			440	1853	2100	2366	2593	2793	2793	2793
6	弥补以前年度亏损										
7	应纳税所得额			440	1853	2100	2366	2593	2793	2793	2793
8	所得税			110	463	525	592	648	698	698	698
9	税后利润			330	1390	1575	1775	1945	2095	2095	2095
10	提取法定盈余公积金							195	210	210	210
11	提取任意盈余公积金										
12	可供分配利润			330	1390	1575	1775	1751	1886	1886	1886
13	应付利润（股利分配）										
14	未分配利润			330	1390	1575	1775	1751	1886	1886	1886
15	累计未分配利润			330	1720	3295	5069	6820	8705	10591	12476

=E4-SUM(E5:E7)

=E10*基础数据表!$J$18

=I12*基础数据表!$F$19

利润及利润分配表

图 6.7 示例项目的利润及利润分配表

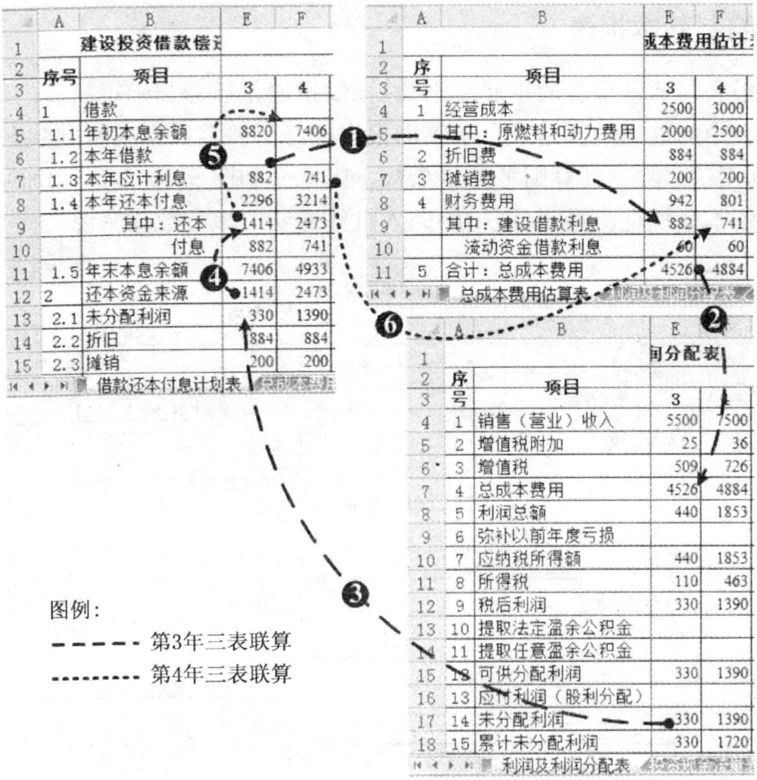

图 6.8 示例项目的“三表联算”

图 6.8 中，“借款还本付息计划表”可计算出第 3 年的应计利息 882 万元后，由于无法直接确定第 3 年的还本额，也无法计算出第 4 年的利息，所以此表无法直接编制完成，需要沿❶线所示将 882 这一数据引用到“总成本费用估算表”中，这样才可计算出第 3 年总成本费用 4 526 万元；沿❷线所示将 4 526 数据引用到“利润及利润分配表”，则可计算出第 3 年的未分配利润 330 万元；再沿❸线所示，将 330 万元数据引用到“借款还本付息计划表”中，就可计算出第 3 年的还本额 1 414 万元。至此，可将三表的第 3 年数据完整地计算出来。然后，再沿❺线所示计算出第 4 年年初银行借款的本息余额 7 406 万元，据此可计算出第 4 年的应计利息 741 万元，则进而沿❻线所示，进行第 4 年的“三表联算”。如此循环，直至建设借款还清年为止（本例至第 6 年止，见图 6.5）。

要说明的是，“三表联算”适用于预先不给定借款偿还期的情况。对于项目融资方案已经确定了借款偿还期的项目财务评价，可按“借款还本付息计划表→总成本费用估算表→利润及利润分配表”的顺序，直接编制出完整的各报表。本章习题将给出一个这样的题目，供读者练习。

6.7.4 编制基本报表

基本报表与辅助报表的本质区别是，辅助报表是计算和确定项目的经济要素，而基本报表中的数据全部是来自于辅助报表的经济要素数据或基础数据表的原始数据，并利用这些数据计算财务评价指标。图 6.9 和图 6.10 是本示例的投资现金流量表和资本金现金流量表，图中的插入批注注明了该行数据来源。

项目投资现金流量表　　单位：万元

序号	项目	计算期 1	2	3	4	5	6	7	8	9	10
1	**现金流入**			5500	7500	7500	7500	7500	7500	7500	11250
1.1	销售（营业）收入			5500	7500	7500	7500	7500	7500	7500	7500
1.2	回收固定资产余值										2750
1.3	回收流动资金										1000
2	**现金流出**	6000	4000	4144	4226	4288	4354	4411	4461	4461	4461
2.1	建设投资	6000	4000								
2.2	流动资金			1000							
2.3	经营成本			2500	3000	3000	3000	3000	3000	3000	3000
2.4	销售税金及附加			25	36	36	36	36	36	36	36
2.5	增值税			509	726	726	726	726	726	726	726
2.6	所得税			110	463	525	592	648	698	698	698
3	**净现金流量（1-2）**	-6000	-4000	1356	3274	3212	3146	3089	3039	3039	6788
4	累计净现金流量	-6000	-10000	-8644	-5370	-2158	988	4077	7115	10154	16943
计算指标	项目财务内部收益率：	21%									
	项目财务净现值：	2175									
	投资回收期/年：	5.69									

=辅助报表!L18
=E10
=基础数据表!F9
=辅助报表!E12
=辅助报表!E9
=利润及利润分配表!E11
=IRR(C15:L15)
=NPV(基础数据表!B19,C15:L15)
=MATCH(0,C16:L16)+ABS(LOOKUP(0,C16:L16))/INDEX(C15:L15,MATCH(0,C16:L16)+1)

投资现金流量表

图 6.9　示例项目的投资现金流量表

基本报表中各表的指标计算可充分运用电子表格中内置的财务函数。但是，电子表格中并没有用于“投资回收期”计算的专门函数，图 6.9 中该指标计算是采用人工选择相关计算参数单位格，用投资回收期计算公式计算的。还有一种方法是利用电子表格中的 MATCH()、LOOKUP()和 INDEX()等内置函数进行叠加运算。有兴趣的读者不妨在图 6.9 所示的工作表中，在一单位格中键入：“=MATCH(0,C16:L16)+ABS(LOOKUP(0,C16:L16))/(LOOKUP(0,C16:L16,D16:L16)-LOOKUP(0,C16:L16))”或“=MATCH(0,C16:L16)+ABS(LOOKUP(0,C16:L16))/INDEX(C15:L15,MATCH(0,C16:L16)+1)”，即可计算出该示例的投资回收期。

项目资本金现金流量表　　单位：万元

序号	项目	计算期 1	2	3	4	5	6	7	8	9	10
1	**现金流入**	0	0	5500	7500	7500	7500	7500	7500	7500	11250
1.1	销售（营业）收入			5500	7500	7500	7500	7500	7500	7500	7500
1.2	回收固定资产余值										2750
1.3	回收流动资金										1000
2	**现金流出**	2000	0	5900	7500	7500	6915	4471	4521	4521	5121
2.1	项目资本金	2000	0	400							
2.2	借款本金偿还			1414	2473	2659	2274	0	0	0	600
2.3	借款利息偿还			942	801	553	287	60	60	60	60
2.4	经营成本			2500	3000	3000	3000	3000	3000	3000	3000
2.5	销售税金及附加			25	36	36	36	36	36	36	36
2.6	增值税			509	726	726	726	726	726	726	726
2.7	所得税			110	463	525	592	648	698	698	698
3	**净现金流量**	-2000	0	-400	0	0	585	3029	2979	2979	6128
计算指标	资本金内部收益率	30%									

=投资现金流量表!L6

=投资现金流量表!L7

=借款还本付息计划表!E10+借款还本付息计划表!E26

=IRR(C16:L16)

=借款还本付息计划表!E9+借款还本付息计划表!E25

资本金现金流量表

图 6.10　示例项目的资本金现金流量表

项目财务评价基本报表，除了“项目投资现金流量表”、“项目资本金现金流量表”及三表联算中的“利润及利润分配表”，还有“项目财务计划现金流量表”和“资产负债表”。后两者的编制参见第 11 章的实例。这里要说明的是，“资产负债表”是财务评价编制的最后一张报表，它除了用于反映项目清偿能力之外，还具有检验财务评价各报表编制或计算是否存在错误。如果该表有若干年或某一年“资产≠负债+所有者权益”，则说明前面的报表或本报表的编制或计算存在问题。

本章学习参考与扩展阅读资料

[1] 李闻一. 基于 Excel 的项目投资前财务评价体系构建[J]. 中国管理信息化，2009(8):8-11

[2] 张倩. 当前我国项目财务评价指标体系和方法浅析[J]. 改革与开放，2011(4):63

[3] 刘学权，李军. 投资项目财务评价体系构建与模型实现[J]. 工业技术经济，2007(2):134-137

[4] 肖彦，路立敏，张莉. 投资项目财务评价指标体系的修正[J]. 改革与战略，2007(6):58-60

[5] 郭溪香. 投资项目财务评价方法研究[J]. 商业经济，2009(19):78-79

[6] 任枫，汪波，段晶晶. 投资项目财务评价绿色指标体系的研究[J]. 西北农林科技大学学报(社会科学版)，2009(5):53-56

习　题

1. 某新建工程项目现金流量如下表所示。根据表中数据计算所得税前后各项指标：

(1) 静态投资回收期；

(2) 财务内部收益率；

(3) 财务净现值并判别项目是否可行($i_c=10\%$)。

项目投资现金流量表　　单位：万元

序号	项　目	合计	计算期						
			1	2	3	4	5	6～14	15
1	现金流入								
	营业收入				7 000	9 000	10 000	10 000×9	10 000
	销项税额				1 190	1 530	1 700	1 700×9	1 700
	回收资产余值								85.8
	回收流动资金								2 000
2	现金流出								
	建设投资		1 300	860					
	流动资金				1 400	400	200	200×9	200
	经营成本				5 432	6 712	7 352	7 352×9	7 352
	进项税额				761.6	979.2	1 088	1 088×9	1 088
	应纳增值税				428.4	550.8	612	612×9	612
	营业税金及附加				51.4	66.1	73.4	73.4×9	73.4
3	所得税前净现金流量								
4	累计税前净现金流量								
5	调整所得税				79.2	255.5	343.7	343.7×9	343.7
6	所得税后净现金流量								
7	累计税后净现金流量								

2. 某新设法人项目生产 J 产品，年生产能力 2 万吨，产品售价(不含税)为 4 615.38 元/吨。

建设期 1 年，生产期 10 年。投产第 1 年生产负荷为 60%，第 2 年为 80%，以后达到 100%。已知年总成本费用估算依据如下：

(1) 年外购原材料(以 100%生产负荷计)7 194.87 万元(不含税)；

(2) 年外购燃料动力(以 100%生产负荷计)58.41 万元(不含税)；

(3) 劳动定员 108 人，人均年工资及福利费 2 万元 ；

(4) 修理费第 2 年为 50 万元，第 3～11 年为 64 万元；

(5) 固定资产按年限平均法分类进行折旧计算。本项目新增生产设备及其他固定资产原值 942 万元，按 10 年折旧，残值率为 5%；新增建筑物原值 208 万元，按 20 年折旧，残值率为 5%。

(6) 其他资产 32 万元，按 5 年摊销完毕；

(7) 项目无借款，不计利息支出；

(8) 年其他营业费按当年营业收入的 2%估算；年其他制造费取固定资产原值(扣除建设期利息)的 5%；年其他管理费用按年职工工资及福利费总额的 150%估算。

另外，产品销项税率为 17%，外购原材料进项税率为 17%，外购燃料动力进项税率为 13%，城市维护建设税税率为 7%，教育费附加税率为 5%。

根据以上数据，试编制以不含税价为计算基础的总成本费用估算表，营业收入、营业税金及附加和增值税估算表。

3. 某项目建设期借款本息之和为 8 000 万元，借款偿还期为 5 年，年利率为 10%，用等额偿还本金和利息的方法，列表计算各年偿还的本金和利息。

4. 现拟建一个工程项目，第 1 年末用去投资 1 000 万元，第 2 年末又投资 2 000 万元，第 3 年末再投资 1 500 万元。从第 4 年起，连续 8 年每年年末获利 1 200 万元。假定项目残值不计，折现率为 12%，试画出该项目的资金流向图，并求出项目的财务净现值和财务内部收益率，判断该项目是否可行。

5．某项目基础数据如下：某拟建项目建设期为 2 年，运营期为 8 年，第 3 年为投产年。建设投资(不含建设期借款利息)10 000 万元，其中：资本金 2 000 万元(在第 1 年投入)，银行借款 8 000 万元(建设期分两年等额投入)。预计建设投资的 90%形成固定资产，10%形成无形资产。固定资产折旧年限 10 年，按年限平均法，残值率为 5%；无形资产按 5 年摊销。流动资金 1 000 万元，在投产年一次性投入，其中：资本金 400 万元，银行借款 600 万元。项目投入运营后，投产期销售收入为 5 500 万元，经营成本为 2 500 万元(其中，外购原料、燃料和动力费用为 2 000 万元)；其余正常生产年份的年销售收入为 7 500 万元，经营成本为 3 000 万元(其中，外购原料、燃料和动力费用为 2 500 万元)。建设投资贷款年利率为 10%，按年计息，投产年开始还款，还款期 5 年，按利息当年结清、本金等额偿还方式还款；当年还本资金来源不足，可增加一笔短期借款，利率 10%；流动资金贷款年利率为 10%，按年计息；法定盈余公积金比例为 10%，项目投产后产品增值税税率为 17%，附加的城乡维护建设税及教育费附加税率共为 5%，所得税率为 25%；企业所设定的基准投资收益率为 15%，基准投资回收期为 5 年。

试编制该项目财务分析的辅助报表及项目投资现金流量表、项目资本金现金流量表、利润及利润分配表、借款还本付息计划表等基本报表，并计算相关指标。

7 投资项目国民经济评价

本章提要

国民经济评价是项目经济评价的重要组成部分，是从国家角度衡量工程项目的宏观可行性。本章论述了国民经济评价与财务评价之间的异同，重点介绍了影子价格等国民经济评价参数的确定原则和调整计算方法。

7.1 国民经济评价概述

7.1.1 国民经济评价的含义

国民经济评价（又称经济分析）是项目经济评价的重要组成部分。它是按照资源合理配置的原则，采用影子价格、影子汇率和社会折现率等国民经济评价参数，从国家整体角度考察和确定项目的效益和费用，分析计算项目对国民经济带来的净贡献，以评价项目经济上的合理性。

众所周知，相对于人们的需要而言，任何一个国家的资源都是有限的。无论是具有不同知识水平、技术水平和管理能力的人力资源，还是资金、物资、土地和其他自然资源，在分配到各种用途中时，应力求对国家的基本目标贡献最大。由于一种资源用于某一方面，那么其他方面就不得不减少这种资源的使用量，因而国家必须按照一定的准则对资源的配置作出合理的选择。对于投资项目而言，也就不能仅仅根据财务评价的结果判定其是否合理可行。

例如，某拟建项目的主要原料之一是氯碱厂提供的氯气。假定根据市场价格，财务评价的结论表明项目是不可行的。但是从宏观上考虑，由于国内氯气不仅供大于求，而且已成为增加烧碱产量的一个主要制约因素（氯气是作为烧碱的联产品按比例相伴而生的，不能随便放入空气以防对环境造成污染），因而国家只好每年花大量外汇进口烧碱，以满足国内需要。实际上，如果该项目上马，使用了氯气，则客观上提高了烧碱产量，节省了外汇，对我国资源的整个利用会更加合理。因而该项目应该是可行的，决策的依据应该是后者，这一准则就体现在本章要讨论的国民经济评价中。

7.1.2 国民经济评价的作用

(1) 正确反映项目对社会福利的净贡献，评价项目的经济合理性

由于企业利益与国家和社会利益不总是完全一致，因此基于企业(项目)利益的财务评价至少在几个方面难以全面正确地反映项目的经济合理性：国家给予项目的补贴；企业向国家缴纳的税金；某些货物市场价格的扭曲；项目的外部效果(间接效益和间接费用)等。因而需要按照资源合理配置的原则，从国家(社会)的角度判断项目对社会福利的净贡献。

(2) 为政府合理配置资源提供依据

在现行的经济体制下，需要政府在资源配置中发挥调节作用，国民经济评价的结果将有助于政府做出资源配置决策。即对于那些本身财务效益好，但经济效益差的项目实行限制；而对那些本身财务效益差，但经济效益好的项目予以鼓励。

(3) 政府审批或核准项目的重要依据

在我国新的投资体制下，国家对项目的审批和核准重点放在项目的外部性、公共性方面。而国民经济评价强调对项目的外部效果进行分析，因此可以作为政府审批或核准项目的重要依据。

(4) 为市场化运作的基础设施等项目提供财务方案的制定依据

对部分或完全市场化运作的基础设施，例如桥梁、公路、隧道等项目，可通过国民经济评价来论证项目的经济价值，为制定财务方案提供依据。

(5) 有助于实现企业利益、地区利益和全社会利益有机地结合和平衡

国家实行审批和核准的项目，应当特别强调要从社会经济的角度评价和考察，支持和发展对社会经济贡献大的产业项目。正确运用国民经济评价方法，在项目决策中可以有效地察觉盲目建设、重复建设项目，有效地将企业利益、地区利益和全社会利益有机地结合。

7.1.3 国民经济评价的适用范围和工作内容

并非所有项目都要做国民经济评价。例如依赖市场自行调节的行业项目，政府不必参与具体的项目决策，而由投资者通过财务评价自行决策，因此这类项目不必进行国民经济评价。而某些项目由于市场配置资源的失灵或者需要由政府进行干预，这类行业的建设项目必须进行国民经济评价。

需要进行国民经济评价的项目主要有：具有自然垄断特征的项目；产出具有公共产品特征的项目；外部效果显著的项目(如对环境和公共利益影响重大的项目)；国家控制的战略性资源开发和关系国家经济安全的项目；受过度行政干预的项目；国家及地方政府参与投资的项目(如交通运输、农林水利、基础产业建设

项目)等。

国民经济评价的主要工作包括识别国民经济的效益和费用，测算和选取影子价格，编制国民经济评价报表，计算国民经济评价指标并进行方案比选。

7.1.4 国民经济评价与财务评价的相同点与区别

国民经济评价和财务评价是建设项目经济评价的两个层次，它们相互联系，有相同点又有区别。国民经济评价报表的编制可以单独进行，也可以在财务评价的基础上进行调整计算。

1）相同点

(1) 两者都采用效益与费用比较的理论方法。

(2) 两者都遵循效益与费用识别的有无对比原则。

(3) 两者都根据资金的时间价值原理进行动态分析，计算内部收益率和净现值等指标。

2）区别

(1) 评价角度和基本出发点不同。财务评价是站在项目层次上，从项目的财务主体、投资者、未来的债权人角度分析项目的财务效益和财务可持续性，分析投资各方的实际收益或损失以及可能的风险，以确定投资项目的财务可行性。国民经济评价则是从国家和地区的层次上，从全社会的角度考察项目需要国家付出的代价和对国家的贡献，以确定投资项目的经济合理性。

(2) 效益和费用的含义及范围划分不同。财务评价是根据项目直接发生的实际收支确定项目的效益和费用，凡是项目的货币支出都视为费用，税金、利息等也均计为费用。国民经济评价则着眼于项目所耗费的全社会有用资源来考察项目的费用，而根据项目对社会提供的有用产品(包括服务)来考察项目的效益。税金、国内借款利息和财政补贴等一般并不发生资源的实际增加和耗用，多是国民经济内部的“转移支付”，因此，不列为项目的费用和效益。另外，国民经济评价还需考虑间接费用与间接效益。

(3) 采用的价格体系不同。财务评价要确定投资项目在财务上的现实可行性，因而对投入物和产出物均采用财务价格即现行的市场价格(预测值)，这种价格可以考虑通货膨胀因素。国民经济评价则采用反映货物的真实经济价值，反映机会成本、供求关系以及资源稀缺程度的影子价格，这种价格不考虑通货膨胀因素。

(4) 分析内容不同。财务评价包括盈利能力分析、偿债能力分析和财务生存能力分析，而国民经济评价只有盈利能力分析。

(5) 基准参数不同。财务评价最主要的基准参数是财务基准收益率，国民经济评价则采用国家统一测定和颁布的社会折现率。

7.1.5 国民经济评价结论与财务评价结论的关系

由于财务评价和国民经济评价有所区别，虽然在很多情况下两者结论是一致的，但也有不少时候两种评价结论是不同的。下面分析可能出现的四种情况及其相应的决策原则：

(1) 财务评价和国民经济评价均可行的项目，应予通过。

(2) 财务评价和国民经济评价均不可行的项目，应予否定。

(3) 财务评价不可行，国民经济评价可行的项目，应予通过。但国家和主管部门应采取相应的优惠政策，如减免税、给予补贴等，使项目在财务上也具有生存能力。

(4) 财务评价可行，国民经济评价不可行的项目，应该否定，或者重新考虑方案，进行“再设计”。

7.2 国民经济效益与费用的识别

项目国民经济评价 采用“有无对比”方法，遵循统一的效益与费用划分原则。项目的效益是指项目对国民经济所作的贡献，分为直接效益和间接效益；项目的费用是指国民经济为项目付出的代价，分为直接费用和间接费用。

7.2.1 直接效益和直接费用

1) 直接效益

直接效益是指项目产出(包括产品和服务)带来的，并在项目范围内计算的，体现为生产者和消费者受益的经济效益。它有多种表现形式。

(1) 项目产出满足国内新需求时，直接效益表现为国内新增需求的支付意愿。

(2) 当项目替代其他厂商的产品或服务，使被替代厂商减产或停产导致社会资源节省时，直接效益表现为节省这些资源的经济价值。

(3) 当项目的产出直接出口或可替代进口商品时，直接效益表现为国家外汇收入的增加或外汇支出的减少。

(4) 当项目的产出是向社会提供公共服务时，其直接效益往往与财务评价的营业收入无关，而是体现在对社会的贡献。例如交通运输项目的直接效益为时间节约和运输成本降低，文教卫生项目直接效益为人力资本增值、生命延续或疾病预防等。

2) 直接费用

直接费用是指项目使用社会资源并在项目范围内计算的经济费用。它有多种表现形式。

(1) 当社会扩大生产规模满足项目的投入需要时,直接费用表现为社会扩大生产规模所增加耗用的社会资源价值。

(2) 当社会不能增加供给而导致其他人被迫放弃使用这些资源来满足项目需要时,直接费用表现为其他人被迫放弃使用这些资源而损失的经济效益。

(3) 当项目的投入导致进口增加或出口减少时,直接费用表现为国家外汇支出的增加或外汇收入的减少。

7.2.2 间接效益和间接费用

间接效益是指项目为国民经济作出了贡献,但在直接效益中未得以反映的效益。例如劳动力培训效果,技术扩散效果,环境改善效益,项目对上下游企业带来的相邻效果以及乘数效果等。

间接费用是指国民经济为项目付出了代价,但在项目的直接费用中未得到反映的费用。例如项目对环境及生态造成的损害,项目产品大量出口引起国内相同产品出口价格的下降等。

间接效益和间接费用统称为外部效果。对显著的外部效果应作定量分析,计入项目的总效益和总费用中;不能定量的,应尽可能作定性描述。注意在作定量分析时,不能重复计算项目的外部效果,特别要注意已在直接效益和费用中计入的,不应再在外部效果中计算。例如,钢丝子午胎项目可以为用户节油和提高行驶里程,若在确定钢丝子午胎影子价格时已考虑了对用户增加的效益,则就不应另计间接效益了。

有时为了解决项目外部效果计算上的困难,可以采用调整项目范围的办法,将几个具有关联性的项目合并成一个"大项目",以抵消项目之间的相互支付,防止重复计算项目的外部效果。例如,在评价相互联系的煤矿、铁路运输和火力发电站项目时,可以将这几个项目合成一个大的综合能源项目,这样就可以将项目间的相互支付抵消在大项目的内部。

7.2.3 转移支付

项目与各种社会实体之间的货币转移,如缴纳的税金、国内贷款利息和补贴等一般并不发生资源的实际增加和耗用,称为国民经济内部的"转移支付",不列为项目的效益和费用。

1) 税金

无论是增值税、企业所得税还是关税等都是政府调节分配和供求关系的手段,纳税对于企业财务评价来说,确实为一项费用支出。但是对于国民经济评价来说,它仅仅表示项目对国民经济的贡献有一部分转移到政府手中,由政府再分配。项目对国民经济的贡献大小并不随税金的多少而变化,因而它属于国民经济内部的转移支付。

2）补贴

政府对项目的各种补贴，仅仅表示国民经济为项目所付出的代价中，有一部分来自政府财政支出中的补贴这一项。但是，整个国民经济为项目所付代价并不以这些代价来自何处为计算依据，更不会由于有无补贴或补贴多少而改变。因此，补贴也不是国民经济评价中的费用或效益。

3）国内存贷款利息

国内存贷款利息在项目财务评价资本金现金流量表中是一项收益（流入）或费用（流出），但对于国民经济评价来说，它仅表示项目与国内贷款机构间因放弃或占用资金所得到或付出的价值转移。项目对国民经济所作贡献的大小，与所支付的国内存贷款利息多少无关。因此，它也不是效益或费用。

4）国外贷款与还本付息

在国民经济评价中，国外贷款和还本付息根据分析的角度不同，有两种不同的处理原则。

（1）在项目投资经济费用效益流量表中的处理

在项目投资经济费用效益流量表中，不区分投资的来源，以项目的全部投资作为计算基础，对拟建项目使用全部资源产生的经济效果进行评价。由于随着国外贷款的发放，国外相应的实际资源的支配权力也同时转移到了国内。这些国外贷款资源与国内资源一样，也存在着合理配置的问题。因此，在项目投资经济费用效益流量表中，国外贷款和还本付息与国内贷款和还本付息一样，既不作为效益，也不作为费用。

（2）在国内投资经济费用效益流量表中的处理

为了考察国内投资对国民经济的实际贡献，应以国内投资作为计算的基础，因此在国内投资经济费用效益流量表中，把国外贷款还本付息视为费用。

7.3 国民经济评价的重要参数

7.3.1 影子价格

1）现行价格的不合理性

财务评价是确定投资项目在财务上的现实可行性，所以对投入物和产出物都采用现行的市场价格，而不管这种价格是否合理。国民经济评价是要确定投资项目对国民经济的贡献，故要准确地计量项目的费用和效益，从而要求价格能正确地反映其实际价值。然而，在我国现实经济生活中，由于经济机制、经济政策、社会和经济环境以及历史等原因，市场价格与实际价值严重脱节甚至背离。

近几年，虽然我们在不断调整改革，但现行价格仍不能正确反映其经济价值。一般地，原材料、燃料价格偏低，加工工业产品价格偏高，各行业产品的盈利水平差异悬殊。此外，政府对某些行业还有大量补贴，其价格也不能如实反映价值。因此，国民经济评价不能直接采用现行的市场价格计算项目的效益和费用，而需要一种能够准确地反映项目对国民经济的贡献和国民经济为项目所付出代价的合理价格，这就是影子价格。

2）影子价格的含义

影子价格是进行项目国民经济评价专用的计算价格。它依据经济分析的定价原则测定，反映项目投入和产出的真实经济价值，反映市场供求关系，反映资源的稀缺程度，反映资源合理配置的要求。

影子价格是个内涵丰富和不断深化的概念，最初来自于数学规划的求解。在数学上，影子价格是目标函数对某一约束条件的一阶偏导数，表现为线性规划中的对偶解，非线性规划中的拉格朗日乘数，以及最优控制问题中的哈密尔顿乘数。而在不同的经济问题中，则由于目标不一致而显现出多变的“面孔”。在以最少费用为目标时，它表现为增加单位产品所耗费的边际成本；在以最大收益为目标时，它表现为增加单位资源投入所获得的边际贡献；若以消费者最大效用为目标，则是增加单位物品供应所增加的边际效用，或者消费者为了获取效用所愿支付的价格。

3）投入物和产出物的分类

在确定影子价格前，首先需将项目的投入物和产出物进行分类，以便用不同的方法对投入物和产出物进行影子价格的测算。

项目的投入物或产出物按是否影响进出口把货物区分为可外贸货物和非外贸货物。可外贸货物是指其生产、使用将直接或间接影响国家进口或出口的货物，即产出物中直接出口、间接出口或替代进口的货物，投入物中直接进口、间接进口或减少出口（原可用于出口）的货物。非外贸货物则是指其生产、使用将不影响国家进口或出口的货物。其中包括“天然”不能进行外贸的货物或服务，如建筑物、国内运输等，还包括由于地理位置所限，运输费用过高或受国内外贸易政策等限制而不能进行外贸的货物。

除了上述传统的货物外，劳动力、土地以及自然资源作为特殊的投入物，也要进行影子价格的确定。

4）可外贸货物的影子价格

可外贸货物的影子价格以口岸价格为基础，先乘以影子汇率（*SER*）换算成人民币，再经适当加减国内的物流费用，作为投入物或产出物的“厂门口”影子价格。在实践中，为了简化计算，可以只对项目投入物中直接进口的和产出物中直接出口的，以进出口价格为基础测定影子价格，对于间接进出口的仍按国内市场价格定价。

直接进口的投入物的影子价格(到厂价)＝到岸价×影子汇率＋进口费用

直接出口的产出物的影子价格(出厂价)＝离岸价×影子汇率－出口费用

式中,影子汇率是指外汇的影子价格,应能正确反映国家外汇的经济价值,由国家指定的专门机构统一发布。

进口费用和出口费用是指货物进出口环节在国内发生的各种相关费用,包括货物的交易、储运、再包装、短距离倒运、装卸、保险、检验等物流环节上的费用支出,也包括物流环节中的损失、损耗以及资金占用的机会成本,还包括工厂与口岸之间的长途运输费用。进口费用和出口费用都以人民币计价,一般情况下可直接按财务价值取值。

【例 7.1】 货物 A 进口到岸价为 100 美元/吨,进口费用为 50 元/吨;货物 B 出口离岸价 120 美元/吨,出口费用为 40 元/吨。若影子汇率为 1 美元＝6.35 元人民币,试计算货物 A、B 的影子价格各为多少。

【解】 货物 A 的影子价格(到厂价)＝100×6.35＋50＝685(元/吨)

货物 B 的影子价格(出厂价)＝120×6.35－40＝722(元/吨)

5) 非外贸货物的影子价格

非外贸货物影子价格的确定分为两种情况,一种是适用于国内市场没有价格管制的产品或服务,以市场价格为基础进行影子价格的测算;另一种是适用于由政府进行价格调控的产品或服务,以成本分解法、支付意愿法和机会成本来进行影子价格的测算。

(1) 市场定价的非外贸货物的影子价格

投入物影子价格(到厂价)＝ 市场价格 ＋ 国内运杂费

产出物影子价格(出厂价)＝ 市场价格 － 国内运杂费

式中,投入物和产出物的影子价格是否含税,应视货物的供求情况,采取不同的处理。

① 若项目投入的生产能力较富裕或较容易通过扩容来满足项目的需要,则采用不含税的影子价格;或者采用分解成本法来定价,即按全部成本(适于通过新增资源增加供应)或按可变成本(适于通过挖潜增加供应)计算分解成本。

② 若项目投入供应紧张,短期内无法通过增产或扩容增加供给,只能挤占原有用户来满足项目需求的,则采用含税的影子价格。

③ 若项目产出需求空间较大,项目产出对市场价格影响不大,则采用含税的影子价格。

④ 若项目产出用以顶替原有市场供应的,也即挤占其他生产厂商的市场份额,则采用不含税的影子价格。

(2) 政府调控价格货物的影子价格

水、电、铁路运输等属于政府调控价格的货物或服务,由政府发布指导价、最高限价和最低限价等，这些价格不能完全反映其真实的经济价值。在进行国民经济评价时，对其影子价格采用特殊方法进行测定：投入物按成本分解定价，产出物按消费者支付意愿定价。

水价作为项目投入物的影子价格，按后备水源的成本分解定价，或者按恢复水功能的成本定价。水价作为项目产出物的影子价格，按消费者支付意愿或者按消费者承受能力加政府补贴定价。

电价作为项目投入物的影子价格，一般按完全成本分解定价，电力过剩时按可变成本分解定价。电价作为项目产出物的影子价格，最好按电力对当地经济边际贡献测定。

铁路等交通运输服务作为项目投入物的影子价格，一般按完全成本分解定价；作为项目产出物的影子价格，按替代运输量的时间节约效益、运输成本节约效益、交通事故减少效益以及诱增运输量的支付意愿等测算。

(3) 非外贸货物的成本分解法

成本分解方法是一种以可外贸货物的国际市场价格为基础，调整非外贸货物价格的方法。许多货物本身属非外贸货物，但其耗用的原材料、燃料则是可外贸货物。例如电力是非外贸货物，但其燃料多为可外贸货物。成本分解就是将这种非外贸货物的成本进行分解，将成本构成中的可外贸货物根据口岸价格定价，从而估算出该种非外贸货物的影子价格。

成本分解原则上应对边际成本而不是平均成本进行分解。如果缺乏资料，也可分解平均成本。必须用新增投资来增加所需投入物供应的，应按全部成本(包括固定成本和可变成本)进行分解；可以发挥原有项目生产能力增加供应的，应按其可变成本进行分解。成本分解一般按下列步骤进行：

① 按生产费用要素，列出某种非外贸货物的财务成本、单位货物耗费的建设投资额及占用的流动资金，并列出该货物生产厂的建设期限、建设期各年投资比例、经济寿命期限、寿命期终了时的资产余值。

② 剔除上述数据中可能包括的税金。

③ 按照本节中所述的确定可外贸货物和非外贸货物影子价格的原则和方法，对外购原材料、燃料、动力等投入物的费用进行调整，以便计算单位经济费用。

④ 财务成本中工资及职工福利费以及其他科目可不予调整。

⑤ 用固定资金回收费用取代财务成本中的折旧费，计算公式如下：

$$M_F = I_F(A/P,\ i_s,\ n_2) - S_V(A/F,\ i_s,\ n_2)$$

式中，M_F ——单位货物固定资金回收费用；

I_F ——经调整后的换算为生产期初的建设投资；

$$I_F = \sum_{t=1}^{n_1} I_t\ (1+i_s)^{n_1-t}\text{，按可变成本分解时，}I_F = 0;$$

S_V—— 计算期末回收的固定资产余值；

i_s—— 社会折现率；

n_1—— 建设期；

n_2—— 生产期；

I_t ——建设期中第 t 年调整后的建设投资。

⑥ 用流动资金回收费用取代财务成本中的流动资金利息，计算公式如下：

$$M_W = W \times i_s$$

式中，M_W ——单位货物流动资金回收费用；

W——单位该货物占用的流动资金额。

⑦ 综合上述各步骤之后，即可得到该种非外贸货物的分解成本。

【例 7.2】 某电网为满足新增用电的需要，拟建设机组为 300 MW 的火电厂用成本分解法计算该电力的影子价格。

【解】 调查该机组得到有关数据如下：

该机组单位千瓦需要的建设投资为 4 000 元，建设期 2 年，分年投资比例各 50%（按年末投入），不考虑固定资产余值的回收；单位千瓦占用的流动资金为 0.6 元；生产期按 20 年计，年运行 6 600 小时（折算为满负荷小时数）。发电煤耗按 330 g 标准煤/千瓦时，换算为标准煤的到厂价格为 127 元/吨，火电厂厂用电率 6%，社会折现率为 8%。

分解步骤如下：

(1) 按成本要素列出典型的 300 MW 火电机组单位发电成本如表 7.1：

表 7.1 单位发电成本表

成本费用项目	成本费用金额(元/千瓦时)
燃煤成本	0.042
运营及维护费用	0.10
折旧费用	0.041
财务费用	0.033
发电成本	0.216

(2) 计算分解成本

① 调整燃煤成本

当地无大型煤矿，靠安全性差的小煤矿供煤，开采燃煤对于自然资源损害严重，应当按照煤炭的市场价格作为影子价格。分析确定为 300 元/吨，另加运杂费 60 元/吨，这样燃煤到厂价格为 360 元/吨，换算为标准煤的到厂价格为 504 元/吨。燃煤成本调整为 0.167 元/千瓦时(0.042×504/127)。

② 计算单位千瓦时固定资金回收费用 M_F

将各年建设投资换算到生产期初，求出 I_F：

$$I_F = \sum_{t=1}^{n_1} I_t (1+i_s)^{n_1-t}$$
$$= 4\,000 \times 50\% \times (1+8\%)^{2-1} + 4\,000 \times 50\% \times (1+8\%)^{2-2}$$
$$= 4\,160(\text{元})$$

$M_F = 4\,160 \div 6\,600 \times (A/P, 8\%, 20) = 0.064$(元/千瓦时)

③ 计算单位千瓦时流动资金回收费用 M_W

$M_W = 0.6 \times 8\% = 0.048$(元/千瓦时)

④ 将折旧费和财务费用从成本中扣除，改为按设计折现率计算的固定资金回收费用和流动资金回收费用：

0.064+0.048 =0.112(元/千瓦时)

⑤ 运营及维护费用不作调整，仍为 0.10

⑥ 综合以上各步得到发电分解成本：

发电分解成本 =0.167+0.10+0.112 =0.379(元/千瓦时)

(3) 计算电力影子价格

扣除厂用电 6%后，上网电分解成本=0.379/(1−6%)=0.403(元/千瓦时)

即电力影子价格为 0.403 元/千瓦时。

6) 特殊投入物的影子价格

(1) 劳动力的影子价格——影子工资

劳动力作为一种资源，是建设项目的特殊投入物。项目使用了劳动力，社会要为此付出代价，国民经济评价中用影子工资表示这种代价。影子工资一般由两部分组成：一是由于项目使用劳动力而导致别处被迫放弃的原有净效益，从这方面来看，影子工资体现了劳动力的机会成本；二是因劳动力的就业或转移增加的社会资源消耗，如迁移费用、城市基础设施配套及管理费用、培训费用等，反映了国家和社会为此付出的代价。

影子工资=名义工资×影子工资换算系数

式中，名义工资为财务评价中的工资及职工福利费之和。影子工资换算系数的取值：对于技术性工种，换算系数为 1；对于非技术性工种，换算系数为 0.25～0.8，具体可根据当地非技术劳动力供求状况确定。非技术劳动力较为富余的地区可取低值，不太富余的可取高值，中间状态取 0.5。

(2) 土地的影子价格

在我国，土地是一种稀缺资源。项目使用了某块土地，社会就为此付出了代价，无论是否实际需要支付费用，都应该根据机会成本或消费者支付意愿计算土地的影子价格。

土地作为稀缺资源，影子价格应反映其稀缺价值，价格的确定应就高不就低。这里的“高”与“低”是指确定土地影子价格时的两种估算值，即一方面是根据项目取得土地使用权的成本加上政府为此付出的补贴或者政府给予的优惠（如果有的话）估算出来的影子价格，另一方面是根据机会成本估算出来的土地影子价格，两者中取高者作为土地的影子价格。

对于占用非生产性用地，例如住宅区、休闲区等，其影子价格应根据市场交易价格（适于市场完善情况）或者按消费者支付意愿（适于市场不完善或无市场交易价格情况）加以确定。

对于占用生产性用地，例如农林渔牧及其他生产性用地，其影子价格应根据生产用地的机会成本及因改变土地用途而发生的新增资源消耗进行确定。即：

$$\text{占用生产性用地的土地影子价格} = \text{土地机会成本} + \text{新增资源消耗}$$

式中，土地机会成本按照项目占用土地而使社会成员由此损失的该土地“最佳可行替代用途”的净效益计算，这里的净效益是指项目计算期内按影子价格计算的各年净效益的现值。注意估算净效益时，被占土地的原有用途往往并不是“最佳可行替代用途”，应该用发展的眼光在可能的用途中确定其“最佳可行替代用途”。

式中，新增资源消耗应按照有项目情况下土地被占用造成的原有土地上附属财产的损失和其他资源消耗来计算。

在实际的项目评价中，占用生产性用地土地的影子价格可以从投资估算中土地费用的财务价值出发，进行调整计算。一般情况下，项目的实际征地费用可以划分为三部分，分别按照不同的方法进行调整：

属于机会成本性质的费用，如土地补偿费、青苗补偿费等，按照机会成本计算方法调整计算；属于新增资源消耗的费用，如征地动迁费、安置补助费和地上附着物补偿费等，按影子价格调整计算；属于政府征收的税费，原则上作为内部转移支付，不再作为费用。但从我国耕地资源的稀缺程度考虑，征地费用中所包含的耕地占用税应当计入土地的经济费用中。

【例 7.3】 某建设单位准备以有偿方式取得某城区一宗土地的使用权。该宗土地占地面积 15 000 平方米，土地使用权出让金标准为 4 000 元/平方米。根据调查，目前该区域尚有平房住户 60 户，建筑面积总计 3 500 平方米，试对该土地费用进行估价。

【解】 土地使用权出让金 $= 4\,000 \times 15\,000 = 6\,000$（万元）

以同类地区征地拆迁补偿费作为参照，估计单价为 1 200 元/平方米，则：

土地拆迁补偿费 = 1 200 ×3 500 = 420(万元)

所以该土地费用=6 000+420=6 420(万元)

【例 7.4】 某工业项目建设期 3 年,生产期 17 年,占用水稻耕地 2 000 亩,占用前 3 年平均亩产为 0.5 吨,每吨收购价 2 400 元,出口口岸价预计每吨 480 美元。设该地区的水稻年产量以 4%的速度递增,社会折现率为 8%,水稻生产成本按收购价的 50%计算,影子汇率换算系数为 1.08,外汇牌价按 6.35 元/美元计,出口费用按 150 元/吨计算,试求土地费用。

【解】 ① 每吨稻谷按口岸价格计算影子价格:

口岸价格 480 美元/吨,折合人民币为 6.35×1.08×480=3 291.84(元);

产地影子价格=口岸价格−出口费用=3 291.84−150=3 141.84(元)

② 每吨稻谷的生产成本=2 400×50%=1200(元)

③ 该土地生产每吨稻谷的净效益=3 141.84−1 200=1 941.84(元)

④ 20 年内每亩土地的净效益现值

$$净效益现值\ P = \sum_{t=1}^{20} 1\,941.84 \times 0.5 \times \left(\frac{1+4\%}{1+8\%}\right)^t = 13\,376.71(元)$$

⑤ 2 000 亩土地 20 年内的净效益现值=13 376.71×2 000=2 675.34(万元)

在国民经济评价中,以 2 675.34 万元作为土地费用计入建设投资。

(3) 自然资源的影子价格

各种有限的自然资源也属于特殊投入物,一个项目使用了矿产资源、水资源、森林资源等,社会经济就为之付出了代价,该代价应该用表示该资源经济价值的影子价格表示。

矿产等不可再生资源的影子价格应当按资源的机会成本计算,当机会成本计算难以具体应用时,可简化为用市场价格(含增值税的进项税额及资源税)作为其影子价格的最低值。含资源税的理由是:尽管资源税属于转移支付,但考虑到资源的稀缺价值,姑且将其列入投入的费用中也是不得已而为之的做法。

水和森林等可再生资源的影子价格可以按资源再生费用计算。

7.3.2 影子汇率

影子汇率是指能正确反映外汇真实价值的汇率,即外汇的影子价格。在国民经济评价中,影子汇率通过影子汇率换算系数计算。影子汇率换算系数是影子汇率与国家外汇牌价的比值,由国家专门机构统一组织测定和发布。根据现阶段我国外汇收支情况、进出口结构、进出口环节税费及出口退税补贴等情况,发布的影子汇率换算系数取值为 1.08。

影子汇率＝外汇牌价×影子汇率换算系数

作为建设项目国民经济评价中的通用参数，影子汇率取值的高低会影响项目评价中的进出口选择。国家可以利用影子汇率作为杠杆，对进出口项目施加影响。影子汇率越高，外汇的影子价格就越高，产品是可外贸货物的项目经济效益就越好，评价的结论将有利于出口项目方案。同时，影子价格较高时，引进方案的费用就高，评价的结论将不利于引进项目。

7.3.3 社会折现率

社会折现率反映社会成员对于社会费用效益价值的时间偏好，也即对于现在的社会价值与未来价值之间的权衡，又代表着社会投资所要求的最低动态收益率。

社会折现率根据社会经济发展目标、发展战略、发展优先顺序、发展水平、宏观调控意图、社会成员的费用效益时间偏好、社会投资的边际收益水平、资金供求状况、资金机会成本等因素综合分析，由国家专门机构统一组织测定和发布。目前我国发布的社会折现率为 8%，供各类建设项目评价统一使用。

对于永久性工程或者收益期超长的项目，如水利工程等大型基础设施和具有长远环境保护效益的建设项目，社会折现率可适当降低，但不应低于 6%。

社会折现率是项目经济评价的重要通用参数，在项目国民经济评价中作为计算经济净现值的折现率，并作为经济内部收益率的判别基准，只有经济内部收益率大于或等于社会折现率的项目才可行。

社会折现率可用于间接调控投资规模。当国家需要缩小投资总规模时，就可以提高社会折现率，反之则降低社会折现率。它也是项目和方案相互比较选择的主要判据，社会折现率越高，越不利于初始投资大而后期费用节约或收益增大的方案或项目，因为后期的效益折算为现值时其折减率较高。当社会折现率较低时，情况正好反过来。

7.4 国民经济评价的报表编制

7.4.1 国民经济评价的主要报表

（1）基本报表 1——项目投资经济费用效益流量表（见表 7.2）

该表不考虑融资方案，以全部投资作为计算的基础，用以计算项目投资经济内部收益率、项目投资经济净现值等指标，考察项目全部投资对国民经济的净贡献，并据此判别项目的经济合理性。

（2）基本报表 2——国内投资经济费用效益流量表（见表 7.3）

该表以国内投资作为计算的基础，将国外借款利息和本金的偿付作为费用，用以计算国内投资经济内部收益率、国内投资经济净现值等指标，作为利用外资项目经济评价和方案比较取舍的依据。

（3）辅助报表1——国民经济评价建设投资调整估算表（见表7.4）

该表是在财务评价基础上，采用影子价格、影子汇率等参数对项目建设投资进行调整，以计算出国民经济评价的项目建设投资。

（4）辅助报表2——国民经济评价流动资金调整估算表（见表7.5）

该表是在财务评价基础上，对不涉及社会资源消耗的应收、应付、预收、预付款项剔除后，采用影子价格对项目的流动资金调整，以计算出国民经济评价的流动资金需要量。

（5）辅助报表3——国民经济评价经营费用调整估算表（见表7.6）

该表是在财务评价基础上，采用影子价格等参数对经营费用进行调整，以计算出国民经济评价不同负荷下项目的经营费用。

（6）辅助报表4——国民经济评价营业收入调整估算表（见表7.7）

该表是在财务评价基础上，采用影子价格、影子汇率等参数对营业收入进行调整，以计算出国民经济评价不同负荷下项目的营业收入。

表7.2 项目投资经济费用效益流量表

序号	项目	合计	计算期					
			1	2	3	4	…	n
1	效益流量							
1.1	项目直接效益							
1.2	资产余值回收							
1.3	项目间接效益							
2	费用流量							
2.1	建设投资							
2.2	流动资金							
2.3	经营费用							
2.4	项目间接费用							
3	净效益流量(1−2)							

计算指标：

项目投资经济内部收益率：

项目投资经济净现值（$i_s=8\%$）：

表 7.3　国内投资经济费用效益流量表

序号	项　目	合计	计算期					
			1	2	3	4	…	n
1	效益流量							
1.1	项目直接效益							
1.2	资产余值回收							
1.3	项目间接效益							
2	费用流量							
2.1	建设投资中国内资金							
2.2	流动资金中国内资金							
2.3	经营费用							
2.4	流至国外的资金							
2.4.1	国外借款本金偿还							
2.4.2	国外借款利息支付							
2.4.3	其他							
2.5	项目间接费用							
3	国内投资净效益流量(1－2)							

计算指标：
国内投资经济内部收益率：
国内投资经济净现值(i_s ＝8％)：

表 7.4　国民经济评价建设投资调整估算表

序号	项　目	财务评价				国民经济评价			
		外币	折合人民币	人民币	合计	外币	折合人民币	人民币	合计
1	工程费用								
1.1	建筑工程费								
1.2	设备购置费								
1.3	安装工程费								
2	工程建设其他费用								
	其中：(1)土地费用								
	(2)专利及专有技术费								
3	预备费用								
3.1	基本预备费								
3.2	涨价预备费								
	合计(1＋2＋3)								

表 7.5 国民经济评价流动资金调整估算表

序号	项　目	财务评价			国民经济评价		
	生产负荷	%	%	100%	%	%	100%
1	流动资产						
1.1	应收账款						
1.2	存货						
1.3	现金						
1.4	预付账款						
2	流动负债						
2.1	应付账款						
2.2	预收账款						
3	流动资金						

表 7.6 国民经济评价经营费用调整估算表

序号	项　目	财务评价			国民经济评价		
	生产负荷	%	%	100%	%	%	100%
1	外购原材料						
1.1	原材料 A						
1.2	原材料 B						
1.3	……						
2	外购燃料和动力						
2.1	煤						
2.2	水						
2.3	电						
2.4	……						
3	工资及福利费						
4	修理费						
5	其他费用						
	合　计						

表 7.7　国民经济评营业收入调整估算表

序号	项目	财务评价				国民经济评价			
		单价	%	%	100%	单价	%	%	100%
1	产品 A								
2	产品 B								
3	产品 C								
4	……								
	营业收入合计								

7.4.2　国民经济评价的调整计算

国民经济评价报表可以单独直接进行编制，也可以在财务评价的基础上进行调整编制，即将财务评价的投资、经营费用和营业收入等按照国民经济评价的要求进行调整计算，包括效益、费用范围的调整和数值调整两个方面。

效益与费用范围的调整主要包括：识别属于国民经济内部转移支付的内容，并逐项从效益和费用流量中剔除，如营业税金及附加、增值税、国内借款利息等；据实确定项目的间接效益和间接费用。

效益与费用的数值调整主要是采用影子价格重新计算投资、经营费用和营业收入等。

1）建设投资调整

用影子价格、影子汇率逐项调整构成建设投资的各项费用，剔除涨价预备费、税金、国内借款建设期利息等转移支付项目。

进口设备价格调整通常要剔除进口关税、增值税等转移支付。建筑工程费和安装工程费按材料费、劳动力的影子价格进行调整（劳动力也可以不予调整）；土地费用按土地影子价格进行调整。

2）流动资金调整

构成流动资金总额的应收账款、应付账款、预收账款、预付账款并不造成国家资源的实际耗费，因此在国民经济评价中不作为费用，将其从流动资金总额中剔除。一般的处理方法是：如果财务评价中的流动资金是采用扩大指标法估算的，国民经济评价仍按扩大指标法，以调整后的营业收入、经营费用等乘以相应的流动资金指标系数进行估算；如果财务评价中的流动资金是采用分项详细估算法估算的，则应用影子价格重新分项估算。

3）经营费用调整

用影子价格调整各项经营费用，主要对原材料、燃料及动力费用用影子价格进行调整；对劳动工资及福利费，用影子工资进行调整。

4）营业收入调整

首先确定项目产品所属的货物类型，然后用影子价格调整计算项目产出物的营业收入。

5）外汇价值调整

国民经济评价各项营业收入和费用支出中的外汇部分，应用影子汇率进行调整，计算外汇价值。从国外引入的资金和向国外支付的投资收益、贷款本息，也用影子汇率进行调整。

6）回收资产余值一般不必调整

7.5 国民经济评价指标

国民经济评价主要是进行经济盈利能力分析，其主要指标是经济内部收益率和经济净现值。此外，还可以根据需要和可能计算间接效益和间接费用，纳入经济费用效益流量中，对难以量化的间接效益、间接费用应进行定性分析。

(1) 经济内部收益率($EIRR$)

经济内部收益率是指项目在计算期内各年经济净效益流量的现值累计等于零时的折现率。它是反映项目对社会经济所作净贡献的相对指标，也表示项目占用资金所获得的动态收益率。其表达式为：

$$\sum_{t=1}^{n} \frac{(B-C)_t}{(1+EIRR)^t} = 0$$

式中，B——国民经济效益流量；

C——国民经济费用流量；

$(B-C)_t$——第 t 年的国民经济净效益流量；

n——计算期。

经济内部收益率大于或等于社会折现率，表明项目对社会经济的净贡献超过或达到了社会收益率的要求，应认为项目可以接受。

(2) 经济净现值($ENPV$)

经济净现值是指用社会折现率将项目计算期内各年的净效益流量折算到建设期初的现值之和。它是反映项目对社会经济所作净贡献的绝对指标，其表达式为：

$$ENPV = \sum_{t=1}^{n} \frac{(B-C)_t}{(1+i_s)^t}$$

式中，i_s——社会折现率。

当经济净现值大于或等于零时，表示社会经济为拟建项目付出代价后，可以得到超过或符合社会折现率所要求的以现值表示的社会盈余，应认为项目可以接受。

本章学习参考与扩展阅读资料

[1] 施熙灿. 影子水价与影子电价测算[J]. 水力发电学报，2002，77(2)：1-8

[2] 林晓言，荣朝和. 中日铁路项目国民经济评价方法比较与分析[J]. 北方交通大学学报，2001(5)：6-10

[3] 金强，史梓男，李敬如，等. 光伏发电项目的国民经济评价[J]. 电力建设，2013(11)：87-90

[4] 庞向丽. 公路建设项目国民经济评价指标的比选[J]. 山西建筑，2007(2)：312-313

[5] 熊朝. 关于机场建设项目国民经济评价的探讨[J]. 综合运输，2000(1)：32-34

[6] 钟学义，张一凡. 关于超大型工程国民经济评价方法的若干问题[J]. 数量经济技术经济研究，1991(5)：47-54

[7] 陈利，钱永峰. 国民经济评价在项目评价中的作用[J]. 基建优化，2004(1)：22-23

[8] 关涛，慎勇扬，余万军，等. 土地整理项目国民经济评价方法研究[J]. 农业工程学报，2005(S1)：146-149

[9] 周靓苹. 建设项目国民经济评价中的问题分析[J]. 漯河职业技术学院学报，2012(2)：100-102

[10] 李炼能. 建设项目的国民经济评价模型及应用实例[J]. 冶金矿山设计与建设，2000(2)：24-27

[11] 张呢喃. 火电投资项目国民经济评价[J]. 科技情报开发与经济，2005(21)：133-134

[12] 吴琦. 试论项目投资的国民经济评价[J]. 理论月刊，2004(8)：63-64

习　题

1. 某产品共有三种原料，A，B 两种原料为非外贸货物，其国内市场价格总额每年分别为 200 万元和 50 万元，影子价格与国内市场价格的换算系数分别为 1.2 和 1.5。C 原料为进口货物，其到岸价格总额每年为 100 万美元，进口费用为 15 万元。设影子汇率换算系数为 1.08，外汇牌价为 6.335 0 元/美元，求该产品国民经济评价的年原料成本总额。

2. 某项目年产某产品 15 万吨。项目投产后，可以减少该产品进口 5 万吨，其到岸价格为 800 美元/吨；可以增加国内市场供给 6 万吨，使国内市场价格由每吨 6 000 元降为 5 000 元；可以替代落后企业使其减产 4 万吨，被替代企业的财务成本为 5 600 元/吨，按可变成本调整后的影子价格为 4 000 元/吨。外汇牌价为 6.335 0 元/美元，影子汇率换算系数为 1.08，不考虑进口费用，求该项目国民经济评价的年营业收入。

3. 某种原料是拟建项目的主要投入物，需要对其进行成本分解以求得影子价格。调整得到全国平均生产每吨该种货物换算为生产期初的建设投资为 1 507 元，占用流动资金为 250 元。项目生产期为 15 年，社会折现率为 8%。

(1) 试求年资金回收费用(M)，不考虑固定资产残值。

(2) 在成本分解法中，用年资金回收费用调整原料财务成本中的哪些项目？

8 投资项目不确定性分析和风险分析

本章提要

工程经济分析是建立在对工程经济要素进行预测的基础上的。由于各工程经济要素的未来变化带有不确定性,加之预测方法的局限性,经济效果评价时所采用的预测值与未来的实际值可能出现偏差,使得实际经济效果偏离预测值,从而给投资者带来投资风险。本章所介绍的盈亏平衡分析和敏感性分析等不确定性分析方法以及风险分析方法是识别项目风险、估计项目风险大小、衡量项目对外部条件变化的承受能力的有效方法。

投资项目(或投资方案、工程方案等,以下统称方案)的经济效果与其投资、成本、产量、售价等经济要素之间呈一种函数关系,这些经济要素取值的变化会引起经济效果数值的变化。在以上各章所介绍的经济分析和经济评价中,投资、成本、产量、售价等经济要素的取值均为确定值,由此计算出的经济效果数值亦为确定值,这种经济分析和经济评价属于确定性分析。然而,在现实的经济评价中,除了对已建成项目的事后评价外,绝大多数是对新建、扩建、改建项目的评价。这些新建、扩建、改建项目经济评价所用的基础数据,如投资、成本、产量、售价等经济要素的取值,都来自预测或估算。尽管可以使用各种方法对诸经济要素进行有效的预测或估算,但其预测值或估算值都不可能与将来的实际情况完全相符。也就是说,这些经济要素是变化的,是不确定的。

这里所讲的不确定性,一是指影响方案经济效果的各种经济要素(比如各种价格、销售量)的未来变化带有不确定性,科学技术的进步和经济、政治形势的变化都会使生产成本、销售价格、销售量等发生变化;二是指测算方案各种经济要素的取值(比如投资额、产量)由于缺乏足够的信息或测算方法上的误差,使得方案经济效果评价指标值带有不确定性。

不确定性的直接后果是方案经济效果的实际值与评价值相偏离,从而使得按评价值做出的决策带有不确定性,甚至造成决策的失误。为了提高经济效果评价的可靠性和经济决策的科学性,就需要在确定性评价的基础上,进一步分析各种外部条件的变化或预测数据的误差对方案经济效果的影响程度,以及方案本身对这些变化和误差的承受能力,这就是不确定性分析,它也是财务评价的内容之一。

8.1 盈亏平衡分析

各种不确定性因素，如投资额、产品成本、销售量、销售价格等的变化会影响方案的经济效果，当这些因素的变化达到某一临界值时，就会使方案的经济效果发生质的变化，影响方案的取舍。盈亏平衡分析的目的就是寻找这种临界值，以判断方案对不确定性因素变化的承受能力，为决策提供依据。

8.1.1 单方案盈亏平衡分析

单方案盈亏平衡分析，是通过分析产品产量、成本和盈利能力之间的关系，找出方案盈利与亏损在产量、单价、单位产品成本等方面的临界值，以判断方案在各种不确定性因素作用下的抗风险能力。由于单方案盈亏平衡分析是研究产品产量、成本和盈利之间的关系，所以又称为量本利分析。

1) 销售收入、产品成本和产品产量的关系

(1) 销售收入与产品销售量的关系

根据市场条件的不同，销售收入与产品销售量的关系可能会有两种情况。

第一种情况，在无竞争市场中，本方案的生产销售活动不会明显地影响市场供求状况，市场的其他条件也不变，产品价格不随本方案销售量的增加而变化，可以看作为一个常数，销售收入与销售量之间为线性关系，即

$$B = (P - T_b) \cdot Q \tag{8.1}$$

注：公式中去掉了增值税 T_v（下同）。

式中，B——销售收入（扣除销售税金及附加）；

P——单位产品价格；

T_b——单位产品销售税金及附加（包括营业税或增值税、消费税、城市维护建设税、教育费附加、地方教育费附加等）；

Q——产品销售量。

第二种情况，在有竞争市场中，本方案的生产销售活动会明显地影响市场供求状况，随着产品销售量的增加，产品价格有所下降。这时，销售收入与销售量之间不再是线性关系，而是非线性关系，则对应于销售量 Q_0 的销售收入为

$$B = \int_0^{Q_0} [P(Q) - T_b] dQ \tag{8.2}$$

式中符号含义同前。

(2) 产品成本与产品产量的关系

盈亏平衡分析有 个基本假设,即生产企业按销售量组织生产,产品销售量等于产品产量。因此,产品产量也可用 Q 表示。

由第 2 章可知,按照与产量关系的不同,产品总成本可以分为两大类:在一定的生产规模限度内不随产品产量的变动而变动的部分,称为固定成本;随产品产量的变动而变动的部分,称为变动成本。大部分变动成本与产量呈线性关系,少数的与产量呈阶梯形递增关系,当这部分所占比例很少时,可视为可变成本与产品产量呈线性关系。

产品总成本为固定成本与变动成本之和,它与产品产量之间的关系可以近似地认为是线性关系,即

$$C = C_f + C_v \cdot Q \tag{8.3}$$

式中,C——产品总成本;

C_f——固定成本;

C_v——单位产品可变成本。

(3) 盈亏平衡点及其确定

盈亏平衡点(Break Even Point,简称 BEP)是方案盈利与亏损的临界点,即销售收入曲线与产品总成本曲线的交点(销售收入等于产品总成本)。

由于销售收入与产品销售量之间存在着线性和非线性两种关系,因而盈亏平衡点也有两种不同形式,即线性平衡点和非线性平衡点。

2) 线性盈亏平衡分析

线性平衡点为销售收入与产品销售量呈线性关系时所对应的盈亏平衡点,如图 8.1 所示。图中横坐标表示产品产量(或产品销售量),纵坐标表示销售收入与产品成本,销售收入线 B 与总成本线 C 的交点即为盈亏平衡点 BEP。在 BEP 的左边,总成本大于销售收入,方案亏损;在 BEP 的右边,销售收入大于总成本,方案盈利;在 BEP 点上,销售收入等于产品总成本,方案不盈不亏。

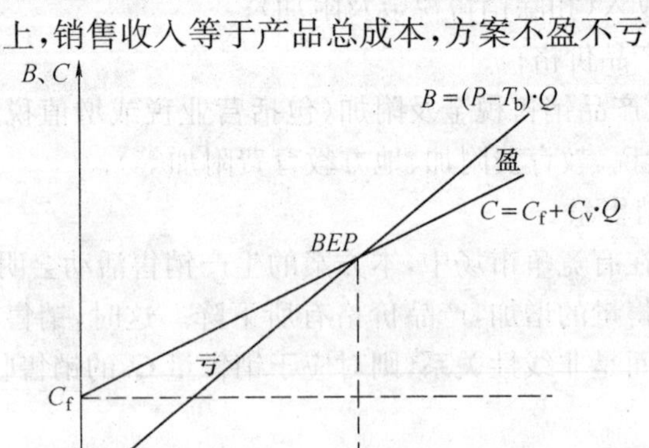

图 8.1 线性盈亏平衡分析图

在销售收入及产品成本与产品产量均呈线性关系的情况下，可以很方便地用解析方法求解出盈亏平衡点。设盈亏平衡点所对应的产量为 Q^*，根据盈亏平衡点的定义有

$$B = C \tag{8.4}$$

即

$$(P - T_b) \cdot Q^* = C_f + C_v \cdot Q^* \tag{8.5}$$

则

$$Q^* = \frac{C_f}{P - T_b - C_v} \tag{8.6}$$

Q^* 是以产量表示的盈亏平衡点，称为盈亏平衡产量；$P - T_b - C_v$ 表示销售单位产品的收入在补偿了可变成本、销售税金及附加后之所剩，被称为单位产品的边际贡献。盈亏平衡产量就是以边际贡献补偿固定成本的产量。

Q^* 是方案保本的产量下限，其值越低，表示方案适应市场变化的能力越强，即抗风险能力越强。

除了用产量表示外，盈亏平衡点还可以用销售收入、生产能力利用率、销售价格、单位产品可变成本等来表示。

在产品销售价格、固定成本、可变成本等不变的情况下，盈亏平衡销售收入为

$$B^* = (P - T_b) \times Q^* = \frac{(P - T_b) \cdot C_f}{P - T_b - C_v} \tag{8.7}$$

设方案设计生产能力为 Q_d，在产品销售价格、固定成本、可变成本等不变的情况下，盈亏平衡生产能力利用率为

$$E^* = \frac{Q^*}{Q_d} \times 100\% = \frac{C_f}{(P - T_b - C_v) \cdot Q_d} \times 100\% \tag{8.8}$$

若按设计生产能力进行生产和销售，且产品固定成本、可变成本等不变，则盈亏平衡销售价格为

$$P^* = \frac{B}{Q_d} + T_b = \frac{C}{Q_d} + T_b = \frac{C_f}{Q_d} + C_v + T_b \tag{8.9}$$

若按设计生产能力进行生产和销售，且产品销售价格、固定成本等不变，则盈亏平衡单位产品可变成本为

$$C_v^* = \frac{C - C_f}{Q_d} = \frac{B - C_f}{Q_d} = P - T_b - \frac{C_f}{Q_d} \tag{8.10}$$

【例 8.1】 某工程方案设计生产能力为 1.5 万吨/年，产品销售价格为 3 000 元/吨，销售税金及附加为 138 元/吨，年总成本为 3 600 万元，其中固定成本为 1 500万元。试求以产量、销售收入、生产能力利用率、销售价格和单位产品可变成

本表示的盈亏平衡点。

【解】 首先计算单位产品可变成本。

$$C_v = \frac{C - C_f}{Q_d} = \frac{(3\,600 - 1\,500) \times 10^4}{1.5 \times 10^4} = 1\,400 \text{（元/吨）}$$

盈亏平衡产量为

$$Q^* = \frac{C_f}{P - T_b - C_v} = \frac{1\,500 \times 10^4}{3\,000 - 138 - 1\,400} = 1.026 \text{（万吨）}$$

盈亏平衡销售收入为

$$B^* = (P - T_b) \cdot Q^* = (3\,000 - 138) \times 1.026 = 2\,936 \text{（万元）}$$

盈亏平衡生产能力利用率为

$$E^* = \frac{Q^*}{Q_d} \times 100\% = \frac{1.026}{1.5} \times 100\% = 68.4\%$$

盈亏平衡销售价格为

$$P^* = \frac{C_f}{Q_d} + C_v + T_b = \frac{1\,500 \times 10^4}{1.5 \times 10^4} + 1\,400 + 138 = 2\,538 \text{（元/吨）}$$

盈亏平衡单位产品可变成本为

$$C_v^* = P - T_b - \frac{C_f}{Q_d} = 3\,000 - 138 - \frac{1\,500 \times 10^4}{1.5 \times 10^4} = 1\,862 \text{（元/吨）}$$

通过计算盈亏平衡点，结合市场预测，可以对方案发生亏损的可能性做出大致判断。在上例中，如果未来的产品销售价格及生产成本与预期值相同，方案不发生亏损的条件是年销售量不少于 1.026 万吨，生产能力利用率不低于 68.4%，销售收入不低于 2 936 万元。如果按设计生产能力进行生产并全部销售，生产成本与预期相同，方案不发生亏损的条件是产品销售价格不低于 2 538 元/吨；销售价格和固定成本与预期相同，方案不发生亏损的条件是单位产品可变成本不高于 1 862 元/吨。

3）非线性盈亏平衡分析

非线性平衡点为销售收入与产品销售量呈非线性关系时所对应的盈亏平衡点，如图 8.2 所示。由于销售收入为曲线，故图中有两个盈亏平衡点。BEP_1、BEP_2所对应的盈亏平衡产量分别为 $Q_1{}^*$ 和 $Q_2{}^*$，当产量 Q 低于 $Q_1{}^*$ 和高于 $Q_2{}^*$，均会因生产成本高于销售收入而使方案亏损；只有在 $Q_1{}^*$ 和 $Q_2{}^*$ 之间，方案才盈利。因此，方案必须在 $Q_1{}^*$ 和 $Q_2{}^*$ 之间安排生产与销售。

确定非线性平衡点的基本原理与线性平衡点相同，即运用销售收入等于总成本的方程求解，只是解（盈亏平衡点）有多个，需判断各区间的盈亏情况。

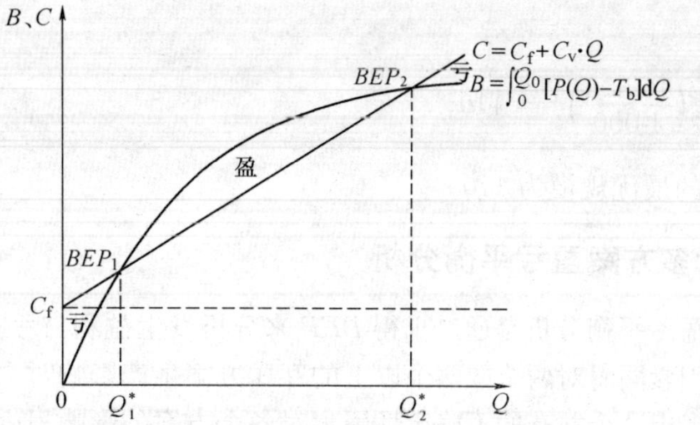

图 8.2　非线性盈亏平衡分析图

【例 8.2】 某项目所生产的产品的总固定成本为 10 万元，单位可变成本为 1 000 元，产品销售收入（扣除销售税金及附加）为 21 000$Q^{1/2}$（Q 为产品产销量），试确定该产品的经济规模区和最优规模。

【解】 产品销售收入为

$$B = 21\,000\sqrt{Q}$$

总成本为

$$C = C_f + C_v = 100\,000 + 1\,000Q$$

则利润为

$$R = B - C = 21\,000\sqrt{Q} - 1\,000Q - 100\,000$$

令 $R=0$，得

$$Q^2 - 241Q + 10\,000 = 0$$

求解得

$$Q = \frac{241 \pm \sqrt{241^2 - 4 \times 10\,000}}{2} = \frac{241 \pm 134.5}{2} = 53 \text{ 或 } 188$$

即产销量 Q 的盈亏平衡点为 53 和 188。当 Q 在 53 至 188 之间时，R 大于零，故该产品的经济规模区为[53，188]。

令 $\frac{\partial R}{\partial Q} = 0$，得

$$\frac{\partial R}{\partial Q} = \frac{10\,500}{\sqrt{Q}} - 1\,000 = 0$$

求解得

$$Q = \left(\frac{10\,500}{1\,000}\right)^2 = 110$$

故该产品的最优规模为 110。

8.1.2 互斥多方案盈亏平衡分析

单方案的盈亏平衡分析是通过求得 *BEP* 来分析发生盈利与亏损的可能性。当某个不确定性因素同时对两个或两个以上的互斥方案生产影响时，亦可采用盈亏平衡分析方法来考虑这个共有的不确定性因素对各个方案的影响程度，并进行方案的比选。有时，这种方法也被称为优劣平衡分析或损益平衡分析，见第 2 章。

8.2 敏感性分析

敏感性分析也是不确定性分析的一种常用方法。它是通过分析、预测各种不确定性因素（如投资额、建设工期、产品产量、产品价格、产品成本以及汇率等）发生增减变化时对方案经济效果的影响，从中找出影响程度较大的因素——敏感因素，并从敏感因素变化的可能性以及测算的误差分析方案风险的大小。

8.2.1 敏感性分析的一般程序

敏感性分析的步骤与内容如下。

1）确定分析指标

这里所述的分析指标，就是指敏感性分析的具体对象，即方案的经济效果指标，如净现值、净年值、内部收益率、投资回收年限等。各种经济效果指标都有其各自特定的含义，分析、评价所反映的问题也有所不同。对于某个特定方案的经济分析而言，不可能也不需要运用所有的经济效果指标作为敏感性分析的分析指标，而应根据方案资金来源等特点，选择一种或两种指标作为分析指标。事实上，敏感性分析指标一般应与该方案确定性分析所用的指标一致，以便综合分析与决策。

2）选择不确定性因素，设定其变化幅度

影响方案经济效果的不确定性因素很多，如投资额、建设工期、产品价格、生产成本、贷款利率、销售量等。这些因素中的任何一个发生变化，都会引起方案经济效果的变动。但在实际工作中，不可能也不需要将影响经济效果的所有影响因素都进行不确定性分析，而应根据方案特点选择几种变化可能性较大，且对方案经济效果影响较大的因素进行敏感性分析。例如，对于出口产品，其原材料主要是由国内供给的方案，外汇兑换率变化对方案经济效果影响较大，故应选外汇兑换率作为不确定性因素加以分析。又如，对于以价格严重偏离价值，近期可能存在调价的物资作为主要原材料，则也需以原材料价格作为不确定性因素加以分析。

在选定了需要分析的不确定性因素后，还要结合实际情况，根据各不确定性因素可能波动的范围，设定不确定性因素的变化幅度，如5%、10%、15%等。

3）计算影响程度

对于各个不确定性因素的各种可能变化幅度，分别计算其对分析指标影响的具体数值，即固定其他不确定性因素，变动某一个或某几个因素，计算经济效果指标值。

在此基础上，建立不确定性因素与分析指标之间的对应数量关系，并用图或表格表示。

4）寻找敏感因素

敏感因素是指其数值变化能显著影响分析指标的不确定性因素。判别敏感因素的方法有相对测定法和绝对测定法两种。

（1）相对测定法：设定各不确定性因素一个相同的变化幅度（相对于确定性分析中的取值），比较在同一变化幅度下各因素的变动对分析指标的影响程度，影响程度大者为敏感因素。这种影响程度可以用敏感度系数表示。

$$S_{AF}=\frac{\Delta A/A}{\Delta F/F} \tag{8.11}$$

式中，S_{AF}——评价指标 A 对于不确定性因素 F 的敏感度系数；

$\Delta F/F$——不确定性因素 F 的变化率；

$\Delta A/A$——不确定性因素 F 发生 ΔF 变化时，评价指标 A 的相应变化率。

$S_{AF}>0$，表示评价指标与不确定性因素同向变化；$S_{AF}<0$，表示评价指标与不确定性因素反向变化。$|S_{AF}|$越大，说明对应的不确定性因素越敏感。

相对测定法仅从评价指标对不确定性因素变化的敏感程度来鉴别敏感因素，而没有考虑各个不确定性因素本身可能变化的情况。事实上，鉴别某个因素是否为敏感因素，不仅要考虑评价指标对该因素变化的敏感程度，还要考虑该因素可能出现的最大变化幅度。

（2）绝对测定法：设各不确定性因素均向对方案不利的方向变化，并取其可能出现的对方案最不利的数值，据此计算方案的经济效果指标，视其是否达到使方案无法被接受的程度，即 $NPV<0$ 或 $IRR<i_0$。如果某个不确定性因素可能出现的最不利数值使方案变得不可接受，则表明该因素为方案的敏感因素。

绝对测定法有一种变通方法，先设定分析指标由可行变为不可行的数值（如

$NPV=0$ 或 $IRR=i_0$ 等)，然后分别求解各不确定性因素所对应的临界数值，该临界数值就称为临界点，或转换值。将各不确定性因素的临界点与其可能出现的最大变化幅度进行比较，如果可能出现的变化幅度超过其临界点，则表明该因素是方案的敏感因素。临界点可以采用临界点百分比或者临界值表示，临界点百分比表示不确定性因素相对于基本方案的变化率，临界值表示不确定性因素变化达到的绝对数值。

5) 综合评价，优选方案

根据确定性分析和敏感性分析的结果，综合评价方案，并选择最优方案。

根据每次计算时变动不确定性因素数目多少的不同，敏感性分析可以分为单因素敏感性分析和多因素敏感性分析。

8.2.2 单因素敏感性分析

单因素敏感性分析是每次只变动一个不确定性因素所进行的敏感性分析。在分析方法上类似于数学上多元函数的偏微分，即在计算某个因素的变化对经济效果指标的影响时，假定其他因素均不变。

【例 8.3】 某投资方案用于确定性分析的现金流量如表 8.1 所示，表中数据是对未来最可能出现的情况预测估算得到的。由于未来影响经济环境的某些因素的不确定性，预计各参数的最大变化范围为－30%～＋30%，基准折现率为 12%。试对各参数分别作敏感性分析。

表 8.1 例 8.3 方案现金流量表

参　数	单位	预测值
投资额(K)	元	170 000
年收益(AR)	元	35 000
年支出(AC)	元	3 000
残值(L)	元	20 000
寿命期(n)	年	10

【解】 本例取净现值作为分析指标。净现值的未来最可能值为

$$\begin{aligned}NPV &= -K+(AR-AC)(P/A,12\%,10)+L(P/F,12\%,10)\\ &= -170\,000+(35\,000-3\,000)\times 5.650+20\,000\times 0.322\,0\\ &= 17\,240(\text{元})\end{aligned}$$

下面就投资额、年收益、年支出、残值和寿命期这五个不确定性因素作敏感性分析。

设投资额变化的百分比为 a，分析投资额变化对方案净现值影响的计算公式为

$$NPV = -K(1+a)+(AR-AC)(P/A,12\%,10)+L(P/F,12\%,10)$$

设年收益变化的百分比为 b，分析年收益变化对方案净现值影响的计算公式为

$$NPV = -K+[AR(1+b)-AC](P/A,12\%,10)+L(P/F,12\%,10)$$

设年支出变化的百分比为 c，分析年支出变化对方案净现值影响的计算公式为

$$NPV = -K+[AR-AC(1+c)](P/A,12\%,10)+L(P/F,12\%,10)$$

设残值变化的百分比为 d，分析残值变化对方案净现值影响的计算公式为

$$NPV = -K+(AR-AC)(P/A,12\%,10)+L(1+d)(P/F,12\%,10)$$

设寿命期变化的百分比为 e，分析寿命期变化对方案净现值影响的计算公式为

$$NPV = -K+(AR-AC)[P/A,12\%,10(1+e)]+L[P/F,12\%,10(1+e)]$$

按照上述五个公式，使用表 8.1 中的数据，a、b、c、d、e 分别取±10%、±20%、±30%，可以计算出各不确定性因素在不同变化幅度下方案的净现值，计算结果如表 8.2 所示。

根据表 8.2 中的数据，可以绘制出敏感性分析图（图 8.3）和敏感度系数（表 8.3）。

表 8.2　敏感性分析表

单位：元

不确定性因素	变动幅度						
	−30%	−20%	−10%	0	+10%	+20%	+30%
投资额(K)	68 240	51 240	34 240	17 240	240	−16 760	−33 760
年收益(AR)	−42 085	−22 310	−2 535	17 240	37 015	56 790	76 565
年支出(AC)	22 325	20 630	18 935	17 240	15 545	13 850	12 155
残　值(L)	15 308	15 952	16 596	17 240	17 884	18 528	19 172
寿命期(n)	−14 906	−2 946	7 708	17 240	25 766	33 342	40 152

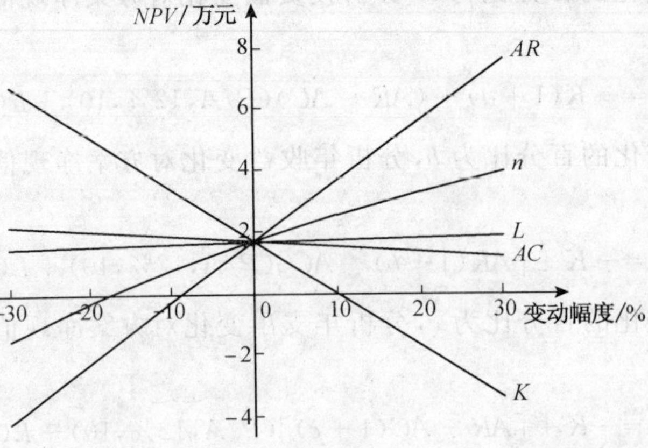

图 8.3　敏感性分析图

由图 8.3 中各条曲线的斜率或表 8.3 中的敏感度系数可以看出，年收益的变化对方案净现值的影响最大，以下依次为投资额、寿命期和年支出的变化，残值变化的影响最小。

上述方法为相对测定法。若反过来求解上述五个计算方案净现值的公式，即分别令 $NPV=0$，解出各不确定性因素的临界点百分比，以此来寻找敏感因素，这就是绝对测定法。

令第一个净现值公式为零，可解得

$$a = 10.14\%$$

同样，分别令第二、第三、第四和第五个净现值公式为零，则可解得

$$b = -8.72\%,\ c = 101.71\%,\ d = -267.70\%,\ e = -17.34\%$$

这些值即为临界点百分比，用各自所达到的绝对数表示即为临界值(表 8.3)。

表 8.3　敏感度系数即临界点汇总表

序号	不确定性因素	变化率	净现值(元)	敏感度系数	临界点百分比	临界值
	基本方案	0	17 240			
1	投资额/元	−20%	51 240	9.86		
		+20%	−16 760	9.86	+10.14%	187 238
2	年收益/元	−20%	−22 310	11.47	−8.72%	31 948
		+20%	56 790	11.47		
3	年支出/元	−20%	20 630	0.98		
		+20%	13 850	0.98	+101.71%	6 051

（续　表）

序号	不确定性因素	变化率	净现值(元)	敏感度系数	临界点百分比	临界值
	基本方案	0	17 240			
4	残值/元	−20%	15 952	0.37	−267.70%	−33 540
		+20%	18 528	0.37		
5	寿命期/年	−20%	−2 946	5.85	−17.34%	8.27
		+20%	33 342	4.67		

上述结果表明，当其他因素不变，投资额增加超过 10.14%，即达到 187 238 元时，或者其他因素不变，年收益降低超过 8.72%，即减少到 31 948 元时，或者其他因素不变，年支出增加超过 101.71%，即达到 6 051 元时，或者其他因素不变，残值减少超过 267.70%（实际最多为 100%），即 −33 540 元（实际最多为零）时，或者其他因素不变，寿命期缩短超过 17.34%，即缩短至 8.27 年时，方案的净现值将小于零，方案变得不可接受。如果仅从不确定性因素本身的特性考虑，临界点百分比的绝对值越小，其对应的因素就越敏感。按此原则，本例中敏感性由强到弱的因素依次为年收益、投资额、寿命期、年支出和残值，排序与相对测定法相同。

8.2.3　多因素敏感性分析

单因素敏感性分析在分析某一因素对经济效果的影响时，假定其他因素不变。事实上，有些因素的变动不是独立的，相互之间有相关性，某一个因素变动的同时其他因素也会有相应的变动。因此，单因素敏感性分析有其局限性，没有考虑各因素之间变动的相关性。

多因素敏感性分析就是要考虑各种因素可能发生的不同变动幅度的多种组合，分析其对方案经济效果的影响程度。由于各种因素可能发生的不同变动幅度的组合关系很复杂，组合方案很多，所以多因素敏感性分析的计算较复杂。如果需要分析的不确定性因素不超过三个，而且经济效果指标的计算也比较简单的，则可以用解析法与作图法相结合的方法进行分析。

【例 8.4】　根据例 8.1 给出的数据，对投资额与年收益的联动进行多因素敏感性分析。

【解】　沿用例 8.1 中的符号，同时考虑投资额与年收益的变动，则方案净现值的计算公式为

$$NPV = -K(1+a) + [AR(1+b) - AC](P/A,12\%,10) + L(P/F,12\%,10)$$

将表 8.1 中数据代入上式，经整理得

$$NPV = 17\,240 - 170\,000a + 197\,750b$$

取 NPV 的临界值，即令 $NPV=0$，则有

$$17\,240 - 170\,000a + 197\,750b = 0$$

$$b = 0.859\,7a - 0.087\,2$$

这是一个直线方程。将其绘制在坐标图上(图 8.4)，即为一条 $NPV=0$ 的临界线。在临界线上，$NPV=0$；在临界线左上方的区域，$NPV>0$；在临界线右下方的区域，$NPV<0$。也就是说，如果投资额与年收益同时变动，只要变动范围不越过临界线进入右下方的区域(包括临界线上的点)，方案都是可以接受的。

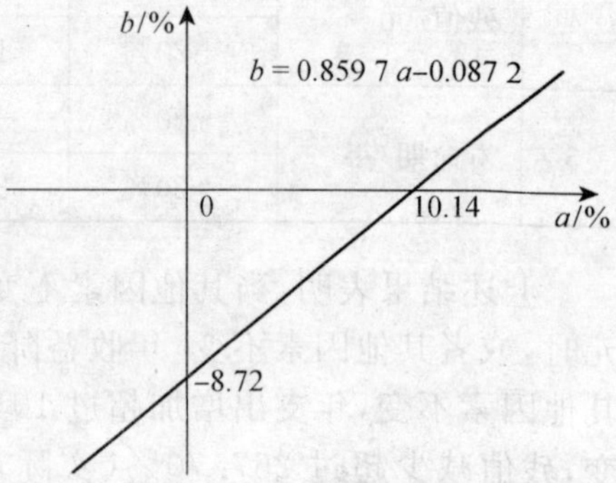

图 8.4　K 与 AR 变动下 NPV 临界线图

8.2.4　敏感性分析的局限性

敏感性分析在一定程度上就各种不确定性因素的变化对方案经济效果的影响进行了定量描述，这有助于决策者了解方案的不确定程度，有助于确定在项目决策和方案实施过程中需要重点研究与控制的因素，对提高方案经济评价的可靠性具有重要意义。但是，敏感性分析有其局限性，它只考虑了各个不确定性因素可能变化的幅度及其对方案经济效果的影响程度，而没有考虑各不确定性因素在未来发生变化，尤其是发生不同变化幅度的可能性(即概率)，这可能会影响分析结论的准确性。事实上，各不确定性因素在未来发生变化的概率是不同的，有些因素非常敏感，一旦发生变化对方案的经济效果影响很大，但它发生变化的概率很小，以至于可以忽略不计；而另一些因素可能不是很敏感，但它发生变化的可能性很大，实际所带来的"不确定性"比那些敏感因素更大。这个问题是敏感性分析所无法解决的，必须借助于概率分析方法。

8.3　风险分析

8.3.1　风险分析概述

1) 风险的概念

(1) 风险的含义

风险是对经济主体的预期目标产生不利影响的可能性。

理解风险的含义，可以从以下几个要点把握：

① 风险是一种不确定性。风险是否发生、何时发生、产生什么样的后果都是不确定的。如果不利影响必定发生或必定不发生，人们就可以通过计划或预算的方式予以明确，使之成为成本或费用，就无所谓风险。所以说，不确定性是风险存在的必要条件。

② 风险是潜在的损失或损害。风险是一种不利的影响，风险总是与潜在的损失或损害联系在一起。如果没有损失或损害，就不成为风险，甚至是机会。

③ 风险是实际结果与预期目标的差异。风险带来的损失或损害是相对于人们的预期目标的，不一定是绝对的损失或损害。例如，如果某人的投资收益率目标是15%，而投资的内部收益率估计在10%～20%之间，虽然最低收益率大于零，但有可能小于15%的期望收益率，故存在风险。

④ 风险相对于经济主体而言。风险成立的前提是存在承担实际结果的经济主体（个人或组织），如果某位投资者对投资的结果不承担任何责任，则对他来说就不存在风险。

⑤ 风险涉及选择。风险总是与选择联系在一起的。研究风险的目的在于规避风险或减轻风险损失，其前提条件是存在可以选择的不同路径；如何没有选择的条件，只有一条路径可走，讨论风险就没有意义了。

(2) 风险与不确定性

风险和不确定性是两个不完全相同但又密切相关的概念。

① 不确定性是风险的起因。人们对未来事物认识的局限性，可获信息的不完备性以及未来事物本身的不确定性，使得投资活动的实际结果具有不确定性，从而使经济主体可能得到低于预期的收益，甚至遭受一定的损失，导致风险。

② 不确定性与风险相伴而生。正因为不确定性是风险的起因，所以不确定性与风险总是相伴而生的。如果不是从理论上去刻意区分，往往将它们混为一谈，实践中常常也混合使用。

③ 不确定性与风险的概念不完全相同。不确定性的结果可能高于预期目标，也可能低于预期目标，而通常是将结果低于预期目标的不确定性称为风险。另外，不确定性和风险的“未知”程度不同。虽不知道确切的实际结果，但知道各种结果发生的可能性，称之为风险；连实际结果发生的可能性都不知道的，称之为不确定性。

(3) 风险分析与不确定性分析

同“不确定性”与“风险”的关系一样，不确定性分析与风险分析也是既有联系又有区别。

不确定性分析与风险分析的主要区别在于两者的分析内容、方法和作用的不同。不确定性分析只是研究各种不确定性因素对方案结果的影响，但不知道这些不确定性因素可能出现的状态及其发生的可能性，因而也就不知道方案出现各种结果的可能性；而风险分析则要通过预先知道不确定性因素可能出现的各种状态及其可能性，求得对方案各种结果影响的可能性，进而判断方案的风险程度。

若用数学语言表述，方案结果是因变量 Y，影响方案结果的不确定性因素是自变量 X，Y 与 X 之间存在着某种因果关系 f，即

$$Y = f(X)$$

由于 X 的不确定性导致了 Y 的不确定性。不确定性分析和风险分析的共性，就是 X 的不确定性。然而，风险分析预先知道 X 出现各种状态的可能性（X 的概率分布），并由此分析 Y 出现各种结果的可能性（Y 的概率分布）；而不确定性分析则不知道 X 的概率分布，只是分析 X 发生某种变化时 Y 的结果。

2）风险分析的程序

从风险分析的角度看，在方案决策之前，应认真考虑这样一些问题：①方案有哪些风险？②这些风险出现的可能性有多大？③若发生风险，造成的损失有多大？④怎样减少或消除这些可能的损失？⑤如果改用其他方案，是否有新的风险？

回答上述问题实际上就是风险分析的内容。风险分析就是要查明方案在哪些方面、哪些地方、什么时候可能会出现什么问题，哪些地方潜藏着风险。查明之后要对风险进行量化，确定各风险出现的可能性大小以及对方案的影响程度，并在此基础上制定出为减少风险而供选择的各种方案和措施。

可见，风险分析的第一步是风险识别，即识别影响方案结果的各种不确定性因素。风险识别要从风险与方案的关系入手，弄清方案的组成、各种变数的性质及相互间的关系、方案与环境之间的关系等。在此基础上，利用系统的方法和步骤查明对方案以及对方案所需资源形成潜在威胁的各种因素。

第二步是风险评估，即估计风险的性质、估算风险事件发生的概率及其对方案结果影响的大小。风险评估又分为风险估计和风险评价，风险估计是要估算各单个风险因素发生的概率及其对方案的影响程度；风险评价则是对方案的整体风险，各风险之间的相互影响、相互作用以及对方案的总体影响，经济主体对风险的承受能力等进行评价。

第三步是制定风险防范对策，即在风险识别和风险评估的基础上，根据决策主体的风险态度，制定应对风险的策略和措施。

8.3.2 风险识别

识别风险就是要根据风险的特征规律去认识和确定方案可能存在的潜在风险因素，分析这些风险因素对方案的影响，以及风险产生的原因。同时，结合风险估计，找出方案的主要风险因素。

1）投资项目风险的主要来源

影响项目实现预期经济目标的风险因素主要来自于以下几个方面：

（1）政策方面

政策风险是由于政府政策的调整，使项目原定目标难以实现所造成的损失，如税收、金融、环保、产业政策等的调整变化对项目经济效益带来的影响。

（2）市场方面

市场风险是由于项目产品所在市场的供求关系与事前预测出现较大差异，产品产量和销售收入达不到预期目标，给项目预期收益带来的损失。市场风险是竞争性项目最主要的风险，且涉及的风险因素也是多方面的，有市场实际供求总量与预测值的偏差，也有项目产品缺乏市场竞争力，还有市场实际价格与预测值的偏差等。

（3）资源方面

资源风险是针对资源开发项目，由于资源的蕴藏量、可利用量、品位、开拓工程量以及开采方式等与事前预测结果出现较大偏差，导致项目开采成本增高，或产量降低，或经济寿命期缩短，造成经济损失。

（4）技术方面

技术风险可分为项目建设过程中的技术风险和项目建成后生产中的技术风险两个方面。建设过程中的技术风险是由于技术水平的限制或技术工作的不周所导致的风险，如地质情况勘探与实际的偏差致使投资和工期的增加，设计发生重大变更导致投资增加和工期延长，设计不合理影响使用功能而造成经济损失等。生产中的技术风险是由于所选技术工艺和设备在先进性、可靠性、适用性和经济性等方面与原方案发生重大变化，导致项目运行后达不到设计生产能力、质量不过关、消耗指标偏高，甚至外界的技术进步使得项目的技术水平相对降低，从而影响了项目的竞争力和经济效果。

（5）融资方面

融资风险有两个方面，一是融资成本，二是资金来源。融资成本直接影响项目的经济效果，由于利率、汇率变化，或融资结构未能如愿，导致融资成本升高属于融资成本风险。资金来源不可靠、数量不足或未及时到位属于资金来源风险。

（6）组织管理方面

组织管理风险是由于项目组织结构不当、管理机制不完善或管理能力不足等，导致项目不能按计划建成投产，或投资失控致使建设资金超出预算，或建设质量达不到要求而无法正常投产等造成的损失。

（7）外部环境方面

外部环境包括自然环境、社会环境和政治环境。有些外部环境因素对某些项目会产生较大的影响，如难以抗拒的自然力对项目的破坏或对项目建设条件、生产条件的影响；有些因素甚至会影响到所有项目，如社会、政治的动荡对项目所产生的威胁。

(8) 配套条件方面

配套条件可以分为上游配套条件和下游配套条件两类。上游配套条件是指项目建设和投产所需投入的配套条件,如供水、供电、对外交通等;下游配套条件是指项目投产后产品输出的配套条件,如与发电厂配套的输电工程、与自来水厂配套的输水管线等。上游配套条件不能保证项目的建设和生产,将出现项目不能按期建成,或建成后无法正常生产的风险;下游配套条件不能同步运行,将导致项目无法正常发挥效益,造成经济损失。

(9) 其他方面

对于某些项目,还要考虑其特有的风险因素。如中外合资项目,还要考虑与合资对象的合作协调性问题等。

2) 投资项目风险的基本特征和识别思路

(1) 风险的最基本特征是具有不确定性和损害性,要从这一基本特征去识别风险因素。

(2) 投资项目的风险具有阶段性,在项目不同阶段的主要风险有所不同,因此识别风险因素要按项目的不同阶段进行。

(3) 投资项目的风险具有行业性,不同行业项目的主要风险有可能不同,因此识别风险因素要有行业的针对性。

(4) 投资项目的风险具有相对性,对于项目的不同管理主体可能会有不同的风险,即使同样的风险,对不同管理主体的影响程度也可能不同,因此识别风险因素要区分项目的管理主体。

3) 风险识别的步骤

风险识别是一项极富艺术性的工作,要求风险分析人员熟悉投资项目的特点,具有较强的洞察能力、分析能力以及丰富的实际经验。

风险识别的一般步骤为:

(1) 明确风险分析所指向的预期目标;

(2) 找出影响预期目标的全部因素;

(3) 分析各因素对预期目标的相对影响程度;

(4) 根据对各因素向不利方向变化的可能性进行分析、判断,确定主要风险因素。

8.3.3 风险评估

风险评估包括风险估计和风险评价。风险估计是在风险识别之后,提供定量分析估算风险事件发生的概率及其对项目的影响程度;风险评价是对项目风险进行综合分析,根据风险对项目目标的影响程度对风险进行分级排序的过程。

1) 风险估计

风险事件属于随机事件,人们根据长期的实践经验,或对历史资料的统计分析，可以对风险因素发生的概率及其分布进行估算。

风险因素的概率分布分为离散概率分布和连续概率分布两种类型。当变量的可能值为有限个数，这种随机变量称为离散型随机变量，其概率分布则为离散概率分布。如产品销售量可能出现低于预期值20%、低于预期值10%、等于预期值和高于预期值10%等四种状态，各种状态的概率取值之和等于1，则产品销售量的概率分布为离散型概率分布。当变量的取值范围为一个区间，无法按一定次序一一列举出来时，这种随机变量称为连续型随机变量，其概率分布则为连续概率分布。如产品的市场需求量在预期值的上10%和下20%内连续变化，则市场需求量的概率分布就是一个连续型概率分布，并可用概率密度函数来表示。常见的连续型概率分布有正态分布、对数正态分布、泊松分布、三角分布、梯形分布、β分布等。

根据依据的不同，风险估计分为主观概率估计和客观概率估计两类。人们根据所掌握的信息和积累的经验对风险发生可能性的主观判断，称为主观概率估计；根据大量的历史数据或试验数据，采用统计分析的方法计算风险发生的可能性，称为客观概率估计。客观概率估计需要足够多的历史数据或试验数据作支持，而项目的一次性特点又决定了人们难以得到在类似环境条件下的大量数据。因此，在项目风险估计的实践中，很难使用客观数据对风险发生概率做出估计，而更多的是由专家或决策者对风险出现的概率做出主观估计。

【例8.5】 某建筑安装企业在过去8年中完成了68项工程施工任务，其中一部分因种种原因而拖延工期，其统计数据如表8.4所示(表中负值表示工期提前)。试估计该企业施工工期的概率分布。

表8.4 某企业工期拖延统计表

工期拖延(%)	<−30	−30～−25	−25～−20	−20～−15	−15～−10	−10～−5	−5～0
项目数(个)	0	2	1	3	6	9	14
工期拖延(%)	0～5	5～10	10～15	15～20	20～25	25～30	>30
项目数(个)	12	9	6	4	1	1	0

【解】 对这68项工程的数据进行分组统计，各组的概率便构成了概率分布，见表8.5。

表8.5 某企业工期拖延概率分布表

组别	工期拖延/%	频数	频率=频数/样本总数
1	−30～−25	2	0.029 4
2	−25～−20	1	0.014 7
3	−20～−15	3	0.044 1
4	−15～−10	6	0.088 2

（续 表）

组别	工期拖延/%	频数	频率＝频数/样本总数
5	−10～−5	9	0.132 4
6	−5～0	14	0.205 9
7	0～5	12	0.176 5
8	5～10	9	0.132 4
9	10～15	6	0.088 2
10	15～20	4	0.058 8
11	20～25	1	0.014 7
12	25～30	1	0.014 7
	合计	68	1.000 0

将表 8.5 中的数据用直方图表示出来，并用光滑曲线拟合，即得如图 8.5 所示的概率分布图。

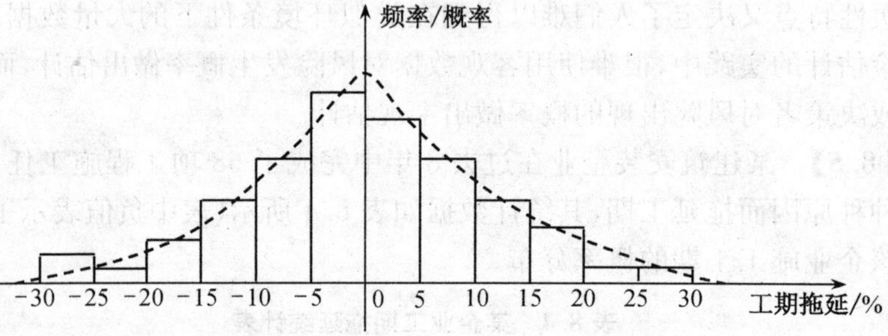

图 8.5　某企业工期拖延概率分布图

2）风险评价

风险评价是在风险识别和风险估计的基础上，建立项目风险的系统评价模型，列出各种风险因素发生的概率及概率分布，确定其可能导致的损失大小，依据项目风险判别标准，找出影响项目成败的关键风险因素，并确定项目的整体风险水平。

项目风险大小的判别标准应根据风险因素发生的概率和所致损失来确定，一般采用项目经济评价指标的概率分布、期望值和标准差作为判别标准，也可以采用综合风险等级作为判别标准。

(1) 以经济评价指标为判别标准

经济评价指标可以用净现值、内部收益率等经济效果指标。净现值大于等于零，或内部收益率大于等于基准收益率的累计概率值越大（越接近 1），表明风险越小；标准差越小，风险越小。

【例 8.6】　某项目建设期 1 年，生产运营期 10 年。建设投资、年销售收入和年经营成本的估计值分别为 80 000 万元、35 000 万元和 16 000 万元。经调查认为,项目的主要风险因素是建设投资和年销售收入,每个风险因素有三种状态,其概率分布如表 8.6 所示。试计算该项目财务净现值的期望值和财务净现值大于或等于零的累计概率(i_c=10%)。

表 8.6　风险因素概率分布表

风险因素	变化率		
	+20%	0	−20%
建设投资	0.3	0.6	0.1
年销售收入	0.2	0.5	0.3

【解】 ① 确定风险因素组合状态及其联合概率

本例有 2 个风险因素,每个风险因素有 3 种状态,故有 3×3=9 种组合状态,各种组合状态的联合概率见表 8.7 第(3)列。

表 8.7　风险因素组合状态计算表

风险因素状态		联合概率	净现值(万元)	期望净现值(万元)	方差
建设投资	年销售收入				
(1)	(2)	(3)	(4)	(5)	(6)
+20%	+20%	0.06	49 235	2 954	54 765 787
	0	0.15	10 133	1 520	11 854 337
	−20%	0.09	−28 968	−2 607	207 287 531
0	+20%	0.12	65 235	7 828	256 265 538
	0	0.30	26 133	7 840	15 166 394
	−20%	0.18	−12 968	−2 334	184 223 378
−20%	+20%	0.02	81 235	1 625	77 406 584
	0	0.05	42 133	2 107	26 704 019
	−20%	0.03	3 032	91	7 671 949
合计		1.00		19 023	841 345 517

注:方差=(净现值−项目的期望净现值)^2×发生概率

② 计算各组合状态净现值的期望值

首先,计算各组合状态的净现值。如建设投资增加 20%与年销售收入增加 20%组合的净现值为−80 000×1.2+(35 000×1.2−16 000)(P/A, 10%,10)(P/F, 10%,1)=49 235(万元)。依此类推,计算出 9 个组合的净现值,见表 8.7 第(4)列。

然后,将各组合状态的净现值与其联合概率相乘,得到各组合状态的期望净现值;再将各组合状态的期望净现值相加,即为项目的期望净现值 19 023 万元,见表

8.7 第(5)列。

③ 计算净现值小于零的累计概率

当组合状态的数量较多时，可以用列表的方法，将各组合状态及相应的净现值、联合概率等按净现值从小到大排列，依次计算累计概率，便可得到净现值小于零的累计概率。本例的组合状态数量不多，可以直接算得净现值小于零的累计概率：0.09＋0.18＝0.27＝27％。

④ 计算净现值的方差、标准差和离散系数

项目净现值的方差 $\sigma^2 = 841\ 345\ 517$ [见表 8.7 第(6)列之合计]

标准差 $\sigma = 29\ 006$ (万元)

离散系数 $\sigma/\bar{x} = 29\ 006/19\ 023 = 1.52$

从项目净现值小于零的概率和离散系数看，该项目的风险较大。

(2) 以综合风险等级为判别标准

综合风险等级的划分应综合考虑风险因素发生的可能性以及对项目的影响程度。风险等级可以划分为 5 个等级(见表 8.8)，也有划分为 9 个等级的。

表 8.8　风险等级划分表

综合风险等级	很强	强	较强	适度	弱
代号	K	M	T	R	I
措施	放弃项目	变更方案	设定临界值，一旦触发就变更方案	采取适当措施	可忽略

综合风险等级有多种表述方法，最常见的是采用矩阵列表法建立综合风险等级矩阵，见表 8.9。

表 8.9　综合风险等级分类表

综合风险等级		风险影响程度			
		严重	较大	适度	低
风险的可能性	高	K	M	R	R
	较高	M	M	R	R
	适度	T	T	R	I
	低	T	T	R	I

8.3.4　风险对策

风险对策是在风险识别和风险评估的基础上，根据投资主体的风险态度制定的应对风险的策略和措施。

1) 常用的风险对策

任何一个投资项目都会有风险，如何面对风险，人们有不同的选择。一是不畏风险，为了获取高收益而甘愿冒高风险；二是一味回避风险，绝不干有风险的事，因此也就失去了获得高收益的机会；三是客观地面对风险，采取措施，设法降低、规避、分散或防范风险。即使做第一种选择，也不是盲目地冒风险，也要尽可能地降低、规避、分散或防范风险。就投资项目而言，应对风险的常用策略和措施有：

(1) 风险回避

风险回避是投资主体完全规避风险的一种做法，即断绝风险的来源。对于投资项目的决策而言，风险回避就意味着否决项目或者推迟项目的实施。例如，风险分析显示产品市场存在严重风险，若采取回避风险的对策，就会做出缓建或放弃项目的决策。简单的风险回避是一种消极的风险处理方法，因为投资主体在规避损失的同时，也放弃了潜在收益的可能性。因此，风险回避对策的采用一般都很谨慎，只有在对风险的存在和发生，对风险损失的严重性有把握的情况下才考虑采用。一般来说，风险回避用于以下情况：

① 某种风险可能造成的损失相当大，且发生的频率较高；

② 风险损失无法转移，或者其他风险防范对策的代价非常昂贵；

③ 存在可以实现同样目标的其他方案，其风险更低；

④ 投资主体对风险极端厌恶。

(2) 风险控制

风险控制是针对可控性风险采取的防止风险发生，减少风险损失的对策。显然，风险控制不是放弃风险，而是通过制订计划和采取措施来降低风险出现的可能性或者减少风险造成的损失。风险控制是绝大多数项目广泛采用的主要风险对策。

风险控制必须根据项目的具体情况提出有针对性的措施，它们可以是组织措施、技术措施和管理措施等。通常，风险控制措施可以按控制阶段分为事前控制、事中控制和事后控制，事前控制的目的主要是为了降低风险出现的概率，事中控制和事后控制则主要是为了减少风险损失的程度。

(3) 风险转移

风险转移是指通过一定的方式将可能面临的风险转移给他人，以降低甚至减免投资主体的风险程度。风险转移有两种方式，一是将风险源转移出去，二是将风险损失转移出去。就投资项目而言，第一种风险转移方式实质上是风险回避的一种特殊形式。例如，将建成的项目转让给他人，以回避运营的风险，或者将项目建设中风险大的部分分包给他人承包建设。风险损失转移的主要形式是保险和合同。

① 保险转移。通过向保险公司投保的方式将项目风险全部或部分损失转移给保险公司，这是风险转移中使用得最为广泛的一种方式。凡是保险公司可以投

保的险种，都可以通过投保的方式转移全部或部分风险损失。

② 合同转移。通过合同约定将全部或部分风险损失转移给其他参与者。例如，在新技术引进合同中，可以加上达不到设计能力或设计消耗指标时的赔偿条款，以将风险损失转移给技术转让方。再如，在项目建设发包时，采用固定总价合同，将材料涨价风险转移给承包商。

(4) 风险自留

风险自留就是投资主体将风险损失留给自己承担。风险自留适用于两种情况：

① 已知有风险，但由于可能获得相应的利益而需要冒险时，必须保留和承担这种风险，如风险投资项目。

② 已知有风险，但若采取某种风险对策措施，其费用支出高于自留风险的损失时，投资主体常常主动自留风险。

2) 制定风险对策的原则

在制定风险对策时，应遵循以下原则：

(1) 针对性

总体而言，投资项目可能涉及的风险因素是多种多样的。就某一个投资项目而言，由于其特点不同，风险对策应具有针对性，针对特定项目的主要或关键风险因素，制定相应的风险对策。

(2) 可行性

风险对策的制定应立足于客观现实，提出的风险对策应切实可行。这种可行，不仅仅是技术上的可行，还要考虑人力、物力和财力上的可行。

(3) 经济性

应对风险是要付出代价的，如果风险对策的费用远大于风险损失，则该对策将毫无意义。因此，制定风险对策还应考虑经济性，对风险对策所付出的代价和风险可能造成的损失进行权衡。

本章学习参考与扩展阅读资料

[1] 赵镭屹. 产销不平衡的生产性投资项目盈亏平衡分析[J]. 现代经济信息，2012(1)：63-64

[2] 张兵，张正政. 基于学习曲线的盈亏平衡分析探讨[J]. 经营管理者，2010(20)：54

[3] 王珍莲. 盈亏平衡分析在房地产开发项目经济评价中的应用研究[J]. 广西财经学院学报，2014，27(4)：93-98

[4] 蔡毅，邢岩，胡丹. 敏感性分析综述[J]. 北京师范大学学报(自然科学版)，2008，44(1)：9-16

[5] 邵希娟，朱天霖. 项目投资决策敏感性分析的常见问题[J]. 财会月刊，2012(31)：82-83

[6] 刘晓峰，陈通. 投资项目因素敏感性分析方法的新探索[J]. 统计与决策，2008，258(6)：

38-40

[7] 林伯强. 项目评估中的风险分析:应用和主要问题[J]. 金融研究,2003,281(11):49-63

[8] 余建星,李成. 工程风险分析中的风险当量及其评价标准[J]. 海洋技术,2004,23(1):48-51,61

习 题

1. 某化工厂生产某种化工原料,设计生产能力为年产 7.2 万吨,产品售价为 1 300 元/吨,每年的固定成本为 1 740 万元,单位产品可变成本为 930 元/吨。试分别画出年固定成本、年可变成本、单位产品固定成本、单位产品可变成本与年产量的关系曲线,并求出以年产量、销售收入、生产能力利用率、销售价格、单位产品可变成本表示的盈亏平衡点。

2. 某工厂生产和销售某种产品,单价为 15 元/件,单位可变成本为 12 元/件,全月固定成本 10 万元,每月销售 4 万件。由于某些原因,其产品单价将降至 13.5 元/件,同时每月还将增加广告费 2 万元。

试计算:

(1) 该产品此时的盈亏平衡点;

(2) 增加销售多少件产品才能使利润比原来增加 5%?

3. 某企业生产某种设备,预定每台售价为 300 元,单位产品可变成本为 100 元/台。因零配件大批量采购享受优惠,单位产品可变成本将按固定的变化率 0.01 元随产量 Q 降低为 $(100-0.01Q)$ 元;而由于市场竞争的需要,单位产品售价可能按固定的变化率 0.03 元随产量 Q 降低为 $(300-0.03Q)$ 元。该公司年固定成本为 180 000 元。试求盈亏平衡产量和最大盈利产量。

4. 有一个生产小型电动汽车的投资方案,用于确定性分析的现金流量表如表 8.10 所示,所采用的数据是根据对未来最可能出现的情况预测估算的。由于对未来影响经济环境的某些因素把握不大,投资额、经营成本和产品价格均有可能在 ±20% 的范围内变动。设基准折现率为 10%,不考虑所得税,试分别就上述三个不确定性因素作敏感性分析。

表 8.10 单位:万元

年　末	0	1	2~10	11
投资	15 000			
销售收入			19 800	19 800
经营成本			15 200	15 200
期末资产残值				2 000
净现金流量	−15 000	0	4 600	6 600

5. 某企业有一扩建工程,建设期 2 年,生产运营期 8 年,现金流量如表 8.11 所示。设基准折现率为 12%,不考虑所得税,试就投资、销售收入、经营成本等因素的变化对投资回收期、内部收益率、净现值的影响进行单因素敏感性分析,画出敏感性分析图,并指出敏感因素。

表 8.11 单位:万元

年　末	0	1	2	3	4	5	6	7	8	9
投资	1 600	2 600								
销售收入			2 600	4 200	4 200	4 200	4 200	4 200	4 200	4 200
经营成本			1 800	3 000	3 000	3 000	3 000	3 000	3 000	3 000
期末资产残值										600
净现金流量	−1 600	−2 600	800	1 200	1 200	1 200	1 200	1 200	1 200	1 800

6. 某投资项目总投资 10 000 万元,寿命期 5 年,残值 2 000 万元。该项目投资当年即可投产,年收益 5 000 万元,年支出 2 200 万元。通过初步的单因素敏感性分析得知,投资额和年收益为敏感因素。现考虑投资额和年收益同时变动时,对净年值的综合影响(基准折现率 8%)。

7. 设有 A、B 两个方案,经初步分析,销售情况及其对应的概率和净现值如表 8.12 所示。试比较这两个方案风险的大小。

表 8.12

销售情况	概　率	净现值/万元	
		方案 A	方案 B
好	0.6	20	15
一般	0.2	5	10
差	0.2	−5	5

8. 某投资项目建设期 1 年,第二年开始运营。受市场因素影响,项目投资额、年净收益和寿命期是不确定的,各不确定性因素的可能状态及其发生的概率和估计值见表 8.13。设各不确定性因素之间是相互独立的,基准折现率为 12%,试计算方案净现值的期望值与方差。

表 8.13

因素	投资/万元			年净收益/万元			寿命期/年		
状态	高	中	低	高	中	低	长	中	短
概率	0.15	0.70	0.15	0.20	0.60	0.20	0.15	0.65	0.20
估计值	1 700	1 500	1 300	500	400	250	10	8	6

9. 某工业项目建设期需要 1 年,第二年可开始生产经营,但项目初始投资总额、投产后每年的净收益以及产品的市场寿命期是不确定的,各不确定性因素的各种状态及其发生概率和估计值见表 8.14。设各不确定性因素之间相互独立,最低期望收益率为 20%,试用概率树法进行风险评估。

表 8.14

	发生概率	初始投资/万元	寿命期/年	年净收益/万元
乐观状态	0.17	900	10	500
最可能状态	0.66	1 000	7	400
悲观状态	0.17	1 200	4	250

10. 某企业拟在生产线上安装一台电子秤，以提高产品包装质量。安装后，预计可减少包装损失 2 500 元。电子秤的初期费用(含购买、安装等)呈正态分布，均值 15 000 元，标准差1 500 元；寿命期 12 到 16 年，服从均匀分布。试用模拟法分析该方案净现值的概率分布，并进行风险评估(随机样本数据不少于 25 组)。

9 非工业建设项目经济评价

本章提要

以上各章所介绍的经济评价内容和方法,针对的都是一般工业建设项目。对于交通运输、房地产开发等非工业建设项目,由于投资结构不同、受益群体不同、效益的表现和度量方式不同,所以它们都具有各自的特点。这些项目自身的特点反映到经济评价上,就决定了各种类型项目经济评价内容和方法的差异性。本章将主要介绍交通运输项目、水利水电项目、市政公用设施项目和房地产开发项目等非工业建设项目经济评价的特点、内容和方法。

9.1 交通运输项目经济评价

9.1.1 概述

1) 交通运输项目的特点

交通运输项目包括铁路、公路、水运、民航等基础设施的新建和改扩建项目。作为社会经济的基础设施类项目,交通运输项目具有以下特点:

(1) 效益的无实体性

交通运输项目的产出不是具体的物质产品,而是为货物和旅客的空间位移提供条件,它是一种无形的、非实体性的特殊产品。交通运输项目产出的这种无实体性,决定了它的服务性,即交通运输项目为国民经济服务,为千家万户服务。

(2) 产品的非储存性

交通运输项目的产出是一种无实体性的产品——运输服务,其效益的发挥过程就是收益者的消费过程,效益及其消费是同时发生的,效益不可先储存后消费,这就是非储存性。这种非储存性要求交通运输项目的线路选择和运力安排必须合理计划,满足人流、物流季节性等要求。

(3) 效益的公用性和宏观性

交通运输连接着生产与生产、生产与交换、生产与消费、交换与消费,是社会再生产过程中不可缺少的环节。交通运输项目的建设，不是为投资者自身服务的，而是要为工业、农业、商业、科技、文化、卫生、旅游、国防的各行各业服务。因此，交通运输项目的效益不仅表现为投资者的微观的直接效益，更多的是表现为间接的、宏观的国民经济效益。

(4) 系统性和整体性

现代交通运输手段有铁路、公路、水运、航空、管道等，这几种运输手段的运输能力、时间、空间各不相同，各地区的运量、运输条件也不同。因此，交通运输项目的建设必须从系统的角度出发，从交通运输系统整体考虑，形成一个综合协调的交通运输网络体系。

(5) 投资大、工期长

交通运输项目，无论是线路建设、区站建设、场道建设，还是运载工具建造，其投资动辄上亿元，工期至少要三五年。这种投资大、公用性强、系统性要求高的项目，主要由政府投资。

2) 交通运输项目经济评价的特点

交通运输项目的上述特点就决定了其经济评价的特点。

(1) 以经济费用效益分析为主

由于交通运输项目的效益更多地表现为宏观的国民经济效益，同时项目的建设、运营过程复杂，涉及的经济因素多，企业的界限难以划分，所以，交通运输项目的经济评价以经济费用效益分析为主。

(2) 收费项目应进行财务分析

收费的交通运输项目(如封闭式公路、桥梁、铁路、港口、机场、管道等)需要进行财务评价。收费还贷性项目主要考察项目的清偿能力；收费经营性项目则在考察项目清偿能力的基础上，注重考察项目的盈利能力；非经营性项目主要考察项目的财务生存能力。

(3) 一般采用“有无对比法”

采用有无对比法，项目的效益和费用表现为“有项目”相对于“无项目”时总效益和总费用的增量，即其净效益表现为“有项目”相对于“无项目”时运输总费用的节约，以及项目带来的其他净效益。有无对比法要求考虑在“无项目”情况下的变动，即在计算“无项目”的效益和费用增量时，应预测其发展变化情况。

(4) 要考虑相关配套设施项目及其投资

交通运输是一个系统工程，主体工程必须与配套设施同时投入使用，方可发挥其作用。因此，交通运输项目的经济评价必须同时考虑其相关配套设施的投资和费用，将配套设施与主体工程作为一个整体处理。如新建铁路应考虑与现有路线接轨站和编组站、机务段、车辆段等配套和改建；新机场应考虑公路交通联系。另外，由交通运输项目直接引起的拆迁、补偿和环境保护设施也应列入本项目的建设范围并计算投资。

(5) 运输方式的比较应考虑运输工具

在比较、选择各种运输方式时，除基础设施外，还应计算运输工具(如机车、车辆、船舶、飞机等)的投资和费用。各种运输路线应包括从始发地到目的地的运输全部过程，费用和效益计算也应反映运输全过程。

(6) 不应单独评价的情况

专门为新开发区或新建厂矿兴建的交通运输项目，应看作为该地区或该厂矿综合开发项目的组成部分，其效益和费用应纳入整个地区或厂矿联合体内进行统一计算和评价。

3) 交通运输项目经济效益与费用的识别

(1) 经济效益

交通运输项目的经济效益是指由于项目的兴建而给国民经济带来的实际成果或贡献。按照能否用货币来计量，交通运输项目的效益可分为有形效益和无形效益；有形效益又可分为直接效益和间接效益。

① 直接效益，是指项目使用者获得的运输效益，它是项目建成后带来的最重要、最直接的效益。直接效益主要表现为运量的增加、运输成本的降低、事故损失的减少等。应注意的是，交通运输项目的"直接效益"与一般工业项目的直接效益在范围和概念上均有一定的差别。

② 间接效益，是指项目对地区其他经济领域产生的效益，如促进某些矿产和其他资源的开发利用，促进一些企业的兴建，促进地区产业结构的变化和地区经济的繁荣，促进旅游业和第三产业的发展，促进地区间的商品流通和外贸事业的发展等所产生的净效益。项目促进地区经济发展的效益，目前尚无规范的方法。可以用由于交通运输项目的兴建，地区新增效益扣除其他经济部门投入的全部费用后的净效益，作为交通运输项目的效益；也可以按交通运输项目的投资额与其他经济部门的投资额之比来分摊地区的新增效益。

③ 无形效益，是指项目建设对政治、国防、文化、环境、就业、人民生活水平的提高，以及对国家和地方财政所产生的影响等难以量化的效益。

(2) 经济费用

交通运输项目的经济费用是指国民经济为建设和经营该项目而付出的全部代价，也就是减少的国民收入数量。它主要表现为线路、枢纽(港口、车站、机场)、运输工具及相关配套设施的投资、运营费用及外部费用。

① 投资，包括固定资产投资和流动资金投入。固定资产投资包括基础设施投资、移动设施投资和土地费用。基础设施主要指公路、铁路机场、码头、泊位、防波堤、护坡、导堤等固定设施，以及库场、候车(机、船)室、行李房、售票房、工作车间、工具间、泵房、变电所、材料库、油库等各类房屋建筑物；移动设施主要指各类车辆、

船舶、飞机、通信设备、装卸机械等。流动资金是运输部门为维持正常生产经营所必需的周转资金。

② 运营费用,包括交通运输业务费、装卸业务费和辅助生产费用。具体有生产和管理部门的燃料、材料费用,各类移动设施的维修费、更新费,基础设施的养护费,运输过程中的货损、货差等事故损失费等。运营费用的大小,取决于基础设施和运输工具的优劣、运量的大小、商品的种类和包装形式等。

③ 外部费用。交通运输项目的建设给社会带来某些不利的影响和副作用,如污染、噪音等,从而引起社会损失。外部费用就是国民经济为消除或减少上述消极的外部影响而付出的代价,以及这些消极影响给社会造成的损失。项目的外部费用只计算一次性相关费用,要注意防止重复计算和漏算。

上述各类费用,都必须用影子价格进行计算,应剔除国内贷款利息、税金、补贴等转移支付费用,按影子价格规则进行调整。

9.1.2 交通运输项目经济效益计算

交通运输项目的效益分为直接效益、间接效益和无形效益,这里所讲的效益计算主要是指直接效益的计算,并侧重于公路运输项目和铁路运输项目。

1) 交通量(运输量)的分类

交通量(运输量)是指社会对运输部门运送货物和旅客的数量、港口吞吐量的需求。如同一般工业项目中的产品需求量一样,交通量是计算交通运输项目效益和费用的基础。一个交通运输项目,其建造时的投资和建成投运后的运营成本,主要取决于交通量的大小。同样,交通运输项目的运营效益,也有赖于交通量的多少。

为了便于交通运输项目效益的计算,通常将交通量分为三类,公路项目分别称为趋势交通量、诱增交通量和转移交通量,铁路项目分别称作正常运量(又称基线运量、趋势运量)、诱发运量和转移运量。

(1) 趋势交通量(正常运量),是指现有交通运输设施按其固有规律自然增长的交通量,由现有交通量和趋势增长交通量两部分组成。它是在交通网络结构基本保持不变的情况下,由于各交通小区经济量的变化所产生的交通分布量。

(2) 诱增交通量(诱发运量),是指拟建项目实施后,由于运输能力和运输质量的提高而诱发增加的交通量。诱增交通量来源于两个方面,一是原有的潜在运输需求量,因不方便或运费太贵而没有成为现实,有了项目后可激发出来的交通量;二是该项目建设带来新的经济活动引起的交通量。

(3) 转移交通量(转移运量),是指拟建项目实施后,由于竞争关系而从本运输方式的其他线路以及其他运输方式转移过来的运输量。交通运输项目的新建(或扩建)必然导致交通网络结构的变化,打破了原有的平衡,使得综合运输网络内的运输量重新分配而取得新的平衡。

上述三种交通量在一个项目中往往同时出现，它们之和为总交通量。趋势交通量的预测一般比较容易，但诱增交通量和转移交通量的预测较为困难，尤其是它们相互纠缠在一起时，更难预计其各有多少，关键是要选择正确、科学的预测方法。

2) 公路项目经济效益计算

公路项目的经济效益分为直接效益和间接效益，一般只计算直接效益，并通过"有无对比法"来确定。直接效益主要包括降低营运成本效益(B_1)、旅客在途时间节约效益(B_2)和减少交通事故效益(B_3)。

公路项目经济效益的计算方法有相关路线法、路网费用法和 OD 矩阵法①。相关路线法是在确定与拟建项目相关的原有公路线路的基础上，通过公路使用者在"无项目"情况下使用原有相关公路和在"有项目"情况下使用拟建项目费用的比较，计算拟建项目产生的降低营运成本效益、旅客在途时间节约效益和减少交通事故效益；路网费用法是通过公路使用者在"无项目"情况下和"有项目"情况下使用影响区域路网费用的比较，计算拟建项目产生的降低营运成本效益、旅客在途时间节约效益和减少交通事故效益，其具体计算是针对路网中各个路段逐段计算并汇总的；OD 矩阵法是以"无项目"情况下和"有项目"情况下路网的汽车营运费用、运行时间矩阵和交通量矩阵为基础，计算拟建项目产生的降低营运成本效益和旅客时间节约效益，其中汽车运营费用和运行时间采用全部交通量在路网上分配后的数据。限于篇幅，在此仅介绍相关路线法。

(1) 降低营运成本效益(B_1)

降低营运成本效益由拟建项目降低营运成本效益(B_{11})和原有相关公路降低营运成本效益(B_{12})两部分组成。

① 拟建项目降低营运成本效益(B_{11})

拟建项目降低营运成本效益的计算公式为

$$B_{11} = \frac{T_{1p} + T_{2p}}{2} \times (VOC'_{1b} \times L' - VOC_{2p} \times L) \times 365 \tag{9.1}$$

式中，T_{1p}、T_{2p}——"有项目"情况下，拟建项目的趋势交通量、总交通量，辆/日；

VOC'_{1b}——"无项目"情况下，原有相关公路在趋势交通量条件下各种车型车辆加权平均单位营运成本，元/(车·公里)；

VOC_{2p}——"有项目"情况下，拟建项目在总交通量条件下各种车型车辆加权平均单位营运成本，元/(车·公里)；

L'、L——营运相关公路、拟建项目的路段里程，公里。

---

① O 源于英文 Origin，指始发地；D 源于英文 Destination，指目的地。OD 矩阵为 OD 交通量(起止点间交通量)调查结果的二维数据表格。

② 原有相关公路降低营运成本效益(B_{12})

原有相关公路降低营运成本效益的计算公式为

$$B_{12}=\frac{T'_{1p}+T'_{2p}}{2}\times(VOC'_{1b}-VOC'_{2p})\times L'\times 365 \tag{9.2}$$

式中，T'_{1p}、T'_{2p} —— "有项目"情况下，原有相关公路的趋势交通量、总交通量，辆/日；

VOC'_{2p} ——"有项目"情况下，原有相关公路在总交通量条件下各种车型车辆加权平均单位营运成本，元/(车·公里)。

(2) 旅客时间节约效益(B_2)

旅客时间节约效益由拟建项目旅客节约时间效益(B_{21})和原有相关公路旅客节约时间效益(B_{22})两部分组成。

① 拟建项目旅客节约时间效益(B_{21})

拟建项目旅客节约时间效益的计算公式为

$$B_{21}=\frac{T_{1pp}+T_{2pp}}{2}\times E\times(\frac{L'}{S'_{1b}}-\frac{L}{S_{2p}})\times W\times 365 \tag{9.3}$$

式中，T_{1pp}、T_{2pp} ——"有项目"情况下，拟建项目客车的趋势交通量、总交通量，辆/日；

E——客车平均载运系数，人/辆。

S'_{1b} ——"无项目"情况下，原有相关公路在趋势交通量条件下的各种车型客车加权平均行驶速度，公里/时；

S_{2p} ——"有项目"情况下，拟建项目在总交通量条件下的各种车型客车加权平均行驶速度，公里/时；

W——旅客单位时间价值，元/(人·时)。

旅客单位时间价值的测算应考虑工作时间价值和闲暇时间价值。客车平均载运系数应以各种车型客车交通量为权数，计算其加权平均值。

② 原有相关公路旅客节约时间效益(B_{22})

原有相关公路旅客节约时间效益的计算公式为

$$B_{22}=\frac{T'_{1pp}+T'_{2pp}}{2}\times E\times(\frac{L'}{S'_{1b}}-\frac{L'}{S'_{2p}})\times W\times 365 \tag{9.4}$$

式中，T'_{1pp} ——"有项目"情况下，原有相关公路的客车趋势交通量，辆/日；

T'_{2pp} ——"有项目"情况下，拟建项目的客车总交通量，辆/日；

S'_{2p} ——"有项目"情况下，原有相关公路在总交通量条件下的各种车型客车加权平均行驶速度，公里/时。

(3) 减少交通事故效益(B_3)

减少交通事故效益由拟建项目减少交通事故效益(B_{31})和原有相关公路减少交通事故效益(B_{32})两部分组成。

① 拟建项目减少交通事故效益(B_{31})

拟建项目减少交通事故效益的计算公式为

$$B_{31}=\frac{T_{1p}+T_{2p}}{2}\times(r'_{1b}\times L'\times C'_b-r_{2p}\times L\times C_p)\times 365\times 10^8 \quad (9.5)$$

式中,r'_{1b}——"无项目"情况下,原有相关公路在趋势交通量条件下的事故率,次/(亿车·公里);

r_{2p}——"有项目"情况下,拟建项目在总交通量条件下的事故率,次/(亿车·公里);

C'_b——"无项目"情况下,原有相关公路单位事故平均经济损失费,元/次;

C_p——"有项目"情况下,拟建项目单位事故平均经济损失费,元/次。

② 原有相关公路减少交通事故效益(B_{32})

原有相关公路减少交通事故效益的计算公式为

$$B_{32}=\frac{T'_{1p}+T'_{2p}}{2}\times(r'_{1b}\times C'_b-r'_{2p}\times C'_p)\times L'\times 365\times 10^8 \quad (9.6)$$

式中,r'_{2p}——"有项目"情况下,原有相关公路在总交通量条件下的事故率,次/(亿车·公里);

C'_p——"有项目"情况下,原有相关公路单位事故平均经济损失费,元/次。

3) 铁路项目经济效益确定

铁路项目的经济效益分为直接效益、间接效益和余值效益三类。

(1) 直接效益

直接效益是指项目计算期内由转移运量、正常运量和诱发运量通过交通运输市场产生并分布于供需双方的经济效益。项目的实施,改变了正常运量和转移运量的运输服务特性,节省了运输服务生产者和消费者的运输成本,形成了项目的直接经济效益,具体表现为旅客旅行时间节省效益、货物运送时间节省效益、运营成本节省效益、旅客舒适度提高效益、货物运输破损程度降低效益、其他运输费用节省效益、避免投资的效益等。

① 旅客时间节省效益($BPTS$)

旅客转移运量的时间节省效益为与项目有关的所有 OD 之间各种旅客转移运量所产生的时间节省效益之和,即

$$BPTS=\sum_{m,ij\in P_{ij}}(Q_{ij,m}\times VOH_{ij,m}\times T_{ij,m}) \quad (9.7)$$

式中，m——按照运输方式、运输路径、旅行速度划分的运输转移种类；

P_{ij}——拟建项目相关 $OD(i,j)$ 的集合；

$Q_{ij,m}$——交通小区 i 到交通小区 j 之间第 m 种旅客转移运量；

$VOH_{ij,m}$——交通小区 i 到交通小区 j 之间第 m 种转移旅客的单位时间价值；

$T_{ij,m}$——交通小区 i 到交通小区 j 之间第 m 种转移旅客平均节省的时间。

② 货物运送时间节省效益（$BFTS$）

货物运送时间节省效益与运输货物价值、紧缺程度及货物对时间的敏感性等因素有关，应分类计算，或者分析确定货物的构成和综合价值。货物运送时间节省效益为项目所涉及的所有货物转移运量的时间节省效益之和，即

$$BFTS = \sum_{m,ij\in P_{ij}} (Q'_{ij,m} \times VOH'_{ij,m} \times T'_{ij,m}) \tag{9.8}$$

式中，$Q'_{ij,m}$——交通小区 i 到交通小区 j 之间第 m 种货物转移运量；

$VOH'_{ij,m}$——交通小区 i 到交通小区 j 之间第 m 种转移货物的单位时间价值；

$T'_{ij,m}$——交通小区 i 到交通小区 j 之间第 m 种转移货物平均节省的时间。

③ 运营成本节省效益（$BOCS$）

运营成本节省效益也体现为各 OD 间转移运量所产生的效益，因考虑到运营成本主要与各种交通运输方式的线路属性及运输特点有关，所以多数铁路项目的运营成本节省效益可以仅针对所涉及的相关路网运量进行计算，即

$$BOCS = \sum_{l\in U,k} M^d_{lk} D_l R_{lk} - \sum_{l\in V,k} M^d_{lk} D_l R_{lk} \tag{9.9}$$

式中，U——“无项目”情况下，具有转移运量的相关路段 l 的集合；

V——“有项目”情况下，具有转移运量的相关路段 l 的集合；

k——运输对象的品类，一般分为货物、旅客两大类；

M^d_{lk}——路段 l 上通过的 k 类转移运量，吨，或人；

D_l——路段 l 的长度，公里；

R_{lk}——路段 l 上运输的平均运营成本，元/(吨·公里)，或元/(人·公里)。

④ 旅客舒适度提高效益（$BCON$）

旅客从相对不舒适的运输服务转移到相对舒适的运输服务，降低了不舒适程度，可以视为一种广义费用节省效益，即

$$BCON = \sum_{n,ij\in P_{ij}} (Q_{ij,n} \times GP_{ij,n}) \tag{9.10}$$

$$GP_{ij,n} = \sum_{l \in P_n^0} (GP_{ij,n,l} \times T_{ij,n,l}) - \sum_{l \in P_n^1} (GP_{ij,n,l} \times T_{ij,n,l}) \quad (9.11)$$

$$GP_{ij,n,l} = E/(SP_{ij,n,l})^{\beta} + \alpha_{ij,n,l} \quad (9.12)$$

式中，n ——按照运输方式、运输路径、旅行舒适度划分的运输转移种类；

$Q_{ij,n}$ ——交通小区 i 到交通小区 j 之间第 n 种旅客转移运量；

$GP_{ij,n}$ ——交通小区 i 到交通小区 j 之间第 n 种转移旅客有关舒适度广义费用的节省效益，元/人；

$GP_{ij,n,l}$ ——交通小区 i 到交通小区 j 之间第 n 种转移旅客在路段 l 上单位时间的有关舒适度的广义费用，元/(人·时)；

$T_{ij,n,l}$ ——交通小区 i 到交通小区 j 之间第 n 种转移旅客在路段 l 上花费的时间，时；

P_n^0、P_n^1 ——"无项目"、"有项目"情况下，具有第 n 种转移旅客的路段 l 的集合；

$SP_{ij,n,l}$ ——交通小区 i 到交通小区 j 之间第 n 种转移旅客在路段 l 上乘坐的交通工具的人均占用空间；

$\alpha_{ij,n,l}$ ——交通小区 i 到交通小区 j 之间第 n 种转移旅客在路段 l 上旅行时除占用空间大小以外其他有关舒适因素(如无空调设备、噪声与颠簸程度等)在单位时间内的附加广义费用，元/(人·时)；

E、β ——待标定参数。

上述计算公式均以转移运量为基础定量计算直接效益，正常运量的直接效益与转移运量的计算方法完全相同。

诱发运量因新增运输服务而给运输服务生产者和消费者带来直接经济效益，其净值应等于提供运输服务的生产者剩余与享受运输服务的消费者剩余之和。在诱发运量相对较小的情况下，单位诱发运量的直接经济效益可以近似地按照单位转移运量直接经济效益的二分之一计算。

(2) 间接效益

间接效益是项目在计算期内对第三方(运输服务供需双方之外)产生的影响效益，主要包括缓解交通拥挤效益、交通安全事故减少效益、空气质量改善效益、降低噪声影响效益、其他方面的环境影响效益等。

在"无项目"情况下，项目转移运量不得不在比较拥挤的条件下通过原来的线路；当铁路项目实施后，运量发生转移，明显缓解了原有线路上的运输拥挤程度，剩余运量产生了减少拥挤效益。缓解交通拥挤效益主要包括运营成本节省、运输时间节省、有害气体排放对环境的污染减少和交通事故减少效益等。

交通安全事故减少效益，转移运量和诱发运量产生的机理不同，应分别计算。

① 转移运量交通事故影响效益($BODA$)

当项目运量中具有较大数量的转移运量且运量转移后交通事故的数量或严重程度有明显变化时,应该计算转移运量的交通事故影响效益,即

$$BODA = \sum_{l \in U,k} DM_{lk}^{0} D_l R_{lk} - \sum_{l \in V,k} DM_{lk}^{1} D_l R_{lk} \tag{9.13}$$

式中,DM_{lk}^{0}、DM_{lk}^{1} ——“无项目”、“有项目”情况下,路段 l 上通过的 k 类转移运量,吨,或人。

② 诱发运量交通事故影响效益($BOGA$)

诱发运量造成的交通事故损失为负效益,可以按照全路或相关铁路局的平均事故损失水平乘以诱发运量换算周转量计算,即

$$BOGA = -\sum_{l \in W,k} M_{lk}^{g} D_l R_{lk} \tag{9.14}$$

式中,W ——发生诱发运量的相关路段 l 的集合;

M_{lk}^{g} ——路段 l 上通过的 k 类诱发运量,吨,或人。

其他间接效益一般只能定性分析。

(3) 余值效益

铁路项目经济评价的计算期一般采用30年,而项目形成的固定资产的经济寿命通常都长于计算期。余值效益就是在项目计算期以后剩余资产预期产生的经济效益。为了简化计算,余值效益可以在财务分析中计算的各种资产残余值基础上,乘以各自的影子价格获得。

9.1.3 交通运输项目经济费用效益分析指标

在交通运输项目的经济费用效益分析中,反映经济盈利能力的主要指标是经济内部收益率($EIRR$)和经济净现值($ENPV$)。根据分析对象的不同,上述指标又可分为全投资和国内投资的经济内部收益率和经济净现值。如果项目有国外资金流入与流出,应以国内投资的经济内部收益率和经济净现值作为项目经济费用效益分析的取舍指标。此外,公路项目的经济费用效益分析还会用到经济效益费用比(R_{BC})和第一年收益率($FYRR$)指标。

经济效益费用比(R_{BC})是交通运输项目取得的经济效益现值与付出的经济费用现值之比,即单位经济费用所创造的经济效益,其计算公式为

$$R_{BC} = \frac{\sum_{t=0}^{n} B_t (1 + i_s)^{-t}}{\sum_{t=0}^{n} C_t (1 + i_s)^{-t}} \tag{9.15}$$

式中，B_t——项目第 t 年的经济效益流量；

C_t——项目第 t 年的经济费用流量；

i_s——社会折现率；

n——计算期，公路项目一般按运营期 20 年计算。

如果 $R_{BC} \geqslant 1$，说明项目资源配置的经济效益达到了可以接受的水平。

第一年收益率(*FYRR*)用于考察拟建项目的最佳建设时机，其计算公式为

$$FYRR = \frac{B_{m+1}}{\sum_{t=0}^{m} C_t(1+i_s)^{m+1-t}} \tag{9.16}$$

式中，B_{m+1}——拟建项目通车后第一年的经济效益流量；

m——计算期。

如果 *FYRR* 等于或大于社会折现率，说明项目建设时机已成熟。

9.1.4 交通运输项目的费用效果分析

费用效果分析是交通运输项目经济分析的重要内容。当项目的效果难以或不能货币化，或货币化的效果不是项目目标的主体时，应采用费用效果分析法，作为项目投资决策的依据之一。

费用效果分析中的费用是指为实现项目预定目标所付出的，并以货币化形式表示的经济代价。需要强调的是，费用应包含从项目投资开始到项目终结的整个期间内所发生的全部费用，可以用费用现值或费用年值表示。

项目的效果是指项目成果(即交通运输设施)发挥的作用、效应或效能，是项目目标的实现程度。项目效果计量单位的选择，应能切实体现项目目标实现的程度，且便于计算。若项目的目标不止一个，或项目的效果难以直接度量，需要建立次级分解目标加以度量时，则应采用科学的方法确定权重，借助层次分析法对项目的效果进行加权计算，形成统一的综合指标。

费用效果分析可以采用以下基本方法：

(1) 最小费用法(固定效果法)。在效果相同的条件下，选取费用最小的备选方案。

(2) 最大效果法(固定费用法)。在费用相同的条件下，选取效果最大的备选方案。

(3) 增量分析法。当效果与费用均不固定，且分别具有较大幅度的差别时，则采用费用效果增量分析，比较两个备选方案之间的费用差额和效果差额，分析获得增量效果所付出的增量费用是否值得。

9.2 水利水电项目经济评价

水利水电项目经济评价的基本原理同一般工业建设项目一样，也是通过对费用和效益进行比较，评价项目的经济性。然而，水利水电工程的运营与一般工业项目具有不同的特点，这就决定了水利水电项目与一般工业建设项目经济评价的差异，这种差异主要体现在效益计算的不同。

9.2.1 水利水电项目的效益

1) 水利水电项目效益的特点

与其他项目相比，水利水电项目的效益具有以下特点：

(1) 随机性

水利水电项目“加工”的对象都是江河湖海中的天然来水，天然来水情况不同，其效益也不同，有时变化会很大。例如防洪工程项目，遇到一个大水年或特大水年，防洪效益就大，反之则小，甚至为零；灌溉工程项目，遇到干旱年，灌溉效益就大，而风调雨顺的年份，灌溉效益就小；再如水力发电工程项目，发电效益随丰、平、枯水等不同年份而不同。

自然界中天然来水的大小和分布具有随机性，这就决定了水利水电项目效益的随机性。在进行经济评价时，对这种具有随机性的效益，通常采用期望值表示。

(2) 可变性

水利水电项目在不同的运营时期，即使对于同样大小和分布的天然来水，其效益通常也是不同的，往往会随着时间的推移而变化。例如，随着防洪保护区的经济发展和人民生活水平的提高，遭受同样大小的一次洪水灾害，早期的损失相对较小，以后会逐步增大，所以防洪工程项目的防洪效益随时间的推移会逐步增大；航运工程项目的效益在工程建成初期一般无法充分发挥，而随着货运量的增长会不断增加；供水、灌溉等工程项目也都如此，随着服务面的增大，效益逐年增加。与上述情况相反，也有些效益是随着时间的推移而逐步减少的。例如，由于泥沙淤积而使水库的有效库容逐年减少，效益也随之降低；随着上游地区用水量的增加，可能会使下游水利水电工程项目的某些效益减少等。

(3) 复杂性

许多水利水电工程项目，特别是大中型水利水电工程项目，往往具有防洪、发电、供水、灌溉、航运、治涝、养殖、旅游等效益中的两种或多种，要同时满足国民经济多个部门的要求。这些效益对水利水电工程运营的要求是很复杂的，有些是一致的，有些是矛盾的。例如，为了扩大防洪效益，要求水库汛期降低水位，留出较大的防洪库容，但水力发电希望提高水库水位，以获得更多的电能；再如，为改善上游航道，一般要求将设计低水位（死水位）定得高一点，水库水位变幅小一点，这样就减少了调节库容而影响了发电效益。因此，水利水电工程项目的兴建，除应考虑上游各项综合利用效益，合理协调各部门的需水外，还必须综合研究水利工程兴建给上、下游，左、右岸，甚至流域内、外带来的效益和损失，各种效益之间的关系较为复杂。

2）水利水电项目效益计算的基本途径

由于水利水电工程项目效益的性质和表现形式不同，所以效益计算的途径也不同。

（1）增加的收益

分析计算水利水电工程项目兴建后可以直接获得的实物或经济收益的价值，以此作为该项目的效益，如发电效益、供水效益、灌溉效益、航运效益等。

（2）减免的损失

分析计算水利水电工程项目兴建后可以为国家（社会）减免的损失，以此作为项目的效益。减免的损失虽然不是工程本身的直接收益，但对国家（社会）来说仍是一种收益。例如防洪、治涝等防灾工程项目都是以工程可以减免的损失作为自己的效益。

（3）替代措施的费用

为了实现某一既定目标，通常有多种工程方案可供选择。对于某个特定方案来说，如果不兴建它，就必须兴建其他替代工程。换言之，兴建该特定工程，就可以免去兴建替代工程，那么，免去的替代工程的费用，就可以看作为兴建该特定工程的相对效益。例如，兴建水电站可以替代电力系统中火电建设的支出，发展水运可以减少公路、铁路的建设和运营费用。

由于水利水电工程项目的效益比较复杂，为了较确切地反映其效益价值，有条件时，特别是对大型工程应从不同的途径进行分析计算，以相互比较和进行综合分析，确定比较合理的效益指标。

9.2.2 防洪工程项目经济评价

1）防洪工程项目经济评价的特点

防洪工程项目经济评价的特点主要体现在下列几点：

（1）防洪工程项目以减免的洪灾损失为其防洪效益。防洪工程的作用不是兴利，而是除害。因此，防洪工程项目的效益体现为减轻甚至免除洪水灾害的损失，为保护区提供防洪安全保障，促进地区的经济发展和社会稳定。

（2）防洪工程项目投资主体的投入和产出是不对称的。防洪工程项目主要为社会提供防洪安全服务，具有公益性项目的特点，项目投资主体的微观收益远不足以补偿其投资和运行管理费。因此，作为非营利性项目，防洪工程项目不进行财务分析，而只进行经济费用效益分析。

(3) 防洪工程项目的无形效益较大。洪水造成损失，有些是可以用货币计量的，如房屋、设备、物资、工程设施的破坏，农作物的减产损失，工商企业的停产、减产损失等。有些洪灾损失是无法或者不便于用货币计量的，如人身伤亡及未亡人的精神痛苦，洪灾区水源污染和疫病对公共健康的损害，洪灾对社会安定的影响等。与其他工程相比，防洪工程的无形效益，即减免的无法以货币计量的损失在其总效益中所占比重较大。因此，经济费用效益分析可以采用比其他项目低的社会折现率。

(4) 防洪工程项目效益的随机性。防洪工程效益的随机性源于洪水的随机性，当一般年份河流无洪水或只发生小洪水，防洪工程无法体现其效益，而遇到大洪水时，防洪工程则可发挥巨大的防洪效益。因此，防洪效益的计算通常用期望值或多年平均值表示。

(5) 防洪工程项目效益的可变性。随着国民经济的发展，防洪保护区的财产和产值都在逐年递增。因此，在计算防洪效益时，应考虑其随时间的增长率。

2) 防洪工程项目的费用

(1) 建设投资

防洪工程项目的建设投资构成依不同的防洪措施而定。堤防工程主要是土方工程投资和挖压耕地的补偿费用；分(蓄、滞)洪工程包括堤围、建闸投资，安全台及建筑物加固投资，分洪区居民迁移和临时安置有关的投资费用；水库防洪工程投资有拦河大坝、溢洪道等投资，对于综合利用水库，要作投资分摊，求出防洪部分应负担的投资。

(2) 运行管理费

运行管理费主要包括燃料动力费、维修费、管理费、防汛费及临时淹没补偿费等。

3) 洪灾损失和防洪效益的计算方法

(1) 洪灾损失的内容

洪水灾害造成的可以用货币计量的有形损失主要有企事业单位财产损失、企业停产损失、交通运输及通信中断损失、城乡居民财产损失、已建工程设施损失、农产品损失、林业损失以及防汛、救护、转移安置、防疫等费用。

(2) 防洪效益的计算方法

防洪工程项目的经济效益是指防洪工程项目修建后(即“有工程”)与修建前(即“无工程”)相比所减免的洪灾损失。由于防洪效益具有随机性，所以防洪效益的计算要以多年平均值来表示，具体的计算方法有频率曲线法和实际年系列法。

洪灾损失与洪水大小有关，而洪水的大小可以用洪水的发生频率来表示，所以洪灾损失与洪水频率有关。洪水越大，发生的频率越小，洪灾损失越大；反之，洪水频率越大，洪灾损失越小。频率曲线法就是通过计算“无工程”和“有工程”在各种频率洪水作用下的洪灾损失，并绘制洪灾损失频率曲线(如图 9.1 所示)来计算防洪效益的。洪灾损失频率曲线以下的面积为多年平均洪灾损失，所以“无工程”与“有工程”的洪灾损失频率曲线之间的面积便为防洪工程减免的多年平均洪灾损失，即多年平均防洪效益。

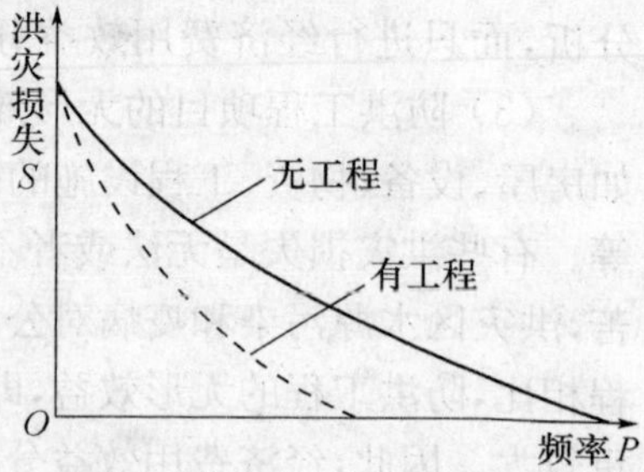

图 9.1 洪灾损失频率曲线

实际年系列法则是选择一段洪灾资料比较完整的实际年系列，逐年计算洪灾损失，取其平均值作为多年平均洪灾损失。“有工程”与“无工程”的多年平均洪灾损失之差，即为多年平均防洪效益。

4) 防洪工程项目经济评价的步骤

(1) 根据防洪保护区的经济价值和自然条件，拟定各种防洪方案；

(2) 计算各种防洪方案的投资和年运行费，综合利用水利枢纽工程要进行投资和年运行费的分摊；

(3) 调查收集资料，计算各防洪方案的经济效益；

(4) 计算分析各防洪方案的经济评价指标和其他辅助指标；

(5) 对各方案进行经济评价和综合评价，选择最优方案。

9.2.3 水力发电项目经济评价

1) 水力发电的特点

从经济费用效益分析的角度看，水力发电与火力发电相比有以下特点：

(1) 水力发电利用的是再生性能源，取之不尽，用之不竭；

(2) 水力发电利用的是洁净能源，污染较小，工程处理得好还能美化环境和改善环境；

(3) 水力发电机组启动、停机、增减负荷很快，是电网调峰的“主力军”；

(4) 水力发电项目集一次能源开发和二次能源开发于一身，投资大，但运行费用低。

2) 水力发电项目的费用

(1) 建设投资

水力发电项目的建设投资一般包括：

① 闸坝等挡水、引水建筑物，输水建筑物，厂房及机电设备，船、鱼、木等过坝建筑物，永久性房屋和交通等永久性工程的投资；

② 导流工程、施工附属工程及企业、临时交通工程和临时房屋等临时性工程的投资；

③ 建设管理费、生产及管理单位准备费、科研勘察设计费等其他费用；

④ 水库移民安置、淹没补偿、库区处理等水库淹没处理补偿费；

⑤ 预备费、建设期贷款利息等。

(2) 运行管理费

水电站所需的各项运行费用主要包括维修费(包括日常维护、小修理、中修理、大修理等)、材料费、管理费、工资及其他费用。

3) 水力发电项目效益的计算方法

在水力发电项目的财务分析中，发电效益就是该水电站的售电收入，即售电价格乘以上网电量。

在经济费用效益分析中，从理论上讲，水力发电项目的效益是指水电站发出的电能为国民经济创造的产值中分摊给水电站的部分，但从评价工作的实践看，这样计算非常困难甚至无法进行。因此，在实际评价中，通常采用影子价格法或替代方案费用法。

(1) 影子价格法

影子价格法是以影子电价乘以上网电量作为其效益的方法。影子电价可以参照政府有关部门发布的电力影子价格，也可以根据电能的边际效益或"使用者意愿支付"等分析确定。

(2) 替代方案费用法

替代方案费用法是以同等程度满足电网对电力、电量要求的替代方案的费用作为其相对效益的方法。水力发电项目的替代方案可以采用燃煤火电站、核电站、其他水电站或几种不同电站的组合方案，但一般首先考虑采用燃煤火电站作为最优等效替代方案。

作为水电站的替代方案，燃煤火电站的费用应包括火电站本身的投资和运行管理费(不含燃料费)，以及燃料费。

燃料费可以按影子价格计算，也可以按费用构成计算。燃料费用包括配套煤矿的投资和煤炭生产成本，以及配套铁路的投资和运输成本。

4) 水力发电项目的经济评价

水力发电项目经济评价，是在对工程参数(如各种特征水位、装机容量、机组台数、发电设计保证率等)进行多方案经济比较的基础上，分析计算各种发电方案的投资、运行管理费、经济效益、经济评价指标及其他有关指标，结合其他非经济因素进行方案选择，并对选定方案进行经济评价。

9.2.4 综合利用水利水电项目的投资分摊

许多水利水电项目，特别是大中型水利水电项目，往往具有防洪、治涝、发电、供水、灌溉、航运、水产、旅游等效益中的两种或两种以上的综合利用效益，同时给国民经济带来多方面的好处，而且这些效益的产生都依赖于共用的工程设施。例如水库的大坝,既为防洪服务,也为发电、供水、灌溉、上游航运等服务。还有些工程设施是为补偿某一受害部门兴建的,如过鱼设备、恢复河道原有通航能力的航运建筑物等。共用工程和补偿工程的投资(以下简称共用投资)应在各个受益部门中进行分摊,从而计算各个受益部门的经济效果。

1) 投资分摊的主要方法

从不同的角度考虑,投资分摊有不同的方法。现行的主要方法有主次地位分摊法、库容或水量比例分摊法、效益比例分摊法、替代方案费用比例分摊法等方法。

主次地位分摊法是按照综合利用水利水电项目的任务顺序或用途主次进行共用投资的分摊,首要任务或主要用途的所属受益部门承担共用投资的主要份额,次要任务或次要用途的受益部门承担余下份额。

库容或水量比例分摊法是按照各受益部门利用的库容或水量比例对共用投资进行分摊。由于水利水电项目的投资与水库规模大小成正比,所以按各受益部门利用的库容或水量比例进行分摊较为公平,计算也比较简单。但它不能确切地反映各受益部门的用水特点,如有的受益部门只利用库容,不利用水量;有的受益部门既利用库容,又利用水量。就水量利用而言,各受益部门用水的保证率、水质要求也各不相同。

效益比例分摊法是按照各受益部门所得到的效益比例分摊共用投资,经济效益大的部门承担较多的共用投资;反之,承担较少的共用投资。在某种程度上,效益比例的大小也反映了各受益部门对兴建该项目的积极性。

替代方案费用比例分摊法的基本设想是:如果不兴建该综合利用项目,则各受益部门为了满足自身的需要,就必须单独兴建可以获得同等效益的最优替代项目,支付相应的费用。因此,按照各受益部门的等效最优替代方案的费用比例来分摊共用投资也是合理的。

2) 投资分摊计算的一般程序

综合利用水利水电项目的投资分摊,一般可按以下程序进行:

(1) 分析综合利用水利水电项目的主要受益部门及其主次地位,确定参加投资分摊的主要受益部门。

(2) 对综合利用水利水电项目的投资进行分解,分为各个受益部门的专用投资和所有受益部门的共用投资。

(3) 根据项目的具体条件,选择适当的投资分摊方法,并计算相应的投资分摊比例。

(4) 按照投资分摊比例对共用投资进行分摊,计算各受益部门的投资分摊份额。

(5) 对投资分摊的比例和份额进行合理性检查。一般情况下,各受益部门的投资(含分摊投资和专用投资)不应大于其等效替代方案的投资,也不应大于其可获得的经济效益。

(6) 根据共用工程和补偿工程的建设安排，确定各受益部门分摊投资在建设期内的年度分配数额。

9.3 市政公用设施项目经济评价

9.3.1 概述

1) 市政公用设施项目及其特点

市政公用设施是指在城市规划区内建设，为市民提供公共服务产品的各种公共性、服务性设施，主要包括城市道路及其设施、城市桥涵及其设施、城市排水设施、城市防洪设施、城市道路照明设施、城市建设公用设施(供水、燃气、供热、公共交通供电线路)、城市生活垃圾处理设施、城市文明建设设施(户外公益广告宣传栏、公益活动场所)等。

与一般工业项目相比，市政公用设施项目(以下简称"市政项目")具有公用性、公益性、政府主导性、政府监管性、自然垄断性、服务网络性等特点。从经济的视角看，具有需求相对稳定、价格弹性较小、投资数额大、投资回收期长、资金沉淀性强、收益率较低、发挥效益时间长、经营风险相对可控等特点。

因此，市政项目的经济评价不追求项目的盈利性，重点考察项目的生存能力、成本和社会目标。此外，市政项目的效益显现具有网络效应，需借助其他项目联合发挥作用，单个项目的经济评价往往不能完整反映项目之间的关联效益和关联成本。从系统的角度，对项目群进行综合经济分析，有利于优化资源配置、降低不利影响、统筹建设时序和投资重点。

2) 市政项目分类

根据项目收费水平的不同，经济评价时可将市政项目分为三类：

第一类项目，指实行自主经营、自负盈亏的项目，以及采取特许经营模式的项目。该类项目建成投产后，可以按照市场规律运营，并根据生产运营需要进行收费，以补偿运营成本且回收投资。

第二类项目，指建成投产后可以收取一定费用，但因政策性原因造成收费不到位，难以补偿运营成本且回收投资，需要政府在一定时期内给予补贴的项目。

第三类项目，指无法收取任何费用，完全由政府投资建设，并给予长期运营补贴的项目。

3) 市政项目经济评价内容与结论处理

总体而言，市政项目经济评价的内容与一般工业建设项目相同，包括财务分析、经济费用效益分析(费用效果分析)、不确定性分析与风险分析等。就具体项目而言,项目经济评价的内容应根据项目性质、项目目标、项目投资者、项目财务主体以及项目对经济与社会的影响程度等有所选择,且重点不同。

实行收费的市政项目都应当进行财务分析,其结论作为决策的主要依据。对土地、环境和社会影响较大的市政项目,以及涉及系统布局或跨地域的市政项目,应当进行经济费用效益定量分析;其他市政项目可以进行经济费用效益定量或定性分析。不收费的市政项目,只进行财务生存能力分析(资金预算平衡分析),有条件时可做经济费用效益分析。

实行收费的市政项目,财务分析的结论应作为决策的主要依据。同时进行财务分析和经济费用效益分析的项目,两个结论均可行时予以通过;对于经济费用效益分析不可行的项目,一般应予否定;经济费用效益分析结论可行但财务分析结论不可行的项目,应重新考虑方案,使项目具有财务生存能力。

9.3.2 市政项目财务分析

1) 财务价格体系

市政项目财务分析,投入应采用以市场价格体系为基础的预测价格,产出宜采用项目预期财务价格。

市政项目多数具有网络性。在财务分析中,这种网络性主要表现为:①单个项目功能的发挥必须依赖其所在的网络系统,项目的收益难以从网络系统中清晰地剥离,如供水、排水、燃气、供热、城市道路等项目;②政府对市政项目制定统一的收费标准,由政府有关部门或者具有政府背景的国有企业作为收费主体(如水务集团、燃气公司等)面向网络系统(全市或某个地域)统一收费;③财务核算实行"收支两条线",每个项目的财务收益由收费主体按照"实际成本加合理利润"的方式核定。因此,市政项目财务分析采用的价格和测算方法有别于其他行业。市政项目财务分析涉及的产品(服务)价格有:

(1) 现行价格,是由政府价格主管部门针对消费者制定并实施的市政产品(服务)的现行收费标准。现行价格决定了收费主体从消费者手中收到的财务收益,这些收益既要用于核拨各生产(服务)企业以补偿成本和支付合理利润,也要用于虽无财务收益但必须配套的网络系统(如管网、垃圾收运系统等)的建设和维护,还要用于行业的可持续发展。

(2) 项目补贴价格,是指项目运营期政府给予生产(服务)企业的与项目收益相关的运营补贴标准,通常实行"一厂一价"。现行价格是面向全部消费者"收"取收益的价格,而项目补贴价格为面向单个项目"支"付补贴的价格,两者并不对应,体现了市政行业"收支两条线"的特点。

(3) 项目预期财务价格,是指能保证项目自身的投资与运营成本全额回收并略有盈余时项目产出应当实现的价格。项目预期财务价格应考虑资源价格(如直接利用自然资源)、工程建设投资、运营成本和费用、维持运营投资、税收和利润等因素。

现行价格综合了厂、网、已建、在建以及行业可持续发展等多方面因素,而项目预期财务价格只考虑项目本身的因素,二者在范围和内涵上有所不同。项目预期财务价格只用于市政产品(服务)的收益计算,现行价格可用于项目预期财务价格的分析比较。如果现行价格达不到项目预期财务价格水平,又是急需上马的项目,政府就需要对建设项目进行补贴,如果是企业集团,还可能涉及集团内部的交叉补贴问题。政府或企业集团亦可根据项目预期财务价格进一步分析自身财力对项目长期补贴的能力。

2) 财务效益与费用

(1) 财务效益

项目的财务效益是指项目实施后所获得的营业收入和可能获得的各种补贴收入。

营业收入是指销售产品或提供服务所获得的收入。在项目评价中,营业收入的估算通常假设当期产品(服务)量(扣除自用量)等于当期销售商品(提供服务)量。在网络性市政项目的营业收入中,还应扣除输送、贮存和销售环节的损耗量(一般以产销差率表示)。

补贴收入是指与项目收益相关的政府补助,包括政府按销量或工作量等依据国家规定的补助定额计算并按期给予的定额补贴,以及属于国家财政扶持的领域而给予的其他形式的补贴。除国务院、财政部和国家税务总局规定不计入损益者外,补贴收入应并入实际收到该补贴收入年度的应纳税所得额。

(2) 财务费用

项目所支出的财务费用主要表现为投资、成本费用和税金等,它们所包含的内容和估算方法与一般工业建设项目基本相同,此处不再赘述。

3) 财务分析

市政项目的财务分析是在财务效益与费用估算的基础上进行,通过编制财务报表,计算财务分析指标,考察和分析项目的盈利能力、偿债能力和财务生存能力,判断项目财务可接受性,明确项目对财务主体的价值以及对投资者的贡献,为项目决策提供依据。

(1) 财务分析的内容

市政项目财务分析的内容也包括盈利能力分析、偿债能力分析和财务生存能力分析三个方面,分析的方法与指标同一般的工业建设项目。

(2) 市政三类项目财务分析的重点

市政各类项目的收费水平不同,投资回收和成本补偿的程度不同。因此,各类项目财务分析的重点也不同。

对于第一类项目，可以完全按照市场规律运营，财务分析方法与一般项目基本相同，但盈利能力分析应在政府的价格政策导向和合理利润的前提下进行。特许经营项目的财务分析受特许权协议内容的制约，应从政府和社会投资者不同角度进行分析。

对于第二类项目，营业收入不足以回收投资甚至补偿运营成本，因此财务分析的重点是生存能力分析和偿债能力分析。由于各个项目的收入水平存在差异，抵补投资和运营成本的程度不同，所以在进行财务分析时，营业收入应按照补偿生产经营耗费、缴纳流转税、偿还借款利息、计提折旧和偿还借款本金的顺序补偿费用。①对营业收入在补偿生产经营耗费、缴纳流转税、偿还借款利息、计提折旧和偿还借款本金后尚有盈余的项目，表明项目财务有生存能力和一定的盈利能力，其财务分析方法与一般项目基本相同。②对项目运营初期的营业收入不足以补偿全部成本费用，但通过收费标准逐步到位，营业收入可以补偿生产经营耗费、缴纳流转税、偿还借款利息、计提折旧和偿还借款本金，并预期在中、长期能产生盈余的项目，可只进行财务生存能力分析和偿债能力分析。由于项目运营期内需要政府在一定时期给予补贴或优惠政策扶持，故应估算项目各年所需的政府补贴数额，并进行政府提供补贴的可靠性分析。③对某些大型企业集团实行内部调剂资金的项目，应对项目间交叉补贴的可行性进行分析和评价，以确保项目有可持续的经费来源。

对于第三类项目，由于没有营业收入，所以不做盈利能力分析，主要进行财务生存能力分析。即，合理构造财务方案，估算项目运营期各年所需政府补贴数额，进行资金预算平衡分析，并分析政府补贴能力的可靠性。对使用债务资金的项目，还应考虑借款的偿还要求。

(3) 政府和社会投资者不同角度的分析重点

对于社会投资者参与投资建设的市政项目，还应从政府与社会投资者两个不同的角度进行财务分析。

从政府的角度，应重点分析：①政府是否应为项目出资，如需政府出资，应确定政府合理出资的比例及出资额度。②对环境保护类项目（如污水处理、垃圾处理等项目），除了在项目建设方面给予必要的扶持和优惠政策外，如果项目的运营还需要政府长期补贴，则应测算各年度政府补贴额，并分析政府补贴的支付能力。③对于社会资金参与投资的项目，要从维护公共利益角度出发，确定项目合理的财务收益水平，防止投资中的短期行为对资源造成破坏性开发。④为吸引社会资金投入，对政府的投资方式（直接投资、资本金注入、投资补助等）和对社会投资者的优惠方式（直接让利、间接让利、项目范围外补偿等）等进行分析。⑤采用特许经营模式的项目，以政府收（政府从用户收缴的费用）支（政府向特许经营商支付的费用）平衡为原则，确定合理的付费量及付费价格，防止用户和政府财政长期负担过重。有条件时,可以从政府收支的角度,进行政府财务现金流分析。

从社会投资者的角度,应重点分析:①确定社会投资者合理的投资收益率。市政项目现金流稳定、投资风险较低,属于长期战略性投资,故投资收益率水平较一般经营性项目低。②在政府确定的价格框架内,合理估算项目的收益缺口,提出对项目的补贴要求和具体的政策建议。③优化融资方案,降低资金成本,改善项目的财务生存能力及偿债能力,提高社会投资的盈利能力。④合理安排还贷计划和利润分配方式,以保障项目的财务生存能力。

(4) 其他应注意的问题

① 分期建设项目。市政项目沉淀性资产比重较大,如果将先期投入的预留性设施作为第一期项目单独评价,则会压低其收益率,对评价结果产生较大影响。如后期项目的资料能够支持,宜对分期建设项目进行总体评价,并分析比较总体评价与第一期评价的差异。

② 网络型项目。供水、供热、燃气、垃圾处理等市政项目具有网络性,网络中的"(处理)厂"与"(管)网"必须相互配套方可达到各自的设计负荷和期望效益。因此,财务分析应特别注意厂与网的设施配套与负荷协调问题。如果项目本身既包含处理厂又包含部分配套管网,考虑到项目投资和还贷的统一性,应先进行整体评价,再单独对处理厂进行评价;也可简化处理,只做一套合并报表,在成本费用和技术经济指标等方面再对处理厂作单独反映。

③ 打捆项目。打捆项目是指两个及其以上不同专业项目在同一地域同时开展,并联合产生效益的项目。常见的打捆项目有两类:一类是以道路开发为主带动地下管线(或管廊)、地上或地下商业设施建设的城市道路打捆项目;另一类是新建开发区以若干市政工程打捆建设的打捆项目。第一类打捆项目的财务分析,应首先对道路本身及其附带建设内容的费用、效益进行合理界定和分摊,然后对各部分建设内容分别进行独立的分析与评价。对于第二类打捆项目,如果"打捆"只限于资金的统借统还,各专业子项目独立运营,其投资及运营主体完全分开,费用和效益可分别确定的,应先对各专业子项目分别进行独立的财务分析,然后再汇总进行整体的财务分析;如果各专业子项目的投资和运营主体为一家企业,费用和效益均捆绑核算,以盈利性专业子项目的效益承担非盈利性专业子项目的运营费用的,则应将打捆项目视为具有多种产出的一个项目,采用合并报表进行财务分析。

9.3.3 市政项目经济费用效益分析

1) 经济费用效益分析

经济费用效益分析是从资源合理配置的角度,分析项目投资的经济效益和对社会福利所做出的贡献,评价项目的经济合理性。

市政项目具有显著的外部效果,以及公共产品特征和一定程度的自然垄断特征，有些项目（如供水、燃气等）还具有资源开发属性，这些特征和属性决定了市政项目进行经济费用效益分析的必要性。

市政项目经济费用效益分析的方法与一般工业建设项目基本相同。经济费用和效益的识别和计算有两种方式：一是直接识别，遵循支付意愿（WTP）、接受补偿意愿（WTA）和机会成本的原则，采用影子价格计算经济费用和经济效益；二是在财务费用和财务效益的基础上，通过剔除转移支付、调整价格得到经济费用和经济效益。经济费用效益分析的主要指标有经济净现值（$ENPV$）、经济内部收益率（$EIRR$）和经济效益费用比（R_{BC}）。用于经济费用效益分析的社会折现率、影子汇率换算系数和影子工资换算系数，采用国家有关部门规定的数值。

在完成经济费用效益分析后，应分析对比经济费用效益流量与财务现金流量之间的差异和原因，找出受益或受损群体；分析项目对不同利益相关群体在经济上的影响程度，及其受益或受损状况的经济合理性。

2）费用效果分析

对于经济效益和经济费用均可以货币化的项目可以采用经济费用效益分析。对于经济效益难以货币化的项目，则应采用费用效果分析。费用效果分析是通过分析项目预期的效果与所支付的费用，计算单位效果所需费用，以判断项目的费用有效性或经济合理性。

费用效果分析中的效果就是项目所要实现的目标，即项目成果能够发挥的作用、功效或成效。在进行费用效果分析时，效果应当采用非货币计量单位的量化指标表示，并有明确的最低要求。一个项目可以有多个目标和相应的效果指标，多个目标需有主次之分，并通过对各个目标赋权形成单一的综合效果指标。

费用效果分析中的费用应采用全寿命周期费用，即从项目建设到建成运营直至工程终结整个过程内所发生的全部费用，包括投资、运营成本、末期资产清理与回收、环境恢复处置费用等。全生命周期费用可以用全生命周期（计算期）的费用现值（PC）或费用年值（AC）来定量表示。

费用效果分析指标主要采用效果费用比（$R_{E/C}$），表示单位费用所取得的效果值。为方便或习惯起见，有时也采用费用效果比（$R_{C/E}$），表示取得单位效果所付出的费用。

由于单位费用应取得的效果值或单位效果应付出的费用值没有绝对标准，所以费用效果分析采用多方案比选，即对于两个或两个以上的互斥方案，按照效果最大（$R_{E/C}$最大）或费用最小（$R_{C/E}$最小）的准则比选方案；当各备选方案的效果或费用不相同，且分别具有较大幅度的差别时，应比较备选方案之间的费用差额和效果差额，采用增量分析法比选方案。

9.3.4 市政专业项目经济评价特点

常见的市政专业项目有供水项目、排水项目、供热项目、燃气项目、垃圾处理项目和城市轨道交通项目等。各种专业项目经济评价的方法和指标基本相同,区别主要表现在因专业项目的内容差异而导致的项目效益与费用内容的不同。下面就各种专业项目及其经济评价的特点作简要介绍,各专业项目财务分析主要参数的参考值见表 9.1,经济费用效益分析参数采用国家有关部门规定的数值。

表 9.1　各专业项目财务分析主要参数参考值

参数	单位	供水项目	排水项目	供热项目	燃气项目	垃圾处理项目	城轨交通项目
运营期(生产期)	年	20	20		20	≤20	设计年限
计算期	年			≤20			
财务基准收益率①	%	6	5	5	6～8	5～4	3
财务基准投资回收期	年			15	12～15		
综合折旧年限	年	20～22		12～35③	16～25③	≤20	10～100③
综合折旧净残值率	%	3～5	3～5	3～5	4	4	3～5
无形资产摊销年限	年	≤10		5～10	≤10	10	
其他资产摊销年限	年	≤5		5～10	≤10	10	5～10
年修理费率	%	2～2.5		1.2～2.4	2～3.125	1～2.4	1～2
其他费用费率	%	8～12				8～12	5～10
流动资金周转天数②	天	90	90	30～60	90	72～108	90

注:① 融资前税前评价时采用;
② 使用扩大指标估算法时采用;
③ 分类固定资产的折旧年限,非综合折旧年限。

1) 供水项目

供水系统是由相互联系的一系列构筑物和输配水管网组成,通过从水源取水,按照用户对水质的要求进行处理,然后将水输送到供水区,并向用户配水。供水工程一般包括取水构筑物、水处理构筑物、泵站、输水管渠和管网以及调节构筑物等。

供水项目一般属于第二类市政项目,具有收费机制及潜在的盈利能力,在收费水平不足以回收投资和补偿运营成本时,可通过政府适当补贴或优惠政策维持运营。

供水项目经济评价以财务生存能力分析为重点,在国家现行财税制度和现行财务价格体系条件下,计算项目的财务效益和费用,分析项目的生存能力、偿债能力和潜在的盈利能力,评价项目在财务上的可行性。

供水项目的营业收入主要是销售商品水(自来水)的营业收入,即销售水量与水价之乘积。城市供水一般由取水系统、输水系统、净水系统和配水系统构成,现行水价综合考虑了这些系统的投资、运行成本、资金筹措、消费者支付意愿和支付能力等因素。单个供水项目只是整个城市供水网络中的一部分，项目价格因素的构成、范围等均与现行价格有所不同，因此计算营业收入的水价应采用项目预期财务价格。项目预期财务价格只针对项目本身，对于项目范围之外（如城市现有设施等）是无效的。项目预期财务价格应本着补偿成本、保本微利、节约用水、公平负担的原则，采用成本定价法或合理收益定价法测算。

供水项目的总成本费用通常采用生产要素估算法进行估算，费用内容包括水资源费（或原水费）、原材料费、动力费、职工薪酬、折旧费、摊销费、修理费、其他费用和财务费用。水资源费（或原水费）是供水企业利用水资源或获取原水的费用，一般按各地有关部门的规定计算；原材料费主要是制水过程中所耗用的各种药剂费用，包括净水材料（如活性炭）、混凝剂、助凝剂和消毒剂等；动力费应根据设备功率和设备运行时间计算，或近似按总扬程计算，电价计费制度依据电力部门规定。如果供水项目中包括排泥水处理，成本费用计算中还应增加排泥水处理和污泥处置费用。

在财务分析结论能够满足投资决策要求的情况下，可以根据政府主管部门或投资方的要求，确定是否需要进行经济费用效益分析。在经济费用效益分析中，供水项目的直接经济效益是项目产出物（商品水）直接产生的经济价值，定量计算可采用影子水价法、等效替代法、分摊系数法、缺水损失法等方法；间接经济效益是由项目引起但未在直接效益中体现的效益，可采用替代成本法、预防性支出法、转换成本法、机会成本法和意愿调查评估法等方法估算。直接经济费用是项目所使用的投入物所形成，并在项目范围内计算的费用，如投入项目的固定资产投资、流动资金、经营成本费用等；间接经济费用是社会为项目付出的但未在直接费用中体现的代价，供水项目的间接费用主要考虑非受益群体用水的机会成本和地下水资源的耗减补偿（如回灌）费用。

2）排水项目

排水项目包括污水项目、雨水项目和城市防洪项目。污水项目一般由污水管渠系统、泵站、污水处理厂、污水再生利用（污水集中处理并再生利用）系统、尾水排放系统等构成；雨水项目一般包括雨水管渠系统、泵站、雨水收集处理与利用系统等；城市防洪项目一般有水库、堤防、防洪闸等。

城市排水是政府提供的公益性公共服务，政府是排水项目的投资主体。雨水项目和城市防洪项目，目前仍然全部由政府投资建设、运营和管理，属于第三类市政项目。污水项目投资渠道呈多元化，其投资和运营管理模式通常可分为三种：一是全部由政府投资建设、运营和管理，这种项目属于第三类市政项目；二是由国有企业投资建设、运营和管理，以收取污水处理费和政府适当补贴来回收投资和维持运营，实现保本微利，属于第二类市政项目；三是采用特许经营模式建设和运营，属于第一类市政项目。

排水项目的营业收入是指项目提供污水处理、雨水收集利用、城市防洪服务所获得的收入，以及提供再生水、污泥、沼气等综合利用产品所获得的收入。污水项目的营业收入包括污水处理费收入和其他收入。我国多数城市的污水处理费是附加在自来水价中征收的，但污水处理费收入仍应以污水处理项目建设规模为计量依据，价格采用项目预期财务价格；污水项目的其他收入主要是指再生水、污泥、沼气等综合利用收入。对于污水处理费收费标准不到位而政府给予补贴的，补贴收入应按当地政府规定的补贴标准计算。城市雨水项目和城市防洪项目没有营业收入，完全靠政府拨款以维持正常运行。

在经济费用效益分析中，排水项目的直接费用主要是项目的建设投资、流动资金和运行期间的经营成本费用，间接费用可以不考虑。污水项目的直接效益包括污泥和沼气利用收入、污水再生利用系统的再生水出售收益以及减少水体污染的效益；间接效益体现为减少水质污染对工业生产、农业灌溉及水产养殖的经济损失，减少自来水厂药剂等运营费用和水源改造工程费用，减少疾病、降低医疗费用，改善城市环境、增加旅游收入，改善投资环境、促进地区经济发展等方面。雨水项目和城市防洪项目的直接效益包括减轻保护区内农、林、副、渔等各类用地的损失，减轻保护区内国家、企业和个人的房屋、设施、物资等财产损失，减少工矿停产、商业停业、交通中断等的损失，以及减少防汛、抢险费用；间接效益可能有因减少洪灾引发的疾病而降低的医疗费用，因工程形成新的旅游景点而带来的旅游效益，以及改善投资环境、促进地区经济发展的效益等。

有些雨水项目及城市防洪项目的效益无法货币化，这时可以保护区的受益土地面积和受益人口作为项目的量化效果，进行费用效果分析。

3）供热项目

供热项目包括采暖供热项目、热电联产的厂外无热源项目、工业蒸汽供应项目、生活热水供应项目、集中式空调系统用热项目、以工业或民用可燃性废弃物为燃料的供热项目、采用热泵技术的供热项目等多种类型。

供热系统一般由热源、热网和热用户三部分构成。热源用于生产热产品，主要有锅炉房、热电厂等形式，通过热水和蒸汽两类热介质输送；热网是指由热源向热用户输送和分配供热介质的管线系统，分为直接连接供热系统和间接连接供热系统两种形式；热用户是从供热系统获得热能的用热装置，热能的服务对象主要有采暖热用户、工业热用户等。按照有无热源，供热项目可划分为“热源项目”和“无热源项目”两种，热源项目是指建成后能够利用自有热源、热网直接生产、输送和销售热产品的项目；无热源项目是指自身没有热源，而是利用自有热网将外购的热产品输送至热用户，即转售热产品的项目。

供热项目建设周期短、运营期长，产品的市场供需相对平衡，且具有一定的垄断性。从产品收费水平上看，供热项目基本属于第一类市政项目（少数地区和项目属于第二类项目），但财务效益相对较低，应注重分析项目的财务生存能力。

供热项目的营业收入包括采暖费收入、蒸汽和热水等热产品的销售收入，以及灰渣等副产品的销售收入。根据目前我国采暖收费方式的不同，采暖费收入的计算方法有两种，一是按采暖面积和容量热价计算，二是按供热量和计量热价计算。按供热量收费是今后采暖收费方式发展的方向，有些地区还实行基本热价和计量热价相结合的采暖收费制度。财务分析时，热产品的预测价格原则上采用项目所在地的现行价格，如果当地无相应价格或采用现行价格计算的财务指标无法满足项目财务可行的要求时，应采用合理收益定价法计算项目预期财务价格，设定的收益率可以是投资方可接受的目标收益率或基准收益率。

供热项目的直接经济效益表现为用影子价格计算的供热项目营业收入（采暖费收入、蒸汽与热水等热产品以及灰渣等副产品的销售收入）；间接经济效益主要包括节约土地资源和能源的效益、减少燃料和灰渣的运输费用、减少污染物排放量而节省的污染治理费用、减少疾病而降低的医疗费用，以及改善城市环境而提高的旅游收入等。直接经济费用是指用影子价格计算的项目投入（包括建设投资、流动资金以及运营成本费用）的经济价值；供热项目对其他部门的负面影响较小，间接经济费用可忽略不计。

4）燃气项目

燃气项目是指具有城市公用性质的燃气生产、储运、输配、销售的建设项目，不包括属于以输气为目的的长输管线运输项目和工业企业专属燃气供应设施建设项目。按照燃气种类的不同，燃气项目可划分为天然气项目、液化石油气项目和人工煤气项目；按照项目建设内容和性质的不同，又可划分为制气项目、输配项目、调峰项目以及由上述子项目组成的综合项目。

燃气项目具有环境保护的特征，效益主要体现为社会、经济、环保和节能等方面。根据产品收费水平，燃气项目一般属于第二类市政项目，采用特许经营模式的属于第一类项目。在经济评价中，应注意投融资主体的不同要求，项目所应具备的财务生存能力和一定的财务收益。

燃气项目的经济评价除应进行财务分析和经济费用效益分析外，如果项目对所在区域的能源结构会产生较大影响的，还应进行区域经济影响分析。

燃气项目的财务收入包括主营业务收入、其他业务收入和补贴收入。主营业务收入（销售收入）是向各类用户销售燃气获得的实际收入；其他业务收入是主营业务以外的兼营业务（如副产品销售、用户燃气管道工程安装、燃具销售等）的净收入。

燃气项目的总成本费用是指项目为生产、输配和销售燃气而发生的全部费用，由生产成本、管理费用、财务费用和营业费用组成，生产成本一般可分解为制气成本、输配成本、调峰成本。制气成本的生产单位按城市门站(或首站)为界划分,即将城市门站(或首站)的购气成本视为制气成本;输配成本的生产单位涵盖范围为城市门站(或首站)至用户接口之间的各级压力管道、调压站、配套附属设施等,一般不包括用户管道系统;调峰成本的生产单位为调峰站(厂、库)及相关辅助管道。调峰设施占总投资比例较明显的燃气项目应测算调峰成本,否则可并入输配成本中简化计算。

燃气项目的直接经济效益主要表现在对项目实施前所耗能源资源的节约,以及项目实施后对用户生产(服务)价值的增加;间接经济效益显著,但很多难以量化,对于能够量化的(如减少排污量)效益应进行定量分析,无法量化的效益(如对社会、自然及生态环境保护的贡献)应进行定性分析。直接经济费用是项目建设和运营的直接投入物的经济价值;间接经济费用包括社会为项目提供能源等资源而增加的能源开采费用、运输费用,以及项目产生的废水、废渣排放等造成环境污染的治理费用等,如果项目同时建设环境保护设施而使污染治理费用变为直接经济费用的,间接经济费用中不再计入。

燃气项目涉及面广,经济费用效益分析的范围要考虑上下游生产关系、联产品关系,甚至长输管线系统。当项目外部效果与上下游生产关系十分紧密时(如增加气源或原煤供应量而提高了上游企业的劳动生产率,下游企业提高了产品附加值等),或项目具有联产品关系(如燃气制气过程中同时伴生热、电的三联供项目)且不易划分其费用和效益时,原则上应扩大项目经济费用效益分析的范围,把相互关联的项目作为一个“联合体”进行分析。当燃气项目中包含长输管线系统且该系统同时为多个城镇输送燃气时,一般应将长输管线系统的供气区域作为一个整体进行经济费用效益分析。

5) 垃圾处理项目

城市生活垃圾处理系统通常包括垃圾的收集运输(含中转运输)和处理处置两部分,其中垃圾的处理处置有卫生填埋、焚烧和堆肥,以及回收利用等方式。垃圾处理项目的种类很多,如垃圾中转站、焚烧制能、填埋气体发电、餐厨和粪便垃圾处理等,可以根据建设内容划分为两大类——垃圾收集运输项目、垃圾处理场(厂)。

垃圾处理项目属于环保类项目,公益性显著,通常属于市政项目分类中第二类项目和第三类项目,实行特许经营的项目属于第一类项目。

垃圾处理项目的财务收入包括垃圾收费、补贴收入、碳减排收入和产品销售收入。垃圾收费是服务区域内所有用户应缴纳的垃圾处理费;补贴收入指运营期内政府给予的补贴;碳减排收入为回收填埋气体(甲烷等),减少有害气体排放而获得国际碳基金的碳交易权收入;产品销售收入是指将垃圾处理产生的蒸汽、发电、肥料,以及分拣出可回收利用的废旧材料等出售而获得的收入。除了垃圾收费和补贴收入,不同的垃圾处理项目,财务收入的内容有所不同。

垃圾处理项目的财务费用包括项目投资、成本费用和税金。对于采用填埋处理工艺的项目，终场封场费用不计入工程投资：当终场封场在填埋场达到使用年限一次完成时，终场封场费用应重新立项；当终场封场在填埋场使用年限内分期实施时，可按实施计划估算费用，分别计入每期运营期末的经营成本。总成本费用包括外购原材料费、外购燃料及动力费、残渣（或筛上物）及飞灰处理费、职工薪酬、修理费、折旧费、摊销费、财务费用及其他费用等，其中外购原材料费和残渣（或筛上物）及飞灰处理费的内容与处理工艺有关。采用填埋工艺的项目，外购原材料费主要为购置垃圾导气管及石笼、中间覆盖土或覆盖膜、临时道路铺筑材料以及药剂等所需费用，没有残渣及飞灰处理费；采用焚烧工艺的项目，外购原材料费为购置助燃材料、石灰、烧碱、活性炭及其他药剂等所需费用，还有残渣填埋费和飞灰处理费；采用堆肥工艺的项目，外购原材料费包括购置的秸秆、树叶、尿素以及其他添加剂、药剂等所需费用，另有筛上物处理费。

垃圾处理项目的财务分析内容包括财务生存能力、偿债能力、盈利能力。对于第二类项目，财务分析应进行生存能力分析和偿债能力分析，生存能力分析的重点是估算项目各年政府的补贴费用，基准收益率由投资方与政府协商确定；对于由政府直接投资的第三类项目，只进行财务生存能力分析，如果使用债务资金的，应结合借款偿还要求进行偿债能力分析。

垃圾处理项目的外部效果十分显著，定性描述比较容易，但量化和货币化有较大难度，且难以收集到翔实充分的统计数据，因此垃圾处理项目经济评价以定性分析为主，内容包括项目对自然和生态环境的影响、对市民健康的影响和医疗费用的影响、对发展旅游增加就业的影响，以及节约能源和土地增值等影响。

6）城市轨道交通项目

城市轨道交通具有运量大、速度快、安全可靠、节能环保等特点，可以位于地下、高架或地面，是城市地下铁道、轻轨交通、单轨交通、有轨电车、磁悬浮交通以及市郊客运铁路等的统称。

城市轨道交通项目具有公共性和公益性特点，不以营利为目的，属于第二类市政项目。城市轨道交通项目的经济评价以项目生存和持续经营为原则，重点在融资分析、财务生存能力分析和风险分析，不单纯追求财务上的盈利性。

城市轨道交通项目的财务收入包括营业收入和其他业务净收入。营业收入主要是指票款收入，即客运量乘以推荐票价；其他业务净收入是指广告、商业通信、综合开发等收入扣除成本、税金后的净收益。推荐票价是经专门测定用于项目评价的票价，项目预期财务票价仅作为票价比较的参考，二者的差距可作为政府补贴的依据。确定推荐票价时，应综合考虑现行票价水平、企业运营成本、乘客可接受程度以及其他交通工具的价格水平，应尽可能接近项目实际运营时最可能采用的票价水平。

城市轨道交通项目的总投资包括建设投资、建设期借款利息和铺底流动资金。城市交通的客运量会随着时间的推移而不断增加，项目线路的设计运能具有超前性，但投入的车辆是随客运量的增加而分期购置的。运营期的车辆购置投资属于维持运营投资，应在需用车辆的前一年列入固定资产投资计划，并在用车当年开始计提折旧，因追加车辆而追加的流动资金在车辆投入使用的当年列支。

城市轨道交通项目经济费用效益分析采用“有无对比法”，即将建设本项目所产生的效益和费用与不建设本项目（采用其他交通方式承担同样客运量）所产生的效益和费用进行对比。在其他各种交通方式中，公共汽车是一种比较经济又能满足要求的运输方式，因此“无项目”通常按照拓宽道路利用公共汽车承担同样客运量的情况考虑。城市轨道交通项目的经济效益主要体现在节约出行时间、减少疲劳而提高劳动生产率、减少交通事故以及减少城市污染等方面的效益。

9.4 房地产开发项目经济评价

9.4.1 概述

房地产投资可分为房地产开发投资和房地产置业投资。房地产开发投资是指投资者从购买土地使用权开始，经过规划设计和施工建设等过程，建成可以满足人们入住和使用需要的房屋及附属物（亦称物业），然后将其推向市场进行销售，转让给新的投资者或使用者，并通过这种转让来收回投资，实现获取投资收益的目的。当房地产开发企业将建成的房地产转作固定资产，用于出租（如写字楼、公寓、货仓等）或自营（如商场、酒店等），这种短期开发投资就转变成了长期置业投资。当然，房地产置业投资也可以是购买新建成的物业（市场上的增量房地产）和二手物业（市场上的存量房地产）。房地产开发投资的目的是获取一次性投资利润，而置业投资是为了获取较为稳定的经常性收入，并保值、增值。

1）房地产开发项目的分类

不同类型的房地产开发项目，市场调查和预测的内容与方法、收入和费用测算的方式也有所不同。因此，应根据房地产开发项目的类别对房地产开发项目进行经济评价。

（1）按未来获取收益的方式分类

① 出售型房地产开发项目，以预售或开发完成后出售的方式得到收入，回收开发资金，获取开发收益，达到盈利的目的。

② 出租型房地产开发项目，以预租或开发完成后出租的方式得到收入，回收开发资金，获取开发收益，达到盈利的目的。

③ 混合型房地产开发项目，以预售、预租或开发完成后出售、出租、自营的各种组合方式得到收入，回收开发资金，获取开发收益，达到盈利的目的。

(2) 按用途分类

① 居住用途的房地产项目，一般是指供人们生活居住使用的商品住宅项目，包括普通住宅、公寓、别墅等。

② 商业用途的房地产项目，也称经营性物业或投资性物业，包括酒店、写字楼、商场、出租商住楼等。

③ 工业用途的房地产项目，通常是为生产活动提供空间，包括重工业厂房、轻工业厂房和高新技术产业用房、研究与发展用房等。

④ 特殊用途的房地产项目，是指赛马场、高尔夫球场、汽车加油站、飞机场、车站、码头等项目，通常称为特殊物业。

⑤ 土地开发项目，一般是指在生地或毛地上进行拆迁安置和"三通一平""五通一平"或"七通一平"，将其开发为具备建设条件的熟地进行转让的房地产开发项目。

2) 房地产开发项目的策划

通过对房地产开发项目进行系统的项目策划，可以形成和优选出比较具体的项目开发经营方案，获得尽可能高的经济回报。房地产开发项目策划的内容主要有：

(1) 区位分析与选择，包括宏观区位的分析与选择和微观区位的分析与选择，宏观区位——地域的分析与选择是战略性的，主要考虑项目所在地的政策法律条件、社会经济条件和自然地理条件；微观区位——具体地点的分析与选择是对项目坐落地点、周围环境和基础设施条件的分析与选择，主要考虑项目所在地的交通、城市规划、土地取得代价、拆迁难度、基础设施完备程度以及地质、噪声、空气质量等因素。

(2) 开发内容和规模的分析与选择，应在符合城市规划的前提下，根据市场需求情况，按照效益最高的原则，选择最佳的用途和最合适的开发规模，也可考虑仅进行土地开发。

(3) 开发时机的分析与选择，应根据土地市场和房地产市场的现状和变化趋势，选择和安排获取开发用地和开始建设的时机，大型房地产开发项目还可以考虑滚动开发。

(4) 合作方式的分析与选择，应从开发企业自身在土地、资金、开发经营专长、经验和社会关系等方面的实力或优势程度，以及分散风险等方面考虑，对独资、合资、合作、委托开发等方式进行选择。

(5) 融资方式与资金结构的分析与选择，主要是结合项目合作方式设计资金结构，确定合作各方在项目资本金中所占的份额，以及资本金、预租售收入和借贷资金的比例，并分析资金来源和经营方式，对项目所需的短期资金与长期资金的筹措做出合理安排。

(6) 产品经营方式的分析与选择，主要是考虑近期利益和远期利益的兼顾、资金压力、自身的经营能力以及市场的接受程度等，对出售、出租(包括长租、短租)、自营等经营方式进行选择。

3) 房地产开发项目的特点

房地产开发项目就是以房地产开发投资方式建设的房地产项目。与一般工业项目相比，房地产开发项目具有以下特点：

(1) 建筑产品是项目的最终产品

对于一般的工业建设项目来说，建设完成的建筑产品只是整个项目的“中间产品”，是生产最终产品的生产资料，项目的收益要通过最终产品来取得；而房地产开发项目所完成的建筑产品就是最终产品，房地产开发企业通过直接出售和出租这些建筑产品来获取收益。

(2) 项目产品具有很强的地域性

以建筑产品作为最终产品的最大特点，就是产品的不可移动性。因此，除国家的有关政策、法规外，市场需求的调查和预测主要限于项目所在区域。

(3) 项目经营方案的涉及因素多，选择余地广，对投资效益影响大

对于一般的工业项目来说，建设内容及规模、建设地点、建设时间的选择余地是有限的，但房地产开发项目不同，无论是开发区位、开发内容、开发时机还是合作方式，涉及的因素多，而且选择的余地也很大，不同的方案对投资效益影响也很大。

(4) 项目经济评价分为财务评价和综合评价

对于一般的房地产开发项目，只需进行财务评价；对于重大的、对区域社会经济发展有较大影响的项目，如经济开发区项目、成片开发项目等，在做出决策前应进行综合评价。

综合评价是从区域社会经济发展的角度，分析和计算房地产开发项目对区域社会经济的效益和费用，考察项目对社会经济的净贡献，判断项目的社会经济合理性。

9.4.2 房地产开发项目效益与费用

1) 投资与成本费用

房地产开发项目的投资与成本费用，与一般建设项目有较大的差异。一般建设项目是先投资，再生产产品，即项目计算期分为建设期和生产经营期两部分，建设期的投入形成资产，生产经营期的投入形成产品的总成本费用，投资以折旧与摊销的形式回收。但是，对于以出售为主的房地产开发项目而言，其投资过程本身就是房地产产品的生产过程，建设期与生产经营期重叠，投资与总成本费用因无法截

然分开而合二为一，项目的投资即划转为产品的总成本费用。对于房地产置业项目，则其投资与成本费用的概念与一般建设项目的相同。

(1) 开发项目总投资

房地产开发项目总投资由开发建设投资和经营资金两部分组成，即

项目总投资＝开发建设投资＋经营资金 (9.17)

开发建设投资是指在开发期内完成房地产产品开发建设所需投入的各项费用，包括土地费用、前期工程费用、基础设施建设费用、建筑安装工程费用、公共配套设施建设费用、开发间接费用、财务费用、管理费用、销售费用、开发期税费、其他费用以及不可预见费用等。

经营资金是指开发企业用于自营资产日常经营的周转资金，相当于一般建设项目的铺底流动资金。

房地产开发项目总投资的构成如图 9.2 所示。

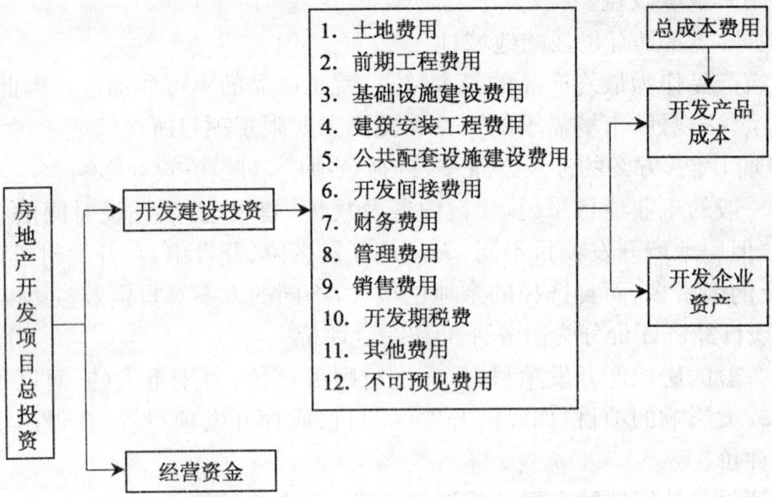

图 9.2 房地产开发项目总投资构成图

(2) 开发产品成本

项目建成后，根据产品用途的不同，开发建设投资划转为两部分，一部分形成以出售出租为目的的开发产品的总成本费用——开发产品成本，另一部分形成以自营自用为目的的固定资产及其他资产——开发企业资产，即

开发建设投资＝开发产品成本＋开发企业资产 (9.18)

可见，开发产品成本由形成开发产品的开发建设投资的各项费用组成。其中，土地费用、前期工程费用、基础设施建设费用、建筑安装工程费用、公共配套设施建设费用、开发间接费用、开发期税费、其他费用和不可预见费用归结为开发成本，相当于制造成本；管理费用、销售费用、财务费用归结为开发费用，相当于期间费用。

(3) 经营成本

经营成本是指房地产产品出售、出租时，将开发产品成本按照国家有关财务和会计制度结转的成本，包括土地转让成本、出租土地经营成本、房地产销售成本、出租经营成本等。它相当于对出售出租的开发产品建设投资的摊销。

对于分期收款的房地产项目，房地产销售成本和出租经营成本可按其当期收入占全部销售收入和租金收入的比率，计算本期应结转的经营成本。

(4) 运营费用

在房地产项目开发完成后的经营期间，还要发生各种运营费用，主要有管理费用、销售费用，以及出租或自营物业的修理费用等。

2) 经营收入

房地产项目的经营收入主要包括房地产产品的销售收入、租金收入、土地转让收入(以上统称租售收入)、配套设施销售收入和自营收入。

租售收入等于可供租售的物业数量乘以单位租售价格，即

$$\text{销售收入}=\text{房屋销售面积}\times\text{销售单价} \tag{9.19}$$

$$\text{租金收入}=\text{房屋出租面积}\times\text{租金单价} \tag{9.20}$$

估算租售收入时，应考虑可出售面积比例的变化对销售收入的影响，空置期和出租率对租金收入的影响，以及分期付款的期数和各期付款的比例。

自营收入是指开发企业以开发完成后的物业作为经营活动的载体，通过自营方式得到的收入。自营收入的估算应充分考虑目前已有物业对本项目产品的影响，以及未来商业、服务业市场可能发生的变化对房地产项目的影响。

3) 经营税费

房地产开发项目的税费分为两大部分，一是房地产项目开发期间的税费，即开发期税费，它们是房地产项目开发建设投资的组成部分；二是房地产项目经营期间的税费，称之为经营税费，主要是指在房地产产品的销售与交易阶段发生的税费，它们不构成房地产开发项目的投资与成本费用，而是作为销售收入的扣减。

目前，我国房地产开发的经营税费主要有两类：

(1) 经营税金及附加

经营税金及附加包括营业税、城市维护建设税、教育费附加及地方教育费附加。

营业税，是对在我国境内提供劳务、转让无形资产或者销售不动产的单位或个人所获得营业额征收的一种税。房地产销售的营业税为其销售额的5%。

城市维护建设税，是对在我国境内既享用城镇公用设施，又有经营收入的单位或个人征收的一种税。房地产销售的城市维护建设税与营业税同时缴纳，以营业税为基数，税率因纳税地点而异，市区为7%，县城和镇为5%，其他地区为1%。

教育费附加，是为扩大地方教育经费资金来源，对缴纳增值税、消费税、营业税的单位和个人征收的一种附加费。房地产销售的教育费附加与营业税同时缴纳，为营业税的3%。

地方教育费附加，是各省、自治区、直辖市开征的一项地方政府性基金，用于地方教育经费的投入补充。房地产销售的地方教育费附加与营业税同时缴纳，为营业税的2%。

(2) 土地增值税

土地增值税以转让房地产取得的增值额为征税对象，其实质是对土地收益的课税。土地增值税的征收以土地增值额为计征依据，实行四级超额累进税率，税率为30%～60%。

4) 企业所得税

企业所得税是针对实行独立核算企业的应纳税所得额征收的税种。目前，房地产开发企业的企业所得税税率一般为25%。

房地产开发项目的投资、成本费用、销售收入、税费等的关系如图9.3所示。

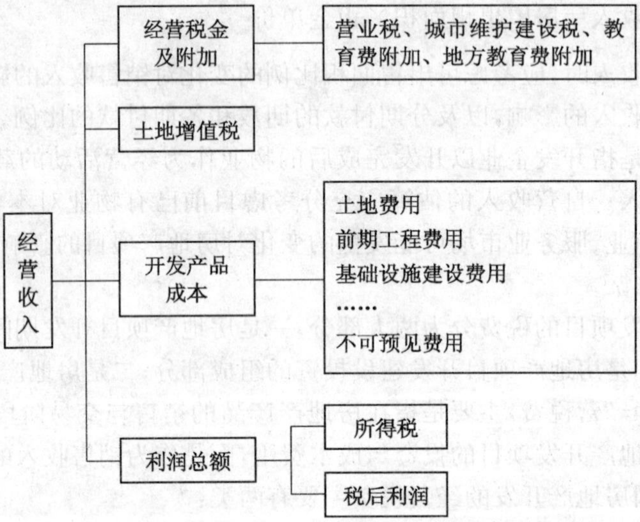

图9.3 房地产开发项目收入、成本费用及税费的关系

9.4.3 房地产开发项目财务评价

房地产开发项目的财务评价是在房地产市场调查与预测、项目策划、投资估算、成本费用估算、收入估算等的基础上，通过编制财务评价报表，计算财务评价指标，对项目的财务盈利能力、清偿能力和资金平衡情况进行分析。

1）财务评价报表

房地产开发项目财务评价报表包括基本报表和辅助报表。基本报表可以直接用于对项目进行财务盈利能力、清偿能力和资金平衡分析。辅助报表则将投资、成本费用、收入等基础数据转换为基本报表所需数据。

（1）基本报表

基本报表包括全部投资财务现金流量表、资本金财务现金流量表、投资者各方现金流量表、资本来源与运用表、损益表、资产负债表。

全部投资现金流量表是从开发项目的角度，以全部投资为基础的现金流量表，用于计算全部投资财务内部收益率、财务净现值及投资回收期等评价指标，考察项目的盈利能力。

资本金现金流量表是从投资者整体的角度，以投资者的出资额为基础的现金流量表，用于计算资本金财务内部收益率、财务净现值等评价指标，考察资本金的盈利能力。

投资者各方现金流量表是从各个投资者的角度，以投资者各方的出资额为基础的现金流量表，用以计算投资者各方财务内部收益率、财务净现值等评价指标，反映投资者各方所投资本的盈利能力。

资金来源与运用表反映开发项目在开发期内各期的资金平衡和余缺情况，用于选择资金筹措方案，制订借款及偿还计划，分析资金平衡。

损益表反映开发项目在开发期内各期的利润总额、所得税及各期税后利润的分配情况，用于计算投资利润率、资本金利润率等评价指标。

资产负债表反映开发项目在开发期内各期期末的资产、负债和所有者权益的数额及对应关系，用于计算资产负债率，考察项目的债务风险。

（2）辅助报表

辅助报表包括项目总投资估算表、开发建设投资估算表、经营成本估算表、土地费用估算表、前期费用估算表、基础设施建设费用估算表、建筑安装工程费用估算表、公共配套设施建设费用估算表、开发期税费估算表、其他费用估算表、销售收入与经营税金及附加估算表、出租收入与经营税金及附加估算表、自营收入与经营税金及附加估算表、投资计划与资金筹措表、借款还本付息估算表。

2）财务盈利能力分析

财务盈利能力分析是从企业或项目的角度，考察房地产开发项目获取利润的能力。根据房地产开发项目研究阶段、研究深度以及项目类型的不同，可以通过基本报表有选择地计算下列评价指标。

（1）财务内部收益率 *FIRR*

财务内部收益率是指房地产开发项目在整个开发经营期内各期净现金流量现值累计等于零时的折现率，即

$$\sum_{t=1}^{n}(CI-CO)_t\cdot(1+FIRR)^{-t}=0 \quad (9.21)$$

式中,CI——现金流入量;

CO——现金流出量;

$(CI-CO)_t$——第 t 期的净现金流量;

n——开发经营期(开发期与经营期之和)。

通过上式求得全部投资和资本金的财务内部收益率后,与投资者可接受的最低收益率 $MARR$ 或设定的基准收益率 i_c 比较,当 $FIRR \geqslant MARR$(或 i_c)时,即认为项目的盈利能力已满足最低要求,在财务上是可以接受的。

有些项目的财务报表以月、季或半年为时间单位进行编制,按照式(9.21)计算得到的 $FIRR$ 是该时间单位的财务内部收益率。这时,应将其换算为以年为时间单位的财务内部收益率,然后再与最低收益率或基准收益率进行比较。例如,以月为时间单位的财务内部收益率 $FIRR_{月}$,可按下式换算为以年为时间单位的财务内部收益率 $FIRR_{年}$:

$$FIRR_{年}=\left[(1+FIRR_{月})^{12}-1\right]\times 100\% \quad (9.22)$$

(2) 财务净现值 $FNPV$

财务净现值是指按照投资者可接受的最低收益率 $MARR$ 或设定的基准收益率 i_c,将房地产开发项目经营期内各期净现金流量折现到开发期初的现值之和,即

$$FNPV=\sum_{t=1}^{n}(CI-CO)_t\cdot(1+MARR)^{-t} \quad (9.23)$$

或

$$FNPV=\sum_{t=1}^{n}(CI-CO)_t\cdot(1+i_c)^{-t} \quad (9.24)$$

当 $FNPV \geqslant 0$ 时,该项目在财务上是可以接受的。

(3) 投资回收期 P_t

投资回收期是指以房地产开发项目的净收益抵偿总投资所需要的时间。一般以年表示,并从项目开发期的起始年算起,即

$$\sum_{t=1}^{P_t}(CI-CO)_t=0 \quad (9.25)$$

投资回收期的计算通常根据全部投资财务现金流量表中的累计净现金流量求得,其计算公式为

$$P_t= 累计净现金流量为负值的最后一个年份数$$

$$+\frac{\text{该年累计净现金流量值}}{\text{下一年净现金流量值}} \tag{9.26}$$

当 P_t 小于等于基准投资回收期时，该项目在财务上是可以接受的。

(4) 投资利润率

投资利润率是指房地产开发项目的年平均利润总额与总投资的比率，通常以百分比表示，即

$$\text{投资利润率} = \frac{\text{年平均利润总额}}{\text{总投资}} \times 100\% \tag{9.27}$$

根据基本财务报表计算出的投资利润率应与行业的标准投资利润率或行业的平均投资利润率进行比较，若大于(或等于)标准投资利润率或平均投资利润率，则认为该项目是可以考虑接受的，否则不可接受。

(5) 资本金利润率

资本金利润率是指房地产开发项目的年平均利润总额与项目资本金的比率，即

$$\text{资本金利润率} = \frac{\text{年平均利润总额}}{\text{资本金}} \times 100\% \tag{9.28}$$

资本金利润率反映了投资者单位投资额(如每万元)所获取的利润总额。采用资本金利润率进行评价时，首先应确定基准资本金利润率，作为衡量资本收益率的基本标准。

(6) 资本金净利润率

资本金净利润率是指房地产开发项目的年平均税后利润与项目资本金的比率，即

$$\text{资本金净利润率} = \frac{\text{年平均税后利润}}{\text{资本金}} \times 100\% \tag{9.29}$$

资本金净利润率反映了投资者单位投资额所取得的所得税后净利润。

3) 清偿能力分析

清偿能力分析是考察项目开发经营期内的财务状况以及偿债能力。房地产开发项目通常采用国内借款偿还期 P_d 进行清偿能力分析。

国内借款偿还期是指在国家规定及项目自身财务条件下，房地产开发项目在开发经营期内，使用可用作还款的最大资金额偿还项目借款本息所需要的时间，即

$$\sum_{t=1}^{P_d} R_t = I_d \tag{9.30}$$

式中，P_d——国内借款偿还期，从借款开始期计算；

R_t——第 t 期可用作还款的最大资金额，包括利润、折旧、摊销及其他还款资金；

I_d——项目借款本息。

实际应用中，国内借款偿还期可以根据借款还本付息估算表直接推算，即

$$P_d = \text{年末借款余额为零的年份数} - \text{开始借款年份} + \frac{\text{当年应还借款额}}{\text{当年可用于还款的资金额}} \quad (9.31)$$

当 P_d 满足贷款机构的要求期限时，即认为项目是有清偿能力的。

对于涉及利用外资的房地产项目，其国外借款的还本利息，一般是按已经明确或预计可能的借款偿还条件（包括宽限期、偿还期及偿还方式等）计算。

4）资金平衡分析

资金平衡分析主要是考察房地产开发项目在开发经营期间的资金平衡状况，是对项目资金来源与使用关系进行的一种分析。资金平衡分析是通过资金来源与运用表进行的，即各期累计盈余资金不应出现负值（即资金缺口）。如果出现资金缺口，应采取适当的措施（如短期贷款等）予以解决。

9.4.4 房地产开发项目综合评价

房地产项目综合评价是从区域社会经济发展的角度，考察房地产项目的效益和费用，评价房地产项目的合理性，包括综合盈利能力分析和社会影响分析两个方面的评价。

1）效益与费用的识别

综合评价中项目的效益是指房地产项目对区域经济的贡献，费用是指区域经济为项目付出的代价。

（1）直接效益与间接效益

直接效益是指在房地产项目范围内政府能够直接获得的收益，一般包括出让国有土地使用权所得的收益、因土地使用权转让而得到的收益（如土地增值税等）、项目范围内的工商企业缴纳的税费（如房产税、土地使用税、车船使用税、印花税、进口关税和增值税、营业税、城市维护建设税及教育费附加、消费税、资源税、所得税等）、项目范围内基础设施的收益（如供电增容费、供水增容费、排水增容费、城市增容费、电费、水费、电讯费等）。

间接效益是指由房地产项目引起的、非政府直接获得的效益，如增加地区就业人口、繁荣地区商贸服务、促进地区旅游业发展等带来的收益。

（2）直接费用与间接费用

直接费用是指在项目范围内政府直接支付的投资和经营管理费用，一般包括

征地费用、土地开发和基础设施投资费用、建筑工程和城市配套设施费用、经营管理费用等。

间接费用是指由项目引起的、直接费用之外的费用,如项目范围外为之配套的基础设施投资、为满足项目需要而引起的基础服务供应缺口使区域经济产生的损失等。

2) 盈利能力分析

房地产项目综合评价盈利能力分析是根据房地产项目的效益和费用,编制综合评价现金流量表,计算综合内部收益率,以考察房地产项目投资的盈利水平。

综合评价现金流量表不分投资资金来源,以全部投资作为计算基础,考虑直接效益与直接费用,以及可以用货币计量的间接效益和间接费用,确定综合评价的现金流量。

综合内部收益率(CIRR)是指房地产项目在整个计算期内,各期净现金流量现值之和等于零时的折现率。它反映房地产项目投资的盈利率,是考察房地产项目盈利能力的评价指标,其表达式为

$$\sum_{t=1}^{n}(CI-CO)_t\cdot(1+CIRR)^{-t}=0 \tag{9.32}$$

综合内部收益率的评判基准为政府的期望收益率或银行的贷款利率。

3) 社会影响分析

社会影响分析是定性和定量地描述难以用货币计量的间接效益和间接费用对房地产项目的影响,主要包括以下方面:

(1) 就业效果分析,考察房地产项目对区域劳动力就业的影响,可用就业成本和就业密度等指标进行衡量,并与当地的相应指标进行比较。

就业成本=项目开发总投资÷项目范围内总就业人数 (9.33)

就业密度=项目范围内总就业人数÷项目占地面积 (9.34)

如果当地并无就业压力,项目范围内主要使用外来劳动力,则不必进行就业效果分析。

(2) 区域资源配置的影响。

(3) 环境保护和生态平衡的影响。

(4) 区域科技进步的影响。

(5) 区域经济发展的影响,主要指对繁荣商业服务的影响、对促进旅游业的影响、对发展第三产业的影响等。

(6) 减少进口(节汇)和增加出口(创汇)的影响。

(7) 节约及合理利用国家资源(如土地、矿产等)的影响。

(8) 提高人民物质文化生活及社会福利的影响。

(9) 远景发展的影响。

9.4.5 房地产开发项目财务评价案例

1) 项目概况

某房地产开发公司通过土地公开交易市场竞拍，获得一宗出让年限为 70 年的二类居住用地。该地块出让面积为 49 460 m^2，要求综合容积率不大于 1.6，土地费用（含拆迁补偿费和城市基础设施建设费）为 32 500 万元。

根据策划，项目拟建小高层住宅 4 幢，总建筑面积 33 000 m^2；多层住宅 10 幢，总建筑面积 39 600 m^2；商场用房 1 幢，建筑面积 5 560 m^2；管理用房若干幢，建筑面积合计 960 m^2。小高层住宅和多层住宅全部作为商品房出售，商场用房由开发公司自营。

2) 基础资料

(1) 投资估算

土地费用 32 500 万元，前期工程费用 403 万元，基础设施建设费用 1 187 万元，公共配套设施建设费用 60 万元；建筑安装工程费用，小高层住宅、多层住宅、商场用房（含设备）和管理用房分别按 2 200 元/m^2、1 600 元/m^2、2 500 元/m^2 和 1 400 元/m^2 计；开发间接费用（不设项目公司）不计。

管理费用和其他费用分别按上述 6 项费用之和的 3% 和 2% 计，销售费用按售房收入的 5% 计，开发期税费共 2 943 万元，不可预见费用按上述 10 项费用之和的 5% 计。

商场经营资金为 48 万元。

(2) 资金来源

该房地产开发公司以自有资金向本项目出资 2 亿元，用于支付土地出让金（部分），其他投资资金拟向商业银行贷款。商业银行贷款年利率 6%，宽限期 2 年，分 3 年等本还款。

商场经营资金采用自有资金。

(3) 项目开发进度与计算期

项目计划工期为 3 年，各类工程建设进度见表 9.2 所示。

表 9.2 各类工程分年度计划完成量表

工程类别	年度计划完成百分比			合计
	1	2	3	
前期工程	100%			100%
基础设施	30%	40%	30%	100%
小高层住宅	15%	50%	35%	100%

（续 表）

工程类别	年度计划完成百分比			合计
	1	2	3	
多层住宅	35%	40%	25%	100%
商场用房		25%	75%	100%
管理用房			100%	100%
公共配套设施			100%	100%

项目计算期为10年，其中建设期3年，运营期7年。

(4) 商品房销售计划与价格

商品房计划从第2年开始预售，拟3年售完。预计多层住宅第2、3、4年的销售比例为30%、50%、20%，小高层住宅第3、4年的销售比例为60%、40%。

多层住宅销售平均价格为14 600元/m^2，小高层住宅销售平均价格为15 800元/m^2。

商品房销售合同采用分期付款，按20%、50%、30%分3年付清。

(5) 商场自营收入与费用

商场正常年份的年营业额为660万元。第4年开始营业，当年营业额达到年正常营业额的60%；第5年达80%；第6年及以后年份达到正常营业额。

商场每年的采购成本为360万元，水电费55万元，人工费60万元，修理费28万元，固定资产年综合折旧率取6%。

(6) 税费费率

营业税税率5%，城市维护建设税税率7%，教育费附加费率3%，地方教育费附加费率2%，土地增值税预征率2%，企业所得税税率25%；公益金按5%提取，盈余公积金按10%提取。

3) 财务评价

(1) 主要数据及报表(附表中数据因取整数，略有出入)

根据基础资料估算，项目总投资69 675万元，其中销售费用根据销售总收入(见附表9.1)计算为5 498万元，财务费用根据借款还本付息计算(见附表9.6)为6 443万元。最终，项目总投资结转为开发产品成本68 237万元，自营商场固定资产1 390万元，经营资金48万元。详见附表9.1。

项目第1年投资(不含财务费用)43 404万元，使用资本金2亿元，另向商业银行贷款23 404万元；第2年投资8 963万元，使用预售收入1 685万元，向商业银行贷款7 278万元；以后年份将预售收入用于建设投资，无需借款。详见附表9.2。

项目在计算期内，经营收入114 180万元，利润总额29 369万元，扣除企业所得税后，净利润21 745万元；缴纳经营税金及附加6 390万元，土地增值税6 879

万元，企业所得税 7 624 万元，合计缴纳税金 20 893 万元。详见附表 9.5。

(2) 盈利能力分析

项目全部投资的财务内部收益率，所得税前为 17.84%，所得税后为 14.20%；基准折现率为 12%条件下的财务净现值，所得税前为 8 572 万元，所得税后为 3 163 万元；静态投资回收期为 4.25 年。详见附表 9.7。

资本金的财务内部收益率为 30.11%，基准折现率为 15%条件下的财务净现值为 9 730 万元。详见附表 9.8。

以商品房出售期间(第 2 年～第 6 年)为计算期，年平均利润总额为 5 777 万元，年平均税后利润为 4 253 万元，则

$$\text{商品房投资利润率} = \frac{\text{年平均利润总额}}{\text{总投资}} \times 100\%$$

$$= \frac{9\,730}{69\,675} \times 100\% = 13.97\%$$

$$\text{商品房资本金净利润率} = \frac{\text{年平均税后利润}}{\text{资本金}} \times 100\%$$

$$= \frac{4\,253}{20\,000} \times 100\% = 21.26\%$$

(3) 清偿能力分析

根据银行的贷款要求和项目的还款条件，第 1、2 年只付利息，第 3、4、5 年等额还本。本项目第 1、第 2 年贷款本金合计 30 682 万元，6 年共付利息 6 443 万元。借款还本付息估算表明，还本资金来源大于还本金额，项目具有清偿能力。详见附表 9.6。

(4) 资金平衡和资产负债分析

在项目的开发经营期间，各年的资金来源与运用平衡有余。详见附表 9.9。

在银行贷款期间，除第 2 年资产负债率为 61.35%，其他各年资产负债率均不超过 60%，且从第 2 年后逐年降低。可见，项目的资产负债结构是合理的。详见附表 9.10。

4) 附表

附表 9.1　项目总投资估算表　　单位：万元

序号	项目	总投资	估算说明
1	开发建设投资	69 627	
1.1	土地费用	32 500	
1.2	前期工程费用	403	
1.3	基础设施建设费用	1 187	

(续　表)

序号	项目	总投资	估算说明
1.4	建筑安装工程费用	15 120	
1.5	公共配套设施建设费用	60	
1.6	开发间接费	0	
1.7	管理费用	1 478	1.1～1.6 项之和的 3%
1.8	销售费用	5 498	售房收入(见附表 9.3)的 5%
1.9	开发期税费	2 943	
1.10	其他费用	985	1.1～1.6 项之和的 2%
1.11	不可预见费	3 009	1.1～1.10 项之和的 5%
1.12	财务费用	6 443	见附表 9.6
2	经营资金	48	
3	项目总投资	69 675	
3.1	开发产品成本	68 237	
3.2	固定资产	1 390	商场用房的建筑安装工程费用
3.3	经营资金	48	

附表 9.2　投资计划与资金筹措表　　单位:万元

序号	项目	合计	1	2	3	4		5
1	项目总投资	69 675	44 106	10 585	11 004	3 075	759	146
1.1	开发建设投资	69 627	44 106	10 585	10 956	3 075	759	146
1.1.1	其中:不含财务费用	63 183	43 404	8 963	9 115	1 702		
1.1.2	财务费用	6 443	702	1 623	1 841	1 373	759	146
1.2	经营资金	48			48			
2	资金筹措	112 130	44 106	10 585	15 303	22 681	19 455	
2.1	资本金	20 000	20 000					
2.2	借贷资金	37 125	24 106	8 900	1 841	1 373	759	146
2.2.1	其中:不含财务费用	30 682	23 404	7 278				
2.2.2	财务费用	6 443	702	1 623	1 841	1 373	759	146
2.3	预售收入	60 787		1 685	13 462	21 308	18 696	5 636
2.4	预租收入	0						
2.5	其他收入	0						

附表 9.3　销售收入与经营税金及附加估算表　　单位:万元

序号	项目	合计	1	2			3	4
1	售房收入	109 956		3 469	20 711	41 783	34 267	9 726
1.1	可销售面积(m^2)	72 600		11 880	39 600	21 120		
1.2	平均售价(元/m^2)			14 600	15 200	15 350		
1.3	销售比例	100%		16%	55%	29%		
2	经营税金及附加	6 158		194	1 160	2 340	1 919	545
2.1	营业税	5 498		173	1 036	2 089	1 713	486
2.2	城市维护建设税	385		12	72	146	120	34
2.3	教育费附加	165		5	31	63	51	15
2.4	地方教育费附加	110		3	21	42	34	10
3	土地增值税	6 879		69	414	836	685	4 875
4	房屋销售净收入	96 919		3 205	19 137	38 608	31 663	4 307

附表 9.4　自营收入与经营税金及附加估算表　　单位:万元

序号	项目	合计	1	2	3	4	5	6	7	8	9	10
1	自营收入	4 224				396	528	660	660	660	660	660
2	经营税金及附加	233				22	29	36	36	36	36	36
2.1	营业税	211				20	26	33	33	33	33	33
2.2	城市维护建设税	15				1	2	2	2	2	2	2
2.3	教育费附加	6				1	1	1	1	1	1	1
2.4	地方教育费附加	4				0	1	1	1	1	1	1
3	自营净收入	3 991				374	499	624	624	624	624	624

附表 9.5　损益表　　单位:万元

序号	项目	合计	1	2	3	4	5	6	7	8	9	10
1	经营收入	114 180		3 469	20 711	42 179	34 795	10 386	660	660	660	660
1.1	销售收入	109 956		3 469	20 711	41 783	34 267	9 726				
1.2	自营收入	4 224				396	528	660	660	660	660	660
2	经营成本	68 237		2 153	12 853	25 930	21 266	6 036				
2.1	商品房经营成本	68 237		2 153	12 853	25 930	21 266	6 036				

(续　表)

序号	项目	合计	1	2	3	4	5	6	7	8	9	10
2.2	出租房经营成本	0										
3	商场固定资产折旧	584				83	83	83	83	83	83	83
4	商场运营费用	3 109				331	403	475	475	475	475	475
5	商场修理费用	196				28	28	28	28	28	28	28
6	经营税金及附加	6 390		194	1 160	2 362	1 948	581	36	36	36	36
6.1	商品房销售	6 158		194	1 160	2 340	1 919	545				
6.2	商场营业	233				22	29	36	36	36	36	36
7	土地增值税	6 879		69	414	836	685	4 875				
8	利润总额	29 369		1 053	6 284	12 693	10 465	−1 608	121	121	121	121
9	所得税	7 624		263	1 571	3 173	2 616					
10	税后利润	21 745		789	4 713	9 520	7 849	−1 608	121	121	121	121
10.1	公益金	1 168		39	236	476	392		6	6	6	6
10.2	盈余公积金	2 335		79	471	952	785		12	12	12	12
10.3	应付利润	290							72	72	72	72
10.4	未分配利润	19 561		671	4 006	8 092	6 672		30	30	30	30

附表 9.6　借款还本付息估算表　　单位:万元

序号	项目	合计	1	2	3	4	5	6
1	借款及还本付息							
1.1	期初借款本息累计			23 404	30 682	22 880	12 653	2 426
	其中:本金			23 404	30 682	22 880	12 653	2 426
	利息							
1.2	本期借款	30 682	23 404	7 278				
1.3	本期应计利息	6 443	702	1 623	1 841	1 373	759	146
1.4	本期还本	30 682			7 801	10 227	10 227	2 426
1.5	本期付息	6 443	702	1 623	1 841	1 373	759	146
2	还本资金来源			2 824	19 683	45 986	63 780	59 671
2.1	上年余额				2 824	11 881	35 759	53 552
2.2	未分配利润			671	4 006	8 092	6 672	

（续　表）

序号	项目	合计	1	2	3	4	5	6
2.3	折旧费					83	83	83
2.4	经营成本							
		68 237		2 153	12 853	25 930	21 266	6 036
3	还本资金							
4	还本资金来源—还本	30 682			7 801	10 227	10 227	2 426

附表 9.7　全部投资财务现金流量表　　单位：万元

序号	项目	合计	1	2	3	4	5	6	7	8	9	10
1	现金流入	114 180		3 469	20 711	42 179	34 795	10 386	660	660	660	660
1.1	销售收入	109 956		3 469	20 711	41 783	34 267	9 726				
1.2	自营收入	0										
1.3	其他收入	4 224				396	528	660	660	660	660	660
1.4	回收固定资产余值	0										
1.5	回收经营资金	0										
2	现金流出	806										806
2.1	开发建设投资	48										48
2.2	经营资金	87 429	43 404	9 489	12 308	8 432	5 681	5 958	539	539	539	539
2.3	运营费用	63 183	43 404	8 963	9 115	1 702						
2.4	修理费用	48			48							
2.5	经营税金及附加	3 109				331	403	475	475	475	475	475
2.6	土地增值税	196				28	28	28	28	28	28	28
2.7	所得税	6 390		194	1 160	2 362	1 948	581	36	36	36	36
3	净现金流量	6 879		69	414	836	685	4 875				
4	累计净现金流量	7 624		263	1 571	3 173	2 616					
5	税前净现金流量	26 751	−43 404	−6 021	8 403	33 747	29 115	4 427	121	121	121	121

计算指标	所得税前	所得税后
财务内部收益率（*FIRR*）	17.84％	14.20％
财务净现值（*FNPV*）	8 572	3 163　（基准折现率 12％）
投资回收期（年）		4.25

附表 9.8　资本金财务现金流量表　　　　单位:万元

序号	项目	合计	1	2	3	4	5	6	7	8	9	10
1	现金流入	115 034	0	3 469	20 711	42 179	34 795	10 386	660	660	660	1 514
1.1	销售收入	109 956		3 469	20 711	41 783	34 267	9 726				
1.2	出租收入	0										
1.3	自营收入	4 224				396	528	660	660	660	660	660
1.4	净转售收入	0										
1.5	其他收入	0										
1.6	回收固定资产余值	806										806
1.7	回收经营资金	48										48
2	现金流出	87 761	20 702	2 344	13 995	20 692	18 615	9 111	576	576	576	576
2.1	资本金	20 000	20 000									
2.2	经营资金	48			48							
2.3	运营费用	3 109				331	403	475	475	475	475	475
2.4	修理费用	196				28	28	28	28	28	28	28
2.5	经营税金及附加	6 390		194	1 160	2 362	1 948	581	36	36	36	36
2.5.1	商品房销售			194	1 160	2 340	1 919	545				
2.5.2	商场营业					22	29	36	36	36	36	36
2.6	土地增值税	6 879		69	414	836	685	4 875				
2.7	所得税	7 624		263	1 571	3 173	2 616					
2.8	借款本金偿还	30 682			7 801	10 227	10 227	2 426				
2.9	借款利息支付	6 443	702	1 623	1 841	1 373	759	146				
3	净现金流量	27 273	−20 702	1 125	6 716	21 487	16 180	1 275	84	84	84	939
4	累计净现金流量		−20 702	−19 577	−12 861	8 626	24 807	26 081	26 166	26 250	26 335	27 273

计算指标

财务内部收益率(*FIRR*)　　30.11%

财务净现值(*FNPV*)　　9 730　(基准折现率 15%)

附表 **9.9** 资金来源与运用表　　单位:万元

序号	项目	合计	1	2	3	4	5	6	7	8	9	10
1	资金来源	168 040	44 106	12 369	20 711	42 179	34 795	10 386	660	660	660	1 514
1.1	销售收入	109 956		3 469	20 711	41 783	34 267	9 726				
1.2	出租收入											
1.3	自营收入	4 224				396	528	660	660	660	660	660
1.4	资本金	20 000	20 000									
1.5	长期借款	33 006	24 106	8 900								
1.6	短期借款											
1.7	回收固定资产余值	806										806
1.8	回收经营资金	48										48
1.9	净转售收入											
2	资金运用	124 844	44 106	11 112	21 950	20 032	16 667	8 530	612	612	612	612
2.1	开发建设投资	69 627	44 106	10 585	10 956	3 075	759	146				
2.2	经营资金	48			48							
2.3	运营费用	3 109				331	403	475	475	475	475	475
2.4	修理费用	196				28	28	28	28	28	28	28
2.5	经营税金及附加	6 390		194	1 160	2 362	1 948	581	36	36	36	36
2.6	土地增值税	6 879		69	414	836	685	4 875				
2.7	所得税	7 624		263	1 571	3 173	2 616					
2.8	应付利润	290							72	72	72	72
2.9	长期借款本金偿还	30 682			7 801	10 227	10 227	2 426				
3	盈余资金	43 197		1 257	−1 239	22 147	18 128	1 856	48	48	48	902
4	累计盈余资金			1 257	18	22 165	40 293	42 149	42 198	42 246	42 294	43 197

附表 9.10　资产负债表　　单位:万元

序号	项目	1	2			3	4	
1	资产	44 106	53 796	52 548	53 213	51 594	49 314	
1.1	流动资金	44 106	53 448	51 506	51 906	50 371	48 174	
1.1.1	应收账款							
1.1.2	存货	44 106	52 191	51 488	29 741	10 078	6 025	
1.1.3	现金							
1.1.4	累计盈余资金		1 257	18	22 165	40 293	42 149	
1.2	在建工程		348	1 043				
1.3	固定资产净值				1 307	1 223	1 140	
1.4	无形及递延资产净值							
2	负债及所有者权益	44 106	53 796	52 548	53 213	51 594	49 314	
2.1	流动负债总额							
2.1.1	应付账款							
2.1.2	短期借款							
2.2	借款	24 106	33 006	27 046	18 191	8 723	6 443	
2.2.1	经营资金借款							
2.2.2	固定资产投资借款							
2.2.3	开发产品投资借款	24 106	33 006	27 046	18 191	8 723	6 443	
	负债小计	24 106	33 006	27 046	18 191	8 723	6 443	
2.3	所有者权益	20 000	20 789	25 502	35 022	42 871	42 871	
2.3.1	资本金	20 000	20 000	20 000	20 000	20 000	20 000	
2.3.2	资本公积金							
2.3.3	累计盈余公积金	0	118	825	2 253	3 431	3 431	
2.3.4	累计未分配利润	0	671	4 677	12 769	19 440	19 440	
计算指标: 资产负债率(%)		54.65	61.35	51.47	34.19	16.91	13.07	

本章学习参考与扩展阅读资料

[1] 刘东坡.旅客旅行时间价值分析方法研究[J].华东经济管理,2003,17(4):155-156

[2] 施熙灿.影子水价与影子电价测算[J].水力发电学报,2002,77(2):1-8

[3] 林艳. 市政建设项目财务分析价格问题研究[J]. 中国工程咨询，2008，99(11)：31-32

[4] 白刚. 房地产开发项目经济评价方法新探索[C]. 经济生活——2012 商会经济研讨会论文集(上)，2012：17-18

[5] 段洲鸿. 基于经济评价的房地产开发过程中若干问题初探[J]. 中国房地产，2012(21)：66-68

习　题

1. 交通运输项目及其经济评价有何特点？

2. 公路项目和铁路项目的效益各表现在哪几个方面？它们的计算原理有何异同？

3. 水利水电项目经济评价有何特点？为什么？

4. 综合利用水利水电项目为什么要进行投资、费用分摊？如何分摊？

5. 市政公用设施项目的财务价格体系包括现行价格、项目补贴价格和项目预期财务价格，在项目财务评价中如何用这些价格？

6. 市政公用设施的专业项目有哪些？这些专业项目的经济评价各有什么特点？

7. 对于社会投资者参与投资建设的市政公用设施项目，政府和社会投资者在财务分析中应重点分析哪些内容？

8. 房地产开发项目的经济评价有何特点？

9. 房地产开发项目的综合评价与一般建设项目的经济费用效益分析有何异同？

10 工程经济学在工程中的应用

本章提要

研究和学习工程经济学的最终目的是要将工程经济学的原理应用到工程实践中去。本章介绍了工程设计、施工以及设备更新中的经济分析。虽然工程经济学在这些领域的应用各有特点，但在过程与方法上没有太大的区别，都是运用了工程经济学的原理与方法解决实际问题。

10.1 工程设计中的经济分析

虽然一般工程的设计费用占其全寿命费用的1%尚不到，但工程设计方案的好坏对工程经济性影响很大。它不仅影响工程的造价（影响程度达75%以上），而且直接关系到将来工程投入使用后运营阶段使用费用的高低，甚至对工程的预期收益都会产生影响。因此，工程设计中的经济分析工作是一项很重要，而且十分有意义的工作。

10.1.1 工业建设设计与工程的经济性关系

1）厂区总平面图设计

厂区总平面图设计是否经济合理，对整个工程设计和施工以及投产后的生产、经营都有重大影响，正确合理的总平面设计可以大大减少建筑工程量，节约建设用地，节省建设投资，加快建设速度，降低工程造价和生产后的使用成本，并为企业创造良好的生产组织、经营条件和生产环境以及树立良好的企业形象。

总平面图设计的原则包括：

(1) 节约用地。优先考虑采用无轨运输，减少占地指标；在符合防火、卫生和安全距离要求并满足工艺要求和使用功能的条件下，应尽量减少建筑物、生产区之间的距离，应尽可能地设计外形规整的建筑，以提高场地的有效使用面积。

(2) 按功能分区，结合地形地质条件、因地制宜、合理布置车间及设施。

(3) 合理布置厂内运输，合理选择运输方式。

(4) 合理组织建筑群体。

评价总图设计的主要技术经济指标有：

(1) 建筑系数。即建筑密度，是指厂区内(一般指厂区围墙内)建筑物、构筑物和各种露天仓库及堆场、操作场地等的占地面积与整个厂区建筑用地面积之比。它是反映总平面图设计用地是否经济合理的指标，建筑系数越大，表明布置越紧凑，可以节约用地，减少土石方量，又可缩短管线距离，降低工程造价。

(2) 土地利用系数。是指厂区内建筑物、构筑物、露天仓库及堆场、操作场地、铁路、道路、广场、排水设施及地上地下管线等所占面积与整个厂区建设用地面积之比，它综合反映出总平面布置的经济合理性和土地利用效率。

(3) 工程量指标。它是反映工厂总图投资的经济指标，包括场地平整土石方量、铁路、道路和广场铺砌面积、排水工程、围墙长度及绿化面积。

(4) 运营费用指标。反映运输设计是否经济合理的指标，包括铁路、无轨道路、每吨货物的运输费用及其经常费用等。

2) 工业建筑的空间平面设计

(1) 合理确定厂房建筑的平面布置。平面布置应满足生产工艺的要求，力求合理地确定厂房的平面与组合形式，各车间、各工段的位置和柱网、走道、门窗等。单厂平面形状越接近方形越经济，尽量避免设置纵横跨，以便采用统一的结构方案，尽量减少构件类型并简化构造。

(2) 厂房的经济层数。对于工艺上要求跨度大和层高高，拥有重型生产设备和起重设备，生产时常有较大振动和散发大量热及气体的重工业厂房，采用单层厂房是经济合理的。

对于工艺紧凑，可采用垂直工艺流程和利用重力运输方式，设备与产品重量不大，并要求恒温条件的各种轻型车间，采用多层厂房。多层厂房具有占地少、可减少基础工程量、缩短运输线路以及厂区的围墙的长度等特点。层数的多少，应根据地质条件、建筑材料的性能、建筑结构形式、建筑面积、施工方法和自然条件(地震、强风)等因素以及工艺要求等具体情况确定。

多层厂房的经济层的确定主要考虑两个因素：一是厂房展开面积的大小，展开面积越大，经济层数就越可增加；二是厂房的长度与宽度，长度与宽度越大，经济层数越可增加，造价随之降低。

(3) 合理确定厂房的高度和层高。层高增加，墙与隔墙的建造费用、粉刷费用、装饰费用都要增加；水电、暖通的空间体积与线路增加；楼梯间与电梯间设备费用也会增加；起重运输设备及其有关费用都会提高；还会增加顶棚施工费。

决定厂房高度的因素是厂房内的运输方式、设备高度和加工尺寸，其中以运输方式选择较灵活。因此，为降低厂房高度、常选用悬挂式吊车、架空运输、皮带输送、落地龙门吊以及地面上的无轨运输方式。

(4) 柱网选择。对单跨厂房，当柱距不变时，跨度越大则单位面积造价越小，这是因为除屋架外，其他结构分摊在单位面积上的平均造价随跨度增大而减少；对于多跨厂房，当跨度不变时，中跨数量越多越经济，这是因为柱子和基础分摊在单位面积上的造价减少。

(5) 厂房的体积与面积。在满足工艺要求和生产能力的前提下，尽量减少厂房体积和面积以减少工程量和降低工程造价。为此，要求设计者尽可能地选用先进生产工艺和高效能设备，合理而紧凑地布置总平面图和设备流程图以及运输路线；尽可能把可以露天作业的设备尽量露天而不占厂房，如炉窑、反应塔等；尽可能将小跨度、小柱距的分建小厂房合并为大跨度、大柱距的大厂房，提高平面利用率，减少工程量，降低造价。

10.1.2 民用建筑设计与工程经济性的关系

住宅建筑在民用建筑中占了很大比例，下面重点论述住宅建筑设计参数的经济性问题。

1) 住宅小区规划设计

我国城市居民点的总体规划一般是按城市居住区、居住小区和住宅组团三级布置，由几个住宅组团组成一个小区，由几个小区组成一个居住区。

小区规划设计应根据小区的基本功能要求确定小区各构成部分的合理层次与关系，据此安排住宅建筑、公共建筑、管网、道路及绿地的布局，确定合理的人口与建筑密度、房屋间距与建筑层数，合理布置公共设施项目的规模及其服务半径以及水、电、热、燃气的供应等。

评价小区规划设计的主要技术经济指标见表 10.1。

2) 住宅建筑的层数

(1) 层数与用地。在多层或高层住宅建筑中，总建筑面积是各层建筑面积的总和，层数越多，单位建筑面积所分摊的房屋占地面积就越少。但随着建筑层数的增加，房屋的总高度也增加，房屋之间的间距必须加大。因此，用地的节约量并不随层数的增加而同比例递增。据实测计算，住宅建筑超过 5～6 层，节约用地的效果就不明显。

(2) 层数与造价。建筑层数对单位建筑面积造价有直接影响，但影响程度对各分部结构却是不同的。屋盖部分，不管层数多少，都共用一个屋盖，并不因层数增加而使屋盖的投资增加。因此，屋盖部分的单位面积造价随层数增加而明显下降。基础部分，各层共用基础，随着层数增加，基础结构的荷载加大，必须加大基础的承载力，虽然基础部分的单位面积造价随层数增加而有所降低，但不如屋盖那样显著。承重结构，如墙、柱、梁等，随层数增加而要增强承载能力和抗震能力，这些分部结构的单位建筑造价将有所提高。门窗、装修以及楼板等分部结构的造价几乎不受层数的影响，但会因为结构的改变而变化。

表 10.1 小区规划设计的主要评价指标

指标名称	指标说明	备注
人口毛密度/(人/ha)	每公顷居住小区用地上容纳的规划人口数量	居住小区用地包括住宅用地、公建用地、道路用地和公共绿地等四项用地
人口净密度/(人/ha)	每公顷住宅用地上容纳的规划人口数量	住宅用地指住宅建筑基底占地及其四周合理间距内的用地,含宅间绿地和宅间小路等
住宅面积毛密度/(m^2/ha)	每公顷居住小区用地上拥有的住宅建筑面积	
住宅面积净密度/(m^2/ha)	每公顷住宅用地上拥有的住宅建筑面积	亦用“住宅容积率”指标,即以住宅建筑总面积(万平方米)与住宅用地(万平方米)的比值表示
建筑面积毛密度/(m^2/ha)	每公顷居住小区用地上拥有的各类建筑的总建筑面积	亦用“容积率”指标,即以总建筑面积(万平方米)与居住小区用地(万平方米)的比值表示
住宅建筑净密度/%	住宅建筑基底总面积与住宅用地的比率	
建筑密度/%	居住小区用地内各类建筑的基底总面积与居住小区用地的比率	
绿地率/%	居住小区用地范围内各类绿地的总和占居住小区用地的比率	绿地应包括公共绿地、宅旁绿地、公共服务设施所属绿地和道路绿地等,即道路红线内的绿地,不应包括屋顶、晒台的人工绿地
土地开发费/(万元/ha)	每公顷居住小区用地开发所需的前期工程的测算投资	包括征地、拆迁、各种补偿、平整土地、敷设外部市政管线设施和道路工程等各项费用
住宅单方综合造价/(元/m^2)	每平方米住宅建筑面积所需的工程建设的测算综合投资	包括土地开发费用和居住小区用地内的建筑、道路、市政管线、绿化等各项工程建设投资及必要的管理费用

(3)住宅层数的综合经济分析。住宅层数在一定范围内增加,除了具有降低造价和节约用地的优点外,单位建筑面积的楼内内部和外部的物业管理费用、公用设备费用、供水管道、煤气管道、电子照明和交通等投资和日常运行费用随层数增加而减少。但是,目前黏土砖的标号一般只能达到 7.5 MPa 强度,建 7 层以上的住宅,须改变承重结构。高层建筑还会因为要经受较强的风荷载和抗震能力,需要提高结构强度,改变结构形式。而且,如果超过 7 层,要设置电梯设备,需要更大的楼内交通面积(过道、走廊)和补充设备(供水设备、供电设备等)。因此,7 层以上住宅的工程造价会大幅度增加。

从土地费用、工程造价和其他社会因素综合角度分析，一般来说，中小城市以建造多层住宅较为经济；在大城市可沿主要街道建设一部分高层住宅，以合理利用空间，美化市容；对于土地价格昂贵的地区来讲，高层住宅为主也是比较经济的。当然，在满足城市规划要求等条件下，开发住宅的类型是由房地产开发单位根据市场行情进行经济分析比较后决定的。随着我国居民的生活水平和居住水平的提高，一些城市出现了低密度住宅群。

3）住宅的层高

住宅的层高直接影响住宅的造价，因为层高增加，墙体面积和柱体积增加，并增加结构的自重，会增加基础和柱的承载力，并使水卫和电气的管线加长。降低层高，可节省材料，节约能源，有利于抗震，节省造价。同时，降低层高可以减少住宅建筑总高度，缩小了建筑之间的日照距离，所以降低层高还能取得节约用地的效果。但是，层高的确定还要结合人们的生活习惯和国家卫生标准。目前一般住宅的层高为 2.8 m。

在多层住宅建筑中，墙体所占比重大，是影响造价高低的主要因素之一。衡量墙体比重的大小，常采用墙体面积系数作为指标，其公式为

$$墙体面积系数=\frac{墙体面积/m^2}{建筑面积/m^2}$$

墙体面积系数大小与住宅建筑的平面布置、层高、单元组成等均有密切的关系。

4）住宅建筑的平面布置

评价住宅平面布置的主要技术经济指标见表 10.2。

表 10.2　住宅建筑平面布置的主要技术经济指标

指标名称	计算公式	说　明
平面系数	$K_1=\frac{居住面积/m^2}{建筑面积/m^2}$	居住面积是指住宅建筑中的居室净面积
辅助面积系数	$K_2=\frac{辅助面积/m^2}{居住面积/m^2}$	辅助面积是指住宅建筑中楼梯、走道、卫生间、厨房、阳台、贮藏室等的面积
结构面积系数	$K_3=\frac{结构面积/m^2}{建筑面积/m^2}$	结构面积是住宅建筑各层平面中的墙、柱等结构所占的面积
外墙周长系数	$K_4=\frac{建筑物外墙周长/m}{建筑物建筑面积/m^2}$	

根据住宅建筑平面技术经济指标，住宅建筑平面设计参数的经济性有以下几个方面：

（1）建筑面积相同，住宅建筑平面形状不同，住宅的外墙周长系数也不相同。

显然，平面形状越接近方形或圆形，外墙周长系数越小，这种情况下，外墙砌体、基础、内外表面装修等减少，造价降低。考虑到住宅的使用功能和方便性，通常单体住宅建筑的平面形状多为矩形。

(2) 住宅建筑平面的宽度。在满足住宅功能和质量的前提下，加大住宅进深(宽度)，对降低造价有明显效果，因为进深加大，墙体面积系数相应减少，造价降低。

(3) 住宅建筑平面的长度。按设计规范，当房屋长度增加到一定程度时，就要设置带有两层隔墙的变温伸缩缝；当长度超过 90 m 时，就必须有贯通式的过道。这些都要增加造价，所以一般住宅建筑长度以 60～80 m 较为经济，根据户型(每套的户室数及组合)的不同，有 2～4 个单元。

(4) 结构面积系数。这是衡量设计方案经济性的一个重要指标。结构面积越小，有效面积就越大。结构面积系数除与房屋结构有关外，还与房屋外形及其长度和宽度有关，同时也与房间平均面积大小和户型组成有关。

10.1.3 设计方案的经济分析与比较

设计方案从纵向(设计深度)上可分为总体设计方案、初步设计方案、技术设计方案、施工图设计方案；从横向可分为：专业工程方案，包括工艺方案、运输方案、给水系统方案、排水系统方案、供热方案等；建筑构造方案，包括建筑结构方案、屋盖系统方案、围护结构方案、基础结构方案、内外装饰结构方案、室内设计方案等。

设计方案的经济分析与比较就是利用前面章节介绍的方法处理设计方案的经济比较与选择问题。常用的方法有 3 种：

1) *多指标综合评价方法*

多指标综合评价方法在 2.3 节中已有论述。在设计方案的选择中，采用方案竞选和设计招标方式选择设计方案时，通常采用多指标的综合评价法。

采用设计方案竞选方式的一般是规划方案和总体设计方案，通常由有关专家组成专家评审组。专家评审组按照技术先进、功能合理、安全适用、满足节能和环境要求、经济实用、美观的原则，并同时考虑设计进度的快慢、设计单位与建筑师的资历信誉等因素综合评定设计方案优劣，择优确定中选方案。评定优劣时通常以一个或两个主要指标为主，再综合考虑其他指标。

设计招标中对设计方案的选择，通常由设计招标单位组织的评标委员会按设计方案优劣、投入产出经济效益好坏、设计进度快慢、设计资历和社会信誉等方面进行综合评审确定最优标。评标时，可根据主要指标再综合考虑其他指标选优的方法，也可采用打分的方法，确定一个综合评价值来确定最优的方案。

2）单指标评价方法

单指标可以是效益性指标也可以是费用性指标。效益性指标主要是对于其收益或者功能有差异的多方案的比较选择，可采用第 4 章中的互斥方案比选的方法选优。对于专业工程设计方案和建筑结构方案的比选来说，更常见的是：尽管设计方案不同，但方案的收益或功能没有太大的差异，这种情况下可采用单一的费用指标，即采用最小费用法选择方案。

采用费用法比较设计方案也有两种方法：一种是只考察方案初期的一次费用，即造价或投资；另一种方法是考察设计方案全寿命期的费用。设计方案全寿命期费用包括工程初期的造价（投资），工程交付使用后的经常性开支费用（包括经常费用、日常维护修理费用、使用过程中的大修费用和局部更新费用等）以及工程使用期满后的报废拆除费用等。考虑全寿命周期费用是比较全面合理的分析方法，但对于一些设计方案，如果建成后的工程在日常使用费用上没有明显的差异或者以后的日常使用费难以估计时，可直接用造价（投资）来比较优劣。

3）价值分析方法

价值分析（即价值工程）法是一种相当成熟和行之有效的管理技术与经济分析方法，一切发生费用的地方都可以用其进行经济分析和方案选择（见 2.4 节）。工程建设需要大量的人、财、物，因而价值工程方法在工程建设领域得到了较广泛的应用，并取得了较好的经济效益。例如，美国在对俄亥俄拦河大坝的设计中，从功能和成本两个角度综合分析，最后提出了改进的设计方案，把溢水道闸门的数量从 17 扇减为 12 扇，同时改进了闸门施工用的沉箱结构，在不影响功能和可靠性的情况下，筑坝费用节约了 1 930 万美元，而聘用咨询单位进行价值分析只花了 1.29 万美元，取得了投入 1 美元收益近 1 500 美元的效益。再如，上海华东电子设计院承担宝钢自备电厂储灰场长江边围堰设计任务，原设计为土石堤坝，造价在1 500万元以上，设计者通过对钢渣物理性能和化学成分分析试验，在取得可靠数据以后，经反复计算，证明用钢渣代替抛石在技术上是可行的，并经过试验坝试验。最后工期提前一个月建成了国内首座钢渣黏土夹心坝，建成的大坝稳定而坚固，经受了强台风和长江特高潮位同时的袭击，该方案比原设计方案节省投资 700 多万元。

下面通过一些例子说明设计方案的经济比较与选择。

【例 10.1】 某六层单元式住宅共 54 户，建筑面积为 3 949.62 m^2。原设计方案为砖混结构，内外墙为 240 mm 砖墙。现拟定的新方案为内浇外砌结构，外墙做法不变，内墙采用 C20 混凝土浇筑。新方案内横墙厚为 140 mm，内纵墙厚为 160 mm。其他部位的做法、选材及建筑标准与原方案相同。

两方案各项数据见表 10.3。

表 10.3　两方案的数据

设计方案	建筑面积/m^2	使用面积/m^2	总投资(包括地价)/元
(1) 砖混结构	3 949.62	2 797.20	8 163 789
(2) 内浇外砌	3 949.62	2 881.98	8 300 342

(1) 通过两方案的单位建筑面积造价和单位使用面积造价等指标对两方案进行经济比较分析。

(2) 住宅楼作为商品房出售,在按使用面积出售和按建筑面积出售两种情况下分别进行经济分析。

(3) 按多指标综合评价法对两方案进行比较,哪个方案为优?评价指标、指标的权重与指标值见表 10.4。

表 10.4　两方案的指标值

指　标		平面布局	使用功能	造价	使用面积	经济效益	结构安全
权　重		0.15	0.20	0.20	0.15	0.20	0.10
方案	(1) 砖混	8	8	9	7	7	7
	(2) 内浇外砌	8	8	8	8	9	8

【解】 对于住宅来说,住宅的功能与日常运营费用一般不会受到房屋结构方案不同的影响,因此该例子的方案比较主要是考察期初的投资或销售收入的差异。问题(1),(2)采用单指标分析,问题(3)采用多指标综合评价法。

(1) 表 10.5 是各方案单位建筑面积和单位使用面积投资额的计算值。

表 10.5

方　案	单位建筑面积投资/(元/m^2)	单位使用面积投资/(元/m^2)
(1) 砖混结构	8 163 789/3 949.62=2 066.98	8 163 789/2 797.20=2 918.56
(2) 内浇外砌	8 300 342/3 949.62=2 109.57	8 300 342/2 881.98=2 880.08

从表 10.5 中可看出,按单位建筑面积计算,方案 2 的投资高于方案 1 的投资;如按单位使用面积计算,方案 2 的投资低于方案 1 的投资。由于只有使用面积才会真正发挥居住的功能,如果不考虑其他因素,显然方案 2 优于方案 1。

也可换一种角度和方法来分析。每户平均增加使用面积为

$$(2\,881.98-2\,797.20)/54=1.57\ (m^2)$$

为此,每户多投资

$$(8\,300\,342-8\,163\,789)/54=2\,528.76(元)$$

折合单位使用面积投资为

$$2\,528.76/1.57=1\,610.68(元/m^2)$$

即方案2比方案1的每户多增加的使用面积1.57 m^2，其每平方米的投资为1 610.68元。和方案1的单位使用面积2 918.56元的投资相比，增加面积的投资是合算的。

(2) 如果作为商品房出售，假设方案2与方案1的单位面积售价是相同的，可从不同的角度来分析：

① 按使用面积出售的情况分析：对于购房人来说，如果不考虑其他因素，不同的结构对其选择是没有影响的，即不管房屋是什么结构的，他花费同样的钱只能购买同样使用面积的住房。

而对于房产商来说，选择方案2是很有利的，因为就该住宅分析，方案2比方案1每单位使用面积净收入增加2 918.56－2 880.08＝38.48(元/m^2)，而整个住宅至少可增加净收入38.48×2 881.98＝110 898.59(元)。

② 按建筑面积出售的情况分析：对于房产商来说，选用不同的方案总收入并不增加，但方案2比方案1的投资额却增加了，单位建筑面积增加额为2 109.57－2 066.98＝42.59(元/m^2)，投资总增加额为42.59×3 949.62＝168 214.32(元)。所以，选择方案2对房产商并不有利。

但对于购房人来说，购买一套房子的购房款总额不变，但其所得的使用面积，方案2比方案1每户要多1.57 m^2，所以如果选择方案2对购房人来说是有利的。

(3)两个方案可按多指标综合评价法来确定最优方案。根据指标得分情况，可以计算出各方案的综合评价总分值(方法参见2.3节)。

方案1的综合评价值(总分)为

$$8\times0.15+8\times0.20+9\times0.20+7\times0.15+7\times0.20+7\times0.10=7.75$$

方案2的综合评价值为

$$8\times0.15+8\times0.20+8\times0.20+8\times0.15+9\times0.20+8\times0.10=8.20$$

方案2的综合评价值高于方案1，因此方案2为优。

【例10.2】 某工厂拟建几幢仓库，初步拟定A、B、C 3种结构设计方案。3种方案的费用如表10.6所示。试分析在不同的建筑面积范围采用哪个方案最经济($i_c=10\%$)。

表10.6　A、B、C 3种结构设计方案的费用表

方　案	单元造价 /(元/m^2)	寿命 /年	维修费 /(元/年)	其他费 /(元/年)	残值 /元
A	600	20	28 000	12 000	0
B	725	20	25 000	7 500	造价×3.2%
C	875	20	15 000	6 250	造价×1.0%

【解】 解决实际工程的经济问题，首先就问题进行分析。对于本问题，首先可

以确定的是不管采用哪种方案，仓库所发挥的功能是一致的，因此可采用最小费用法比较各方案费用大小选优；其次，是分析各方案费用的情况，3 个方案在初期投资有差异，其次各方案的年度费用也不相同，一般来说，这种情况下应该考虑方案的全寿命期的费用。依据上述两点，就该方案进行进一步比较。

设仓库的建筑面积为 x m²，则

$$
\begin{aligned}
PC_A &= 600x+(28\,000+12\,000)(P/A,10\%,20)\\
&= 600x+40\,000\times 8.513\,5\\
&= 340\,540+600x\\
PC_B &= 725x+(25\,000+7\,500)(P/A,10\%,20)-725x\\
&\quad \times 3.2\%\times(P/F,10\%,20)\\
&= 725x+32\,500\times 8.513\,5-725x\times 3.2\%\times 0.148\,6\\
&= 276\,689+722x\\
PC_C &= 875x+(15\,000+6\,250)(P/A,10\%,20)-875x\\
&\quad \times 1.0\%\times(P/F,10\%,20)\\
&= 725x+21\,250\times 8.513\,5-875x\times 1.0\%\times 0.148\,6\\
&= 180\,912+874x
\end{aligned}
$$

显然，3 个方案的费用现值 PC 与建筑面积 x 之间呈函数关系，利用优劣平衡分析法，求出 3 个方案的优劣平衡分歧点：$x_{AB}=525$ m²，$x_{BC}=629$ m²，$x_{AC}=583$ m²（如图 10.1）。

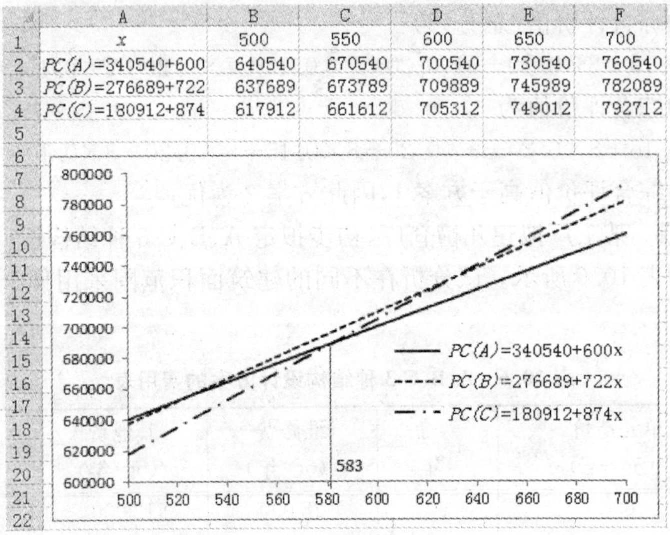

	A	B	C	D	E	F
1	x	500	550	600	650	700
2	PC(A)=340540+600	640540	670540	700540	730540	760540
3	PC(B)=276689+722	637689	673789	709889	745989	782089
4	PC(C)=180912+874	617912	661612	705312	749012	792712

图 10.1　例 10.2 优劣平衡分析图

根据图 10.1 分析，得出以下结论：

(1) 当仓库的面积小于 583 m²，选择 C 方案经济；

(2) 当仓库的面积大于 583 m²，选择 A 方案经济；

(3) B 方案在任何情况下都是不经济的。

【例 10.3】 某建设项目由 A、B、C、D、E、F 六个功能块（如商务、餐饮、娱乐等）组成。现完成初步设计，项目业主聘请某咨询单位进行初步设计的价值工程工作。下面是咨询单位在开展价值工程工作中功能评价的过程。

(1) 对项目各功能重要程度进行评分，确定功能的功能系数。

用 0-1 强制确定法，评分结果如表 10.7：

表 10.7　评分结果表

评价对象	A	B	C	D	E	F	功能得分	修正得分	功能系数
A	×	1	1	0	1	1	4	5	0.238
B	0	×	0	0	1	1	2	3	0.143
C	0	1	×	0	1	1	3	4	0.190
D	1	1	1	×	1	1	5	6	0.286
E	0	0	0	0	×	0	0	1	0.048
F	0	0	0	0	1	×	1	2	0.095
合　计							15	21	1

(2) 计算成本系数。

按初步设计，项目总投资概算为 5 000 万元，各功能块的投资概算见表 10.8，计算成本系数。

(3) 计算价值系数。

根据计算出的成本系数和功能系数，计算价值各功能块的价值系数(表 10.8)。

表 10.8

评价对象	功能系数	投资概算/万元	成本系数	价值系数
A	0.238	1800	0.36	0.661
B	0.143	1210	0.242	0.591
C	0.19	880	0.176	1.08
D	0.286	710	0.142	2.014
E	0.048	220	0.044	1.091
F	0.095	180	0.036	2.639
合计	1	5 000	1	

(4) 按功能系数重新分配总投资概算额，计算各功能块的投资额的变化(表 10.9)。

第(2)步中，通过价值分析确定了 A、B、D、F 为改进对象。根据表 10.9 的(2)和(6)进行分析：

表 10.9

部件	功能系数	目前投资概算/万元	成本系数	价值系数	按功能系数分配概算投资额/万元	应增减概算投资额/万元	按功能系数分配目标投资额/万元	按目标投资额增减投资指标
(1)	(2)	(3)	(4)	(5)	(6)=(2)×5 000	(7)=(6)-(3)	(8)=(2)×4 500	(9)=(8)-(3)
A	0.238	1 800	0.360	0.661	1 190	-610	1 071	-729
B	0.143	1 210	0.242	0.591	715	-495	643.5	-566.5
C	0.190	880	0.176	1.080	950	70	855	-25
D	0.286	710	0.142	2.014	1 430	720	1 287	577
E	0.048	220	0.044	1.091	240	20	216	-4
F	0.095	180	0.036	2.639	475	295	427.5	247.5
合计	1	5 000			5 000		4 500	

① A的功能系数较大，主要应考虑在保持现行设计的功能不变的情况下，通过设计变更、材料代换等，降低其建造成本。

② B的功能系数并不大，也就是它在项目中的功能并不是特别重要，但占据了大量的投资份额，不仅要考虑降低其建造成本，更要考虑减少其功能，使得项目投资能大幅度下降。

③ 从功能系数分析，D是一个重要的功能，但现方案中其所耗费的投资比较低，一种可能是其方案比较合理，建造成本较低；另一种可能是现方案中设计标准偏低，可增加该功能块的投资，提高设计标准，使项目对市场更有吸引力。

④ 从功能系数看，对该项目来说，F是一个并不太重要的功能，同时价值系数也较大，可考虑在保持现有投资额不增加或增加额不大的情况下，能进一步完善F功能块。

(5) 业主希望将投资额控制在4 500万元以下。按功能系数将其分配到各功能块，目标投资额增减指标见表10.9中的计算结果。从计算的结果来看，实现投资额降低目标的主要工作对象还是在A和B两个功能块上。

10.1.4 最优设计

设计工程师面临的一个重要问题是：一方面既要考虑设计需要实现的功能以及工程安全性和可靠性，另一方面又要考虑工程造价的高低，要在这两者之间进行权衡，即要以最低的费用来实现设计产品的必要的功能，这就是最优设计。最优设计包括两个方面的内容。

一是指结构设计本身的最优化问题，即设计优化，它是在给定结构类型、材料、结构拓扑的情况下，优化各个组成构件的截面尺寸，使结构最轻或最经济。如北京钢铁设计院在修订吊车梁标准图时进行了优化，按新标准图设计的钢吊车梁比按原标准图设计可节省5%～10%的钢材。国家现行的设计标准规范，通常都是在多年实践经验总结、科学实验与研究基础上制定的，具有通用性强、技术先进、经济合理、安全适用、确保质量、便于施工生产等优点。如《工业与民用建筑灌注桩基础设计与施工规范》,从试行结果看,不仅加快了基础工程的施工进度,而且降低了造价。同预制桩相比,可节约造价30%,节约钢材50%,并避免了预制桩施工带来的振动、噪声污染以及对周围房屋的破坏性影响,取得了较好的社会效益。

二是最合理的设计标准问题,即对于某个具体工程,确定一个合适的设计标准,使得工程既能满足功能、质量和安全的要求,又能使得预期的工程全寿命期的费用最低。图10.2表示了工程全寿命期总费用与设计标准之间的关系。如南京扬子乙烯石化公司乙二醇装置采用循环供水方案,与直流供水方案相比,虽然初期的投资费用较高,但每年可节约用水1.12亿吨,年降低生产成本约560万元。

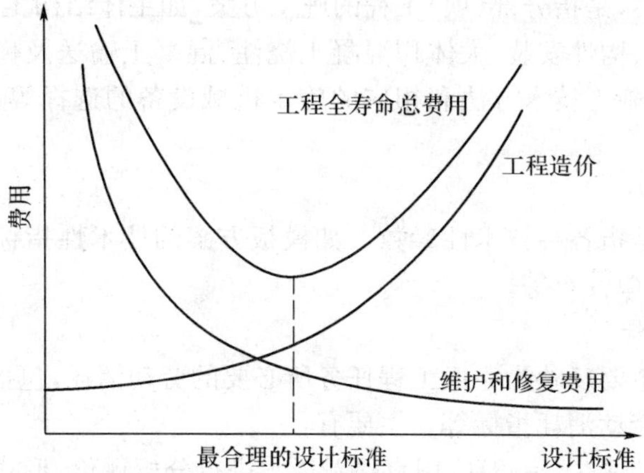

图10.2　最合理的设计标准

设计工程师在工程实践中,采用的优化方法通常有以下几种:

(1) 直觉优化。直觉优化又分直觉选择性优化和直觉判断性优化。前者是设计者在设计过程中根据有限的几个方案,经过初步的分析计算,按照设计指标的好坏选择最佳方案的一种方法;后者是设计者根据经验和直觉知识,不需要通过分析计算就做出判断性选择的一种方法。直觉优化方法是一种重要的简易方法,但它取决于设计者知识的广泛性、推理能力及丰富的设计技艺。

(2) 试验优化。当对设计对象的机理不很清楚或对其制造与施工经验不足、各个参数以及设计指标的主次影响难以分清时,试验优化是一种可行的优化设计方法。根据模型试验所得结果,可以寻找出最优方案。

(3) 经济分析比较优化。即通过经济分析比较的方法,确定最优方案。

(4) 数值计算优化。数值计算优化是指一些用数学方法寻求最优方案的方法。现代的数值计算优化都是以使用计算机的数值计算为特征的。在工程优化设计中,应用效果较好的是数学规划中的几种方法。

10.2 工程施工中的经济分析

工程施工中的经济分析主要是施工工艺方案、施工组织方案的技术经济分析评价、比较与选择以及工程施工中采用新工艺、新技术的经济分析评价等。

10.2.1 施工工艺方案的技术经济评价指标

施工工艺方案，是指分部(项)工程的施工方案，如主体结构工程、基础工程、垂直运输、水平运输、构件安装、大体积混凝土浇注、混凝土输送及模板、脚手架等方案，主要内容包括施工技术方法和相应的施工机械设备的选择等。主要的技术经济评价指标有：

1) 技术性指标

技术性指标是指各种技术性参数。如模板方案的技术性指标有模板型号数、模板的尺寸、模板单件重等。

2) 消耗性指标

消耗性指标主要反映为完成工程任务所必要的劳动消耗，包括费用消耗指标、实物消耗指标及劳动消耗指标等。主要有：

(1) 工程施工成本。一般应用直接费成本进行分析评价，形式上可用总成本、单位工程量成本或单位面积成本等。

(2) 主要施工机械设备的选用及需要量。包括配备型号、台数、使用时间、总台班数等。

(3) 施工中主要资源需要量。包括施工设施所需的工具与材料(如模板、卡具等)资源、不同施工方案引起的结构材料消耗的增加量、不同施工方案的能源消耗量(如电、燃料、水等)。

(4) 主要工种工人需要量和劳动消耗量。包括总需要量、月或周平均需要量、高峰需要量等。

3) 效果(效益)性指标

(1) 工程效果指标

① 工程施工工期。具体可用总工期、与工期定额相比的节约工期等指标。

② 工程施工效率。可用进度实物工程量表示，如土方工程可用 m^3/月(m^3/周、m^3/台班、m^3/工日或 m^3/小时等)。

(2) 经济效果指标

① 成本降低额或降低率。即实施该施工工艺方案后可能取得的成本降低的额度或程度。

② 材料资源节约额或节约率。即实施该施工工艺方案后所采用的材料资源的可能节约额度或程度。

4）其他指标

指上述3类指标之外的其他指标，如采用该工艺方案后对企业的技术装备、素质、信誉、市场竞争力和专有技术拥有程度等方面的影响。这些指标可以是定量的，也可以是定性的。

10.2.2 施工组织方案的技术经济评价指标

施工组织方案是指单位工程以及包括若干个单位工程的建筑群体的施工过程的组织与安排方案，如流水作业方法、平行流水、立体交叉作业方法等，评价施工组织方案的技术经济指标有：

1）技术性指标

（1）工程特征指标。如建筑面积、各主要分部分项的工程量等。

（2）组织特征指标。如施工工作面的大小、人员的配备、机械设备的配备、划分的施工段、流水步距与节拍等。

2）消耗性指标

（1）工程施工成本。

（2）主要施工机械耗用量。

（3）主要材料资源耗用量。主要是指进行施工过程必须消耗的主要材料资源（如道轨、枕木、道砟、模板材料、工具式支撑、脚手架材料等），一般不包括构成工程实体的材料消耗。

（4）劳动消耗量。可用总工日数、分时期的总工日数、最高峰工日数、平均月工日数等指标表示。

3）效果指标

（1）工程效果指标

① 工程施工工期。

② 工程施工效率。

③ 施工机械效率。可用两个指标评价：一是主要大型机械单位工程量（单位面积、单位长度或单位体积等）耗用台班数；二是施工机械利用率，即主要机械在施工现场的工作总台班数与在现场的日历天数的比值。

④ 劳动效率（劳动生产率）。可用3个指标评价：一是单位工程量（单位面积、长度或单位体积等）用工数（如：总工日数/建筑面积）；二是分工种的每工产量（m/工日，m^2/工日，m^3/工日或吨/工日）；三是生产工人的日产值（元/工日）。

⑤ 施工均衡性。可用下列指标评价（系数越大越不均衡）。

$$主要工种工程施工不均衡性系数=\frac{高峰月工程量}{平均月工程量}$$

$$主要材料资源消耗不均衡性系数=\frac{高峰月耗用量}{平均月耗用量}$$

$$劳动量消耗不均衡性系数=\frac{高峰月劳动消耗量}{平均月劳动消耗量}$$

(2) 经济效果指标

① 成本降低额或降低率。可用工程施工成本和临时设施成本的节约额或节约率等指标。

② 材料资源节约额或节约率。即实施该施工工艺方案后所采用的材料资源的可能节约额度或程度。

③ 总工日节约额。

④ 主要机械台班节约额。

4) 其他指标

指上述3项指标之外的其他指标,如投标竞争力、文明工地、环境保护等。

10.2.3 施工方案的经济分析与比较的方法

施工方案包括前述的两大类,具体来说常见的有施工机械的选用、水平运输方案、垂直运输方案、构件吊装方案、基坑支护方案、混凝土浇注与运输方案、模板方案、脚手架方案、现场平面布置方案、劳动力调配方案、现场机械设备调度方案、施工流水作业方案等。这些方案的比较选择,一般常见的问题可由施工管理人员根据经验迅速地做出选择,而对于复杂的问题,需要进行分析、评价与比较,才能做出正确的选择。比较与选择的方法有如下几种:

1) 多指标综合评价法

即根据上述的指标体系,对于具体方案选择多个指标进行综合的评价选择。通常以其中的一个或两个指标为主,再综合考虑其他因素来确定最优方案。如基坑支护方案,既要考虑到采用这种方案施工的安全性和方便性,也要考虑到其经济性。

2) 单指标评价法

施工方案的比选中,经常用的是单指标评价法,即根据一个单一的效益性指标或者费用性指标比较方案的优劣,其中以最小费用法用得最多。另外,由于施工方案的寿命期通常较短(一般一个合同的工期多在1~2年之内),所以在对施工方案进行比较时,通常不考虑资金的时间价值,用短期方案的比较方法进行比选。

3) 价值工程方法

价值工程方法作为一个方便实用的经济分析方法,在施工方案的经济分析中也得到了较好的应用。利用价值工程方法,可对建筑材料、构配件及周转性工具材料的代换进行价值分析,也可直接用于方案的经济比较。

【例 10.4】 某工程的一根 9.9 m 长的钢筋混凝土梁，可采用 3 种设计方案（表 10.10）。经测算，A、B、C 3 种标号的混凝土的制作费用分别为 220 元/m^3，230 元/m^3，225 元/m^3，梁侧模的摊销费用为 21.4 元/m^2，梁底模的摊销费用为 24.8 元/m^2，钢筋制作、绑扎的费用为 3 390 元/t。问哪个方案为优？

表 10.10 混凝土梁的三种方案

方案	梁断面尺寸	单位体积混凝土用钢量/(kg/m^3)	混凝土标号
1	300 mm×900 mm	95	A
2	500 mm×600 mm	80	B
3	300 mm×800 mm	105	C

【解】 不管采用哪个方案，梁承受的荷载并不改变，也就是说梁发挥的功能和作用是一样的，所以可采用最小费用法比较。其次，由于各个方案中梁将来的维护费用并无差异，因此只比较初始投资造价，且无需考虑资金的时间价值因素。对于这 3 个方案可用方案的直接费的大小来比较优劣。

首先要计算出各方案中混凝土、钢筋、底模和侧模的使用量，然后根据给定的单价，计算每个方案的直接费。

计算方案 1 的直接费：

① 混凝土费用

$0.3\times0.9\times9.9\times220=588.06$(元)

② 梁侧模费用

$0.9\times9.9\times2\times21.4=381.35$(元)

③ 梁底模费用

$0.3\times9.9\times24.8=73.65$(元)

④ 钢筋费用

$0.3\times0.9\times9.9\times95\times10^{-3}\times3\,390=860.72$(元)

⑤ 方案 1 的直接费

$588.06+381.35+73.65+860.72=1\,903.78$(元)

同样的方法，可计算出方案 2 与 3 的直接费，计算结果汇总在表 10.11 中。

表 10.11 三种方案的直接费计算结果

费用项目	单位	方案 1	方案 2	方案 3
混凝土	m^3	2.673	2.97	2.376
钢筋	kg	253.90	237.60	249.50
梁侧模	m^2	17.82	11.88	15.84
梁底模	m^2	2.97	4.95	2.97
混凝土费用	元	588.06	683.10	534.60
钢筋费用	元	860.72	805.46	845.81
模板费用	元	455.00	376.99	412.63
合计(直接费)	元	1 903.78	1 865.55	1 793.04

【例 10.5】 某厂贮配煤槽筒仓是我国目前最大的群体钢筋混凝土结构贮煤仓之一，它由 3 组 24 个直径为 11 m，壁厚 200 mm 的圆柱形薄壁连体仓筒组成。工程体积庞大，地质条件复杂，施工场地狭小，实物工程多，结构复杂。设计储煤量为 4.8 万 t，预算造价近千万元，为保证施工质量，按期完成施工任务，施工单位决定在施工组织设计中展开价值工程活动。

（1）对象选择

该施工单位对工程情况进行分析，工程主体由 3 个部分组成：地下基础、地表至 16 m 为框架结构并安装钢漏斗、16 m 以上为底环梁和筒仓。对这 3 部分主体工程就施工时间、实物工程、施工机具占用、施工难度和人工占用等进行测算，结果表明筒仓工程在指标中占首位，情况如表 10.12 所示。

表 10.12 某筒仓工程各项指数预算

工程名称指标	地下基础/%	框架结构、钢漏斗/%	底环梁、筒仓/%
施工时间占用	15	25	60
实物工程占用	12	34	54
施工机具占用	11	33	56
人工占用	17	29	54
施工难度占用	5	16	79

能否如期完成施工任务的关键在于能否正确处理筒仓工程面临的问题，能否选择符合本企业技术经济条件的施工方法。总之，筒仓工程是整个工程的主要矛盾，要全力解决。决定以筒仓工程为价值工程研究对象，优化筒仓工程施工组织设计。

（2）功能分析

① 功能定义。筒仓的基本功能是提供储煤空间，其辅助功能主要是方便使用和外形美观。

② 功能整理。在筒仓工程功能定义的基础上，根据筒仓工程内在的逻辑联系，采取剔除、合并、简化等措施对功能定义进行整理，绘制出筒仓工程功能系统图，如图 10.3 所示。

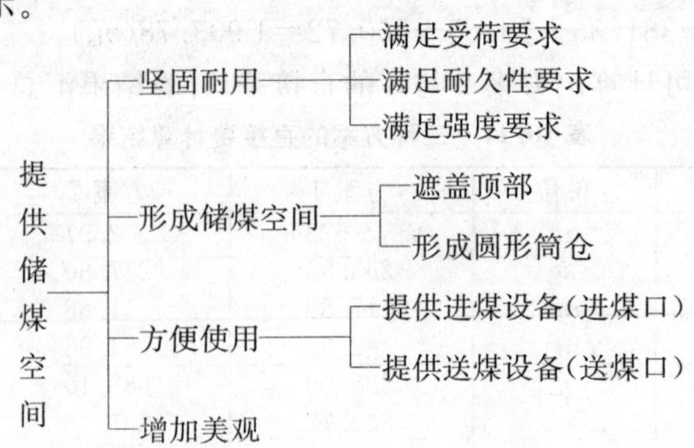

图 10.3 筒仓工程功能系统图

(3) 方案创造与评价

根据功能系统图可以明确看出，施工对象是混凝土筒仓体。在施工阶段运用价值工程不同于设计阶段运用价值工程，重点不在于如何实现储煤空间这个功能，而在于考虑怎样实现。这就是说，采用什么样的方法组织施工、保质保量地浇灌混凝土筒仓体，是应用价值工程编制施工组织设计中所要解决的中心问题。根据“质量好、时间短、经济效益好”的原则，工程技术人员、施工人员、管理人员初步建立滑模、翻模、大模板和合同转包 4 个方案，在此基础上作进一步技术经济评价。

① 施工方案评价。价值工程人员运用“给分定量法”进行方案评价，以 A、B、C、D 分别代表滑模、翻模、大模板施工和合同外包 4 种施工方案，评价情况和具体打分结果如表 10.13 所示。

表 10.13　评分结果表

方案评价			方　案			
指标体系	评分等级	评分标准	A	B	C	D
施工平台	1. 需要制作	0	0			
	2. 不需要制作	10		10	10	10
模板	1. 制作专用模板	0	0		0	
	2. 使用标准模板	10		10		
	3. 不需制作模板	15				15
千斤顶	1. 需购置	0	0			
	2. 不需购置	10		10	10	10
施工人员	1. 少工种少人员	10	10			
	2. 多工种多人员	5		5	5	
	3. 无需参加	15				15
施工准备时间	1. 较短	15		15		
	2. 中等	10			10	
	3. 较长	5	5			
	4. 无需准备	20				20
受天气机械等影响	1. 较大	5	5			
	2. 较小	10		10	10	
	3. 不受影响	15				15
施工时间	1. 保证工期	10	10			
	2. 拖延工期	0		0	0	0
施工难度	1. 复杂	5	5			
	2. 中等程度	10			10	
	3. 简单	15		15		
	4. 无难度	20				20
合　计			35	75	55	105

从得分结果可知，合同外包方案得分最高，其次为翻模和大模板施工方案。合同外包方案得分最高的原因在于其基本上没有费用支出，并不能简单认为合同外包方案较其他方案更优，需作进一步分析。利用给分定量法对施工方案作进一步的分析，见表 10.14。

表 10.14　给分定量法施工方案评价表

方案评价			方　案			
指标体系	评分等级	评分标准	A	B	C	D
技术水平	1. 清楚	10	10	10	10	
	2. 不清楚	5				5
材料	1. 需求量小	5				5
	2. 需求量大	10	10	10	10	
成本	1. 很高	5				5
	2. 较低	10	10	10	10	
工程质量	1. 保证质量	10	10	10	10	
	2. 难以保证	5				5
安全生产	1. 避免事故责任	10				10
	2. 尽量避免事故责任	5	5	5	5	
施工质量	1. 需要参加	5	5	5	5	
	2. 不需要参加	10				10
合　计			50	50	50	40

表 10.14 表明，虽然合同外包方案可以坐享其成，但权衡利弊，应选翻模施工方案。

为证明这种选择的正确性，进一步对各方案作价值分析，各方案的预算成本及价值指数如表 10.15 所示。

表 10.15　各方案预算成本及价值系数表

方案	目标成本/万元	预算成本/万元	价值指数
A	630	>715.9	<0.880
B		630.30	0.999
C		660.70	0.950
D		>750.00	<0.840

从表 10.15 可知，B 方案最优。

② 翻模施工方案的进一步优化。由于翻模施工方案存在多工种、多人员作业和总体施工时间长的问题，适宜用价值工程方法作进一步优化。

经考察，水平运输和垂直运输使大量人工耗用在无效益的搬运上，为减少人工耗用，有以下几种途径：

a. 成本不增加，人员减少；

b. 成本略有增加，人员减少而工效大大提高；

c. 成本减少，人员总数不变而提高工效。

根据以上途径，相应提出 3 个施工方案：

方案 A：单纯减少人员；

方案 B：变更施工方案为单组流水作业；

方案 C：采用双组流水作业。

对以上 3 个方案采用给分定量法进行评价，方案 C 为最优，即采用翻模施工双组流水作业，在工艺上采用二层半模板和二层角架施工。

③ 效果评价。通过运用价值工程，使该工程施工方案逐步完善，施工进度按计划完成，产值小幅增加，利润提高，工程质量好，被评为全优工程。从降低成本方面看，筒仓工程实际成本为 577.2 万元。与原滑模施工方案相比节约 138.7 万；与大模板施工方案相比节约 83.5 万元；与合同外包方案相比节约 172.8 万元；与翻模施工方案相比节约 53.1 万元，降低率为 8.4%；与目标成本相比下降 52.8 万元，降低成本率为 8.3%，成效显著。

10.3 设备的选择与更新

10.3.1 设备更新概述

1) 设备更新的概念

更新通常是指选择类似的、新的资产去替代现有的资产，包括对各种改进资产功能的方法进行评价。设备更新是指对技术上或经济上不宜继续使用的设备，用新的设备更换或用先进的技术对原有设备进行局部改造。设备更新有两种形式：

(1) 用相同的设备去更换有形磨损严重而不能继续使用的旧设备。这种更新只是解决设备的损坏问题，不具有技术更新的性质，不能促进技术的进步。

(2) 用技术更先进、结构更完善、效率更高、性能更好、耗费能源和原材料更少的新型设备来替换那些在物理上不能继续使用或在经济上不宜继续使用的旧设备。设备更新的经济分析就是如何确定一个最佳的设备更新时间，也就是在什么时间更新现在的设备在经济上最为有利。

设备更新同技术方案选择一样，应遵循有关的技术政策，进行技术论证和经济分析，作出最佳的选择。如果因设备暂时故障而草率做出报废的决定，或者片面追求现代化，一味购买最新式设备，都会造成资本的流失；而如果延缓设备更新，失去设备更新的最佳时机，同时竞争对手又积极利用现代化设备降低产品成本和提高产品质量时，则企业必定会丧失竞争力。因此，识别设备在什么时间不能再有效地使用、应该怎么更新和何时更新等，是工程经济学要解决的重要问题。

2）设备磨损

设备在使用或闲置过程中，由于物理作用（如冲击力、摩擦力、振动、扭转、弯曲等）、化学作用（如锈蚀、老化等）或技术进步的影响等，使设备遭受了损耗，称为设备的磨损。设备的磨损有有形磨损和无形磨损两种形式。

(1) 有形磨损　设备在使用或闲置过程中，实体所遭受的损坏（破损或锈蚀），称为设备的有形磨损。有形磨损有两种形式：① 物理磨损。机器设备受到外力的作用，其零部件会发生摩擦、振动和疲劳，导致机器设备的实体发生磨损；② 化学磨损。机器设备由于使用或保养不当，或由于不可抗拒的自然力的影响，使设备发生如金属件生锈腐蚀、橡胶件老化等化学现象的磨损。按照磨损的程度，有形磨损可以分为：① 可消除磨损。指设备通过修理或大修理修复磨损，使设备可继续使用；② 不可消除磨损。指磨损设备无法修复到可继续使用状态。

(2) 无形磨损　由于技术进步而引起的设备相对贬值，称为设备的无形磨损。无形磨损有两种形式：① 设备绝对价值的降低。受技术进步影响，生产工艺不断改进，劳动生产率不断提高，使生产同样结构、同样性能的设备所需的社会必要劳动时间相应减少，生产成本和价格不断降低，使原有设备绝对贬值；② 设备相对价值的降低。受技术进步的影响，性能更完善、生产效率更高、可靠性更好的设备不断出现，使原有设备相对贬值。这种无形磨损虽然不改变原有设备的特性和功能，但由于效率更高、性能更好的设备出现，使原有设备在技术上相对陈旧落后，若要继续使用，其使用成本相对较高或者其生产的产品质量和性能等已不符合目前的要求。这意味着现有设备部分或完全丧失了价值。

(3) 综合磨损　一般情况下，设备在使用过程中发生的磨损实际上是由有形磨损和无形磨损同时作用而产生的，称之为综合磨损。虽然两种磨损的共同点是两者都会引起设备原始价值的贬值，但不同的是有形磨损比较严重的设备，在修复补偿之前，往往不能正常运转，大大降低了作用性能；而遭受无形磨损的设备，如果其有形磨损程度比较小，则无论其无形磨损的程度如何，均不会影响正常使用，但其经济性能必定发生变化，需要经过经济分析以决定是否继续使用。

3）设备的补偿

为维持设备正常工作所需要的特性和功能，必须对已遭磨损的设备进行及时合理的补偿，补偿的方式有修理、更换、现代化改装。其补偿方式随不同的磨损情况而有所不同：

(1) 若设备磨损主要是有形磨损所致，则应视有形磨损情况决定补偿方式。如磨损较轻，则可通过修理进行补偿；如磨损较重，修复时需花费较多的费用，这时选择更新还是修理，则应对其进行经济分析比较，以确定恰当的补偿方式；若磨损太严重，根本无法修复，或虽修复，但其精度已达不到，则应该以更新作为补偿手段。

(2) 若主要是由无形磨损所致，则应采用局部更新（设备现代化改装）或全部（整台设备）更新；若设备仅是绝对价值磨损，则不必进行补偿，可以继续使用。

设备的磨损和补偿形式如图 10.4 所示。

设备更新的经济分析，就是对设备磨损补偿选择什么样的方式和时机等进行经济分析论证。

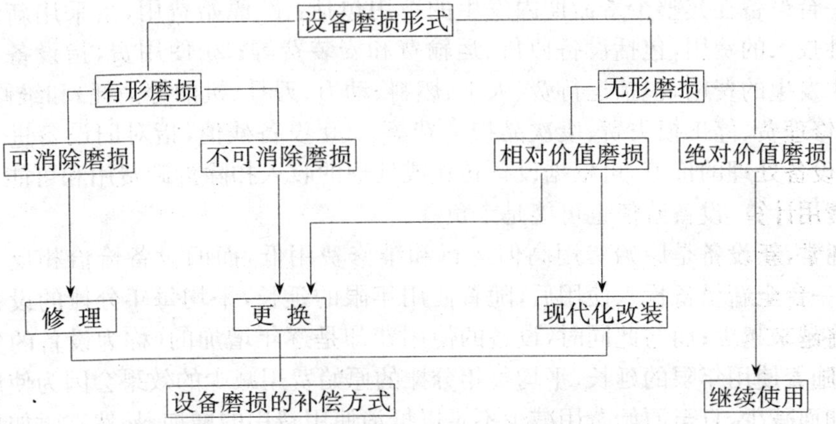

图 10.4　设备磨损形式与补偿方式之间的关系

4) 设备的寿命形态

设备的寿命是指设备从投入使用开始，由于磨损，直到设备在技术上或经济上不宜使用为止的时间。由于受到有形磨损和无形磨损的影响，设备寿命有几种不同的形态。

(1) 物理寿命。即自然寿命，是指设备从全新状态投入使用，直到即使通过大修也不能使其恢复到原有用途而只能报废时为止的整个时间过程。它是由有形磨损决定的。

(2) 使用寿命。指设备产生有效服务所经历的时间，即设备为其拥有者服务的时间，对于设备拥有者，它是指从设备拥有到设备被转让或卖掉为止的时间。在物理寿命期内，因设备转让，它可能有若干个拥有者，有若干个使用寿命。

(3) 技术寿命。是指设备能维持其使用价值的时间过程，即从设备以全新状态投入使用开始，随着技术进步和性能更好的新型设备的出现，使其因技术落后而丧失了使用价值（尽管它可能在物理上还可继续使用）这个过程所经历的时间。它是由无形磨损决定的，一般短于物理寿命。科学技术发展越快，设备技术寿命越短。

(4) 折旧寿命。即设备折旧年限，它是指按国家财务通则和财务制度规定的折旧原则和方法，将设备的原值通过折旧方式转入产品成本，直到设备的折旧余额达到或接近于零时所经历的时间。一般它不等于设备的物理寿命。

(5) 经济寿命。是指设备从投入使用的全新状态开始到如果继续使用经济上已经不合理为止的整个时间过程。它是由有形磨损和无形磨损共同作用决定的，一般是设备的最合理的使用年限。设备更新的理论基础就是设备经济寿命的思想和计算原理。

10.3.2 设备的经济寿命

一台设备在其整个寿命期内发生的费用包括：① 原始费用，指采用新设备时一次性投入的费用，包括设备原价、运输费和安装费等；② 使用费，指设备在使用过程中发生的费用，包括运行费(人工、燃料、动力、刀具、机油等消耗)和维修费(保养费、修理费、停工损失费、废次品损失费等)；③ 设备残值，指对旧设备进行更换时，旧设备处理的价值，可根据设备转让或处理的收入扣除拆卸费用和可能发生的修理费用计算，设备残值也可能是个负数。

通常，新设备是原始费用高但运行和维修费用低，而旧设备恰恰相反。实际上，当一台全新设备投入使用后，随着使用年限的延长，平均每年分摊的设备原始费用将越来越少；而与此同时，设备的使用费却是逐年增加的(称为设备的劣化)。因此，随着使用年限的延长，平均每年分摊的原始费用减少的效果会因为使用费用的增加而减少，直至原始费用减少不足以抵消使用费用的增加，显然这时如果继续使用设备并不经济，所以就存在设备的经济寿命。如果过了设备的经济寿命还继续使用设备，经济上是不合算的，称为“恶性使用阶段”。设备的经济寿命就是指设备的平均年费用最低的使用年限(图 10.5)。年费用由两部分组成：① 资金恢复费用，指设备的原始费用扣除设备弃置不用时的估计残值(净残值)后分摊到设备使用各年上的费用；② 年平均使用费。

设 N 为设备的使用年限，P_0 为设备的原始费用，P_N 为设备使用到 N 年末的残值，C_t 为第 t 年的设备使用费(包括运行费 O 和维修费 M)。

(1) 不考虑资金时间价值时的经济寿命

设备使用到第 N 年末时的年平均费用为

$$AC_N=\frac{P_0-P_N}{N}+\frac{\sum_{t=1}^{N}C_t}{N} \tag{10.1}$$

式中，$\frac{P_0-P_N}{N}$ 为资金恢复费用，$\frac{\sum_{t=1}^{N}C_t}{N}$ 为年平均使用费。可通过列表的方法，得

出年平均费用最低的使用年限，即为设备的经济寿命。

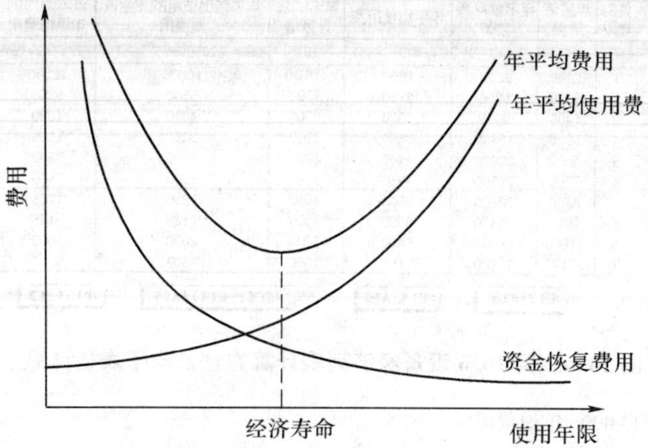

图 10.5　设备的经济寿命

【例 10.6】 某设备原始费用为 20 000 元，每年的使用费及年末的残值见表 10.16，试计算这台设备的经济寿命。

表 10.16　　　　单位：元

服务年限	年度使用费	年末残值
1	2 200	10 000
2	3 300	9 000
3	4 400	8 000
4	5 500	7 000
5	6 600	6 000
6	7 700	5 000
7	8 800	4 000
8	9 900	3 000
9	11 000	2 000
10	12 100	1 000

【解】 列表计算如图 10.6 中所示，同时图中也列出用电子表格计算的方法。图10.7是根据图 10.6 的表中(4)、(6)和(7)栏数据，用电子表格图表功能绘制的该设备全寿命期费用曲线图。图 10.6 显示第 4 年的年平均费用最低(对应图10.7"该年限内的年平均费用"曲线的最低点)，因此该设备的经济寿命为 4 年。图10.7也进一步验证了图 10.5 所示的设备经济寿命理论。

	A	B	C	D	E	F	G
1	设备原始费用		20000				
2							
3	使用年限	年度使用费	年末使用费之和	年平均使用费	年末的估计残值	年末退出使用的资金恢复费用	该年限内的年平均费用
4	(1)	(2)	(3)=Σ(2)	(4)=(3)÷(1)	(5)	(6)=[20000-(5)]÷(1)	(7)=(4)+(6)
5	1	2200	2200	2200	10000	10000	12200
6	2	3300	5500	2750	9000	5500	8250
7	3	4400	9900	3300	8000	4000	7300
8	4	5500	15400	3850	7000	3250	7100
9	5	6600	22000	4400	6000	2800	7200
10	6	7700	29700	4950	5000	2500	7450
11	7	8800	38500	5500	4000	2286	7786
12	8	9900	48400	6050	3000	2125	8175
13	9	11000	59400	6600	2000	2000	8600
14	10	12100	71500	7150	1000	1900	9050
15							
16							

=C12+B13　=C14/A14　=($C$1-E14)/A14　=D13+F13

图 10.6　例 10.6 设备经济列表计算方法及电子表格计算

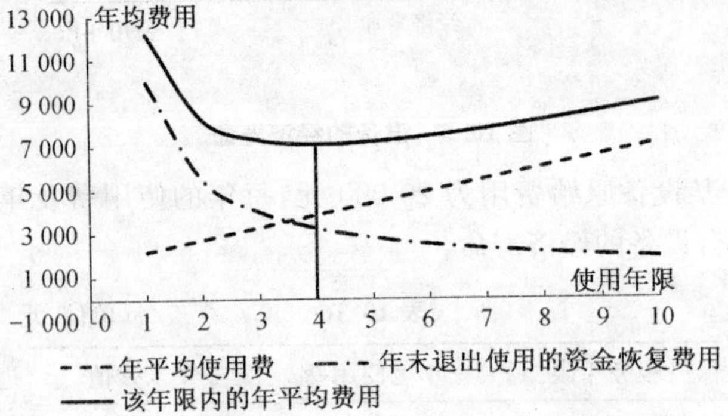

图 10.7　例 10.6 设备全寿命期费用曲线

假设设备每年的残值都相等(设为 L),且每年的设备使用费增量(劣化值)相等(设为 λ),C_1 为第 1 年的设备使用费,则设备年平均费用为

$$AC_N=\frac{P_0-L}{N}+C_1+\frac{N-1}{2}\lambda \tag{10.2}$$

令 $\dfrac{\mathrm{d}(AC_N)}{\mathrm{d}N}=0$,则设备的经济寿命为

$$N_{\text{opt}}=\sqrt{\frac{2(P_0-L)}{\lambda}} \tag{10.3}$$

(2) 考虑资金时间价值时的经济寿命

设基准收益率为 i_c,设备使用到 N 年末时资金恢复费用为

$$\begin{aligned}&P_0(A/P,i_c,N)-P_N(A/F,i_c,N)\\&=P_0(A/P,i_c,N)-P_N[(A/P,i_c,N)-i_c]\\&=(P_0-P_N)(A/P,i_c,N)+P_N i_c\end{aligned}$$

年平均使用费为

$$\sum_{t=1}^{N} C_t(P/F,i_c,t)(A/P,i_c,N)$$

则设备使用到第 N 年末时的年平均费用为

$$AC_N=(P_0-P_N)(A/P,i_c,N)+P_N i_c+\sum_{t=1}^{N} C_t(P/F,i_c,t)(A/P,i_c,N) \tag{10.4}$$

或者

$$AC_N=[P_0-P_N(P/F,i_c,N)+\sum_{t=1}^{N} C_t(P/F,i_c,t)](A/P,i_c,N) \tag{10.5}$$

可通过列表计算的方法，得出年平均费用最低的使用年限，即为设备的经济寿命。

【例 10.7】 在例 10.6 中，如果考虑资金的时间价值，设 $i_c=10\%$，试计算设备的经济寿命。

【解】 列表计算如图 10.8 中表所示，同时图中也列出用电子表格计算的方法。从图中可看出，在考虑资金时间价值情况下，该设备的经济寿命为 5 年。

	A	B	C	D	E	F	G	H	I	J
1	设备原始费用		20000							
2		i_c=	10%							
3	年限	年度使用费	各年现值系数	各年使用费现值	累计现值之和	资金恢复费用系数	年平均使用费	年末的估计残值	年末退出使用的资金恢复费用	该年限内的年平均费用
4	1	2200	0.9091	2000	2000	1.1000	2200	10000	12000	14200
5	2	3300	0.8264	2727	4727	0.5762	2724	9000	7238	9962
6	3	4400	0.7513	3306	8033	0.4021	3230	8000	5625	8856
7	4	5500	0.6830	3757	11790	0.3155	3719	7000	4801	8520
8	5	6600	0.6209	4098	15888	0.2638	4191	6000	4293	8484
9	6	7700	0.5645	4346	20234	0.2296	4646	5000	3944	8590
10	7	8800	0.5132	4516	24750	0.2054	5084	4000	3686	8770
11	8	9900	0.4665	4618	29368	0.1874	5505	3000	3487	8991
12	9	11000	0.4241	4665	34033	0.1736	5910	2000	3326	9235
13	10	12100	0.3855	4665	38699	0.1627	6298	1000	3192	9490
14										
15										

=B4*C4

=E4+D5

=($C$1-H4)*F4+H4*$C$2

=1/(1+$C$2)^A13

=$C$2*(1+$C$2)^A13/((1+$C$2)^A13-1)

=G13+I13

图 10.8 例 10.7 设备在考虑时间价值情况下的经济寿命

对比例 10.6 和例 10.7 可见，在是否考虑资金时间价值的两种情况下，设备经济寿命计算结果并不相同。但是人们发现，一般情况下采用两种方法计算的设备经济寿命大多相差一年，且这两年的年均费用很接近，比较图 10.6 中 4 年和 5 年的年均费用及图 10.7 中这两年年度费用也可得到验证。因此，为了方便设备管理，实践中人们多采用不考虑资金时间价值方法确定设备经济寿命。

10.3.3 新添设备的优劣比较

新添设备指新购或新租设备，新添设备的优劣比较主要是从多种适用的型号中选择一种最经济的型号以及比较租用设备合算还是购置设备合算的问题。

1）新购设备的优劣比较

新购设备的优劣比较，首先是确定需要比较的各型号的经济寿命，然后通过比较经济寿命期内各方案的年费用来判断方案的优劣。

【例 10.8】 某单位欲购置一辆载重量为 3 t 的卡车，有两种型号供选择。A 型号购置费用为 6 万元，B 型号购置费用为 9 万元。该单位的基准收益率为 10%，两型号的各年使用费和残值见表 10.17。试比较两方案。

表 10.17 单位：万元

方案	年　末	1	2	3	4	5	6	7	8	9	10
A 型	年度使用费	10 000	12 000	14 000	18 000	23 000	28 000	34 000	40 000	47 000	53 000
	估计残值	30 000	15 000	7 500	3 750	2 000	1 000	1 000	1 000	1 000	1 000
B 型	年度使用费	5 000	6 000	8 000	10 000	13 000	17 000	22 000	27 000	33 000	40 000
	估计残值	50 000	30 000	15 000	10 000	7 500	5 000	3 000	2 000	2 000	2 000

【解】 在考虑资金时间价值情况下，A，B 两型号经济寿命计算如图 10.9 所示。

	A	B	C	D	E	F	G	H	I	J
1	A型购置费		60000							
2	B型购置费		90000							
3		i_c=	10%							
4				A型卡车经济寿命计算				=($C$1-H7)*F7+H7*$C$3		
5	年限	年度使用费	各年现值系数	各年使用费现值	累计现值之和	资金恢复费用系数	年平均使用费	年末的估计残值	年末退出使用的资金恢复费用	A型年平均费用
6	1	10000	0.9091	9091	9091	1.1000	10000	30000	36000	46000
7	2	12000	0.8264	9917	19008	0.5762	10952	15000	27429	38381
8	3	14000	0.7513	10518	29527	0.4021	11873	7500	21861	33734
9	4	18000	0.6830	12294	41821	0.3155	13193	3750	18120	31314
10	5	23000	0.6209	14281	56102	0.2638	14800	2000	15500	30300
11	6	28000	0.5645	15805	71907	0.2296	16510	1000	13647	30157
12	7	34000	0.5132	17447	89355	0.2054	18354	1000	12219	30573
13	8	40000	0.4665	18660	108015	0.1874	20247	1000	11159	31406
14	9	47000	0.4241	19933	127948	0.1736	22217	1000	10345	32562
15	10	53000	0.3855	20434	148381	0.1627	24148	1000	9702	33850
16										
17				B型卡车经济寿命计算				=($C$2-H19)*F19+H19*$C$3		
18	年限	年度使用费	各年现值系数	各年使用费现值	累计现值之和	资金恢复费用系数	年平均使用费	年末的估计残值	年末退出使用的资金恢复费用	B型年平均费用
19	1	5000	0.9091	4545	4545	1.1000	5000	50000	49000	54000
20	2	6000	0.8264	4959	9504	0.5762	5476	30000	37571	43048
21	3	8000	0.7513	6011	15515	0.4021	6239	15000	31659	37897
22	4	10000	0.6830	6830	22345	0.3155	7049	10000	26238	33287
23	5	13000	0.6209	8072	30417	0.2638	8024	7500	22513	30537
24	6	17000	0.5645	9596	40013	0.2296	9187	5000	20017	29204
25	7	22000	0.5132	11289	51302	0.2054	10538	3000	18170	28708
26	8	27000	0.4665	12596	63898	0.1874	11977	2000	16695	28672
27	9	33000	0.4241	13995	77893	0.1736	13525	2000	15480	29006
28	10	40000	0.3855	15422	93315	0.1627	15187	2000	14522	29708

图 10.9　例 10.8 中汽车 A，B 型号的经济寿命

图 10.9 的计算结果表明,A 型号的经济寿命为 6 年,B 型号经济寿命为 8 年。且 B 型号经济寿命的年费用低于 A 型号经济寿命的年费用,因此应该选择 B 型号。根据图 10.9 中的 A、B 型号各年年均费用,可得到两型号设备在使用年限内的年均费用曲线(图 10.10)。

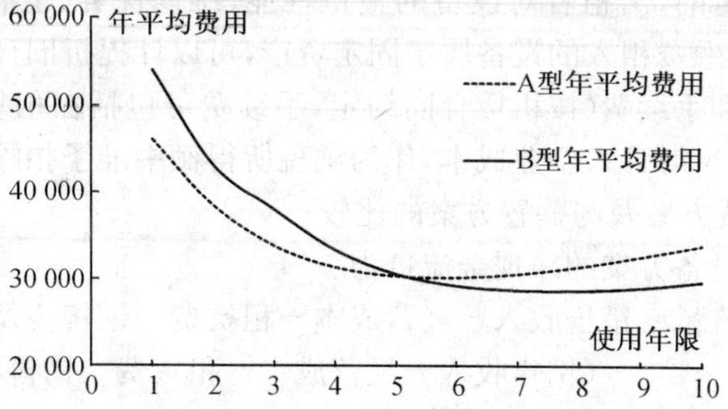

图 10.10　例 10.8 中设备 A,B 两型号年均费用曲线

从图 10.10 可看出,如果卡车的服务年限在 5 年以内(包括 5 年),则选择 A 型号;如果超过 5 年,则应选择 B 型号。

2) 购置设备和租赁设备的优劣比较

(1) 设备的租赁。设备租赁是随着企业资产所有权和使用权的分离应运而生的设备使用形式。它是指设备的承租者按照租赁契约的规定,定期向出租者支付一定数额的租赁费从而取得设备的使用权,设备的所有权不发生改变,仍然归出租者所有。

设备租赁对双方的有利之处在于:①从出租者来看,由于出租设备的所有权不发生变化,因而不会伴随像资金贷款形式那么大的投资风险,并且可以避免设备的使用效率低和设备闲置,出租设备所得的租金一般也高于出售设备的价值;②从承租者来看,可以解决购置设备资金不足和借款受到限制等问题,可以将由租赁节约下来的资金用到更为有利和迫切的生产方面。更重要的是,承租者通过租赁提高了生产能力,从而能获得更多的收益,同时避免承担因技术进步造成的资产过时的更新风险。

(2) 设备租赁的形式

① 经营性租赁。经营性租赁是由出租者向承租者提供一种特殊服务的租赁,即出租者除向承租者提供租赁物外,还承担租赁设备的保养、维修、老化、贬值以及不再续租的风险。这种方式带有临时性,因而租金较高。承租者往往用这种方式租赁技术更新较快、租期较短的设备,承租设备的使用期往往也短于设备的寿命期;并且经营性租赁设备的租赁费计入企业成本,可减少企业所得税。承租人可视自身情况需要决定是中止还是继续租赁设备。

② 融资性租赁。融资性租赁是一种融资和融物相结合的租赁方式。它是由双方明确租让的期限和付费义务，出租者按照要求提供规定的设备，然后以租金形式回收设备的全部资金。这种租赁方式是以融资和对设备的长期使用为前提的，租赁期相当于或超过设备的寿命期，租赁对象往往是一些贵重和大型设备。由于设备是承租者选定的，出租者对设备的整机性能、维修保养、老化等不承担责任。对于承租人来说，融资租入的设备属于固定资产，可以计提折旧计入企业成本。但租赁费中的利息和手续费(按租赁合同约定，手续费可包括在租赁费中，或者一次性支付)也可在支付时计入企业成本，作为纳税所得额中准予扣除的项目。

(3) 设备租赁方案及与购置方案的比较

经营性租入设备方案的净现金流量为

净现金流量＝销售收入－经营成本－租赁费－销售税及附加－(销售收入－经营成本－租赁费－销售税金及附加)×所得税税率

融资性租赁的设备方案净现金流量为

净现金流量＝销售收入－经营成本－租赁费－销售税及附加－(销售收入－经营成本－折旧费－租赁费中的手续费和利息－销售税金及附加)×所得税税率

而在相同条件下，购置设备方案的净现金流量为

净现金流量＝销售收入－经营成本－设备购置费－销售税及附加－(销售收入－经营成本－折旧费－利息－销售税金及附加)×所得税税率

下面通过例子说明设备租赁方案与购置方案的比较方法。

【例 10.9】 某企业需要某种设备，其购置费为 10 000 元，以自有资金购买，估计使用期为 10 年(折旧年限也为 10 年)，10 年后的残值为零。如果采用融资租赁的方法，同类设备年租赁费为 1 600 元(其中：利息为 800 元)。当设备投入使用后，企业每年的销售收入为 6 000 元，销售税及附加为销售收入的 10%，设备年经营成本为 1 200 元/年，所得税税率为 25%，折旧采用年限平均折旧法，该企业的基准收益率为 10%。要求比较租赁方案和购置方案。

【解】

(1) 采用购置方案

年折旧＝10 000÷10＝1 000(元)

年利润＝6 000－6 000×10%－1 200－1 000＝3 200(元)

税后利润＝3 200×(1－25%)＝2 400(元)

投入使用后年净现金流量＝2 400＋1 000＝3 400(元)

净现值＝－10 000＋3 400(P/A, 10%, 10)＝10 892(元)

(2) 采用租赁方案

折旧同购置方案

年利润＝6 000－6 000×10％－1 200－1 000－800＝2 400(元)

税后利润＝2 400×(1－25％)＝1 800(元)

投入使用后年净现金流量＝1 800＋1 000－(1 600－800)＝2 000(元)

净现值＝2 000×$(P/A,10\%)$＝12 289(元)

(3) 比较两方案

通过计算，租赁方案的净现值高于购置方案的净现值，因此可以认为租赁方案优于购置方案。

10.3.4 设备更新方案的经济分析

设备更新经济分析就是确定一套正在使用的设备什么时候应该以及是否应该用更经济的设备来替代或者改进现有设备。对企业来说，设备更新问题的决策是很重要的，如果因为机器暂时的故障就将现有的设备进行草率的报废处理，或者因为片面追求先进和现代化，而购买最新型的设备，都有可能造成资本的流失；而对于一个资金比较紧张的企业可能会选择另一个极端的做法，即恶性使用设备(拖延设备的更新直到其不能再使用为止)。恶性使用设备对企业来说是一种危险的做法，它必须依靠低效率的设备所生产的高成本和低质量的产品与竞争对手们利用现代化的设备生产的低成本和高质量的产品进行竞争，显然这会使企业处在一个极为不利的地位。

设备更新有两种情况：① 有些设备在其整个使用期内并不会过时，即在一定时期内还没有更先进的设备出现。在这种情况下，设备在使用过程中避免不了有形磨损的作用，结果引起设备的维修费用，特别是大修理费以及其他运行费用的不断增加，这时立即进行原型设备替换，在经济上是合算的，这就是原型更新问题。原型设备的更新通常由设备的经济寿命决定，即当设备运行到设备的经济寿命时，即进行更新。② 在技术不断进步的条件下，由于无形磨损的作用，很可能在设备尚未使用到其经济寿命期，就已出现了重置价格很低的同型设备或工作效率更高和经济效益更好的更新型的同类设备，这时就要分析继续使用原设备和购置新设备的两种方案，进行选择，确定设备是否更新。在实际工作中，往往是综合磨损作用的结果。现代社会技术进步速度越来越快，设备的更新周期越来越短，因此对企业来说，设备的更新分析是一个很重要的工作。

1) 因过时而发生的更新

因过时而发生的更新主要是因为无形磨损作用的结果，对现有设备来说，任何一项与该设备有关的构造和运行技术的新发展及改进，都可能促进设备的提前更新。人们可能会因为新设备的购置费用较大，而会趋向于保留现有设备，然而新设备将带来运营费用、维修费用的减少以及产品质量的提高。设备更新的关键是,新设备与现有设备相比的节约额可能比新设备投入的购置费用的价值要大。

在设备更新分析中,对现有设备要注意的一个重要的问题,就是现有设备的最初购置费以及会计账面余值,从经济分析的角度来看,它们属于沉没成本,将不予考虑,只考虑现有设备的现行市场价值,即现有的已使用若干年的设备的转让价格,或购置这样的使用若干年的同样设备的价格。这是因为,以前的购置费及其会计折旧的账面余值,都是在新设备出现以前所确定的现有设备价值,新设备的出现,必然使得现有设备过时,并降低其价值。

【例 10.10】 某单位 3 年前用 40 万元购买了一台磨床,它一直运行正常。但现又有了一种改进的新型号,售价为 35 万元,并且其运营费用低于现有磨床。现有磨床和新型磨床各年的残值(当年转让或处理价格)及运营费用见表 10.18。磨床还需使用 4 年,新磨床的经济寿命为 6 年。设 $i_c=15\%$,分析是否需要更新。

表 10.18　　单位:万元

年　份	现有磨床		新型磨床	
	运营费	残值	运营费	残值
0		120 000		350 000
1	34 000	70 000	2 000	300 000
2	39 000	40 000	10 000	270 000
3	46 000	25 000	12 000	240 000
4	56 000	10 000	15 000	200 000
5			20 000	170 000
6			26 000	150 000

【解】 因为磨床还需要使用 4 年,所以对于新磨床来说,只要考虑前 4 年的情况。现有设备的 40 万元的购置费是沉没成本,只考虑 12 万元的现行市场价格。

$$\begin{aligned}AC_{旧}=&[120\,000+34\,000(P/F,15\%,1)+39\,000(P/F,15\%,2)\\&+46\,000(P/F,15\%,3)+56\,000(P/F,15\%,4)\\&-10\,000(P/F,15\%,4)]\times(A/P,15\%,4)\\=&82\,524(元)\end{aligned}$$

$$\begin{aligned}AC_{新}=&(350\,000-200\,000)(A/P,15\%,4)+200\,000\times15\%\\&+[2\,000(P/F,15\%,1)+10\,000(P/F,15\%,2)\\&+12\,000(P/F,15\%,3)+15\,000(P/F,15\%,4)]\times(A/P,15\%,4)\\=&91\,567(元)\end{aligned}$$

新型磨床的年费用高于现有磨床,所以现在不应进行更新。

2) 由于性能降低而发生的更新

设备性能降低表现为运行费用过多、维修费用增加、废品率上升和附加设备费用增加等。当设备使用费增加时,就需要对设备进行更新分析,而且这种更新分析是连续进行的，即如果确定在本周期(一个周期通常为一年)内不需要更新，那么是否需要下一个周期或者后面的某个周期开始之前进行更新。

因性能降低而发生的更新分析，首先是确定是否需要更新现有设备(旧设备)，由于新旧设备的使用年限一般并不相等，因而通常用年费用法进行比较；如果确定了需要进行更新，那么下一步就是确定应该在什么时间进行更新，具体的分析方法是连续计算各年旧设备的年费用，并与新设备的年费用进行比较，直到某一年旧设备的年费用高于新设备的年费用，则在该年年初或其上一年的年末更新现有设备。

【例 10.11】 某单位的一台旧机器，目前可以转让，价格为 25 000 元，下一年将贬值 10 000 元，以后每年贬值 5 000 元。由于性能退化，它今年的使用费为 80 000元，预计今后每年将增加 10 000 元。它将在 4 年后报废，残值为 0。现有一台新型的同类设备，它可以完成与现在设备相同的工作，购置费为 160 000 元，年平均使用费为 60 000 元，经济寿命为 7 年，期末残值为 15 000 元，并预计该设备在 7 年内不会有大的改进。设 $i_c=12\%$，问是否需要更新现有设备？如果需要，应该在什么时间更新？

【解】 确定新设备的年平均费用

$$AC_{新}=(160\,000-15\,000)(A/P,12\%,7)+15\,000\times 12\%+60\,000$$
$$=93\,572(元)$$

确定旧设备持续使用 4 年的年平均费用

$$AC_{旧}=25\,000(A/P,12\%,4)+80\,000+10\,000(A/G,12\%,4)$$
$$=101\,819(元)$$

显然，旧设备的年费用高于新设备的年费用，那么旧设备需要更新。但如果作出马上就应更新的决策，可能是错误的。这需要对此进一步地分析。

如果旧设备再保留使用一年，则一年的年费用为

$$AC_{旧}^{1}=(25\,000-15\,000)(A/P,12\%,1)+15\,000\times 12\%+80\,000$$
$$=93\,000(元)$$

小于新设备的年平均费用，所以旧设备在第一年应该继续保留使用。

如果旧设备再保留使用到第二年，则第二年一年的年费用为

$$AC_{旧}^{2}=(15\,000-10\,000)(A/P,12\%,1)+10\,000\times 12\%+90\,000$$
$$=96\,800(元)$$

显然，如果保留使用到第二年，第二年的年费用高于新设备的年平均费用，则旧设备在第二年使用之前就应该更新。

因此，现有设备应该再保留使用一年，一年后更新为新设备。

3) 由于能力不足而发生的更新

当运行条件发生变化时，现有设备可能会出现生产能力不足的问题，这时面对的更新问题：一是更换现有设备，购置生产能力满足要求的新设备，老设备留着备

用或者转让；二是现有设备继续保持使用，同时再购买一台附加的新设备，或对现有设备进行改进，以满足生产能力的需要。

【例 10.12】 某厂 6 年前花 8 400 元购置了设备 A，当时估计它有 12 年的寿命，残值为 1 200 元，年使用费基本保持在 2 100 元。现在由于机器 A 加工的零件所在的产品的市场需求量增加，对机器 A 所加工的零件的需求量成倍增加，现有设备 A 的生产能力已不能满足要求。为解决这个问题，有两个方案：

(1) 购进与设备 A 完全相同的 A 型机器，现购买价为 9 600 元，寿命期和年使用费与 A 相同，残值为 1 600 元；

(2) 现在设备 A 可折价 3 000 元转让，再购进生产同样零件的 B 型机器，生产能力是 A 型的两倍。购置费为 17 000 元，寿命期为 10 年，年使用费基本稳定在 3 100元，残值估计为 4 000 元。

设 $i_c=10\%$，比较选择两个更新方案。

【解】 对这个问题，可换个角度考虑，能使问题更清晰一点：假设将现在的设备 A 以 3 000 元卖出，然后需要购进生产这种零件的设备，一个方案是花 3 000 元买一台使用 6 年的旧的 A 型机器加一台购置费为 9 600 元的新的 A 型机器，第二个方案是花 17 000 元购置一台 B 型机器。

两方案的现金流量图如图 10.11 所示。分别计算方案(1)和方案(2)的年费用为

$$
\begin{aligned}
AC_{(1)} &= (3\,000-1\,200)(A/P,10\%,6)+1\,200\times10\%+2\,100 \\
&\quad +(9\,600-1\,600)(A/P,10\%,12)+1\,600\times10\%+2\,100 \\
&= 6\,067(\text{元}) \\
AC_{(2)} &= (17\,000-4\,000)(A/P,10\%,10)+4\,000\times10\%+3\,100 \\
&= 5\,615(\text{元})
\end{aligned}
$$

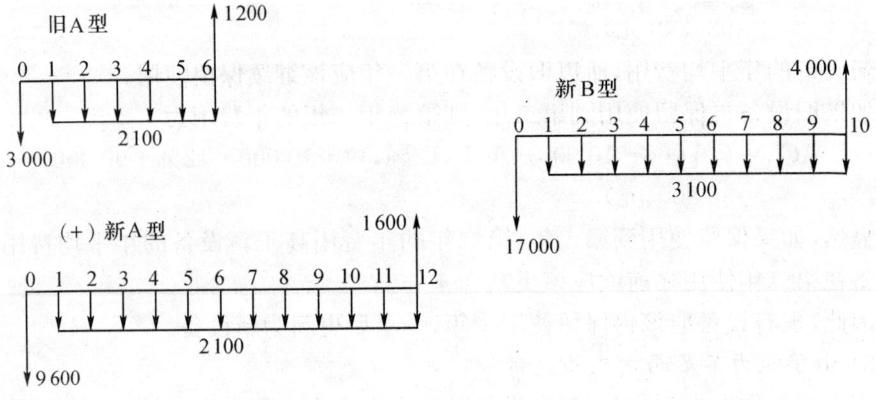

(a) 方案(1)现金流量　　　(b) 方案(2)现金流量

图 10.11　例 10.12 两个方案的现金流量图

方案(1)的年费用高于方案(2)的年费用，因此应该选择方案(2)，即将旧A型机器折价3 000元处理，购入B型机器。

4) *设备继续使用的年限为未知的更新分析*

有时对设备还需要继续使用的年限不能确定，这时可对设备使用年限的多种可能情况进行更新分析。

【例 10.13】 现有设备还有3年将使用到其经济寿命期限，现对其更新进行经济分析。各个更新方案的数据如表10.19所示，其中继续使用旧设备的初始费用是指旧设备现在的处理价格。设备使用年限未定，试确定不同使用年限的设备更新方案的选择。基准收益率 $i_c = 10\%$。

表 10.19 单位:元

方案	继续使用旧设备		原型设备替换		高效新设备替换		旧设备现代化改装		旧设备大修理	
初始费用	2 000		15 000		21 000		12 000		5 000	
年末	年运营费	年末残值	年运营费	年末残值	年运营费	年末残值	年运营费	年末残值	年运营费	年末残值
1	4 000	1 200	1 000	12 200	600	18 000	1 600	9 000	2 700	3 000
2	5 200	600	1 200	9 500	800	15 200	1 800	6 700	3 300	1 800
3	6 400	300	1 600	7 000	1 100	13 200	2 000	4 700	3 900	600
4			2 000	5 000	1 400	11 200	2 300	3 000	5 000	300
5			2 400	3 500	1 700	10 000	2 600	1 700	6 000	100
6			2 800	2 000	2 000	9 000	3 100	1 000	7 000	100
7			3 400	1 000	2 300	8 000	3 800	700		
8			4 600	500	2 600	7 000	4 700	200		
9			5 600	300	2 900	6 500	5 700	200		
10			6 800	100	3 300	6 000	6 800	200		

【解】 利用公式(10.5)，计算每个方案各使用年限的平均年费用，列于表10.20。

表 10.20 单位:元

使用年限	继续使用旧设备	原型设备替换	高效新设备替换	旧设备现代化改装	旧设备大修理
1	5 000	5 300	5 700	5 800	5 200
2	5 438	5 214	5 557	5 419	5 010
3	5 837	5 165	5 274	5 193	5 091
4	0	5 065	5 155	5 037	5 149
5	0	4 956	4 969	4 900	5 326
6	0	4 916	4 843	4 779	5 544
7	0	4 883	4 775	4 718	0
8	0	4 910	4 743	4 767	0
9	0	4 980	4 695	4 837	0
10	0	5 108	4 680	4 961	0

根据表 10.20 的数据,用电子表格绘制出优劣平衡分析图(图 10.12)。从图中可看出,如果设备还需使用 1 年,显然继续使用旧设备有利,且无需对其改进或修理;如果设备尚要使用 2～3 年,则对设备大修理后继续使用;如果设备要使用 4～7年,则选择旧设备现代化改装有利;如果设备要使用 8 年以上(包括 8 年),则使用高效新设备替换有利。

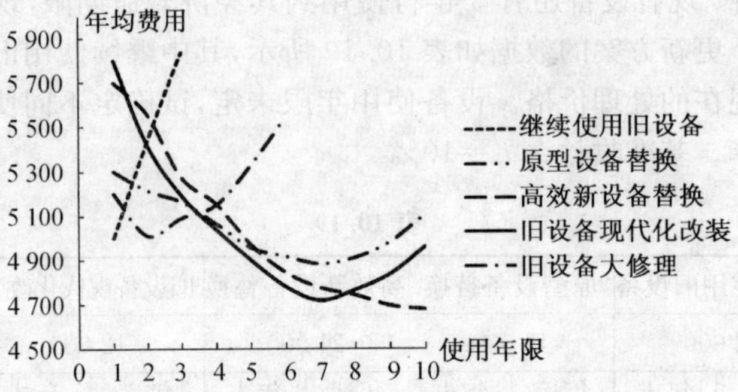

图 10.12　例 10.13 各类设备更新方案的年均费用

本章学习参考和扩展阅读文献

[1] 刘晓君. 工程经济学[M]. 北京:中国建筑工业出版社,2009:331-362

[2] 杨昌鸣,庄惟敏. 建设设计与经济[M]. 北京:中国计划出版社,2003

[3] 李亮,潘伯林. 高层建筑基础设计方案的技术经济比较[J]. 长沙铁道学院学报,1999,(4):41-45

[4] 陈国华. 轨道交通工程设计方案技术经济比较[J]. 中国市政工程,2008(S1):63-64,86

[5] 金菊良,汪明武,魏一鸣. 客观组合评价模型在水利工程方案选优中的应用[J]. 系统工程理论与实践,2004(12):111-116

[6] 王湧,周春,胡振青,等. 时代金融中心大厦结构设计方案比较[J]. 建筑结构学报,2009(S1):46-48,58

[7] 段绍伟,沈蒲生. 模糊综合评价与数据包络分析在工程方案设计选择中的应用[J]. 水利学报,2004(5):116-121,128

[8] 杨昭,郁文红,赵海波. 职工食堂厨房通风空调设计方案比较[J]. 暖通空调,2003(4):75-77

[9] 夏绪勇,马恩成,晋娟茹. 轻钢屋盖厂房檩条设计方案比较[J]. 建筑结构,2011(S1):916-918

[10] 张璟,徐海燕,上官兴,等. 苏通大桥北岸引桥上部结构施工方案比较[J]. 公路交通技术,2005(3):121-123

[11] 吕元林. 大跨度公路桥梁深水基础施工方案比较[J]. 水运工程,2001(4):59-61

[12] 郝满仓. 小浪底引黄工程 2 号隧洞土洞段施工方案比较[J]. 山西水利科技,2012(4):20-21

[13] 叶利东. 220 kV 红塔山变电站综合自动化改造施工方案比较及选择[C]. 2010 年云南电力技术论坛论文集(文摘部分),2010:1718-1723
[14] 宋香荣,金晓荣. 浅谈设备更新方案的比选[J]. 西部煤化工,2006(2):19-21
[15] 陆宁,王巍,廖向晖,等. 建筑设备更新最佳时点的动态决策研究[J]. 价值工程,2006(12):118-120
[16] 刘心报. 设备更新问题的一个评价模型[J]. 合肥工业大学学报(自然科学版),1999(3):83-85
[17] 辛春林,陈剑,刘天亮. 基于凸情形下在线设备更新问题的竞争分析[J]. 系统工程理论与实践,2009(11):145-151

习 题

1. 试用价值工程方法对例 10.1 中的两个方案进行比较。

2. 某开发商开发的别墅区,在设计时设计师考虑选择家用中央空调系统。该别墅群每幢各三层,建筑面积大约都在 230 m^2,每幢别墅需要配备空调的房间有 8 间,如选择水系统家用中央空调系统,需要配置 9 台室内风盘。现有两种品牌的家用中央空调系统供选择:

A 型:初始购置费(包括安装费用)为 7.6 万元,年平均运行费用 4 260 元(按现行电价计算)。

B 型:初始购置费(包括安装费用)为 6.0 万元,年平均运行费用 5 080 元(按现行电价计算)。

空调平均使用寿命为 20 年,均无残值。基准收益率为 6%。

(1) 用单指标评价方法选择最优型号;

(2) 与 B 型相比,A 型为一知名品牌,具有低故障率、稳定性好、运行可靠、智能化程度高、售后服务体系完善等,综合考虑以上因素,如何进行选择?

3. 某项目进行施工方案设计时,为了选择确定能保证钢结构质量的焊接方法,已初选出电渣焊、埋弧焊、CO_2 焊、混合焊等 4 种方案。根据调查资料和实践经验,已定出各评价要素的权重及方案的评分值(见表 10.21)。试对焊接方案进行比选。

表 10.21

序号	评价要素	权值/%	方案满足程度/%			
			电渣焊	埋弧焊	CO_2 焊	混合焊
1	焊接质量	40	80	70	40	60
2	焊接效率	10	80	70	80	70
3	焊接成本	30	80	100	100	100
4	操作难易	10	50	100	70	90
5	实现条件	10	40	100	100	100

4. 某施工单位在一工程施工中(工期在 1 年左右),对该工程的混凝土供应提出了两个方案:

方案 A:现场搅拌混凝土方案。

现场建一个搅拌站,初期一次性建设费用,包括地坑基础、骨料仓库、设备的运输及装拆等费用,总共 100 000 元;

搅拌设备的租金与维修费为 22 000 元/月;

每立方米混凝土的制作费用，包括水泥、骨料、添加剂、水电及工资等总共为270元。

方案B：商品混凝土方案。

由某构件厂供应商品混凝土，送到施工现场的价格为350元/m^3。

分别在下列两种情况下，对两个方案进行经济分析比较：

(1) 设工程混凝土总需要量为4 000 m^3，在不同工期下，比较两方案；

(2) 设工程的工期为1年(12个月)，在不同的混凝土总需要量下，比较两方案。

5. 某企业增加生产能力，需要添置一台设备。现有两种方案可供选择：一种是用自有资金购置，设备价格为60 000元，经济寿命为10年(折旧期也为10年，年限平均法计提折旧)，10年后无残值，使用该设备每年可获利(税前利润)10 000元，所得税税率为25%。另一种是融资租赁，每年年末支付租金额11 000元，(其中利息为4 000元)。设备价格、租期、折旧以外成本、销售收入与所得税税率均相同。该企业基准收益率为10%，试比较两方案优劣。

6. 某厂5年前花27 000元安装了一套输送设备系统，估计系统的使用寿命为20年，年度使用费为1 350元。由于输送零件的零件数增加了一倍，现在有两种方案可供选择：

方案A：保留原输送设备系统再花22 000元安装一套输送能力、使用寿命、年度费用等和原系统完全相同的输送设备系统。

方案B：花31 000元安装一套输送能力增加一倍的系统。其年度使用费为2 500元，使用寿命为20年。安装此系统后，原系统可以6 500元转让。

三种系统使用寿命期末的残值均为原始费用的10%，$i_c=12\%$。选择研究期为15年(完全承认设备未使用价值)，试比较A，B两种方案。

7. 某医院正在考虑其人工肾机器的更新。这种机器是在4年前花35 000元购置的。假如将现有机器保留使用1年，2年，3年。其年度使用费分别为25 000元，27 000元，29 000元。机器的残值为9 000元，每保留使用1年贬值2 000元。当前，新的人工肾机器的购置费为42 000元，年度使用费固定为19 000元，以经济寿命为准，5年末的残值估计为10 000元。$i_c=12\%$，问旧机器是否应该更换？如果应更换，以何时更换最经济？

8. 某工厂在13年前用6 300元购买了一台车床，用来制造管子套头，每副需要0.047 6工时。现在出现了一种新的车床，原始费用为15 000元，用来制造这种套头每副只需0.038 4工时。假定该工厂每年准备生产套头4万副。新旧车床的运行费每小时均为8.5元。现将旧车床出售，可得1 200元。旧车床还可使用2年，2年末的残值为250元。新车床估计可使用10年，残值为原始费用的10%。基准收益率为12%。试确定是继续使用旧车床，还是更换为新车床。

9. 某旧机器，现在残值为2 000元，下一年年度使用费为1 000元，利率$i=10\%$。

(1) 以后每年年度使用费增加200元，任何时候都不计残值，试确定计利息和不计利息两种情况下的设备经济寿命。

(2) 以后年度的残值不变，年使用费也不变，旧设备的经济寿命是几年？

(3) 以后年度的残值不变，年度使用费每年增加200元，计算设备的经济寿命。

10. 某工厂安装一台新设备，购置费用为10 000元，估计可用10年，各年的年使用费及年末残值见表10.22，$i_c=10\%$，试在考虑资金时间价值和不考虑资金时间价值的两种情况下，计算设备的经济寿命。

表 10.22　　单位:元

年　末	1	2	3	4	5	6	7	8	9	10
年使用费	1 200	1 350	1 500	1 700	1 950	2 250	2 600	3 000	3 500	4 000
估计残值	7 000	5 000	3 500	2 000	1 000	800	600	400	200	100

11. 某设备可继续使用 3 年,其目前价值为 7 000 元,各年使用费和残值见表 10.23。如果立即将该设备大修,可使用 7 年,大修理费用为 16 000 元,若延期 1 年大修,大修理费用将增加 2 400 元,若延期 2 年,大修理费将增加 5 000 元。基准收益率为 15%,试根据下面的条件决定大修理的方案;(1)设备只需要再使用 2 年;(2)设备需要再使用 3 年;(3)设备需要再使用 5 年;(4)设备需要再使用 7 年。

表 10.23

继续使用年数	继续使用原设备		设备大修理	
	年使用费	年末残值	年使用费	年末残值
1	3 000	5 000	500	20 000
2	4 000	3 000	800	17 900
3	6 000	2 000	1 200	15 200
4			1 600	12 500
5			2 200	9 500
6			3 000	6 000
7			4 000	2 000

11 经济评价案例——某直投式发酵剂项目财务评价

本章提要

前面有关章节分别介绍了项目经济评价的基本过程与方法，本章将这些知识融会贯通并应用于实际项目经济评价。一个较完整的案例给出了项目经济评价的完全图景与应用示范。

为了使投资估算、成本估算、经济评价、不确定性分析等内容有机地联系在一起，本章以某直投式发酵剂项目财务评价为例，通过案例剖析，提高理论分析与实际操作相结合的能力。虽然财务评价中某些参数和数据（例如报表中项目构成、投资与成本估算参数以及判别基准等）随时间的推移会有所变动，但其评价方法和分析思路是有指导和示范意义的。因此，在学习案例时，应重点放在数据的取得和走向上，应对照规范化的表格弄清楚数据的来龙去脉，并能根据表格计算出有关的经济评价指标，这样就能有助于提高分析问题能力和实际动手能力。

11.1 项目概述

某直投式发酵剂项目属于新设法人项目。该项目的财务评价是在可行性研究完成市场需求预测、建设规模、工艺技术方案、原材料、燃料及动力的供应、建厂条件和厂址方案、公用工程和辅助设施、环境保护、工厂组织和劳动定员以及项目实施规划诸方面进行研究论证和多方案比较后，确定了最佳方案的基础上进行的。

项目生产国内外市场需求量很大的食品发酵剂，这种发酵剂是食品工业不可缺少的原料。项目投产后可降低发酵食品的生产成本，提高发酵食品的安全性，从而提高我国发酵食品在国际市场上的竞争力。

主要技术采用国内自行研发的技术，主要设备由国内提供。

厂址位于城市近郊，靠近铁路、公路，交通运输方便，原材料和燃料动力供应可靠。土地通过政府划拨方式获得。

该项目主要建设工程及设施包括生产主车间，与生产工艺相配套的辅助工程、公用工程以及厂区围墙、厂内道路、办公室等。

11.2 基础数据

1) 建设规模和产品方案

建设规模为年产 500 吨直投式发酵剂。产品方案为发酵剂 A 100 吨，发酵剂 B 350 吨，发酵剂 C 50 吨。

2) 项目实施进度

项目建设期 2 年，生产运营期 8 年，计算期共 10 年。

达产进度：投产后第 1 年达 60%，第 2 年达 80%，其余各年达 100%。

3) 项目总投资及资金筹措

(1) 建设投资估算

第一部分工程费用 4 640 万元。其中建筑工程费 1 000 万元，设备购置费 3 480万元(含可抵扣固定资产进项税额 500 万元)，安装工程费 160 万元。

第二部分工程建设其他费用 740 万元。其中固定资产其他费用 600 万元(用于征地补偿费、建设管理费、可行性研究费、研究试验费、环评费等)，无形资产费用 100 万元(用于专有技术)，其他资产费用 40 万元(用于项目开办费)。

预备费用：基本预备费取第一部分与第二部分费用之和的 10%，涨价预备费不计。

(2) 建设投资使用计划与资金筹措

项目建设期为 2 年，第 1、2 年分别安排建设投资的 40%和 60%。在每年的建设投资中资本金占比 70% ，其余为借款，年利率 6%。建设投资借款在投产后 5 年以等额偿还本金和利息的方式偿还。

(3) 建设期利息以均衡借款方式计算，当年建设期利息用资本金支付。

(4) 流动资金估算与资金筹措

流动资金按分项详细估算法估算，各项周转次数：应收账款 4 次，原辅材料 12 次，燃料动力 12 次，在产品 36 次，产成品 8 次，现金 12 次，应付账款 4 次。

生产运营期内流动资金按达产进度进行投资安排，每年投资额中资本金占 30%，其余为借款，年利率 5.8%。流动资金借款本金在计算期末偿还。

4) 产品售价(不含税)

发酵剂 A 8 万元/吨，发酵剂 B 8 万元/吨，发酵剂 C 17 万元/吨。

5) 产品营业税金及附加和增值税

项目产品销项税率为 17%；进项税率：原辅材料税率为 17%，燃料动力为 13%；城市维护建设税税率为 7%，教育费附加税率为 5%。

6）总成本费用估算依据

(1) 外购原材料费(以100%生产负荷计)658万元(不含税)。

(2) 外购燃料和动力费(以100%生产负荷计)179万元(不含税)。

(3) 工资及职工福利费。劳动定员38人。其中:工人25人,人均工资2.4万元/年;技术人员3人,人均工资5万元/年;管理人员10人,人均工资10万元/年;福利费为工资总额的14%。

(4) 修理费:取固定资产原值(扣除建设期利息)的5%计提。

(5) 折旧费:固定资产按年限平均法分类进行折旧计算。新增房屋、建筑物按20年折旧,机器设备按10年折旧,其他固定资产按10年折旧,净残值率均取为5%。

(6) 摊销费:无形资产按8年摊销,其他资产按5年摊销,均不计残值。

(7) 其他费用:其他管理费取职工工资及福利费总额的200%,其他制造费用取固定资产原值(扣除建设期利息)的2%,其他营业费取当年营业收入的5%。

根据项目特点,外购原材料费、外购燃料和动力费作为可变成本,其他费用均作为固定成本计算。

7）其他计算依据

(1) 财务基准收益率为10%;

(2) 企业所得税率为25%;

(3) 法定盈余公积金取净利润的10%,任意盈余公积金取净利润的5%。

11.3 编制辅助报表

财务评价的报表分为辅助报表和基本报表,辅助报表的编制一般可根据给定的基础数据和计算参数求得结果填入表中,基本报表的编制则基本上是从辅助报表中获取数据。本案例参照第6章图6.2的基本流程完成辅助报表的编制。

1）建设投资估算表

根据给出的基础数据,参照项目建设方案确定的各项工程及设备清单(为节省篇幅,略去)将相关数据填入建设投资估算表(概算法)(见附表11.1)及建设投资估算表(形成资产法)(见附表11.2)中。

表中,基本预备费=(工程费用+工程建设其他费用)×10%

=(4 640+740)×10%= 538(万元)

项目建设投资为5 918万元,其中形成固定资产原值5 278万元,形成无形资产原值100万元,形成其他资产原值40万元,可抵扣固定资产进项税额500万元。

2）项目投资使用计划与资金筹措表

有了建设投资额,就可以根据项目拟定的建设进度进行资金的投放和资金筹措,完成项目投资使用计划与资金筹措表(见附表11.5)的部分编制。

项目建设期 2 年，第 1 年投资 40% 为 2 367 万元，其中资本金占比为 70%，金额为 1 657 万元，借款 710 万元；第 2 年投资 60% 为 3 551 万元，其中资本金 2 486 万元，借款 1 065 万元。

3）建设期利息估算表

有了建设期各年的借款额，就可以根据借款利率计算建设期利息，完成建设期利息估算表（见附表 11.3）的编制。

建设期利息按均衡借款方式计算，借款年利率为 6%：

第 1 年建设期利息 =710/2×6% =21 万元（注：当年用资本金归还建设期利息）

第 2 年建设期利息 =（710+1 065/2）×6% =75（万元）

建设期利息合计为 96 万元。

将各年建设期利息回填到项目总投资使用计划与资金筹措表中，这样就完成了建设投资及建设期利息的分年使用与资金筹措的编制。

4）固定资产折旧费估算表

考虑到折旧费计入总成本费用，继而影响到利润与利润分配表、借款还本付息计划表、资产负债表等一系列表格的编制，因此本案例从融资后的角度来编制固定资产折旧费估算表。

融资前固定资产原值＝工程费用＋固定资产其他费用＋预备费－可抵扣固定资产进项税＝4 640＋600＋538－500＝5 278（万元）

融资后固定资产原值＝融资前固定资产原值＋建设期利息＝5 278＋96＝5 374（万元）

可见融资后固定资产原值要比融资前原值大，其差额就是建设期利息 96 万元，这种差别应在（用于融资后分析的）项目资本金投资现金流量表的“回收资产余值”中体现出来。

固定资产按年限平均法分类计算折旧，按照给定的基础数据，计算出融资后年折旧额为 463 万元。在项目计算期末（第 10 年末），回收固定资产余值为 1 670 万元（若为融资前分析，则年折旧额为 454 万元，回收固定资产余值为 1 647 万元，读者可自行验证）。

固定资产折旧费估算见附表 11.10。

5）无形资产和其他资产摊销费估算表

项目形成无形资产（专有技术）100 万元，按 8 年摊销，年摊销费为 13 万元。其他资产为 40 万元，按 5 年摊销，年摊销费为 8 万元，无形资产与其他资产无余值回收。

无形资产和其他资产摊销费估算见附表 11.11。

6）外购原材料费估算表

根据项目生产所需要的原辅材料消耗量及单价（不含税），可以计算出不同生产负荷下年外购原材料费及进项税额，见附表 11.8。

满负荷状态下，年外购原材料费为 658 万元，年进项税额为 112 万元。

7）外购燃料和动力费估算表

根据项目生产所需要的燃料和动力消耗量及单价（不含税），可以计算出不同生产负荷下年外购燃料和动力费以及进项税额，见附表 11.9。

满负荷状态下，年外购燃料和动力费 179 万元，年进项税额为 23 万元。

8）工资及福利费估算表

按照项目给定的劳动定员及工资标准，可以计算出年工资总额为 175 万元。福利费取工资总额的 14%为 25 万元，年工资及福利费为 200 万元。

工资及福利费估算表见附表 11.12。

9）营业收入、营业税金及附加和增值税估算表

按照给定的产品品种设定产量、单价（不含税）及增值税率，可以计算出不同生产负荷状态下年营业收入及销项税额；销项税额减去可抵扣的进项税额（包括可抵扣固定资产进项税额）就可以得到每年应纳增值税额，继之计算出每年应缴纳的营业税金及附加数额，这样就完成了对报表的编制。以第 3 年、第 4 年为例：

发酵剂 A 产量 60 吨，单价 8 万元/吨，营业收入 480 万元，销项税额 82 万元；发酵剂 B 产量 210 吨，单价 8 万元/吨，营业收入 1 680 万元，销项税额 286 万元；发酵剂 C 产量 30 吨，单价 17 万元/吨，营业收入 510 万元，销项税额 87 万元。

第 3 年营业收入合计 2 670 万元，销项税额合计 454 万元。扣减进项税额 104 万元后尚有 350 万元用于抵扣固定资产进项税额，这样当年应纳增值税额为零，营业税金及附加也为零。

同理，第 4 年销项税额为 605 万元，扣减进项税额 138 万元及抵扣固定资产进项税额 150 万元（至此可抵扣固定资产进项税额 500 万元已全部抵扣完毕）后尚有 317 万元作为当年应纳增值税额。

城市维护建设税按增值税的 7%计取，教育费附加按增值税的 5%计取：

第 4 年城市维护建设税 ＝317×7% ＝22（万元）

第 4 年教育费附加 ＝317×5% ＝16（万元）

第 4 年营业税金及附加＝22＋16＝38（万元）

年营业收入、营业税金及附加和增值税估算见附表 11.6。

10）总成本费用估算表

总成本费用估算表的编制分为两步走：首先需完成经营成本的编制，以便为流动资金的估算提供条件；待流动资金估算完成后，再完成报表剩余内容的编制。

表中组成经营成本的各项费用以及折旧费、摊销费可由前面已完成的报表及给定的计算参数方便地求得结果并填入表中（见附表 11.7）。唯有“利息支出”一项需在流动资金估算完成及各年投放资金的筹措方案落实后，才可以结合利润与利润分配表、借款还本付息计划表完成编制。

项目在满负荷状态下，年经营成本为 2 027 万元。

应该指出的是，经营成本在融资前和融资后数额不变，但是否用含税价计算经营成本却有较大差别。除了外购原材料费、外购燃料和动力费外，其他营业费的计算(通常，其他营业费等于营业收入乘以某个百分比率)也涉及含税与否的问题，这在流动资金估算中要特别引起注意。(本案例用含税价计算时，满负荷状态下年经营成本为 2 200 万元，读着可自行演算)

11) 流动资金估算表

通常，流动资金按分项详细估算法以含税价为依据，根据给定的周转次数和计算公式可以很方便地完成报表的编制。

本案例项目在满负荷状态下(从计算期第 5 年开始)需要流动资金 754 万元(见附表 11.4)。

在完成流动资金估算后，需将各年流动资金的投入量回填到项目总投资使用计划与资金筹措表中，完成流动资金的使用与资金筹措的编制，同时也完成了项目总投资使用计划与资金筹措表的最终编制。

例如，根据流动资金估算表，项目在第 3 年“流动资金当期增加额”为 627 万元，将其回填到项目总投资使用计划与资金筹措表第 3 年的“流动资金”中；再根据资本金占比 30%为 188 万元，借款为 439 万元，将数据填入相应的单元格中(见附表 11.5)。

至此，财务评价的辅助报表编制告一段落。

$$
\begin{aligned}
\text{项目总投资} &= \text{建设投资} + \text{建设期利息} + \text{流动资金} \\
&= 5\,918 + 96 + 754 \\
&= 6\,768(\text{万元})
\end{aligned}
$$

项目的资金筹措：资本金 4 465 万元，其中用于建设投资 4 143 万元，用于流动资金 226 万元，用于偿还建设期利息 96 万元；项目债务资金 2 303 万元，其中用于建设投资 1 775 万元，用于流动资金 528 万元。

11.4 财务评价

11.4.1 盈利能力分析

1) 融资前分析

融资前分析主要根据项目投资现金流量表计算财务内部收益率和财务净现值，考察项目在不考虑债务融资的情况下，项目对财务主体和投资者的价值贡献。如果融资前分析的结论是“可”，才有必要进一步考虑融资方案，以进行项目的融资后分析。

(1) 项目投资现金流量表的编制

项目投资现金流量表(见附表 11.13)中现金流入和现金流出各项数据均取自

于辅助报表，可以通过复制、粘贴等方法在 Excel 表中方便地编制表格，具体操作方法不赘述。需要指出的是：

① 现金流入中回收资产余值包括了融资前回收固定资产余值和回收无形资产及其他资产余值(2012 年以前的版本只有回收固定资产余值)。本案例在第 10 年末回收固定资产余值 1 647 万元，因无形资产与其他资产无余值回收，故回收资产余值为 1 647 万元。

② 现金流出中调整所得税应区别于利润与利润分配表中的所得税，它是以融资前的息税前利润为基础，乘以所得税税率求得。报表据此可以在所得税前净现金流量的基础上求得所得税后的净现金流量，并计算出所得税前后的评价指标，以满足项目有关各方不同层次的要求。

以第 5 年的调整所得税计算为例：

息税前利润＝利润总额＋利息支出＝营业收入－营业税金及附加－经营成本－折旧－摊销＝4 450－70－2 027－454－21＝1 878(万元)

调整所得税＝1 878×25%＝470(万元)

(注：利润与利润分配表中第 5 年息税前利润为 1 869 万元，所得税为 443 万元)

(2) 项目投资盈利能力评价指标的计算

所得税前：项目投资财务内部收益率为 25.34%，项目投资财务净现值为4 616 万元，项目投资回收期为 5.44 年(从建设期初算起)。

所得税后：项目投资财务内部收益率为 20.16%，项目投资财务净现值为2 895 万元，项目投资回收期为 6.05 年(从建设期初算起)。

根据计算结果，项目满足设定的基准要求或达到行业基准，项目可行。这样，项目可以在初步拟定融资方案的基础上，进行融资后分析。

项目投资的累计净现金流量图见图 11.1。

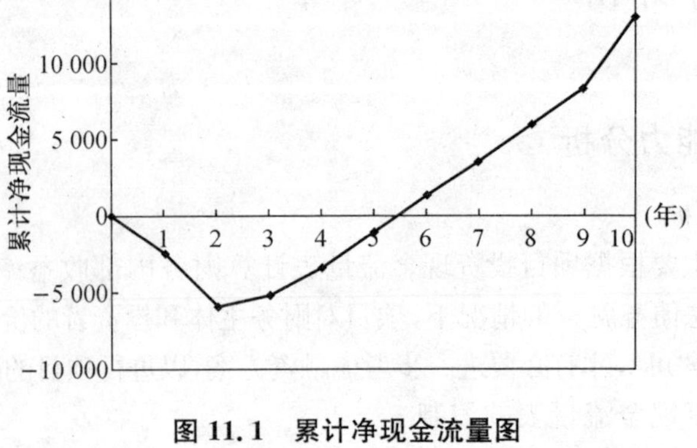

图 11.1　累计净现金流量图

2）融资后分析

融资后盈利能力分析是根据项目资本金现金流量表、利润与利润分配表、项目总投资使用计划与资金筹措表等，进行财务内部收益率、财务净现值、总投资收益率、资本金净利润率等动态和静态指标的计算，判断融资方案的可行性，是比选融资方案，进行融资决策和投资者最终出资的依据。

(1) 项目资本金现金流量表的编制

项目资本金现金流量表(见附表 11.14)与项目投资现金流量有许多相同之处，同样可以通过复制、粘贴等方法在 Excel 表中方便地编制，在此不再赘述。以下仅对两表有明显区别，需要借助其他报表进行编制的内容做简单的说明：

① 在现金流入中，回收资产余值要大于项目投资现金流量表中的数据，这是因为融资后建设期利息纳入了固定资产原值，使得回收价值变大了。

本案例融资后建设期利息 96 万元计入固定资产原值，按照 10 年折旧年限和 5%的净残值率计算：

$$\text{第 10 年末的折余价值} = 96 - 8 \times \frac{96(1-5\%)}{10} = 23(\text{万元})$$

这 23 万元正是由于建设期利息使得回收固定资产余值多出的部分，即融资前回收固定资产余值为 1 647 万元，融资后回收固定资产余值为 1 670 万元。

② 在现金流出中，仅仅显现了资本金用于项目建设投资、用于支付建设期利息和用于流动资金的出资数量，因此从投入资金的角度看，两表有很大的区别。

③ 在现金流出中，多出了借款还本付息的内容，需要借助借款还本付息计划表、总成本费用估算表以及项目总投资使用计划与资金筹措表的数据进行报表的编制。

④ 所得税来自利润与利润分配表，反映了项目在融资后每年的实际税赋情况。

用项目资本金现金流量表可以计算得到如下评价指标：

项目资本金财务内部收益率为 24.44%，项目资本金财务净现值为 3 181 万元，均满足设定的基准要求，说明在设定的融资方案下项目可行。

注：由于本项目没有两个及以上投资者，故无需编制投资各方现金流量表(表格式样见附表 11.15)及计算投资各方的财务内部收益率指标。

(2) 利润与利润分配表的编制

利润与利润分配表(见附表 11.16)的编制基础是营业收入、营业税金及附加和增值税估算表、总成本费用估算表。表中利润总额的计算公式为：

利润总额＝营业收入－营业税金及附加－总成本费用＋补贴收入

有了利润总额，就可以进行利润的分配，包括缴纳所得税、提取公积金、向投资方分配利润等。用该表可以计算反映融资后盈利能力的静态指标总投资收益率和资本金净利润率。

以第 8 年为正常年份：

$$总投资收益率=\frac{正常年份息税前利润或年均息税前利润}{项目总投资}\times 100\%$$

$$=1\,877/6\,768\times 100\%=27.73\%$$

$$资本金净利润率=\frac{正常年份净利润或年平均净利润}{项目资本金}\times 100\%$$

$$=1\,385/4\,465\times 100\%=31.02\%$$

11.4.2 偿债能力分析

偿债能力分析是在编制借款还本付息计划表和资产负债表的基础上，通过计算利息备付率、偿债备付率、资产负债率、流动比率、速动比率等比率指标，考察项目是否能按计划偿还债务资金，考察项目的财务状况和资金结构的合理性，从而分析判断项目的偿债能力和财务风险。

1) 借款还本付息计划表的编制

该报表的编制(见附表 11.19)是针对偿还建设投资借款(及未付的建设期利息)而言的，根据设定的借款偿还方式计算每年的还本付息额，并计算利息备付率、偿债备付率指标。

以本案例第 3 年为例。由于建设期末项目建设投资借款余额为 1 775 万元，该借款按照等额偿还本金和利息的方式在投产后 5 年内还清，因此在还款期内：

每年还本付息额 $A=1\,775(A/P,6\%,5)=421$(万元)

其中，每年支付利息＝年初借款余额×年利率

每年偿还本金＝A－每年支付利息

第 3 年支付利息＝1 775×6%＝107(万元)

当年还本＝421－107＝315(万元)

利息备付率＝息税前利润/应付利息×100%＝583/132×100%＝442%

偿债备付率＝可用于还本付息的资金/应还本付息额

＝(息税折旧摊销前利润－所得税)/应还本付息额

＝(1 066－113)/(315＋132)＝ 2.13

特别注意：借款还本付息计划表的编制与总成本费用估算表、利润与利润分配表构成循环，直到长期借款还清以后为止。以第 3 年、第 4 年的循环编制为例：

总成本费用估算表中，利息支出＝长期借款利息＋流动资金借款利息＋短期借款利息

从借款还本付息计划表得到第 3 年初（即建设期末）借款余额为 1 775 万元，从项目总投资使用计划与资金筹措表得到第 3 年流动资金借款 439 万元，因此：

第 3 年利息支出 $= 1\,775 \times 6\% + 439 \times 5.8\% = 132$（万元）

从而得到第 3 年总成本费用为 2 219 万元，将其填入利润与利润分配表，计算得到第 3 年利润总额为 451 万元。

第 3 年可用于偿还长期借款本金的资金＝利润总额－所得税＋折旧＋摊销 $= 451 - 113 + 463 + 21 = 822$

由于可用于还本的资金大于当年应还本额，所以当年还本数额为 315 万元，否则还本数额将减少。第 3 年还本后长期借款余额为 1 460 万元。

第 4 年长期借款利息 $= 1\,460 \times 6\% = 88$（万元）

第 4 年增借流动资金 44 万元，使得流动资金借款利息增大为 28 万元。

第 4 年利息支出 $= 88 + 28 = 116$（万元）

从而得到第 4 年总成本费用为 2 415 万元，利润总额为 1 107 万元，可用于偿还长期借款本金的资金为 1 314 万元，当年还本 334 万元，还本后长期借款余额为 1 127 万元。

依此类推，直至长期借款还清后（本案例在第 7 年末还清长期借款，所以从第 8 年起）才完成“三表循环”的编制流程。

2）资产负债表的编制

资产负债表是财务评价报表编制的最后环节，是检验其他报表填制是否正确的试金石，报表中的数据直接取自于其他报表或经适当计算填入，反映了某时点（年末）的财务状况。该表遵循会计等式“资产＝负债＋所有者权益”，只要这个等式没有成立，就说明其他报表的编制出现了问题，需要向前追溯查找原因。

利用资产负债表可以计算资产负债率、流动比率和速动比率等指标。

编制该报表（参见附表 11.18）需要注意以下容易出错的地方：

(1) 资产中“在建工程”和“其他”并非孤立地反映建设期每年的投资额，而是具有累加性，即前一年的投资额需累加到下一年中去。

例如第 1 年投入资金 2 389 万元，其中建设投资 2 367 万元，建设期利息 21 万元（取自项目总投资使用计划与资金筹措表），由于 2009 年起增值税转型，投资中有 200 万元作为可抵扣固定资产进项税，所以将 2 389 万元剥离成“在建工程”2 189 万元和“其他”200 万元。

同样的原因，第 2 年投入资金 3 625 万元，剥离成“在建工程”3 325 万元和“其他”300 万元。这时，报表就不能在“在建工程”中填入 3 325 万元，而应该填写两年的累加额 5 514 万元。同样的道理，“其他”中不能填写 300 万元，而应该是 500

万元。

(2) 负债及所有者权益中,“建设投资借款”在建设期随着每年借款而具有累加性,在生产运营期随着偿还借款本金而逐年下降,直至还清借款数值变零。

例如本案例,建设期第 1 年借款 710 万元,第 2 年借款 1 065 万元(取自项目总投资使用计划与资金筹措表),应该在第 2 年的“建设投资借款”中填入借款累加额 1 775 万元。而在生产运营期,由于建设投资借款需在 5 年内还清,因此从第 3 年起随着借款偿还,“建设投资借款”数额逐年下降,直至第 7 年末“建设投资借款”数值为零(参见附表 11.19 借款还本付息计划表)。

(3) “流动资金借款”随着生产负荷增加借款额逐渐增大,直至达到项目满负荷时(计算期第 5 年末)维持借款数额 528 万元不变。在项目计算期末(第 10 年末)由于偿还了流动资金借款本金,“流动资金借款”数额变零。

利用资产负债表计算指标,以第 5 年为例:

资产负债率=负债总额/资产总额×100%=2 043/9 005×100%
=22.69%

流动比率=流动资产/流动负债=4 941/743=6.65

速动比率=速动资产/流动负债=(流动资产-存货)/流动负债
=(4 941-366)/743=6.16

11.4.3 财务生存能力分析

财务生存能力分析是在编制财务计划现金流量表的基础上,通过考察项目计算期内各年的投资、融资和经营活动所产生的各项现金流入和现金流出,计算净现金流量和累计盈余资金,分析项目是否能为企业创造足够的净现金流量维持正常运营,进而考察实现财务可持续性的能力。

1) 财务计划现金流量表的编制

财务计划现金流量表(见附表 11.17)中净现金流量由三部分组成,即经营活动净现金流量、投资活动净现金流量和筹资活动净现金流量。每一部分现金流入和现金流出数据均取自其他报表,将净现金流量进行累加就可以得到累计盈余资金,为进行财务生存能力分析和编制资产负债表提供重要依据。

2) 财务生存能力分析

从附表 11.17 中可以看到,项目在计算期内,除了建设期由于投资使用与资金筹措数额平衡使得项目净现金流量及累计盈余资金为零外,在生产运营期内各年净现金流量和累计盈余资金均大于零,说明项目有足够的净现金流量维持正常运营,项目财务可持续性强。

11.5 不确定性分析

1) 敏感性分析

本案例作了所得税前项目投资的敏感性分析。考虑项目实施过程中一些不确定因素的变化，分别对建设投资、原材料价格、产品价格作了提高10%和降低10%的单因素变化对项目投资财务内部收益率影响的敏感性分析，结果见表11.1。

表11.1 敏感性分析表

序号	项目	基本方案	建设投资		原材料价格		产品价格	
			+10%	−10%	+10%	−10%	+10%	−10%
1	财务内部收益率(%)	25.34	22.63	28.62	24.59	26.20	30.15	20.34
2	较基本方案增减(%)		−2.71	3.28	−0.75	0.86	4.81	−5.00
3	敏感度系数		−1.10	−1.29	−0.30	−0.34	1.90	1.97

从表11.1可以看出，产品价格的提高或降低对财务内部收益率影响最大，其敏感度系数的绝对值也最大，所以产品价格是最敏感因素；其次是建设投资，原材料价格相对最不敏感。敏感性分析图见图11.2。

从图11.2中可以看出，产品价格线斜率最大，说明它对财务内部收益率的影响最大；其次是建设投资，影响最小的是原材料价格，这与敏感度系数的绝对值大小完全一致。另外，产品价格增加时财务内部收益率变大，而原材料价格和建设投资增加时财务内部收益率变小，因此曲线的方向不一致，这从敏感度系数的正负号也可以看出。

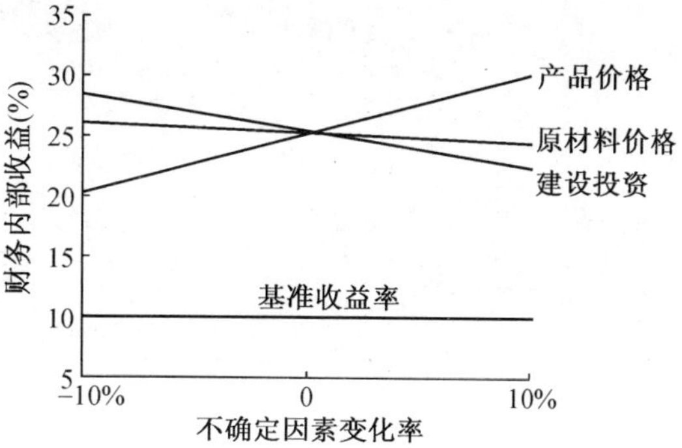

图11.2 敏感性分析图

2) 盈亏平衡分析

分别以还款期间的第一个达产年(第5年)和还清长期借款后的年份(第8年)计算生产能力利用率表示的最高盈亏平衡点和最低盈亏平衡点：

$$第5年\ BEP = \frac{1\,772}{4\,450 - 70 - 837} \times 100\% = 50.01\%$$

$$第 8 年 BEP = \frac{1\,697}{4\,450 - 70 - 837} \times 100\% = 47.90\%$$

计算结果表明，该项目在还清长期借款后只要达到设计能力的 47.90%，也就是年产量达到 239.5 万吨，企业就可以保本。由此可见，该项目风险较小。

11.6 财务评价结论

从以上财务评价看，财务净现值大于零，财务内部收益率高于基准收益率，项目盈利能力强；在规定的还款期限内，利息备付率和偿债备付率满足贷款机构的要求，项目有较强的偿债能力；项目在生产运营期每年的净现金流量和累计盈余资金均大于零，项目有很好的财务生存能力。从不确定性分析看，项目的产品价格是最敏感的因素，但只要达到 50%以上的生产负荷就可以使项目获利，项目具有一定的抗风险能力。综合起来，项目从财务上讲是可行的。

附表 11.1　建设投资估算表(概算法)

单位:万元

序号	工程或费用名称	建筑工程费	设备购置费	安装工程费	其他费用	合计	其中:外币	比例(%)
1	工程费用	1 000	3 480	160		4 640		78.40%
1.1	主体工程	420	3 100	140		3 660		
1.2	辅助工程	240	100			340		
1.3	公用工程	150	240	20		410		
1.4	总图运输工程	150				150		
1.5	服务性工程	40	40			80		
2	工程建设其他费用				740	740		12.50%
2.1	固定资产其他费用				600	600		
2.2	无形资产费用				100	100		
2.3	其他资产费用				40	40		
3	预备费用				538	538		9.09%
3.1	基本预备费用				538	538		
3.2	涨价预备费用							
4	建设投资合计	1 000	3 480	160	1 278	5 918		100.00%
	其中:可抵扣固定资产进项税额		500			500		
	比例(%)	16.90%	58.80%	2.70%	21.60%	100.00%		

注:由于计算结果不保留小数,使得中间结果四舍五入,从而附表中有些数据偏差较大。

附表 11.2 建设投资估算表(形成资产法)

单位:万元

序号	工程或费用名称	建筑工程费	设备购置费	安装工程费	其他费用	合计	其中:外币	比例(%)
1	固定资产费用	1 000	3 480	160	600	5 240		88.54%
1.1	工程费用	1 000	3 480	160		4 640		
1.1.1	主体工程	420	3 100	140		3 660		
1.1.2	辅助工程	240	100			340		
1.1.3	公用工程	150	240	20		410		
1.1.4	总图运输工程	150				150		
1.1.5	服务性工程	40	40			80		
1.2	固定资产其他费用				600	600		
2	无形资产费用				100	100		1.69%
2.1	专有技术				100	100		
3	其他资产费用				40	40		0.68%
3.1	开办费				40	40		
4	预备费用				538	538		9.09%
4.1	基本预备费用				538	538		
4.2	涨价预备费用							
5	建设投资合计	1 000	3 480	160	1 278	5 918		100.00%
	其中:可抵扣固定资产进项税额		500			500		
	比例(%)	16.90%	58.80%	2.70%	21.60%	100.00%		

附表 11.3 建设期利息估算表

单位:万元

序号	项目	合计	建设期					
			1	2	3	4	…	n
1	借款							
1.1	建设期利息		21	75				
1.1.1	期初借款余额			710				
1.1.2	当期借款	1 775	710	1 065				
1.1.3	当期应计利息	96	21	75				
1.1.4	期末借款余额		710	1 775				
1.2	其他融资费用							
1.3	小计(1.1+1.2)							
2	债券							
2.1	建设期利息							
2.1.1	期初债券余额							
2.1.2	当期债务金额							
2.1.3	当期应计利息							
2.1.4	期末债务余额							
2.2	其他融资费用							
2.3	小计(2.1+2.2)							
3	合计(1.3+2.3)							
3.1	建设期利息合计(1.1+2.1)	96	21	75				
3.2	其他融资费用合计(1.2+2.2)							

注:本表可与借款还本付息计划表合二为一。

附表 11.4 流动资金估算表

单位:万元

序号	项目	最低周转天数	周转次数	计算期							
				3	4	5	6	7	8	9	10
1	流动资产			773	885	997	997	997	997	997	997
1.1	应收账款	90	4	427	488	550	550	550	550	550	550
1.2	存货			274	320	366	366	366	366	366	366
1.2.1	原材料	30	12	39	51	64	64	64	64	64	64
1.2.2	燃料	30	12	10	13	17	17	17	17	17	17
1.2.3	在产品	10	36	32	37	43	43	43	43	43	43
1.2.4	产成品	45	8	194	218	242	242	242	242	242	242
1.3	现金	30	12	72	76	80	80	80	80	80	80
1.4	预付账款										
2	流动负债			146	194	243	243	243	243	243	243
2.1	应付账款	90	4	146	194	243	243	243	243	243	243
2.2	预收账款										
3	流动资金(1-2)			627	690	754	754	754	754	754	754
4	流动资金当期增加额			627	63	63					

附表 11.5　项目总投资使用计划与资金筹措表

单位:万元

序号	项　　目	合计	1	2	3	4	5
1	总投资	6 768	2 389	3 625	627	63	63
1.1	建设投资	5 918	2 367	3 551			
1.2	建设期利息	96	21	75			
1.3	流动资金	754			627	63	63
2	资金筹措	6 768	2 389	3 625	627	63	63
2.1	项目资本金	4 465	1 678	2 560	188	19	19
2.1.1	用于建设投资	4 143	1 657	2 486			
2.1.2	用于流动资金	226			188	19	19
2.1.3	用于建设期利息	96	21	75			
2.2	债务资金	2 303	710	1 065	439	44	44
2.2.1	用于建设投资	1 775	710	1 065			
2.2.2	用于建设期利息	0					
2.2.3	用于流动资金	528			439	44	44

附表 11.6　营业收入、营业税金及附加和增值税估算表

单位:万元

序号	项　目	合计	计算期									
			1	2	3	4	5	6	7	8	9	10
1	营业收入	32 930.00			2 670	3 560	4 450	4 450	4 450	4 450	4 450	4 450
1.1	发酵剂 A 营业收入	5 920.00			480	640	800	800	800	800	800	800
	单价(不含税,万元/吨)				8	8	8	8	8	8	8	8
	数量(吨)	740.00			60	80	100	100	100	100	100	100
	销项税额	1 006.40			82	109	136	136	136	136	136	136
1.2	发酵剂 B 营业收入	20 720.00			1 680	2 240	2 800	2 800	2 800	2 800	2 800	2 800
	单价(不含税,万元/吨)				8	8	8	8	8	8	8	8
	数量(吨)	2 590.00			210	280	350	350	350	350	350	350
	销项税额	3 522.40			286	381	476	476	476	476	476	476
1.3	发酵剂 C 营业收入	6 290.00			510	680	850	850	850	850	850	850
	单价(不含税,万元/吨)				17	17	17	17	17	17	17	17
	数量(吨)	370.00			30	40	50	50	50	50	50	50
	销项税额	1 069.30			87	116	145	145	145	145	145	145
2	营业税金及附加	458.20			0	38	70	70	70	70	70	70
2.1	营业税	0.00										
2.2	消费税	0.00										
2.3	城市维护建设税	267.28			0	22	41	41	41	41	41	41
2.4	教育费附加	190.92			0	16	29	29	29	29	29	29
3	增值税	3 818.33			0	317	584	584	584	584	584	584
3.1	销项税额	5 598.10			454	605	757	757	757	757	757	757
3.2	进项税额	1 279.77			104	138	173	173	173	173	173	173
3.3	抵扣固定资产进项税额	500.00			350	150						
3.4	应纳增值税	3 818.33			0	317	584	584	584	584	584	584

附表 11.7　总成本费用估算表(生产要素法)

单位:万元

序号	项　目	合计	计算期							
			3	4	5	6	7	8	9	10
1	外购原材料费	4 870	395	526	658	658	658	658	658	658
2	外购燃料及动力费	1 323	107	143	179	179	179	179	179	179
3	工资及福利费	1 596	200	200	200	200	200	200	200	200
4	修理费	2 111	264	264	264	264	264	264	264	264
5	其他费用	5 683	638	683	727	727	727	727	727	727
5.1	其他管理费	3 192	399	399	399	399	399	399	399	399
5.2	其他制造费	844	106	106	106	106	106	106	106	106
5.3	其他营业费	1 647	134	178	223	223	223	223	223	223
6	经营成本(1+2+3+4+5)	15 583	1 604	1 815	2 027	2 027	2 027	2 027	2 027	2 027
7	折旧费	3 704	463	463	463	463	463	463	463	463
8	摊销费	140	21	21	21	21	21	13	13	13
9	利息支出	569	132	116	98	77	54	31	31	31
10	总成本费用合计(6+7+8+9)	19 996	2 219	2 415	2 609	2 588	2 565	2 533	2 533	2 533
	其中:可变成本	6 193	502	670	837	837	837	837	837	837
	固定成本	13 803	1 717	1 745	1 772	1 751	1 728	1 697	1 697	1 697

注:合计数与各年数额之和不吻合,是由于计算结果保留整数后引入中间计算误差造成的。

附表 11.8 外购原材料费估算表

单位:万元

序号	项 目	合计	计算期							
			3	4	5	6	7	8	9	10
1	外购原材料费	3 599	292	389	486	486	486	486	486	486
1.1	原材料 A 费用	506	41	55	68	68	68	68	68	68
	单价(不含税,元/吨)		22 800	22 800	22 800	22 800	22 800	22 800	22 800	22 800
	数量(吨)	222	18	24	30	30	30	30	30	30
	进项税额	86	7	9	12	12	12	12	12	12
1.2	原材料 B 费用	3 093	251	334	418	418	418	418	418	418
	单价(不含税,元/吨)		8 800	8 800	8 800	8 800	8 800	8 800	8 800	8 800
	数量(吨)	3 515	285	380	475	475	475	475	475	475
	进项税额	526	43	57	71	71	71	71	71	71
2	辅助材料费用	1 271	103	137	172	172	172	172	172	172
	进项税额	216	18	23	29	29	29	29	29	29
3	外购原材料费合计	4 870	395	526	658	658	658	658	658	658
4	外购原材料进项税额合计	828	67	90	112	112	112	112	112	112

附表 11.9 外购燃料和动力费估算表

单位:万元

序号	项　目	合计	计算期							
			3	4	5	6	7	8	9	10
1	水费	27.82	2	3	4	4	4	4	4	4
	单价(不含税,元/吨)		2.35	2.35	2.35	2.35	2.35	2.35	2.35	2.35
	数量(吨)	118 400	9 600	12 800	16 000	16 000	16 000	16 000	16 000	16 000
	进项税额	3.62	0.29	0.39	0.49	0.49	0.49	0.49	0.49	0.49
2	电费	1 184	96	128	160	160	160	160	160	160
	单价(不含税,元/千瓦时)		0.80	0.80	0.80	0.80	0.80	0.80	0.80	0.80
	数量(万千瓦时)	1 480.00	120	160	200	200	200	200	200	200
	进项税额	153.92	12.48	16.64	20.80	20.80	20.80	20.80	20.80	20.80
3	蒸汽费	111.00	9	12	15	15	15	15	15	15
	单价(不含税,元/吨)		100	100	100	100	100	100	100	100
	数量(吨)	11 100	900	1 200	1 500	1 500	1 500	1 500	1 500	1 500
	进项税额	14.43	1.17	1.56	1.95	1.95	1.95	1.95	1.95	1.95
4	外购燃料及动力费合计	1 323	107	143	179	179	179	179	179	179
5	外购燃料及动力进项税额合计	172	14	19	23	23	23	23	23	23

附表 11.10 固定资产折旧费估算表

单位:万元

序号	项目	合计	计算期							
			3	4	5	6	7	8	9	10
1	房屋、建筑物									
	原值		1 000							
	当期折旧费	380	48	48	48	48	48	48	48	48
	净值		953	905	858	810	763	715	668	620
2	机器设备									
	原值		2 980							
	当期折旧费	2 265	283	283	283	283	283	283	283	283
	净值		2 697	2 414	2 131	1 848	1 565	1 281	998	715
3	其他									
	原值		1 394							
	当期折旧费	1 059	132	132	132	132	132	132	132	132
	净值		1 261	1 129	997	864	732	599	467	335
4	合计									
	原值		5 374							
	当期折旧费	3 704	463	463	463	463	463	463	463	463
	净值		4 911	4 448	3 985	3 522	3 059	2 596	2 133	1 670

附表 11.11　无形资产及其他资产摊销费估算表

单位:万元

序号	项　目	合计	计算期							
			3	4	5	6	7	8	9	10
1	无形资产									
	原值		100							
	当期摊销费	100	13	13	13	13	13	13	13	13
	净值		88	75	63	50	38	25	13	0
2	其他资产									
	原值		40							
	当期摊销费	40	8	8	8	8	8			
	净值		32	24	16	8	0			
3	合计(1+2)									
	原值		140							
	当期摊销费	140	21	21	21	21	21	13	13	13
	净值		120	99	79	58	38	25	13	0

注:由于计算结果不保留小数,使得中间结果四舍五入,这样摊销合计数有较大偏差。

附表 11.12　工资及福利费估算表

单位:万元

序号	项　目	合计	计算期							
			3	4	5	6	7	8	9	10
1	工人									
	人数		25	25	25	25	25	25	25	25
	人均年工资		2.40	2.40	2.40	2.40	2.40	2.40	2.40	2.40
	工资额	480	60	60	60	60	60	60	60	60
2	技术人员									
	人数		3	3	3	3	3	3	3	3
	人均年工资		5	5	5	5	5	5	5	5
	工资额	120	15	15	15	15	15	15	15	15
3	管理人员									
	人数		10	10	10	10	10	10	10	10
	人均年工资		10	10	10	10	10	10	10	10
	工资额	800	100	100	100	100	100	100	100	100
4	工资总额(1+2+3)	1 400	175	175	175	175	175	175	175	175
5	福利费	196	25	25	25	25	25	25	25	25
6	合计(4+5)	1 596	200	200	200	200	200	200	200	200

附表 11.13 项目投资现金流量表

单位:万元

序号	项目	合计	计算期									
			1	2	3	4	5	6	7	8	9	10
1	现金流入	40 929			3 124	4 165	5 207	5 207	5 207	5 207	5 207	7 607
1.1	营业收入	32 930			2 670	3 560	4 450	4 450	4 450	4 450	4 450	4 450
1.2	销项税额	5 598			454	605	757	757	757	757	757	757
1.3	补贴收入											
1.4	回收资产余值	1 647										1 647
1.5	回收流动资金	754										754
2	现金流出	27 811	2 367	3 551	2 335	2 372	2 917	2 854	2 854	2 854	2 854	2 854
2.1	建设投资	5 918	2 367	3 551								
2.2	流动资金	754			627	63	63					
2.3	经营成本	15 583			1 604	1 815	2 027	2 027	2 027	2 027	2 027	2 027
2.4	进项税额	1 280			104	138	173	173	173	173	173	173
2.5	应纳增值税	3 818			0	317	584	584	584	584	584	584
2.6	营业税金及附加	458				38	70	70	70	70	70	70
2.7	维持运营投资											
3	所得税前净现金流量(1−2)	13 117	−2 367	−3 551	789	1 793	2 289	2 353	2 353	2 353	2 353	4 753
4	累计所得税前净现金流量		−2 367	−5 918	−5 129	−3 336	−1 046	1 306	3 659	6 012	8 364	13 117
5	调整所得税	3 279			148	308	470	470	470	472	472	472
6	所得税后净现金流量(3−5)	9 838	−2 367	−3 551	641	1 485	1 820	1 883	1 883	1 881	1 881	4 282
7	累计所得税后净现金流量		−2 367	−5 918	−5 277	−3 792	−1 972	−89	1 794	3 675	5 557	9 838

	所得税前	所得税后
计算指标:项目投资财务内部收益率(%):	25.34%	20.16%
项目投资财务净现值(i_c=10 %):	4 616	2 895
项目投资回收期(从建设期算起):	5.44	6.05

附表 11.14　项目资本金现金流量表

单位:万元

序号	项　目	合计	计算期									
			1	2	3	4	5	6	7	8	9	10
1	现金流入	40 952			3 124	4 165	5 207	5 207	5 207	5 207	5 207	7 630
1.1	营业收入	32 930			2 670	3 560	4 450	4 450	4 450	4 450	4 450	4 450
1.2	销项税额	5 598			454	605	757	757	757	757	757	757
1.3	补贴收入											
1.4	回收资产余值	1 670										1 670
1.5	回收流动资金	754										754
2	现金流出	31 595	1 678	2 560	2 455	3 054	3 768	3 754	3 760	3 346	3 346	3 874
2.1	项目资本金	4 465	1 678	2 560	188	19	19					
2.2	长期借款本金偿还	1 775			315	334	354	375	398			
2.3	流动资金借款本金偿还	528										528
2.4	借款利息支付	569			132	116	98	77	54	31	31	31
2.5	经营成本	15 583			1 604	1 815	2 027	2 027	2 027	2 027	2 027	2 027
2.6	进项税额	1 280			104	138	173	173	173	173	173	173
2.7	增值税	3 818			0	317	584	584	584	584	584	584
2.8	营业税金及附加	458			0	38	70	70	70	70	70	70
2.9	维持运营投资											
2.10	所得税	3 119			113	277	443	448	454	462	462	462
3	净现金流量(1−2)	9 357	−1 678	−2 560	669	1 111	1 439	1 453	1 447	1 860	1 860	3 756

计算指标:资本金财务内部收益率(%):　24.44%

资本金财务净现值(i_c=10 %):　3 181

附表 11.15　投资各方财务现金流量表

单位:万元

序号	项　　目	合计	计算期					
			1	2	3	4	…	n
1	现金流入							
1.1	实分利润							
1.2	资产处置收益分配							
1.3	租赁费收入							
1.4	技术转让或使用收入							
1.5	其他现金流入							
2	现金流出							
2.1	实缴资本							
2.2	租赁资产支出							
2.3	其他现金流出							
3	净现金流量(1—2)							

计算指标:投资各方内部收益率(%):

附表 11.16　利润与利润分配表

单位:万元

序号	项　目	合计	计算期							
			3	4	5	6	7	8	9	10
1	营业收入	32 930	2 670	3 560	4 450	4 450	4 450	4 450	4 450	4 450
2	营业税金及附加	458	0	38	70	70	70	70	70	70
3	总成本费用	19 996	2 219	2 415	2 609	2 588	2 565	2 533	2 533	2 533
4	补贴收入									
5	利润总额(1－2－3＋4)	12 475	451	1 107	1 771	1 792	1 815	1 847	1 847	1 847
6	弥补以前年度亏损									
7	应纳税所得额(5－6)	12 475	451	1 107	1 771	1 792	1 815	1 847	1 847	1 847
8	所得税	3 119	113	277	443	448	454	462	462	462
9	净利润(5－8)	9 357	338	830	1 328	1 344	1 361	1 385	1 385	1 385
10	期初未分配利润									
11	可供分配利润(9＋10)	9 357	338	830	1 328	1 344	1 361	1 385	1 385	1 385
12	提取法定盈余公积金	936	34	83	133	134	136	138	138	138
13	可供投资者分配的利润(11－12)	8 421	304	747	1 195	1 210	1 225	1 246	1 246	1 246
14	应付优先股股利									
15	提取任意盈余公积金	468	17	42	66	67	68	69	69	69
16	应付普通股股利(13－14－15)	7 953	287	706	1 129	1 142	1 157	1 177	1 177	1 177
17	各投资方利润分配:									
	其中:××方									
	××方									
18	未分配利润(13－14－15－17)	7 953	287	706	1 129	1 142	1 157	1 177	1 177	1 177
19	息税前利润(利润总额＋利息支出)	13 045	583	1 223	1 869	1 869	1 869	1 877	1 877	1 877
20	息税折旧摊销前利润(息税前利润＋折旧＋摊销)	16 889	1 066	1 706	2 353	2 353	2 353	2 353	2 353	2 353

附表 11.17　财务计划现金流量表

单位:万元

序号	项　目	合计	计算期									
			1	2	3	4	5	6	7	8	9	10
1	经营活动净现金流量(1.1—1.2)	14 270			1 304	1 580	1 910	1 905	1 899	1 891	1 891	1 891
1.1	现金流入	38 528			3 124	4 165	5 207	5 207	5 207	5 207	5 207	5 207
1.1.1	营业收入	32 930			2 670	3 560	4 450	4 450	4 450	4 450	4 450	4 450
1.1.2	增值税销项税额	5 598			454	605	757	757	757	757	757	757
1.1.3	补贴收入											
1.1.4	其他流入											
1.2	现金流出	24 258			1 820	2 586	3 297	3 302	3 308	3 315	3 315	3 315
1.2.1	经营成本	15 583			1 604	1 815	2 027	2 027	2 027	2 027	2 027	2 027
1.2.2	增值税进项税额	1 280			104	138	173	173	173	173	173	173
1.2.3	营业税金及附加	458			0	38	70	70	70	70	70	70
1.2.4	增值税	3 818			0	317	584	584	584	584	584	584
1.2.5	所得税	3 119			113	277	443	448	454	462	462	462
1.2.6	其他流出											
2	投资活动净现金流量(2.1—2.2)	−6 672	−2 367	−3 551	−627	−63	−63					
2.1	现金流入											
2.2	现金流出	6 672	2 367	3 551	627	63	63					
2.2.1	建设投资	5 918	2 367	3 551								
2.2.2	维持运营投资											
2.2.3	流动资金	754			627	63	63					
2.2.4	其他流出											

(续表)

序号	项目	合计	计算期									
			1	2	3	4	5	6	7	8	9	10
3	筹资活动净现金流量(3.1—3.2)	3 800	2 367	3 551	180	—386	—389	—452	—452	—31	—31	—558
3.1	现金流入	6 768	2 389	3 625	627	63	63					
3.1.1	项目资本金投入	4 465	1 678	2 560	188	19	19					
3.1.2	建设投资借款	1 775	710	1 065								
3.1.3	流动资金借款	528			439	44	44					
3.1.4	债券											
3.1.5	短期借款											
3.1.6	其他流入											
3.2	资金流出	2 968	21	75	447	450	452	452	452	31	31	558
3.2.1	各种利息支出	665	21	75	132	116	98	77	54	31	31	31
3.2.2	偿还长期借款本金	1 775			315	334	354	375	398			
3.2.3	偿还流动资金借款本金	528										528
3.2.4	应付利润(股利分配)											
3.2.5	股利分配											
4	净现金流量(1+2+3)	11 398	0	0	857	1 130	1 458	1 453	1 447	1 860	1 860	1 333
5	累计盈余资金		0	0	857	1 987	3 445	4 897	6 344	8 205	10 065	11 398

附表 11.18　资产负债表

单位:万元

序号	项　　目	计算期									
		1	2	3	4	5	6	7	8	9	10
1	资产	2 389	6 014	7 160	7 919	9 005	9 974	10 937	12 322	13 707	14 564
1.1	流动资产	200	500	2 130	3 372	4 941	6 394	7 841	9 701	11 562	12 894
1.1.1	货币资金			929	2 063	3 525	4 978	6 425	8 285	10 145	11 478
	其中:现金			72	76	80	80	80	80	80	80
	累计盈余资金			857	1 987	3 445	4 897	6 344	8 205	10 065	11 398
1.1.2	应收账款			427	488	550	550	550	550	550	550
1.1.3	预付账款										
1.1.4	存货			275	320	366	366	366	366	366	366
1.1.5	其他	200	500	500	500	500	500	500	500	500	500
1.2	在建工程	2 189	5 514								
1.3	固定资产净值			4 911	4 448	3 985	3 522	3 059	2 596	2 133	1 670
1.4	无形及其他资产净值			120	99	79	58	38	25	13	0
2	负债及所有者权益	2 389	6 014	7 160	7 919	9 005	9 974	10 937	12 322	13 707	14 564
2.1	流动负债总额			496	694	743	743	743	743	743	743
2.1.1	短期借款										

(续　表)

序号	项　　目	计算期									
		1	2	3	4	5	6	7	8	9	10
2.1.2	应付账款			146	194	243	243	243	243	243	243
2.1.3	预收账款										
2.1.4	其他			350	500	500	500	500	500	500	500
2.2	建设投资借款	710	1 775	1 460	1 127	773	398	0			
2.3	流动资金借款			439	483	528	528	528	528	528	0
2.4	负债小计	710	1 775	2 395	2 304	2 043	1 668	1 271	1 271	1 271	743
2.5	所有者权益	1 678	4 238	4 765	5 614	6 961	8 306	9 667	11 051	12 436	13 821
2.5.1	资本金	1 678	4 238	4 427	4 446	4 465	4 465	4 465	4 465	4 465	4 465
2.5.2	资本公积金										
2.5.3	累计盈余公积金			51	175	375	576	780	988	1 196	1 403
2.5.4	累计未分配利润			287	993	2 122	3 265	4 422	5 599	6 776	7 953
计算指标：1. 资产负债率(%)：				33.45%	29.10%	22.69%	16.73%	11.62%	10.31%	9.27%	5.10%
2. 流动比率：				4.29	4.86	6.65	8.61	10.55	13.06	15.56	17.35
3. 速动比率：				3.74	4.39	6.16	8.11	10.06	12.56	15.07	16.86

附表 11.19 借款还本付息计划表

单位:万元

序号	项目	合计	计算期									
			1	2	3	4	5	6	7	8	9	10
1	借款 1											
1.1	期初借款余额				1 775	1 460	1 127	773	398			
1.2	当期还本付息	2 107			421	421	421	421	421			
	其中:还本	1 775			315	334	354	375	398			
	付息	332			107	88	68	46	24			
1.3	期末借款余额				1 460	1 127	773	398	0			
2	借款 2											
2.1	期初借款余额											
2.2	当期还本付息											
	其中:还本											
	付息											
2.3	期末借款余额											
计算指标	利息备付率				4.42	10.57	19.03	24.28	34.32			
	偿债备付率				2.13	3.18	4.22	4.21	4.20			

注:1. 本表可与建设期利息估算表合二为一。

参 考 文 献

[1]《投资项目可行性研究指南》编写组. 投资项目可行性研究指南(试用版)[M]. 北京:中国电力出版社,2002

[2] 建设部标准定额研究所. 建设项目经济评价参数研究[M]. 北京:中国计划出版社,2004

[3] 国家计划委员会,建设部. 建设项目经济评价方法与参数[M]. 3版. 北京:中国计划出版社,2006

[4] 邵颖红,黄渝祥,邢爱芳. 工程经济学[M]. 5版. 上海:同济大学出版社,2015

[5] 刘晓君. 工程经济学[M]. 3版. 北京:中国建筑工业出版社,2015

[6] 钱昆润,葛筠圃,张星. 建筑经济与建筑技术经济[M]. 南京:东南大学出版社,1993

[7] 李南. 工程经济学[M]. 北京:科学出版社,2004

[8] 刘长滨. 建筑工程技术经济学[M]. 北京:中国建筑工业出版社,1992

[9] 杨昌鸣,庄惟敏. 建筑设计与经济[M]. 北京:中国计划出版社,2003

[10] 邵颖红,黄渝祥. 工程经济学概论[M]. 北京:电子工业出版社,2003

[11] 赵国杰. 工程经济与项目经济评价[M]. 天津:天津大学出版社,1999

[12] 徐向阳,谷和平,刘景韬. 技术经济学[M]. 2版. 南京:东南大学出版社,2001

[13] 刘亚臣. 工程经济学[M]. 大连:大连理工大学出版社,1999

[14] 周惠珍. 投资项目评估学[M]. 大连:东北财经大学出版社,2002

[15] 傅家骥,仝允桓. 工业技术经济学[M]. 3版. 北京:清华大学出版社,1996

[16] 陶树人. 技术经济学[M]. 北京:经济管理出版社,1999

[17] 肖笃笙. 工程投资经济分析[M]. 北京:机械工业出版社,1987

[18] 吴鼎贤. 建筑工程现代管理量化与优化方法[M]. 北京:地震出版社,1999

[19] 刘洪玉. 房地产开发经营与管理[M]. 北京:中国建筑工业出版社,2009

[20] 秦寿康,等. 综合评价原理与应用[M]. 北京:电子工业出版社,2003

[21] J L 里格斯. 工程经济学[M]. 吕薇,译. 北京:中国财政经济出版社,1989

[22] 约翰逊. 资本预算决策:公司价值最大化[M]. 齐寅峰,李莉,译. 北京:机械工业出版社,2002

[23] 约翰逊. 资本成本管理与决策:公司价值的关键[M]. 姚广,闫鸿雁,译. 北京:机械工业出版社,2002

[24] 拉姆丹尼·麦乔治,安琪拉·保玛,邹小伟. 市场经济条件下的建设管理[M]. 北京:中国建筑工业出版社,2003

[25] P 布鲁恩. 港口工程学[M]. 交通部第一航务工程局设计院技术情报组,译. 北京:人民出版社,1981

[26] 注册咨询工程师(投资)考试教材编写委员会. 项目决策分析与评价[M]. 北京:中国计划出版社,2011

[27] 注册咨询工程师(投资)考试教材编写委员会. 现代咨询方法与实务[M]. 北京:中国计划出版社,2011

[28] 全国造价工程师执业资格考试培训教材编审委员会. 建设工程造价案例分析[M]. 北京:中国城市出版社,2014

[29] 全国一级建造师执业资格考试用书编写委员会. 建筑工程经济[M]. 4 版. 北京:中国建筑工业出版社,2014

附录A 复利系数表

附表 A.1 复利系数表(i=1%)

n	$(F/P,i,n)$	$(P/F,i,n)$	$(F/A,i,n)$	$(A/F,i,n)$	$(A/P,i,n)$	$(P/A,i,n)$	$(F/G,i,n)$	$(A/G,i,n)$
1	1.0100	0.9901	1.0000	1.0000	1.0100	0.9901	0.0000	0.0000
2	1.0201	0.9803	2.0100	0.4975	0.5075	1.9704	1.0000	0.4975
3	1.0303	0.9706	3.0301	0.3300	0.3400	2.9410	3.0100	0.9934
4	1.0406	0.9610	4.0604	0.2463	0.2563	3.9020	6.0401	1.4876
5	1.0510	0.9515	5.1010	0.1960	0.2060	4.8534	10.1005	1.9801
6	1.0615	0.9420	6.1520	0.1625	0.1725	5.7955	15.2015	2.4710
7	1.0721	0.9327	7.2135	0.1386	0.1486	6.7282	21.3535	2.9602
8	1.0829	0.9235	8.2857	0.1207	0.1307	7.6517	28.5671	3.4478
9	1.0937	0.9143	9.3685	0.1067	0.1167	8.5660	36.8527	3.9337
10	1.1046	0.9053	10.4622	0.0956	0.1056	9.4713	46.2213	4.4179
11	1.1157	0.8963	11.5668	0.0865	0.0965	10.3676	56.6835	4.9005
12	1.1268	0.8874	12.6825	0.0788	0.0888	11.2551	68.2503	5.3815
13	1.1381	0.8787	13.8093	0.0724	0.0824	12.1337	80.9328	5.8607
14	1.1495	0.8700	14.9474	0.0669	0.0769	13.0037	94.7421	6.3384
15	1.1610	0.8613	16.0969	0.0621	0.0721	13.8651	109.6896	6.8143
16	1.1726	0.8528	17.2579	0.0579	0.0679	14.7179	125.7864	7.2886
17	1.1843	0.8444	18.4304	0.0543	0.0643	15.5623	143.0443	7.7613
18	1.1961	0.8360	19.6147	0.0510	0.0610	16.3983	161.4748	8.2323
19	1.2081	0.8277	20.8109	0.0481	0.0581	17.2260	181.0895	8.7017
20	1.2202	0.8195	22.0190	0.0454	0.0554	18.0456	201.9004	9.1694
21	1.2324	0.8114	23.2392	0.0430	0.0530	18.8570	223.9194	9.6354
22	1.2447	0.8034	24.4716	0.0409	0.0509	19.6604	247.1586	10.0998
23	1.2572	0.7954	25.7163	0.0389	0.0489	20.4558	271.6302	10.5626
24	1.2697	0.7876	26.9735	0.0371	0.0471	21.2434	297.3465	11.0237
25	1.2824	0.7798	28.2432	0.0354	0.0454	22.0232	324.3200	11.4831
26	1.2953	0.7720	29.5256	0.0339	0.0439	22.7952	352.5631	11.9409
27	1.3082	0.7644	30.8209	0.0324	0.0424	23.5596	382.0888	12.3971
28	1.3213	0.7568	32.1291	0.0311	0.0411	24.3164	412.9097	12.8516
29	1.3345	0.7493	33.4504	0.0299	0.0399	25.0658	445.0388	13.3044
30	1.3478	0.7419	34.7849	0.0287	0.0387	25.8077	478.4892	13.7557
31	1.3613	0.7346	36.1327	0.0277	0.0377	26.5423	513.2740	14.2052
32	1.3749	0.7273	37.4941	0.0267	0.0367	27.2696	549.4068	14.6532
33	1.3887	0.7201	38.8690	0.0257	0.0357	27.9897	586.9009	15.0995
34	1.4026	0.7130	40.2577	0.0248	0.0348	28.7027	625.7699	15.5441
35	1.4166	0.7059	41.6603	0.0240	0.0340	29.4086	666.0276	15.9871
36	1.4308	0.6989	43.0769	0.0232	0.0332	30.1075	707.6878	16.4285
37	1.4451	0.6920	44.5076	0.0225	0.0325	30.7995	750.7647	16.8682
38	1.4595	0.6852	45.9527	0.0218	0.0318	31.4847	795.2724	17.3063
39	1.4741	0.6784	47.4123	0.0211	0.0311	32.1630	841.2251	17.7428
40	1.4889	0.6717	48.8864	0.0205	0.0305	32.8347	888.6373	18.1776
41	1.5038	0.6650	50.3752	0.0199	0.0299	33.4997	937.5237	18.6108
42	1.5188	0.6584	51.8790	0.0193	0.0293	34.1581	987.8989	19.0424
43	1.5340	0.6519	53.3978	0.0187	0.0287	34.8100	1039.7779	19.4723
44	1.5493	0.6454	54.9318	0.0182	0.0282	35.4555	1093.1757	19.9006
45	1.5648	0.6391	56.4811	0.0177	0.0277	36.0945	1148.1075	20.3273
46	1.5805	0.6327	58.0459	0.0172	0.0272	36.7272	1204.5885	20.7524
47	1.5963	0.6265	59.6263	0.0168	0.0268	37.3537	1262.6344	21.1758
48	1.6122	0.6203	61.2226	0.0163	0.0263	37.9740	1322.2608	21.5976
49	1.6283	0.6141	62.8348	0.0159	0.0259	38.5881	1383.4834	22.0178
50	1.6446	0.6080	64.4632	0.0155	0.0255	39.1961	1446.3182	22.4363

附表 A.2　复利系数表($i=5\%$)

n	$(F/P,i,n)$	$(P/F,i,n)$	$(F/A,i,n)$	$(A/F,i,n)$	$(A/P,i,n)$	$(P/A,i,n)$	$(F/G,i,n)$	$(A/G,i,n)$
1	1.0500	0.9524	1.0000	1.0000	1.0500	0.9524	0.0000	0.0000
2	1.1025	0.9070	2.0500	0.4878	0.5378	1.8594	1.0000	0.4878
3	1.1576	0.8638	3.1525	0.3172	0.3672	2.7232	3.0500	0.9675
4	1.2155	0.8227	4.3101	0.2320	0.2820	3.5460	6.2025	1.4391
5	1.2763	0.7835	5.5256	0.1810	0.2310	4.3295	10.5126	1.9025
6	1.3401	0.7462	6.8019	0.1470	0.1970	5.0757	16.0383	2.3579
7	1.4071	0.7107	8.1420	0.1228	0.1728	5.7864	22.8402	2.8052
8	1.4775	0.6768	9.5491	0.1047	0.1547	6.4632	30.9822	3.2445
9	1.5513	0.6446	11.0266	0.0907	0.1407	7.1078	40.5313	3.6758
10	1.6289	0.6139	12.5779	0.0795	0.1295	7.7217	51.5579	4.0991
11	1.7103	0.5847	14.2068	0.0704	0.1204	8.3064	64.1357	4.5144
12	1.7959	0.5568	15.9171	0.0628	0.1128	8.8633	78.3425	4.9219
13	1.8856	0.5303	17.7130	0.0565	0.1065	9.3936	94.2597	5.3215
14	1.9799	0.5051	19.5986	0.0510	0.1010	9.8986	111.9726	5.7133
15	2.0789	0.4810	21.5786	0.0463	0.0963	10.3797	131.5713	6.0973
16	2.1829	0.4581	23.6575	0.0423	0.0923	10.8378	153.1498	6.4736
17	2.2920	0.4363	25.8404	0.0387	0.0887	11.2741	176.8073	6.8423
18	2.4066	0.4155	28.1324	0.0355	0.0855	11.6896	202.6477	7.2034
19	2.5270	0.3957	30.5390	0.0327	0.0827	12.0853	230.7801	7.5569
20	2.6533	0.3769	33.0660	0.0302	0.0802	12.4622	261.3191	7.9030
21	2.7860	0.3589	35.7193	0.0280	0.0780	12.8212	294.3850	8.2416
22	2.9253	0.3418	38.5052	0.0260	0.0760	13.1630	330.1043	8.5730
23	3.0715	0.3256	41.4305	0.0241	0.0741	13.4886	368.6095	8.8971
24	3.2251	0.3101	44.5020	0.0225	0.0725	13.7986	410.0400	9.2140
25	3.3864	0.2953	47.7271	0.0210	0.0710	14.0939	454.5420	9.5238
26	3.5557	0.2812	51.1135	0.0196	0.0696	14.3752	502.2691	9.8266
27	3.7335	0.2678	54.6691	0.0183	0.0683	14.6430	553.3825	10.1224
28	3.9201	0.2551	58.4026	0.0171	0.0671	14.8981	608.0517	10.4114
29	4.1161	0.2429	62.3227	0.0160	0.0660	15.1411	666.4542	10.6936
30	4.3219	0.2314	66.4388	0.0151	0.0651	15.3725	728.7770	10.9691
31	4.5380	0.2204	70.7608	0.0141	0.0641	15.5928	795.2158	11.2381
32	4.7649	0.2099	75.2988	0.0133	0.0633	15.8027	865.9766	11.5005
33	5.0032	0.1999	80.0638	0.0125	0.0625	16.0025	941.2754	11.7566
34	5.2533	0.1904	85.0670	0.0118	0.0618	16.1929	1021.3392	12.0063
35	5.5160	0.1813	90.3203	0.0111	0.0611	16.3742	1106.4061	12.2498
36	5.7918	0.1727	95.8363	0.0104	0.0604	16.5469	1196.7265	12.4872
37	6.0814	0.1644	101.6281	0.0098	0.0598	16.7113	1292.5628	12.7186
38	6.3855	0.1566	107.7095	0.0093	0.0593	16.8679	1394.1909	12.9440
39	6.7048	0.1491	114.0950	0.0088	0.0588	17.0170	1501.9005	13.1636
40	7.0400	0.1420	120.7998	0.0083	0.0583	17.1591	1615.9955	13.3775
41	7.3920	0.1353	127.8398	0.0078	0.0578	17.2944	1736.7953	13.5857
42	7.7616	0.1288	135.2318	0.0074	0.0574	17.4232	1864.6350	13.7884
43	8.1497	0.1227	142.9933	0.0070	0.0570	17.5459	1999.8668	13.9857
44	8.5572	0.1169	151.1430	0.0066	0.0566	17.6628	2142.8601	14.1777
45	8.9850	0.1113	159.7002	0.0063	0.0563	17.7741	2294.0031	14.3644
46	9.4343	0.1060	168.6852	0.0059	0.0559	17.8801	2453.7033	14.5461
47	9.9060	0.1009	178.1194	0.0056	0.0556	17.9810	2622.3884	14.7226
48	10.4013	0.0961	188.0254	0.0053	0.0553	18.0772	2800.5079	14.8943
49	10.9213	0.0916	198.4267	0.0050	0.0550	18.1687	2988.5333	15.0611
50	11.4674	0.0872	209.3480	0.0048	0.0548	18.2559	3186.9599	15.2233

附表 A.3　复利系数表($i=10\%$)

n	$(F/P,i,n)$	$(P/F,i,n)$	$(F/A,i,n)$	$(A/F,i,n)$	$(A/P,i,n)$	$(P/A,i,n)$	$(F/G,i,n)$	$(A/G,i,n)$
1	1.1000	0.9091	1.0000	1.0000	1.1000	0.9091	0.0000	0.0000
2	1.2100	0.8264	2.1000	0.4762	0.5762	1.7355	1.0000	0.4762
3	1.3310	0.7513	3.3100	0.3021	0.4021	2.4869	3.1000	0.9366
4	1.4641	0.6830	4.6410	0.2155	0.3155	3.1699	6.4100	1.3812
5	1.6105	0.6209	6.1051	0.1638	0.2638	3.7908	11.0510	1.8101
6	1.7716	0.5645	7.7156	0.1296	0.2296	4.3553	17.1561	2.2236
7	1.9487	0.5132	9.4872	0.1054	0.2054	4.8684	24.8717	2.6216
8	2.1436	0.4665	11.4359	0.0874	0.1874	5.3349	34.3589	3.0045
9	2.3579	0.4241	13.5795	0.0736	0.1736	5.7590	45.7948	3.3724
10	2.5937	0.3855	15.9374	0.0627	0.1627	6.1446	59.3742	3.7255
11	2.8531	0.3505	18.5312	0.0540	0.1540	6.4951	75.3117	4.0641
12	3.1384	0.3186	21.3843	0.0468	0.1468	6.8137	93.8428	4.3884
13	3.4523	0.2897	24.5227	0.0408	0.1408	7.1034	115.2271	4.6988
14	3.7975	0.2633	27.9750	0.0357	0.1357	7.3667	139.7498	4.9955
15	4.1772	0.2394	31.7725	0.0315	0.1315	7.6061	167.7248	5.2789
16	4.5950	0.2176	35.9497	0.0278	0.1278	7.8237	199.4973	5.5493
17	5.0545	0.1978	40.5447	0.0247	0.1247	8.0216	235.4470	5.8071
18	5.5599	0.1799	45.5992	0.0219	0.1219	8.2014	275.9917	6.0526
19	6.1159	0.1635	51.1591	0.0195	0.1195	8.3649	321.5909	6.2861
20	6.7275	0.1486	57.2750	0.0175	0.1175	8.5136	372.7500	6.5081
21	7.4002	0.1351	64.0025	0.0156	0.1156	8.6487	430.0250	6.7189
22	8.1403	0.1228	71.4027	0.0140	0.1140	8.7715	494.0275	6.9189
23	8.9543	0.1117	79.5430	0.0126	0.1126	8.8832	565.4302	7.1085
24	9.8497	0.1015	88.4973	0.0113	0.1113	8.9847	644.9733	7.2881
25	10.8347	0.0923	98.3471	0.0102	0.1102	9.0770	733.4706	7.4580
26	11.9182	0.0839	109.1818	0.0092	0.1092	9.1609	831.8177	7.6186
27	13.1100	0.0763	121.0999	0.0083	0.1083	9.2372	940.9994	7.7704
28	14.4210	0.0693	134.2099	0.0075	0.1075	9.3066	1062.0994	7.9137
29	15.8631	0.0630	148.6309	0.0067	0.1067	9.3696	1196.3093	8.0489
30	17.4494	0.0573	164.4940	0.0061	0.1061	9.4269	1344.9402	8.1762
31	19.1943	0.0521	181.9434	0.0055	0.1055	9.4790	1509.4342	8.2962
32	21.1138	0.0474	201.1378	0.0050	0.1050	9.5264	1691.3777	8.4091
33	23.2252	0.0431	222.2515	0.0045	0.1045	9.5694	1892.5154	8.5152
34	25.5477	0.0391	245.4767	0.0041	0.1041	9.6086	2114.7670	8.6149
35	28.1024	0.0356	271.0244	0.0037	0.1037	9.6442	2360.2437	8.7086
36	30.9127	0.0323	299.1268	0.0033	0.1033	9.6765	2631.2681	8.7965
37	34.0039	0.0294	330.0395	0.0030	0.1030	9.7059	2930.3949	8.8789
38	37.4043	0.0267	364.0434	0.0027	0.1027	9.7327	3260.4343	8.9562
39	41.1448	0.0243	401.4478	0.0025	0.1025	9.7570	3624.4778	9.0285
40	45.2593	0.0221	442.5926	0.0023	0.1023	9.7791	4025.9256	9.0962
41	49.7852	0.0201	487.8518	0.0020	0.1020	9.7991	4468.5181	9.1596
42	54.7637	0.0183	537.6370	0.0019	0.1019	9.8174	4956.3699	9.2188
43	60.2401	0.0166	592.4007	0.0017	0.1017	9.8340	5494.0069	9.2741
44	66.2641	0.0151	652.6408	0.0015	0.1015	9.8491	6086.4076	9.3258
45	72.8905	0.0137	718.9048	0.0014	0.1014	9.8628	6739.0484	9.3740
46	80.1795	0.0125	791.7953	0.0013	0.1013	9.8753	7457.9532	9.4190
47	88.1975	0.0113	871.9749	0.0011	0.1011	9.8866	8249.7485	9.4610
48	97.0172	0.0103	960.1723	0.0010	0.1010	9.8969	9121.7234	9.5001
49	106.7190	0.0094	1057.1896	0.0009	0.1009	9.9063	10081.8957	9.5365
50	117.3909	0.0085	1163.9085	0.0009	0.1009	9.9148	11139.0853	9.5704

附表 A.4　复利系数表($i=15\%$)

n	$(F/P,i,n)$	$(P/F,i,n)$	$(F/A,i,n)$	$(A/F,i,n)$	$(A/P,i,n)$	$(P/A,i,n)$	$(F/G,i,n)$	$(A/G,i,n)$
1	1.1500	0.8696	1.0000	1.0000	1.1500	0.8696	0.0000	0.0000
2	1.3225	0.7561	2.1500	0.4651	0.6151	1.6257	1.0000	0.4651
3	1.5209	0.6575	3.4725	0.2880	0.4380	2.2832	3.1500	0.9071
4	1.7490	0.5718	4.9934	0.2003	0.3503	2.8550	6.6225	1.3263
5	2.0114	0.4972	6.7424	0.1483	0.2983	3.3522	11.6159	1.7228
6	2.3131	0.4323	8.7537	0.1142	0.2642	3.7845	18.3583	2.0972
7	2.6600	0.3759	11.0668	0.0904	0.2404	4.1604	27.1120	2.4498
8	3.0590	0.3269	13.7268	0.0729	0.2229	4.4873	38.1788	2.7813
9	3.5179	0.2843	16.7858	0.0596	0.2096	4.7716	51.9056	3.0922
10	4.0456	0.2472	20.3037	0.0493	0.1993	5.0188	68.6915	3.3832
11	4.6524	0.2149	24.3493	0.0411	0.1911	5.2337	88.9952	3.6549
12	5.3503	0.1869	29.0017	0.0345	0.1845	5.4206	113.3444	3.9082
13	6.1528	0.1625	34.3519	0.0291	0.1791	5.5831	142.3461	4.1438
14	7.0757	0.1413	40.5047	0.0247	0.1747	5.7245	176.6980	4.3624
15	8.1371	0.1229	47.5804	0.0210	0.1710	5.8474	217.2027	4.5650
16	9.3576	0.1069	55.7175	0.0179	0.1679	5.9542	264.7831	4.7522
17	10.7613	0.0929	65.0751	0.0154	0.1654	6.0472	320.5006	4.9251
18	12.3755	0.0808	75.8364	0.0132	0.1632	6.1280	385.5757	5.0843
19	14.2318	0.0703	88.2118	0.0113	0.1613	6.1982	461.4121	5.2307
20	16.3665	0.0611	102.4436	0.0098	0.1598	6.2593	549.6239	5.3651
21	18.8215	0.0531	118.8101	0.0084	0.1584	6.3125	652.0675	5.4883
22	21.6447	0.0462	137.6316	0.0073	0.1573	6.3587	770.8776	5.6010
23	24.8915	0.0402	159.2764	0.0063	0.1563	6.3988	908.5092	5.7040
24	28.6252	0.0349	184.1678	0.0054	0.1554	6.4338	1067.7856	5.7979
25	32.9190	0.0304	212.7930	0.0047	0.1547	6.4641	1251.9534	5.8834
26	37.8568	0.0264	245.7120	0.0041	0.1541	6.4906	1464.7465	5.9612
27	43.5353	0.0230	283.5688	0.0035	0.1535	6.5135	1710.4584	6.0319
28	50.0656	0.0200	327.1041	0.0031	0.1531	6.5335	1994.0272	6.0960
29	57.5755	0.0174	377.1697	0.0027	0.1527	6.5509	2321.1313	6.1541
30	66.2118	0.0151	434.7451	0.0023	0.1523	6.5660	2698.3010	6.2066
31	76.1435	0.0131	500.9569	0.0020	0.1520	6.5791	3133.0461	6.2541
32	87.5651	0.0114	577.1005	0.0017	0.1517	6.5905	3634.0030	6.2970
33	100.6998	0.0099	664.6655	0.0015	0.1515	6.6005	4211.1035	6.3357
34	115.8048	0.0086	765.3654	0.0013	0.1513	6.6091	4875.7690	6.3705
35	133.1755	0.0075	881.1702	0.0011	0.1511	6.6166	5641.1344	6.4019
36	153.1519	0.0065	1014.3457	0.0010	0.1510	6.6231	6522.3045	6.4301
37	176.1246	0.0057	1167.4975	0.0009	0.1509	6.6288	7536.6502	6.4554
38	202.5433	0.0049	1343.6222	0.0007	0.1507	6.6338	8704.1477	6.4781
39	232.9248	0.0043	1546.1655	0.0006	0.1506	6.6380	10047.7699	6.4985
40	267.8635	0.0037	1779.0903	0.0006	0.1506	6.6418	11593.9354	6.5168
41	308.0431	0.0032	2046.9539	0.0005	0.1505	6.6450	13373.0257	6.5331
42	354.2495	0.0028	2354.9969	0.0004	0.1504	6.6478	15419.9796	6.5478
43	407.3870	0.0025	2709.2465	0.0004	0.1504	6.6503	17774.9765	6.5609
44	468.4950	0.0021	3116.6334	0.0003	0.1503	6.6524	20484.2230	6.5725
45	538.7693	0.0019	3585.1285	0.0003	0.1503	6.6543	23600.8564	6.5830
46	619.5847	0.0016	4123.8977	0.0002	0.1502	6.6559	27185.9849	6.5923
47	712.5224	0.0014	4743.4824	0.0002	0.1502	6.6573	31309.8826	6.6006
48	819.4007	0.0012	5456.0047	0.0002	0.1502	6.6585	36053.3650	6.6080
49	942.3108	0.0011	6275.4055	0.0002	0.1502	6.6596	41509.3697	6.6146
50	1083.657	0.0009	7217.7163	0.0001	0.1501	6.6605	47784.7752	6.6205

附表 A.5　复利系数表(i=18%)

n	$(F/P,i,n)$	$(P/F,i,n)$	$(F/A,i,n)$	$(A/F,i,n)$	$(A/P,i,n)$	$(P/A,i,n)$	$(F/G,i,n)$	$(A/G,i,n)$
1	1.1800	0.8475	1.0000	1.0000	1.1800	0.8475	0.0000	0.0000
2	1.3924	0.7182	2.1800	0.4587	0.6387	1.5656	1.0000	0.4587
3	1.6430	0.6086	3.5724	0.2799	0.4599	2.1743	3.1800	0.8902
4	1.9388	0.5158	5.2154	0.1917	0.3717	2.6901	6.7524	1.2947
5	2.2878	0.4371	7.1542	0.1398	0.3198	3.1272	11.9678	1.6728
6	2.6996	0.3704	9.4420	0.1059	0.2859	3.4976	19.1220	2.0252
7	3.1855	0.3139	12.1415	0.0824	0.2624	3.8115	28.5640	2.3526
8	3.7589	0.2660	15.3270	0.0652	0.2452	4.0776	40.7055	2.6558
9	4.4355	0.2255	19.0859	0.0524	0.2324	4.3030	56.0325	2.9358
10	5.2338	0.1911	23.5213	0.0425	0.2225	4.4941	75.1184	3.1936
11	6.1759	0.1619	28.7551	0.0348	0.2148	4.6560	98.6397	3.4303
12	7.2876	0.1372	34.9311	0.0286	0.2086	4.7932	127.3948	3.6470
13	8.5994	0.1163	42.2187	0.0237	0.2037	4.9095	162.3259	3.8449
14	10.1472	0.0985	50.8180	0.0197	0.1997	5.0081	204.5446	4.0250
15	11.9737	0.0835	60.9653	0.0164	0.1964	5.0916	255.3626	4.1887
16	14.1290	0.0708	72.9390	0.0137	0.1937	5.1624	316.3279	4.3369
17	16.6722	0.0600	87.0680	0.0115	0.1915	5.2223	389.2669	4.4708
18	19.6733	0.0508	103.7403	0.0096	0.1896	5.2732	476.3349	4.5916
19	23.2144	0.0431	123.4135	0.0081	0.1881	5.3162	580.0752	4.7003
20	27.3930	0.0365	146.6280	0.0068	0.1868	5.3527	703.4887	4.7978
21	32.3238	0.0309	174.0210	0.0057	0.1857	5.3837	850.1167	4.8851
22	38.1421	0.0262	206.3448	0.0048	0.1848	5.4099	1024.1377	4.9632
23	45.0076	0.0222	244.4868	0.0041	0.1841	5.4321	1230.4825	5.0329
24	53.1090	0.0188	289.4945	0.0035	0.1835	5.4509	1474.9693	5.0950
25	62.6686	0.0160	342.6035	0.0029	0.1829	5.4669	1764.4638	5.1502
26	73.9490	0.0135	405.2721	0.0025	0.1825	5.4804	2107.0673	5.1991
27	87.2598	0.0115	479.2211	0.0021	0.1821	5.4919	2512.3394	5.2425
28	102.9666	0.0097	566.4809	0.0018	0.1818	5.5016	2991.5605	5.2810
29	121.5005	0.0082	669.4475	0.0015	0.1815	5.5098	3558.0414	5.3149
30	143.3706	0.0070	790.9480	0.0013	0.1813	5.5168	4227.4888	5.3448
31	169.1774	0.0059	934.3186	0.0011	0.1811	5.5227	5018.4368	5.3712
32	199.6293	0.0050	1103.4960	0.0009	0.1809	5.5277	5952.7555	5.3945
33	235.5625	0.0042	1303.1253	0.0008	0.1808	5.5320	7056.2514	5.4149
34	277.9638	0.0036	1538.6878	0.0006	0.1806	5.5356	8359.3767	5.4328
35	327.9973	0.0030	1816.6516	0.0006	0.1806	5.5386	9898.0645	5.4485
36	387.0368	0.0026	2144.6489	0.0005	0.1805	5.5412	11714.7161	5.4623
37	456.7034	0.0022	2531.6857	0.0004	0.1804	5.5434	13859.3650	5.4744
38	538.9100	0.0019	2988.3891	0.0003	0.1803	5.5452	16391.0507	5.4849
39	635.9139	0.0016	3527.2992	0.0003	0.1803	5.5468	19379.4399	5.4941
40	750.3783	0.0013	4163.2130	0.0002	0.1802	5.5482	22906.7390	5.5022
41	885.4464	0.0011	4913.5914	0.0002	0.1802	5.5493	27069.9521	5.5092
42	1044.8268	0.0010	5799.0378	0.0002	0.1802	5.5502	31983.5434	5.5153
43	1232.8956	0.0008	6843.8646	0.0001	0.1801	5.5510	37782.5813	5.5207
44	1454.8168	0.0007	8076.7603	0.0001	0.1801	5.5517	44626.4459	5.5253
45	1716.6839	0.0006	9531.5771	0.0001	0.1801	5.5523	52703.2061	5.5293
46	2025.6870	0.0005	11248.2610	0.0001	0.1801	5.5528	62234.7832	5.5328
47	2390.3106	0.0004	13273.9480	0.0001	0.1801	5.5532	73483.0442	5.5359
48	2820.5665	0.0004	15664.2586	0.0001	0.1801	5.5536	86756.9922	5.5385
49	3328.2685	0.0003	18484.8251	0.0001	0.1801	5.5539	102421.2508	5.5408
50	3927.3569	0.0003	21813.0937	0.0000	0.1800	5.5541	120906.0759	5.5428

附录B　Excel中财务函数及使用说明

1. ACCRINT

用途：返回定期付息有价证券的应计利息。

语法：ACCRINT(issue, first_interest, settlement, rate, par, frequency, basis)

参数：issue为有价证券的发行日，first_interest是证券的起息日，settlement是证券的成交日(即发行日之后证券卖给购买者的日期)，rate为有价证券的年息票利率，par为有价证券的票面价值(如果省略par，函数ACCRINT将par看作$1 000)，frequency为年付息次数(如果按年支付，frequency = 1；按半年期支付，frequency = 2；按季支付，frequency = 4)。

2. ACCRINTM

用途：返回到期一次性付息有价证券的应计利息。

语法：ACCRINTM(issue, maturity, rate, par, basis)

参数：issue为有价证券的发行日，maturity为有价证券的到期日，rate为有价证券的年息票利率，par为有价证券的票面价值，basis为日计数基准类型(0或省略时为30/360，1为实际天数/实际天数，2为实际天数/360，3为实际天数/365，4为欧洲30/360)。

3. AMORDEGRC

用途：返回每个会计期间的折旧值。

语法：AMORDEGRC(cost, date_purchased, first_period, salvage, period, rate, basis)

参数：cost为资产原值，date_purchased为购入资产的日期，first_period为第一个期间结束时的日期，salvage为资产在使用寿命结束时的残值，period是期间，rate为折旧率，basis是所使用的年基准(0或省略时为360天，1为实际天数，3为一年365天，4为一年360天)。

4. AMORLINC

用途：返回每个会计期间的折旧值，该函数为法国会计系统提供。如果某项资产是在会计期间内购入的，则按线性折旧法计算。

语法：AMORLINC(cost, date_purchased, first_period, salvage, period, rate, basis)

参数：cost为资产原值，date_purchased为购入资产的日期，first_period为第一个期间结束时的日期，salvage为资产在使用寿命结束时的残值，period为期间，rate为折旧率，basis为所使用的年基准(0或省略时为360天，1为实际天数，3为一年365天，4为一年360天)。

5. COUPDAYBS

用途：返回当前付息期内截止到成交日的天数。

语法：COUPDAYBS(settlement, maturity, frequency, basis)

参数：settlement为证券的成交日(即发行日之后证券卖给购买者的日期)，maturity为有价证券的到期日，frequency为年付息次数(如果按年支付，frequency=1；按半年期支付，frequency=2；按季支付，frequency=4)，basis为日计数基准类型(0或省略为30/360，1为实际天数/实际天数，2为实际天数/360，3为实际天数/365，4为欧洲30/360)。

6. COUPDAYS

用途：返回成交日所在的付息期的天数。

语法：COUPDAYS(settlement, maturity, frequency, basis)

参数：settlement为证券的成交日(即发行日之后证券卖给购买者的日期)，maturity为有价证券的到期日(即有价证券有效期截止时的日期),frequency 为年付息次数(如果按年支付,frequency=1;按半年期支付,frequency=2;按季支付,frequency=4),Basis 为日计数基准类型(0 或省略为 30/360,1 为实际天数/实际天数,2 为实际天数/360,3 为实际天数/365,4 为欧洲 30/360)。

7. COUPDAYSNC

用途:返回从成交日到下一付息日之间的天数。

语法:COUPDAYSNC(settlement, maturity, frequency, basis)

参数:settlement 为证券的成交日,maturity 为有价证券的到期日,frequency 为年付息次数(如果按年支付,frequency=1;按半年期支付,frequency=2;按季支付,frequency=4),basis 为日计数基准类型(0 或省略为 30/360,1 为实际天数/实际天数,2 为实际天数/360,3 为实际天数/365,4 为欧洲 30/360)。

8. COUPNUM

用途:返回成交日和到期日之间的利息应付次数,向上取整到最近的整数。

语法:COUPNUM(settlement, maturity, frequency, basis)

参数:同上

9. COUPPCD

用途:返回成交日之前的上一付息日的日期。

语法:COUPPCD(settlement, maturity, frequency, basis)

参数:同上

10. CUMIPMT

用途:返回一笔贷款在给定的 start-period 到 end-period 期间累计偿还的利息数额。

语法:CUMIPMT(rate, nper, pv, start_period, end_period, type)

参数:rate 为利率,nper 为总付款期数,pv 为现值,start_period 为计算中的首期(付款期数从 1 开始计数),end_period 为计算中的末期,type 为付款时间类型[0(零)为期末付款,1 为期初付款]。

11. CUMPRINC

用途:返回一笔贷款在给定的 start-period 到 end-period 期间累计偿还的本金数额。

语法:CUMPRINC(rate, nper, pv, start_period, end_period, type)

参数:rate 为利率, nper 为总付款期数,pv 为现值,start_period 为计算中的首期(付款期数从 1 开始计数),end_period 为计算中的末期, type 为付款时间类型[0(零)为期末付款,1 为期初付款]。

12. DB

用途:使用固定余额递减法,计算一笔资产在给定期间内的折旧值。

语法:DB(cost, salvage, life, period, month)

参数:cost 为资产原值,salvage 为资产在折旧期末的价值(也称为资产残值),life 为折旧期限(有时也称作资产的使用寿命),period 为需要计算折旧值的期间(period 必须使用与 life 相同的单位),month 为第一年的月份数(省略时假设为 12)。

13. DDB

用途:使用双倍余额递减法或其他指定方法,计算一笔资产在给定期间内的折旧值。

语法:DDB(cost, salvage, life, period, factor)

参数:cost 为资产原值,salvage 为资产在折旧期末的价值(也称为资产残值),life 为折旧期限(有时也称作资产的使用寿命),period 为需要计算折旧值的期间(period 必须使用与 life 相同的单位),factor 为余额递减速率(如果 factor 省略,则假设为 2)。

14. DISC

用途:返回有价证券的贴现率。

语法:DISC(settlement, maturity, pr, redemption, basis)

参数:settlement 为证券的成交日(即在发行日之后,证券卖给购买者的日期),maturity 为有价证券的到期日,pr 为面值 $100 的有价证券的价格,redemption 为面值 $100 的有价证券的清偿价值,basis 为日计数基准类型(0 或省略为 30/360,1 为实际天数/实际天数,2 为实际天数/360,3 为实际天数/365,4 为欧洲 30/360)。

15. DOLLARDE

用途:将按分数表示的价格转换为按小数表示的价格,如证券价格,转换为小数表示的数字。

语法:DOLLARDE(fractional_dollar, fraction)

参数:fractional_dollar 为以分数表示的数字, fraction 为分数中的分母(整数)。

16. DOLLARFR

用途:将按小数表示的价格转换为按分数表示的价格。

语法:DOLLARFR(decimal_dollar, fraction)

参数:decimal_dollar 为小数,fraction 为分数中的分母(整数)。

17. DURATION

用途:返回假设面值 $100 的定期付息有价证券的修正期限。期限定义为一系列现金流现值的加权平均值,用于计量债券价格对于收益率变化的敏感程度。

语法:DURATION(settlement, maturity, coupon, yld, frequency, basis)

参数:settlement 为证券的成交日,maturity 为有价证券的到期日,coupon 为有价证券的年息票利率,yld 为有价证券的年收益率,frequency 为年付息次数(如果按年支付,frequency=1;按半年期支付,frequency=2;按季支付,frequency=4),basis 日计数基准类型(0 或省略为 30/360,1 为实际天数/实际天数,2 为实际天数/360,3 为实际天数/365,4 为欧洲 30/360)。

18. EFFECT

用途:利用给定的名义年利率和一年中的复利期次,计算实际年利率。

语法:EFFECT(nominal_rate, npery)

参数:nominal_rate 为名义利率,npery 为每年的复利期数。

19. FV

用途:基于固定利率及等额分期付款方式,返回某项投资的未来值。

语法:FV(rate, nper, pmt, pv, type)

参数:rate 为各期利率,nper 为总投资期(即该项投资的付款期总数),pmt 为各期所应支付的金额,pv 为现值(即从该项投资开始计算时已经入账的款项,或一系列未来付款的当前值的累积和,也称为本金),type 为数字 0 或 1(0 为期末,1 为期初)。

20. FVSCHEDULE

用途:基于一系列复利返回本金的未来值,用于计算某项投资在变动或可调利率下的未来值。

语法:FVSCHEDULE(principal, schedule)

参数:principal 为现值,schedule 为利率数组。

21. INTRATE

用途:返回一次性付息证券的利率。

语法:INTRATE(settlement, maturity, investment, redemption, basis)

参数:settlement 为证券的成交日,maturity 为有价证券的到期日,investment 为有价证券的投资额,redemption 为有价证券到期时的清偿价值,basis 日计数基准类型(0 或省略为 30/360,1 为实际天数/实际天数,2 为实际天数/360,3 为实际天数/365,4 为欧洲 30/360)。

22. IPMT

用途:基于固定利率及等额分期付款方式,返回投资或贷款在某一给定期限内的利息偿还额。

语法:IPMT(rate, per, nper, pv, fv, type)

参数:rate 为各期利率,per 用于计算其利息数额的期数(1 到 nper 之间),Nper 为总投资期,pv 为现值(本金),fv 为未来值(最后一次付款后的现金余额。如果省略 fv,则假设其值为零),type 指定各期的付款时间是在期初还是期末(0 为期末,1 为期初)。

23. IRR

用途:返回由数值代表的一组现金流的内部收益率。

语法:IRR(values, guess)

参数:values 为数组或单元格的引用,包含用来计算返回的内部收益率的数字,guess 为对函数 IRR 计算结果的估计值。

24. ISPMT

用途:计算特定投资期内要支付的利息。

语法:ISPMT(rate, per, nper, pv)

参数:rate 为投资的利率,per 为要计算利息的期数(在 1 到 nper 之间),nper 为投资的总支付期数,pv 为投资的当前值(对于贷款来说,pv 为贷款数额)。

25. MDURATION

用途:返回假设面值 $100 的有价证券的 Macauley 修正期限。

语法:MDURATION(settlement, maturity, coupon, yld, frequency, basis)

参数:settlement 为证券的成交日,maturity 为有价证券的到期日,coupon 为有价证券的年息票利率,yld 为有价证券的年收益率,frequency 为年付息次数(如果按年支付,frequency=1;按半年期支付,frequency=2;按季支付,frequency=4),basis 日计数基准类型(0 或省略为 30/360,1 为实际天数/实际天数,2 为实际天数/360,3 为实际天数/365,4 为欧洲 30/360)。

26. MIRR

用途:返回某一期限内现金流的修正内部收益率。

语法:MIRR(values, finance_rate, reinvest_rate)

参数:values 为一个数组或对包含数字的单元格的引用(代表着各期的一系列支出及收入,其中必须至少包含一个正值和一个负值,才能计算修正后的内部收益率),finance_rate 为现金流中使用的资金支付的利率,reinvest_rate 为将现金流再投资的收益率。

27. NOMINAL

用途:基于给定的实际利率和年复利期数,返回名义年利率。

语法:NOMINAL(effect_rate, npery)

参数:effect_rate 为实际利率,npery 为每年的复利期数。

28. NPER

用途:基于固定利率及等额分期付款方式,返回某项投资(或贷款)的总期数。

语法:NPER(rate, pmt, pv, fv, type)

参数:rate 为各期利率,pmt 为各期所应支付的金额,pv 为现值(本金),fv 为未来值(即最后一次付款后希望得到的现金余额),type 可以指定各期的付款时间是在期初还是期末(0 为期末,1 为期初)。

29. NPV

用途:通过使用贴现率以及一系列未来支出(负值)和收入(正值),返回一项投资的净现值。

语法:NPV(rate, value1, value2,…)

参数:rate 为某一期间的贴现率,value1, value2,…为 1 到 29 个参数,代表支出及收入。

30. ODDFPRICE

用途:返回首期付息日不固定的面值＄100 的有价证券的价格。

语法:ODDFPRICE(settlement, maturity, issue, first_coupon, rate, yld, redemption, frequency, basis)

参数:settlement 为证券的成交日,maturity 为有价证券的到期日,issue 为有价证券的发行日,first_coupon 为有价证券的首期付息日,rate 为有价证券的利率,yld 为有价证券的年收益率,redemption 为面值＄100 的有价证券的清偿价值,frequency 为年付息次数(如果按年支付,frequency=1;按半年期支付,frequency=2;按季支付,frequency=4),basis 为日计数基准类型(0 或省略为 30/360,1 为实际天数/实际天数,2 为实际天数/360,3 为实际天数/365,4 为欧洲 30/360)。

31. ODDFYIELD

用途:返回首期付息日不固定的有价证券(长期或短期)的收益率。

语法:ODDFYIELD(settlement, maturity, issue, first_coupon, rate, pr, redemption, frequency, basis)

参数:settlement 为证券的成交日,maturity 为有价证券的到期日,issue 为有价证券的发行日,first_coupon 为有价证券的首期付息日,rate 为有价证券的利率,pr 为有价证券的价格,redemption 为面值＄100 的有价证券的清偿价值,frequency 为年付息次数(按年支付,frequency=1;按半年期支付,frequency=2;按季支付,frequency=4),basis 为日计数基准类型(0 或省略为 30/360,1 为实际天数/实际天数,2 为实际天数/360,3 为实际天数/365,4 为欧洲 30/360)。

32. ODDLPRICE

用途:返回末期付息日不固定的面值＄100 的有价证券(长期或短期)的价格。

语法:ODDLPRICE(settlement, maturity, last_interest, rate, yld, redemption, frequency, basis)

参数:settlement 为有价证券的成交日,maturity 为有价证券的到期日,last_interest 为有价证券的末期付息日,rate 为有价证券的利率,yld 为有价证券的年收益率,redemption 为面值 \$100 的有价证券的清偿价值,frequency 为年付息次数(如果按年支付,frequency=1;按半年期支付,frequency=2;按季支付,frequency=4),basis 为日计数基准类型(0 或省略为 30/360,1 为实际天数/实际天数,2 为实际天数/360,3 为实际天数/365,4 为欧洲 30/360)。

33. ODDLYIELD

用途:返回末期付息日不固定的有价证券(长期或短期)的收益率。

语法:ODDLYIELD(settlement, maturity, last_interest, rate, pr, redemption, frequency, basis)

参数:settlement 为有价证券的成交日,maturity 为有价证券的到期日,last_interest 为有价证券的末期付息日,rate 为有价证券的利率,pr 为有价证券的价格,redemption 为面值 \$100 的有价证券的清偿价值,frequency 为年付息次数(如果按年支付,frequency=1;按半年期支付,frequency=2;按季支付,frequency=4),basis 为日计数基准类型(0 或省略为 30/360,1 为实际天数/实际天数,2 为实际天数/360,3 为实际天数/365,4 为欧洲 30/360)。

34. PMT

用途:基于固定利率及等额分期付款方式,返回贷款的每期付款额。

语法:PMT(rate, nper, pv, fv, type)

参数:rate 为贷款利率,nper 为该项贷款的付款总期数,pv 为现值(也称为本金),fv 为未来值(或最后一次付款后希望得到的现金余额),type 指定各期的付款时间是在期初还是期末(1 为期初,0 为期末)。

35. PPMT

用途:基于固定利率及等额分期付款方式,返回投资在某一给定期间内的本金偿还额。

语法:PPMT(rate, per, nper, pv, fv, type)

参数:rate 为各期利率,per 用于计算其本金数额的期数(介于 1 到 nper 之间),nper 为总投资期(该项投资的付款期总数),pv 为现值(也称为本金),fv 为未来值,type 指定各期的付款时间是在期初还是期末(1 为期初,0 为期末)。

36. PRICE

用途:返回定期付息的面值 \$100 的有价证券的价格。

语法:PRICE(settlement,maturity,rate,yld,redemption,frequency,basis)

参数:settlement 为证券的成交日,maturity 为有价证券的到期日,rate 为有价证券的年息票利率,yld 为有价证券的年收益率,redemption 为面值 \$100 的有价证券的清偿价值,frequency 为年付息次数(如果按年支付,frequency=1;按半年期支付,frequency=2;按季支付,frequency=4),basis 为日计数基准类型(0 或省略为 30/360,1 为实际天数/实际天数,2 为实际天数/360,3 为实际天数/365,4 为欧洲 30/360)。

37. PRICEDISC

用途:返回折价发行的面值 \$100 的有价证券的价格。

语法：PRICEDISC(settlement, maturity, discount, redemption, basis)

参数：settlement 为证券的成交日，maturity 为有价证券的到期日，discount 为有价证券的贴现率，redemption 为面值 $100 的有价证券的清偿价值，basis 为日计数基准类型(0 或省略为 30/360，1 为实际天数/实际天数，2 为实际天数/360，3 为实际天数/365，4 为欧洲 30/360)。

38. PRICEMAT

用途：返回到期付息的面值 $100 的有价证券的价格。

语法：PRICEMAT(settlement, maturity, issue, rate, yld, basis)

参数：settlement 为证券的成交日，maturity 为有价证券的到期日，issue 为有价证券的发行日(以时间序列号表示)，rate 为有价证券在发行日的利率，yld 为有价证券的年收益率，basis 为日计数基准类型(0 或省略为 30/360，1 为实际天数/实际天数，2 为实际天数/360，3 为实际天数/365，4 为欧洲 30/360)。

39. PV

用途：返回投资的现值(即一系列未来付款的当前值的累积和)，如借入方的借入款即为贷出方贷款的现值。

语法：PV(rate, nper, pmt, fv, type)

参数：rate 为各期利率，nper 为总投资(或贷款)期数，pmt 为各期所应支付的金额，fv 为未来值，type 指定各期的付款时间是在期初还是期末(1 为期初，0 为期末)。

40. RATE

用途：返回年金的各期利率。函数 RATE 通过迭代法计算得出，并且可能无解或有多个解。

语法：RATE(nper, pmt, pv, fv, type, guess)

参数：nper 为总投资期(即该项投资的付款期总数)，pmt 为各期付款额，pv 为现值(本金)，fv 为未来值，type 指定各期的付款时间是在期初还是期末(1 为期初，0 为期末)，guess 为对函数 RATE 计算结果的估计值。

41. RECEIVED

用途：返回一次性付息的有价证券到期收回的金额。

语法：RECEIVED(settlement, maturity, investment, discount, basis)

参数：settlement 为证券的成交日，maturity 为有价证券的到期日，investment 为有价证券的投资额，discount 为有价证券的贴现率，basis 为日计数基准类型(0 或省略为 30/360，1 为实际天数/实际天数，2 为实际天数/360，3 为实际天数/365，4 为欧洲 30/360)。

42. SLN

用途：返回某项资产在一个期间中的线性折旧值。

语法：SLN(cost, salvage, life)

参数：cost 为资产原值，salvage 为资产在折旧期末的价值(也称为资产残值)，life 为折旧期限(有时也称作资产的使用寿命)。

43. SYD

用途：返回某项资产按年限总和折旧法计算的指定期间的折旧值。

语法：SYD(cost, salvage, life, per)

参数：cost 为资产原值，salvage 为资产在折旧期末的价值(也称为资产残值)，life 为折旧期限(有时也称作资产的使用寿命),per 为期间(单位与 life 相同)。

44. TBILLEQ

用途:返回国库券的等效收益率。

语法:TBILLEQ(settlement, maturity, discount)

参数:settlement 为国库券的成交日(即在发行日之后,国库券卖给购买者的日期),maturity 为国库券的到期日,discount 为国库券的贴现率。

45. TBILLPRICE

用途:返回面值＄100 的国库券的价格。

语法:TBILLPRICE(settlement, maturity, discount)

参数:settlement 为国库券的成交日,maturity 为国库券的到期日,discount 为国库券的贴现率。

46. TBILLYIELD

用途:返回国库券的收益率。

语法:TBILLYIELD(settlement, maturity, pr)

参数:settlement 为国库券的成交日,maturity 为国库券的到期日,pr 为面值＄100 的国库券的价格。

47. VDB

用途:使用双倍余额递减法或其他指定的方法,返回指定的任何期间内(包括部分期间)的资产折旧值。

语法:VDB(cost, salvage, life, start_period, end_period, factor, no_switch)

参数:cost 为资产原值,salvage 为资产在折旧期末的价值(也称为资产残值),life 为折旧期限(有时也称作资产的使用寿命),start_period 为进行折旧计算的起始期间,end_period 为进行折旧计算的截止期间,factor 为余额递减速率(折旧因子),no_switch 为一个逻辑值,指定当折旧值大于余额递减计算时,是否转用直线折旧法。

48. XIRR

用途:返回一组现金流的内部收益率,这些现金流不一定定期发生。若要计算一组定期现金流的内部收益率,可以使用 IRR 函数。

语法:XIRR(values, dates, guess)

参数:values 为与 dates 中的支付时间相对应的一系列现金流,dates 是与现金流支付相对应的支付日期表,guess 是对函数 XIRR 计算结果的估计值。

49. XNPV

用途:返回一组现金流的净现值,这些现金流不一定定期发生。若要计算一组定期现金流的净现值,可以使用函数 NPV。

语法:XNPV(rate, values, dates)

参数:rate 应用于现金流的贴现率,values 是与 dates 中的支付时间相对应的一系列现金流,dates 是与现金流支付相对应的支付日期表。

50. YIELD

用途:返回定期付息有价证券的收益率,函数 YIELD 用于计算债券收益率。